大学体育基础教程

第二版·立体化教材

编　者　淮阴工学院体育教学部编写组
编　委　王永翔　程　昕　张伟峰　张路遥
　　　　徐江敏　朱志宏　孙习军　蔡先锋
　　　　崔宇飞　王　冬　詹　强　林仲华
　　　　陈永婷　王　欣　王俭民　黄有为

南京大学出版社

图书在版编目(CIP)数据

大学体育基础教程/淮阴工学院体育教学部编写组编.
—2版.—南京：南京大学出版社，2018.8
ISBN 978-7-305-20789-1

Ⅰ.①大… Ⅱ.①淮… Ⅲ.①体育－高等学校－教材
Ⅳ.①G807.4

中国版本图书馆CIP数据核字(2018)第179462号

出版发行	南京大学出版社
社　　址	南京市汉口路22号　　邮　编　210093
出 版 人	金鑫荣
书　　名	**大学体育基础教程（第二版）**
编　　者	淮阴工学院体育教学部编写组
责任编辑	刘　飞　蔡文彬　　编辑热线　025-83686531
照　　排	南京理工大学资产经营有限公司
印　　刷	南京理工大学资产经营有限公司
开　　本	787×1092　1/16　印张　20　字数　500千
版　　次	2018年8月第2版　2018年8月第1次印刷
ISBN 978-7-305-20789-1	
定　　价	45.00元
网　　址	http://www.njupco.com
官方微博	http://weibo.com/njupco
官方微信号	njupress
销售咨询热线：(025)83594756	

＊版权所有，侵权必究
＊凡购买南大版图书，如有印装质量问题，请与所购
　图书销售部门联系调换

第二版前言

随着高等教育改革的不断深入，大学生的素质教育将成为高等教育的主旋律。大学体育教育是寓促进学生身心和谐发展、思想品德教育、文化科学教育、生活技能教育于身体活动并有机结合的教育过程，是实施素质教育和培养全面发展的人才的重要途径。

本教材是根据教育部制定的《全国普通高等学校体育课程教学指导纲要》的精神，牢牢把握素质教育、健康第一和以人为本的指导思想，精心组织编写而成。

本教材在理论部分，力求使学生了解健康的本质、体育锻炼的科学基础、运动处方、体育卫生保健、奥林匹克运动及体育欣赏的相关内容，掌握大学生体质健康测试的内容及体育锻炼的原则与方法；在实践部分，以田径、球类、游泳、武术、跆拳道、体操、健美操、瑜伽、街舞等深受大学生喜爱的17个项目为主要内容，并且把体育理论知识与运动技能有机地结合在一起，从而增加了教材的科学性、知识性、系统性、实用性和趣味性。

本教材知识面广、文字简练、内容通俗易懂、版式新颖活泼，既涵盖了面，又突出了点，兼容了传统和时尚的特色。本教材不仅可供高校师生教与学，同时也是体育爱好者学习和参考的指南。

本教材具有以下特色：

1. 体系新颖。本教材牢牢树立"健康第一"的指导思想和"以人为本"的教育理念，紧紧围绕体育锻炼和增进健康的关系进行阐述，使学生在学习本教材的过程中，能充分认识到体育锻炼的益处和进行终身体育锻炼的重要性。

2. 结构合理。本教材从健康知识开篇，依照学生的阅读习惯和体育项目的学练特点编写，旨在引导学生充分认识体育与健康的重要意义，不断增强他们的体育参与意识，提高其体育技能，最终使他们养成良好的锻炼习惯和健康的行为方式。

3. 实用性强。本教材注重理论联系实际，努力使学生能学以致用，力求贴近大学生的生活实际，符合大学生的认知规律和生理、心理特征，可读性和操作性强。

4. 图文并茂。本教材实践部分图文结合，生动直观，方便教师教学和学生自学。在编写教材的过程中，编者参考并借鉴了一些专家和学者们的研究成果，在此向原作者表示衷心的感谢。

由于水平和能力所限，书中难免有疏漏和不足之处，恳请广大读者批评与指正，以便今后进一步完善和提高。

目 录

基础理论篇

第一章 健康教育概述 …………… 001
  第一节 健康的本质 ………… 001
  第二节 影响大学生健康的因素
    ………………………… 004
  第三节 大学生的身心特点 …… 006
  第四节 养成良好的生活方式 … 007

第二章 体育锻炼的科学基础 …… 011
  第一节 体育锻炼的生理学基础
    ………………………… 011
  第二节 体育锻炼的心理学基础
    ………………………… 016
  第三节 体育锻炼与合理营养 … 020
  第四节 体育锻炼对人体产生的
    积极影响 ………………… 023

第三章 体质健康测试与评价 …… 026
  第一节 《国家学生体质健康标准》
    （2014年修订）实施说明
    ………………………… 026
  第二节 《国家学生体质健康标准》的
    测试方法 ………………… 030
  第三节 《国家学生体质健康标准》
    （2014年修订）测试评分表
    ………………………… 033
  第四节 促进达标的锻炼方法 … 038

第四章 体育锻炼的原则与方法 … 041
  第一节 体育锻炼的基本原则 … 041
  第二节 体育锻炼的基本方法 … 043
  第三节 发展身体素质的方法 … 045

第五章 运动处方 ………………… 050
  第一节 运动处方概述 ………… 050
  第二节 运动处方的内容 ……… 052
  第三节 制订运动处方的程序 … 055

第六章 体育锻炼的卫生保健 …… 058
  第一节 体育锻炼的医务监督 … 058
  第二节 运动中常见的生理反应
    及处理 …………………… 060
  第三节 常见运动损伤的预防与处理
    ………………………… 063
  第四节 疲劳程度的判断与消除
    ………………………… 067

第七章 奥林匹克运动 …………… 069
  第一节 古代奥林匹克运动会 … 069
  第二节 现代奥林匹克运动会 … 069
  第三节 现代奥林匹克运动与世界
    文化 ……………………… 069
  第四节 现代奥林匹克运动与中国
    ………………………… 069

第八章 体育欣赏 ………………… 070
  第一节 体育竞赛的欣赏内容 … 070
  第二节 不同项目比赛的欣赏 … 070

运动实践篇

第九章 田径运动 ………………… 071
  第一节 田径运动概述 ………… 071

第二节　跑 …………………………… 075
第三节　跳 …………………………… 080
第四节　投 …………………………… 083

第十章　篮球运动 …………………………… 084
第一节　篮球运动概述 ………………… 084
第二节　篮球基本技术 ………………… 087
第三节　篮球基本战术 ………………… 094

第十一章　足球运动 ………………………… 097
第一节　足球运动概述 ………………… 097
第二节　足球基本技术 ………………… 100
第三节　足球基本战术 ………………… 111

第十二章　排球运动 ………………………… 113
第一节　排球运动概述 ………………… 113
第二节　排球基本技术 ………………… 116
第三节　排球基本战术 ………………… 123

第十三章　乒乓球运动 ……………………… 125
第一节　乒乓球运动概述 ……………… 125
第二节　乒乓球基本技术 ……………… 128
第三节　乒乓球基本战术 ……………… 137

第十四章　羽毛球运动 ……………………… 139
第一节　羽毛球运动概述 ……………… 139
第二节　羽毛球基本技术 ……………… 142
第三节　羽毛球基本战术 ……………… 152

第十五章　网球运动 ………………………… 155
第一节　网球运动概述 ………………… 155
第二节　网球基本技术 ………………… 158
第三节　网球基本战术 ………………… 163

第十六章　游泳运动 ………………………… 167
第一节　游泳运动概述 ………………… 167
第二节　熟悉水性 ……………………… 169
第三节　蛙泳基本技术 ………………… 172
第四节　爬泳基本技术 ………………… 178

第十七章　武术运动 ………………………… 184
第一节　武术运动概述 ………………… 184
第二节　武术基本功 …………………… 187
第三节　初级长拳（第三路）… 192
第四节　24 式太极拳 …………………… 205

第十八章　跆拳道运动 ……………………… 222
第一节　跆拳道运动概述 ……………… 222
第二节　跆拳道基本技术 ……………… 229
第三节　跆拳道基本战术 ……………… 236

第十九章　舞龙、舞狮 ……………………… 238
第一节　舞龙 …………………………… 238
第二节　舞狮 …………………………… 248

第二十章　体操运动 ………………………… 253
第一节　体操运动概述 ………………… 253
第二节　基本体操 ……………………… 253
第三节　竞技体操 ……………………… 253

第二十一章　健美操运动 …………………… 254
第一节　健美操运动概述 ……………… 254
第二节　健美操基本动作与技术
　　　　 …………………………………… 256
第三节　健美操套路范例 ……………… 266

第二十二章　瑜伽和街舞 …………………… 275
第一节　瑜伽 …………………………… 275
第二节　街舞 …………………………… 285

第二十三章　轮滑运动 ……………………… 289
第一节　轮滑运动概述 ………………… 289
第二节　轮滑基本技术 ………………… 291

第二十四章　定向运动 ……………………… 298
第一节　定向运动概述 ………………… 298
第二节　定向运动基本技术 …… 307

基础理论篇

JI CHU LI LUN PIAN

第一章 健康教育概述

第一节 健康的本质

大学体育是学校体育和社会体育的衔接点,作为学校体育的最后阶段,对大学生身心健康的自我完善和发展至关重要。大学生在大学体育的学习中应加强对体育意识、兴趣、习惯和能力的培养,只有这样,才能自觉地、科学地进行锻炼,为终身健康打下坚实的基础。

一、健康的概念

世界卫生组织(WHO)于1948年在《组织法》中指出:"健康不仅是没有疾病或不衰弱,而且是身体上、精神上和社会适应方面的完美状态。"1989年,世界卫生组织对健康提出了新的的定义,即健康不仅是没有疾病,而且还包括躯体健康、心理健康、社会适应和道德健康四个方面。

1. 身体健康:指躯体结构和功能正常,具有生活自理能力。
2. 心理健康:指个体能够正确认识自己,及时调整自己的心态,使心理处于良好状态,以适应外界的变化。
3. 社会适应良好:指能以积极的态度和行为去适应社会生活的各种变化。
4. 道德健康:道德健康是健康者不以损害他人的利益来满足自己的需要,具有辨别真与伪、善与恶、美与丑、荣与辱等是非观念,能按照社会行为的规范准则来约束自己及支配自己的思想和行为。

由此可见,真正意义上的健康应该是确保高质量生活的一种最佳身心状态、一种健康的感觉与高质量的生活方式,并且能对社会作出贡献,这才算得上是真正意义上的健康。

二、健康的内涵与标准

(一)健康的内涵

健康的内涵包括:1.体力;2.技能;3.形态;4.卫生;5.保健;6.精神;7.人格;8.环境。

（二）"五快三良好"标准

世界卫生组织就人体健康问题提出了几项易记忆、易理解的新标准，这几项标准包含了人体生理健康标准和心理健康标准，简称"五快三良好"标准。

1. "五快"——生理健康

（1）吃得快：指胃口好，不挑食，吃得迅速，表明内脏功能正常；

（2）排得快：指上厕所时很快排出大小便，表明肠胃功能良好；

（3）睡得快：指上床即能熟睡、深睡，醒来时精神饱满、头脑清晰，表明中枢神经系统的兴奋、抑制功能协调，且内脏不受任何病理信息的干扰；

（4）说得快：指语言表达准确、清晰、流利，表明思维清楚而敏捷，反应良好，心肺功能正常；

（5）走得快：指行动自如，且转动敏捷，因为人的疾病和衰老往往从下肢开始。

2. "三良好"——心理健康

（1）良好的个性：指性格温和，意志坚强，感情丰富，胸怀坦荡，心境豁达，不为烦恼、痛苦、伤感所左右；

（2）良好的处事能力：指对周围事情应对自如，客观观察问题，具有自我控制能力且能适应复杂的社会环境，对事物的变迁保持良好的情绪，常有知足感；

（3）良好的人际关系：指待人宽和，不过分计较小事，能助人为乐、与人为善。

（三）心理健康标准

随着世界性精神疾病发病率的不断上升，为了教育和引导公众主动关注心理健康，美国心理学家马斯洛和米特尔曼提出了10条心理健康评价标准：

1. 有足够的安全感；
2. 能充分地了解自己，并能对自己的能力做出适度的评价；
3. 生活、理想切合实际；
4. 不脱离周围现实环境；
5. 能保持人格的完整与和谐；
6. 善于从经验中学习；
7. 能保持良好的人际关系；
8. 能适度地发泄情绪和控制情绪；
9. 在符合集体要求的前提下，能有限度地发挥个性；
10. 在不违背社会规范的前提下，能恰当地满足个人需求。

三、亚健康

现代医学将健康称为第一状态；将疾病称为第二状态；将介于健康与疾病之间的生理功能低下的状态称为第三状态，也称亚健康。

所谓亚健康状态，多指无临床症状和体征，或者有病症感觉而无临床检查依据，但已有潜在发病倾向的信息，处于一种机体结构退化和生理功能减退的低质与心理失衡状态。

导致亚健康形成的因素：首先，工作、生活过度疲劳，身心透支而使精力入不敷出；其次,不科学的生活方式,如不吃早餐、偏食、暴饮暴食、饥一顿饱一顿等引起营养不良而使机体失调;再次,环境污染,接触过多有害物质;另外,伴随人体生物钟周期低潮或人体自然老化,也可能出现第三状态。应当指出的是,第三状态在很大程度上是慢性疾病的潜伏期。

人的机体有一定范围的适应能力,第三状态既可趋向健康,也可导致疾病。如果已处于或即将进入第三状态,只要采取科学的生活方式,克服不良生活习惯,通过合理的饮食、心理的调养和环境的改变,消除疲劳,祛除致病因素,提高身体素质,就能改善和消除第三状态,早日恢复到第一状态而成为健康人。

四、健康的关键因素

据1988年世界卫生组织的报告,每个人的健康60%取决于自己,15%取决于遗传,10%取决于社会因素,8%取决于医疗条件,7%取决于生活环境和地理气候条件的影响。在正常情况下,影响健康的关键因素是每日饮食是否适宜、体育锻炼是否适当以及情绪(包括精神和心理状态)是否良好或稳定。因此,苏联医学博士兹马诺夫斯基提出了人的健康公式:

$$人的健康 = \frac{情绪良好(或稳定) + 运动(锻炼)得当 + 饮食合理(或适宜)}{懒惰 + 烟酒}$$

从上述公式中可以清楚地看到,人的健康与情绪良好(或稳定)、运动(锻炼)得当和饮食合理(或适宜)正向相关,而与懒惰成性、嗜烟和嗜酒反向相关。

(一) 合理的饮食

对每个人来说,合理的饮食是健康因素中的关键,远比其他因素更为重要,其理由如下:

1. 文体活动的开展、良好情绪的保持,是以恰当的饮食为前提的。如果因饮食不当而生病或体质变弱,就没有精力从事学习和体育锻炼,也难以保持良好的情绪;

2. 各种食物成分是构成人体细胞、组织、器官生长和更新的原料,更是维持内分泌及新陈代谢等生理活动不可缺少的物质来源,所以人的健康状态和情绪的好坏,直接受到食物的影响;

3. 食物既可养生、保健、防病,也能致病,这主要取决于饮食是否合理;

4. 食物是每日生活、工作和生命存在的物质基础,若缺少或过量,皆不利于人的身体健康。

(二) 适当的体育锻炼

适当的体育锻炼可以增强呼吸机能和肠胃消化的功能,活跃大脑、神经以及全身循环系统,并能起到调节情绪、增强体能、健身祛病、抵御衰老的效用。

(三) 保持良好的情绪

情绪良好,即心理上的稳定,可抑制不必要的紧张心态,抵御或排除忧愁、烦恼、恐惧等不良影响,避免引起内分泌失调,保证血液质量、脏器功能及神经系统的正常活动。世界著名长寿学者胡弗兰德说:"在一切不利的因素中,最能使人短寿夭亡的是不好的情绪和恶劣的心境。"

第二节　影响大学生健康的因素

一、人体生物学因素

人体是一个极为复杂的有机体。在影响和制约人体健康的诸多生物学因素中,主要的是遗传和心理两种因素。

(一)遗传因素

后代形成和亲代相似的多种特征称为遗传特征。遗传不仅使后代在形态、体质以及性格、智力、功能等方面和亲代相似,而且还会把亲代的许多隐性的或显性的疾病传给后代。遗传病不仅种类多,而且发病率高(约占一般疾病的20%)。某些遗传病不仅影响个体终身,而且是重大的社会问题。现在世界上许多国家正在大力发展康复医学,遗传残疾人是其重要的康复对象。对于遗传病,最重要的还是预防,如提倡科学婚姻,用法律来制止近亲结婚等。

(二)心理因素

1. 消极的心理因素能引起多种疾病

我们的祖先2000多年前就发现了情绪对身心健康的影响。《黄帝内经》中曾多处提到了"怒伤肝""喜伤心""悲伤脾""恐伤肾"。现代医学心理学的研究也证明了许多疾病的发生、发展与心理因素有关,如心血管病、高血压、肿瘤等。大量的临床实践也证明,消极的情绪(如悲伤、恐惧、紧张、愤怒、焦虑等)能引起各器官系统的功能失调,导致失眠、心动过速、血压升高、尿急、月经失调等症状。在我国癌症普查中还发现心理因素与食道癌、子宫颈癌的发病有着密切的关系。

2. 心理因素在治疗中的作用

心理因素在治疗中的作用主要表现在两个方面:一方面是,在疾病治疗中要打消顾虑,树立与疾病做斗争的坚强信念,积极与医护人员配合,以保证治疗效果;另一方面对由心理因素、情绪因素引发的疾病要坚持"心理治疗",即消除致病的消极心理因素。

二、环境因素

(一)自然环境

优美的自然环境使人精神振奋、呼吸畅通、内分泌协调,这些对人的身心健康无疑是十分有利的。

大自然在为人类提供各种营养物质的同时,也传播对人体健康有害的物质,如广泛存在的有害微生物(细菌、病毒)、空气中的污染物、溶于水中的有害成分等。另外,气候的突然变化(如酷暑、严寒、气压、空气湿度异常等)也会影响人体健康。

(二)社会环境

社会是人类生存和发展的最基本、最重要的环境。人们一方面享受着社会生产的成果

(例如,科技的进步、工业的发展,使人们有了丰富的物质文明);另一方面社会生产的发展,也会对人体健康造成危害(例如现代工业的发展同时带来了废水、废气、废渣、噪声等)。随着社会生产发展的加速,影响人体健康的问题也越来越多。

三、生活方式因素

生活方式指的是人们长期受一定的民族文化、社会经济、风俗,特别是家庭影响而形成的一系列的生活习惯。

在现代社会,人们越来越清楚地意识到,不良的行为和生活方式是影响人类健康的主要原因。世界卫生组织曾经对发达国家疾病谱和死亡谱的变化进行过详细的调查,发现20世纪70年代以后,在发达国家中,导致死亡的主要疾病已变成心脑血管病、恶性肿瘤、意外死亡以及环境污染所致疾病等,而这些疾病的起因都与人们滥用酒精和药物、过度饮食、缺乏体育锻炼、吸烟、吸毒、性乱等不良生活方式和行为有关。而发展中国家的疾病主要是由贫困造成的恶劣生活条件、不卫生行为和不良习惯所致。

人的行为是人在为个体生存和种族延续而适应不断变化的环境时所做出的反应或一切活动的总称,它既包括人的一些本能性活动,又包括人所从事的劳动和人际交往等高级的社会活动。人的生活方式是社会及其组成人群中占优势的社会和个人的卫生规范,是人们长期受一定民族、文化、经济、习俗、规范以及家庭影响而形成的一系列生活意识、生活习惯和生活制度。

四、卫生保健设施因素

保健是指旨在对疾病患者进行治疗的康复训练、普查疾病、促进健康、预防疾病、预防伤残以及健康教育等一系列活动的总和。显然,健全的社会保健制度是维护和促进健康的重要保障。

社会保健制度涉及多个方面,而其中最重要的是建立和健全初级卫生保健制度。初级卫生保健是最基本的卫生保健制度,它的特点是能针对本区域人群中存在的主要卫生问题,相应地提供增进健康、预防疾病、治疗伤病以及促进身心健康等方面的卫生服务。例如,开展针对性的健康教育,提供安全饮用水和基础卫生设施,改善食品供应及合理营养,开展妇幼保健和计划生育、地方病的预防和控制、常见病和外伤的妥善处理、主要传染病的免疫接种、提供基本药物等。这样就使所有个人和家庭都享受到基本的卫生保健。

五、体育锻炼因素

人体在适宜的运动过程中将产生一系列适应性的良性变化,有助于达到健身防病的目的。然而,运动量过大,则可能因身体承受不了而受到伤害;运动量过小,又达不到刺激体内各组织器官从而提高生理功能的目的。因此,体育锻炼要想获得理想的健身效果必须注意科学性。

第三节 大学生的身心特点

一、大学生身体形态发育特点

身体形态是指体格、体形和身体姿态等状况。体格指标包括人的身高、坐高、体重、胸围、肩宽等；体形指标包括人体的整体指数与比例；身体姿态是指人坐、立、行走的姿势。

人的生长发育有两个"高峰"：第一个是胎儿期到出生后一年；第二个是青春期。大学生的年龄一般都在18~22岁左右，经历了身体发育的两个高峰期，但还处于青春期发育后期到基本发育成熟期之间，身体形态还在发展，只是速度相对慢些。

男女生的体形存在着显著的差异。在生长发育的第二次高峰结束时，由于上下肢发育快，躯干增长相对慢些，坐高、肩宽、骨盆宽与身高的比例最小，表现为肩窄、骨盆窄、躯干短、下肢长的瘦长体形，男生尤为明显。从青春期后期到发育基本成熟期时，各种围、宽度指标迅速增长，分别形成男子上体宽、骨盆窄、下肢较细，女子上体窄细、骨盆宽、下肢较粗的体形，若在这一时期，进行全面的身体锻炼，则能使体格健壮，体形匀称。

二、大学生身体机能发育特点

（一）神经系统

大学生神经活动过程中的兴奋与抑制发展趋于均衡，灵活性提高，机能逐步完善。神经细胞物质代谢旺盛。抽象思维能力不断提高，两个信号系统的关系更加协调和完善，分析综合能力显著提高。

（二）运动系统

大学生骨骼中水分减少，无机盐增多，逐渐进入骨化过程，骨密质增厚，骨骼更加粗壮和坚固，承受能力增大。由于性激素的作用，肌肉纤维增粗，肌肉的横断面明显增加，肌肉发达，肌力增大。但骨骼的发育一般在20~25岁左右完成，肌肉要到30岁左右才发育完成。在大学期间，骨骼和肌肉的发展是一个很重要的阶段。

（三）呼吸系统

大学生呼吸肌增强，呼吸深度加大，呼吸频率减慢。胸腔增大，肺活量增大，最大吸氧量和负氧能力逐步提高。

（四）心血管系统

心血管系统是人体发育成熟最晚完成的系统。大学生心肌纤维弹性较好。大学阶段是心血管系统发展很重要的阶段。

三、大学生身体素质发展特点

身体素质包括力量、耐力、速度、灵敏性、柔韧性等。男生各项素质指标的高峰分别出现在19~22岁；女生在11~14岁时出现第一高峰，17岁时出现不同程度的停滞和下降，18岁后又回升，在19~22岁时出现第二高峰。男生呈单波峰曲线，女生呈双波峰曲线。大学生的身体素质存在明显的性别差异,尤其在性成熟期,这种差异更为明显。男生的力量、耐力、速度、灵敏性等4项素质均优于女生;女生柔韧性和协调素质优于男生,女生重心比男生低,因而平衡能力优于男生。

大学生身体素质发展处于高峰时期。加强身体素质的全面训练,能提高运动能力和技术水平。

四、大学生运动能力特点

运动能力是基本的活动能力,是身体素质和运动技能相结合表现出的一种综合能力。大学生的身体形态机能、身体素质发展特点,决定其运动能力的发展。

大学生身体形态发展处在青春期发育后期到基本成熟期之间,发展速度虽然较慢,但骨骼、肌肉正处于重要发育时期。通过合理、科学的体育活动,能使身体形态得到更好的完善。

大学阶段是运动能力发展的最佳时期,重视心肺功能的锻炼,加强耐力训练,提高心肺功能,有利于提高大学生的运动能力。

五、我国大学生的心理健康状况

大学生在离开家庭后,参与了一些社会活动,充满了对社会和人生的向往和幻想,但还不完全具备应付各种社会事物的能力。因此,心理上容易产生愿望与现实、自闭与交往、独立与依赖、求知欲强与识别能力低等各种矛盾。如果这些矛盾处理不好,就会影响情绪与心理健康。大学体育不仅是发展大学生体力的需要,也是大学生发展心理、实现自我完善的需要。根据大学生的心理特点,通过多种体育手段、方法、形式和途径,进行体育锻炼和体育欣赏,不仅可以锻炼身体,培养意志品质,陶冶情操,发展情感,增长才智,而且还可以培养集体主义观念,加强组织纪律性,创造良好的人际交往氛围,借以提高心理调节与平衡能力。通过体育活动参与,还可以及时排除心理状态中不健康因素的困扰,走出逆境,增强信心,轻松活泼地学习和生活;同时通过自身中枢神经系统的良性调节,在适应与改变内外环境的过程中,使个体与环境和谐统一,真正达到身心健康。

第四节 养成良好的生活方式

生活方式是人的生命活动的方式,它包括生产过程和社会文化领域人与人之间相互关系的全部复杂体系。它是人们长期受一定社会文化、经济、家庭、风俗等影响,而形成的一系列的生活习惯、生活制度和生活意识。狭义的生活方式指人们在生产劳动以外熏为了生存、发展和享受所进行的活动。营养、运动、休息和生活环境是人类生活的最基本条件。

一、饮食习惯与健康

饮食是人最重要、最普通的一种行为,但有相当一部分大学生不了解科学的饮食方法。一部分学生对饮食不甚关注,抱着无所谓的态度,个别学生长期不吃早餐;另一部分学生则过分讲究,片面听信广告,结果顾此失彼,营养结构失调,事与愿违;还有一部分学生经常纵欲进食,造成消化系统功能紊乱,影响了身体的正常生长发育。因此,要保证身体健康发展,必须培养良好的饮食习惯。大学生应当尽量避免以下几种饮食习惯：

（一）无节制饮食方式

忍饥挨饿或暴饮暴食对健康十分不利。早餐不吃就去上课，随着大脑和其他器官机能活动对所需要能量的消耗，血糖就会下降。当血糖含量降低到每 100 毫升血液中不足 45 毫克时，就会严重影响脑组织的机能活动，全身乏力，注意力分散。暴饮暴食会使消化器官的功能发生紊乱，从而使机体代谢功能失去平衡。这两种情况延续下去都会引起许多疾病。

（二）盲目节食

这种现象的发生女生多于男生，她们节食的主要目的是减肥。限制饮食虽然可以使人消瘦，但体内的营养物质也随之匮乏，势必出现种种功能障碍或疾病，轻则头昏眼花、四肢乏力，重则出现贫血、低血糖、月经失调等症状。如果所摄取的热量仅能维持其生存，而不能满足生长发育的需要，就会使身体发育受到影响，造成终身遗憾，有的同学甚至影响了学业。只有坚持体育锻炼，才能达到健身美体的效果。

（三）偏食

一部分大学生片面认定某些食物是高营养食物而长期偏食，导致营养摄入不均衡。如有的学生不肯吃肉，结果身体不能及时补充蛋白质，造成发育迟缓或发育不良；有的学生不肯吃蔬菜，引起多种维生素和矿物质的缺乏，这给成年后患高血压、高血脂、动脉硬化等疾病留下隐患。

（四）不卫生的"共餐"

"共餐"是一种落后的习惯，虽然一定程度上能增进感情、交流思想，但极易传播疾病，明显弊大于利。我国传统的"共餐"多局限于一家人中，大学生历来是分餐的，但近些年，大学生"共餐"现象明显增加，"共餐"是传染性肠道疾病和传染性肝病的重要传播途径。共用餐具与"共餐"具有同样的危害作用。

二、生活方式与健康

科学的生活方式有利于机体各种生理机能的发挥，有利于身体健康，也有利于提高学习和工作效率。

大学生的生活要有一定规律，就一天来说，起床、吃饭、学习、工作、休息、运动，都要有规律地安排好，按规定的时间进行。讲求良好的生活模式，对大学生来说十分重要。

（一）养成良好的睡眠习惯

睡眠是保证大学生健康的先决条件之一，因为在睡眠过程中，内分泌系统释放的生长素比平时多 3 倍。这些生长素可以作用于全身的组织细胞，促进它们的生长发育，对骨骼生长的促进作用尤其明显。如果睡眠不足，就会出现烦躁、易怒、食欲减退、体重减轻、生长发育缓慢，还会导致睡眠困难、夜间易醒。

（二）养成良好的体育锻炼习惯

对于体育锻炼的重要意义，每个大学生都有一定的认识。但在实际当中，有的大学生却往往忽视了体育锻炼；有的大学生认为自己年轻，身体很好，现在最重要的是抓紧时间学习，将来再锻炼也可以。其实大学期间养成每日锻炼的习惯使人一生受益无穷。我国大学生曾经在积极从事体育锻炼活动中总结出 8－1＞8 的经验。实践证明,如果我们每天从 8 小时的学习中抽出 1 小时进行体育锻炼,其学习效率大于 8 小时的学习效率。科学研究证明:体育锻炼对智力发展有非常重要的作用,主要表现在以下几个方面。

1. 体育锻炼有助于大脑两个半球的全面发展;
2. 体育锻炼能消除大脑疲劳,提高大脑的工作效率;
3. 体育锻炼能提高大脑的反应速度和综合分析能力;
4. 体育锻炼能促进大脑的生长发育。

(三) 养成良好的卫生习惯

学校是大学生生活学习的重要场所,一个学校的环境卫生是否符合卫生要求,直接关系到大学生的身心发展和身体健康。因此,每个大学生都要养成良好、文明的卫生习惯,要保持校园、教室、宿舍的卫生环境。

教室是学生聚集的场所,如果教室卫生不好,不但影响学习,还容易引起流行病的传播,如 2003 年春季在北京、广东等地流行的非典型性肺炎。通风可以让空气流动,增加室内的新鲜空气,有利于人体的健康。教室内的光线要分布均匀而且充足,均匀的光线有利于保护学生的视力,提高学习效率。

应经常对宿舍进行清扫,保持床铺、门、窗、地面的清洁。定期在宿舍喷洒消毒剂,消灭蚊、蝇、臭虫、蟑螂等害虫;宿舍窗户应经常打开,通风换气;自己的被褥也经常洗晒消毒;不要在宿舍内洗衣物,以保持室内地面干燥。

(四) 不吸烟、适量饮酒

世界卫生组织曾把吸烟称为"20 世纪的瘟疫"。吸烟是 21 世纪人类面临的两大公害之一。大量的调查研究表明,吸烟能诱发和加重多种疾病,降低人体的健康水平,甚至缩短人的寿命。吸烟的危害在于香烟中含有大量的有毒物质,这种有毒物质中危害最大的是烟碱(尼古丁)、焦油和微尘,其中烟碱是神经系统和血液循环系统的杀手;焦油则与喉癌、口腔癌、食道癌、胃癌,特别是与肺癌关系密切;微尘则会刺激气管黏膜,引发咽喉炎、咳嗽、支气管炎和声音沙哑等疾病。吸烟不仅危害自身,同时危害他人,被动吸烟的危害不亚于主动吸烟。

酒的主要成分是酒精(乙醇)。过量饮酒会危害人体的细胞,对身体产生破坏作用,直接影响身体健康。酒精对心脏的危害较大,长期过量饮酒会使心脏失去正常的弹性而增大。医学上的"啤酒心",指的就是长期过量饮用啤酒,使心脏扩大而形成的心脏变形。另外,酒精对神经系统也有危害,有的人饮酒后变得非常"健谈",就是中枢神经系统在酒精的作用下失去调节功能的表现。酒精还会使血液中的脂肪物质沉淀在血管壁上,使血管变窄,血压升高。

(五) 不发生不健康的性行为

性传播疾病是指以性接触为主要传播途径的一组传染性疾病,俗称性病。目前国际上列为性病的病种逾 20 种,我国重点防治的性病有 8 种,即淋病、梅毒、生殖器疱疹、非淋菌性尿道炎、尖锐湿疣、软下疳、性病淋巴肉芽肿和艾滋病。引起性病的病原体有多种,包括病毒、衣原体、支原体、细菌、螺旋体和原虫等。当性病患者与健康人进行性接触时,病原体很容易侵入健康人体而致感染。但有些病原体可经过非性接触途径传播,如被病原体污染的毛巾、内衣、便器、浴盆、注射器针头等，或通过输血、注射血制品、接受器官或组织移植而感染。此外，某些性病还可以在妊娠和分娩过程中由母亲传给胎儿或新生儿。

性发育是青春期的核心，是青少年生理成熟的基础，因而也是健康的基础。性意识、性欲望等是每个正常人都有的心理活动。大学生应把握好心理活动与性行为之间的准则和道德规范，树立良好的恋爱观和性道德。

现代社会文明把性道德提到了相当的高度，男女之间的爱情是人生经历中一件美好的事情，爱情同样需要讲究道德。然而，据有关调查，在大学生中，对待两性关系态度不严肃，性关系混乱的现象还是存在的。这对大学生的身体健康和心理健康是有很大危害的，将影响人的心理健康和人格的健全，影响学习乃至今后工作和婚姻。因此，在大学生中应加强性道德教育，提高性道德水平，树立良好的恋爱观、道德观和人生观。

第二章
体育锻炼的科学基础

第一节 体育锻炼的生理学基础

新陈代谢是生命活动的基本特征。新陈代谢是合成代谢和分解代谢相互联系的过程：机体摄取的营养物质转化为自身物质，同时吸收了能量的过程称合成代谢；机体把自身的物质进行分解，同时释放能量的过程称分解代谢。分解代谢所释放的能量转化为热能、机械能、电能等，以维持人体正常的生命活动和生理机能所需要的一切能量，所以物质代谢必然伴随着能量的转移，这种能量转移称为能量代谢。由此可见，新陈代谢是物质代谢和能量代谢的总和。

一、物质代谢

（一）糖代谢

1. 糖在体内的代谢过程

糖在体内存在的主要形式有两种：一种是以糖原的形式存在于组织细胞浆内，主要是肝细胞中的肝糖原和肌细胞中的肌肉糖原；另一种是以葡萄糖的形式存在于血液中，称血糖。

（1）糖原储备与动员供能

正常成年人肌糖原总量约占肌肉重量的15%，其含量随机能状态的不同而变动较大，平均为350～400克。体内肌糖原储量约占成年人全身糖储备量的70%，是糖储备的最大部分，也是肌肉活动时能量供应的重要源泉。肝糖原储量约为其本身重量的2%～8%，总量为75～90克。肝糖原的储量对维持血糖的正常水平有重要意义。肌肉活动时，肌糖原首先被动员，当肌糖原耗尽，而且血糖浓度又降低时，肝糖原即被动员分解为葡萄糖进入血液，使血糖浓度恢复正常，从而保证有丰富的葡萄糖通过血液循环进入活动的肌肉，并分解供能。所以，肝脏对维持血糖稳定起着重要作用。

（2）糖的分解代谢

糖的分解供能分为无氧酵解和有氧氧化两种方式：当氧供应充足时，来自糖（或脂肪）的有氧氧化供能；当氧供应不足时，则来自糖的无氧酵解供能，即糖酵解生成乳酸；乳酸最后在氧供应充足时，一部分继续氧化，释放的能量使其余部分再合成为肝糖原。所以，肌肉收缩能量的最终来源是物质（糖、脂肪）的有氧氧化。

2. 运动与糖代谢

（1）血糖浓度与运动能力

在不同持续时间和运动强度的运动中，血糖浓度的变化有所不同。短时间、剧烈运动后，血糖浓度升高。长时间运动（如马拉松跑）会降低血糖浓度，但马拉松赛后，血糖浓度是恒定的。在运动前或运动中，适量补充糖可维持血糖正常水平，提高运动能力，延缓疲劳发生。所以，血糖水平的稳定对于运动能力的提高有重要的意义。

（2）糖原储备与运动能力

运动性疲劳或过度训练的原因之一是体内肌糖原储量的耗竭，所以在大于1小时的运动中适量补充糖，可通过提高血糖水平、增加运动中糖的氧化供能、节约肌糖原的损耗、减少脂肪酸和蛋白质的供能比例，使运动的耐受时间延长，延缓疲劳发生，提高运动能力。合理膳食与适宜运动相结合，是提高机体糖原储备的有效途径。

（二）脂肪代谢

运动过程中脂肪代谢具有如下的特点：动员较慢，长时间运动的后期主要依靠脂肪酸氧化供能，短时间剧烈运动时脂肪分解受到抑制。

运动对脂肪代谢的影响：提高机体利用脂肪酸氧化供能的能力，改善血脂，减少体脂积累。

（三）蛋白质代谢

1. 蛋白质在体内的代谢

人体组织蛋白质及一些含氮物质总是在不断地分解与再合成。通常通过测定食物中的氮含量和尿中排出的氮量，来确定人体蛋白质的代谢状况。正常情况下，人体蛋白质的代谢状况与组织的生理活动相适应。正常成年人体内的蛋白质分解与合成处于一种动态平衡状态，即摄入氮等于排出氮，称为氮总平衡。正处于生长发育期的青少年，其组织细胞中的蛋白质的合成大于分解，即摄入氮大于排出氮，称为氮的正平衡；而饥饿者或消耗性疾病患者的组织细胞中的蛋白质的分解就明显地增强，即排出氮大于摄入氮，称为氮的负平衡。

2. 运动对蛋白质代谢的影响

运动对蛋白质代谢的影响主要体现在两个方面：机体运动时蛋白质可提供一部分能量；运动导致骨骼肌蛋白质合成增加——肌肉壮大。

（四）体内糖、脂肪和蛋白质代谢的关系

糖、脂肪和蛋白质是人体内最重要的三大营养物质。它们在体内的代谢构成了一个完整而统一的物质代谢过程。物质代谢过程中，三大营养物质代谢之间是相互促进和相互制约的。糖、脂肪和蛋白质代谢的密切关系主要表现在三者的中间产物的相互转变。应指出的是，由糖和脂肪转化为氨基酸，必须有氨基的供应，而且人体不能通过这种途径合成8种必需氨基酸，所以膳食中的糖和脂肪不能完全代替蛋白质摄入；同样，蛋白质也不能完全代替糖和脂肪作为氧化供能的原料；膳食中的糖也不能代替脂肪的摄入，因为脂溶性维生素的摄取有赖于脂肪的存在，而且某些人体必需的脂肪酸也只能从膳食的脂肪中获得。因此，若要身体健康，必须合理膳食。

（五）水分及无机盐代谢

1. 水分代谢

水分是维持生命所必需的物质，是组成生物体的重要成分。人体体液约占体重的60%，其中细胞内液（细胞浆）占体重的40%，细胞外液占体重的20%。

一般运动状态下的水分代谢，保持体内水代谢平衡是维持机体正常生命活动的重要保证。

日常情况下，体内水分大部分来自食物和饮料，小部分是由体内物质代谢过程中产生的。人体内水的排出主要是通过肾脏以尿液的形式排出体外，其次是通过皮肤、肺以及随粪便排出。

人体剧烈运动时，体内热量增加，出汗便成为维持体温恒定的主要途径。运动时的水分供给，以补足丢失的水分量、保持水平衡为原则，常采取少量、多次的措施。

2. 无机盐代谢

参与代谢的主要无机盐有钠、钾、铁、钙等。

二、能量代谢

能量代谢是指物质代谢过程中所伴随着的能量释放、储藏、转移和利用的过程。人体进行运动时，能量供应是运动员获得充沛体力和良好运动成绩的重要条件。运动时能量供应有其生理、生化规律，认识这些规律，对正确选择锻炼内容和提高锻炼效果是必要的。

（一）能量来源

人体内维持各种生命活动的能量只能从食物中获得，即糖、脂肪和蛋白质结构中的化学能。剧烈运动时，体内供氧不足，糖进行无氧代谢，经过一系列反应生成乳酸。在这个过程中，一分子葡萄糖可以转变为二分子乳酸，并释放能量。这些能量由二磷酸腺苷（ADP）接收而生成三磷酸腺苷（ATP），ATP是肌肉运动的直接能量来源。机体维持生命活动需要不断消耗ATP，ATP的不断生成又保障了机体连续不断的能量供应。生物体内能量的释放、转移和利用的过程都是以ATP为中心进行的，而ATP的分解与再合成的速度随代谢的需要而变化。

（二）ATP再生成的途径

ATP的再生成实际上是ADP与磷酸（Pi）再连接，是一个磷酸化的吸能过程。被吸收的能量只能从摄入机体内的糖、脂肪和蛋白质等物质的分解（放能）过程中获得。因此，ATP的生成包括有氧生成和无氧生成两种类型。

（三）体内能量去路

人体从食物中摄取的总能量的50%是以热能的形式维持正常体温，其余绝大部分的能量是以化学能的形式重新再转移到ATP分子中储存，以供机体直接利用。人体内能量的来源与去路，即能量的摄入与支出，是符合能量守恒定律的。它遵循下列公式：

$$能量输入（食物）=能量输出（做功、产热）\pm 能量的储存（脂肪等）$$

健康成年人体重的变化，基本符合上述公式。当能量摄入与支出相平衡时，体重基本保持不变。如果摄入大于支出时,人体就会发胖;相反则会消瘦。

能源物质可按无氧供能和有氧供能分成三个系统,即磷酸原系统、乳酸能系统和有氧氧化系统。在一项运动中,三种能量系统供能百分比和活动时间及功率输出之间有着紧密的依存关系。运动时间越短,功率输出越大,能量需要也越多。因此能量连续统一体的一端是时间短、强度大的运动,如100米跑,主要由磷酸原系统供能使ATP再合成;能量连续统一体的另一端是运动时间长、强度小的运动,如马拉松跑,几乎全部由有氧系统供能使ATP再合成;处于能量连续统一体中间区域的运动,根据运动的特点,由有氧系统和无氧系统以不同的比例供能使ATP再合成。

(四) 运动强度和持续时间对能量代谢的影响

1. 极限强度运动与次极限强度运动

最大强度的运动必须启动能量输出功率最快的磷酸原系统。由于该系统供能可持续75秒左右,因此,首先动用磷酸肌酸(CP)使ATP再合成。当达到CP供能极限而运动还需持续下去时,必然要启动能量输出功率次之的乳酸能系统,表现为运动强度略有下降,直至运动结束。

2. 递增负荷的力竭性运动

运动开始阶段,由于运动强度小,能耗速率低,有氧氧化系统能量输出能满足其需要,故启动有氧氧化系统(主要是糖的氧化分解)。随着运动负荷的逐渐增大,当有氧供能达到最大输出功率时,仍不能满足因负荷增大而对ATP的消耗时,必然导致ATP与ADP比值明显下降,此时必然动用输出功率更大的无氧供能系统。因磷酸原系统维持时间很短,所以此时主要是乳酸能系统供能,直至力竭。

3. 中低强度的长时间有氧耐力运动

此类运动(如马拉松)由于持续时间较长,因此运动强度一定要适应最大有氧供能能力的范围。运动的前期以启动糖有氧氧化供能为主,后期随着糖的消耗增加而逐渐过渡到以脂肪氧化供能为主。由于脂肪氧化的耗氧量大、动员慢、能量输出功率小于糖有氧氧化供能等特点,故脂肪的动用只能在运动后期出现。但在后期的加速、冲刺阶段,仍动用糖来供能。

三、影响心率的因素

心率是每分钟心脏搏动的次数。心率是运动生理学中最常用而又简单易测的一项生理指标,在运动实践中常用心率来反映运动强度和运动训练对人体的影响,并用于运动员的自我监督或医务监督中。成年人静息时心率在60~100次/分,平均为75次/分,但随着年龄、性别、体能水平、训练水平和生理状况的不同有所不同。新生儿心率可达130次/分,两岁以内为100~120次/分,此后随年龄增长而减慢,至青春期时接近成年人的频率。在成年人中,女性心率比男性快3~5次/分。有良好训练或体能较好者心率较慢,尤其是优秀耐力运动员静息时心率常在50次/分以下。当人体由卧位转为站位时、进食后、体温升高、情绪紧张、疼痛刺激、缺氧、运动或劳动等都可使心率加快。在肌肉活动时,心率的增加与运动强度有关,而且增加的幅度还与运动持续时间、体能水平、训练水平有关。

四、氧气的供应

机体在新陈代谢过程中,需要不断地从外界环境中摄取氧气并排出二氧化碳。这种机体与环境之间的气体交换称为呼吸。

呼吸系统是氧运输系统的重要组成部分,其主要机能是实现机体与外界环境的气体交换,以使血液中的氧化分压、二氧化碳分压、氢离子浓度维持在正常生命活动所允许的范围之内。运动时,机体代谢旺盛,所需氧量及二氧化碳排出量大大增加,呼吸过程必须加强,所以训练(特别是耐力训练)必将使呼吸系统的形态、机能产生适应性变化。人体主要的呼吸肌为膈肌和肋间外肌。当膈肌收缩时腹部随之起伏,肋间外肌收缩时胸壁随之起伏。因此,以膈肌运动为主的呼吸形式称腹式呼吸,以肋间外肌运动为主的呼吸运动称胸式呼吸。成人的呼吸一般都是混合式的。

呼吸形式与年龄、生理状态、运动专项等因素有关。在进行体育锻炼时,要根据动作的特点灵活转变呼吸形式,有利于提高动作质量和运动成绩。

五、肌肉的工作过程

(一)肌肉的活动

人体肌肉可分为骨骼肌、平滑肌和心肌三大类,其中骨骼肌数量最多,约占体重的40%。躯体运动,包括体育活动中各式各样的运动动作,都是由骨骼肌的活动来完成的。而内脏器官的活动,如胃肠道的运动和心脏的跳动,则分别由平滑肌和心肌的活动来实现。肌肉的活动是通过肌肉的收缩与舒张来进行的。肌肉在收缩与舒张过程中,产生张力和长度的变化,并牵引骨杠杆产生一定的位移运动或使之保持一定的位置,从而实现各种各样的身体运动和维持各种优美的身体姿势。

(二)肌肉的兴奋与收缩

在完整的机体内,肌肉的收缩是由神经冲动引起的,即来自中枢神经系统的神经冲动传至脊髓运动神经元后,经运动神经纤维传递给所支配的肌纤维,从而引起肌肉收缩。因此,肌肉的收缩,应包括神经纤维兴奋的产生、传导、传递,以及肌肉的收缩过程、机制、形式及其力学特征等基本内容。

(三)肌纤维类型

肌肉的基本功能是收缩,而实现肌肉收缩功能的结构单位是肌细胞。肌细胞外形成细长圆柱状,又称肌纤维。人体的肌纤维可分为慢肌和快肌两种类型。参加短时间、剧烈运动的项目,如短跑、举重等项目运动员,肌肉中快肌纤维百分比明显占优势;而参加耐力性项目,如马拉松、长跑等项目运动员,肌肉中却是慢肌纤维的百分比占优势;对有氧能力和无氧能力需求均较高的中跑运动员,其两类肌纤维的分布接近相等,类似的情况亦见于跳高运动员。

体育锻炼中用不同的练习手段,可分别发展不同类型的肌纤维,同时,运动员的肌纤维百分比构成并不是决定运动成绩的唯一因素。一个优秀的马拉松运动员和一个短跑运动员的快肌和慢肌百分比可以几乎相等,证明肌纤维类型的分布只是影响运动成绩的因素之一,而不是唯一因素。优异的运动成绩最终是由生理、生化、心理和生物力学等所谓的"支持系统"共同作用的结果。

六、恢复与超量恢复

恢复过程是指人体在体育运动结束后，各种生理功能和能源物质逐渐恢复到运动前状态的一段功能变化过程。运动时体内代谢过程加强，不间断地代谢以满足运动时能源的补充需要，在运动中及运动停止后能源物质都在不断进行补充和恢复，只不过运动中的能量消耗大于补充，运动后的体内能量消耗慢而小于补充。

能量恢复过程可分为三个阶段：第一阶段是运动中恢复过程就开始，但由于锻炼中消耗多，此时的恢复跟不上消耗量，因此能源物质储备逐步下降；第二阶段是运动结束后，此时体能消耗能源物质减少而补充不断加大，直到补充恢复达到运动消耗前的原水平；第三阶段就是超量恢复阶段，能源物质恢复不仅能到原有水平，而且达到安静水平后并没有停止，而是继续补充，使在一段时间内的能源物质恢复可超过原来贮备水平，比运动前的能源物质的储备量还要多，称之为"超量恢复"。超量恢复现象并不是在恢复期始终存在，而是保持一段时间后又回到原有水平。运动强度的大小对能量消耗有直接影响，同时对超量恢复出现的强弱也有直接影响，运动强度大超量恢复明显，相反则超量恢复就弱或根本不出现。超量恢复学说是运动训练学中大运动量训练原则的理论依据之一。认识和掌握这种运动效应的产生的生理机制，遵循这条训练的规律原则，在体育锻炼中安排好负荷量，把握住超量恢复时机，对于加大运动负荷，达到最好训练效果及在比赛中取得最佳成绩是非常重要的。运动实践证明，运动员在超量恢复阶段参加训练和比赛，能提高训练效果和创造优异比赛成绩。

第二节　体育锻炼的心理学基础

心理学是研究个人及其行为的科学，研究范围包括生长发育、动机行为、情绪想象、个性差异等。近些年来，心理学发展迅速，而且应用广泛，体育与心理的关系也很密切，体育锻炼可以调节人的心理，使人们的心理向健康方面发展，体育锻炼还可以培养人们优良的心理品质，而优良的心理品质对体育锻炼具有促进作用。

一、心理与生理的相关性

我国古代哲学家范缜提出："形存则神存，形谢则神灭。"这句话强调了身体是心理的载体。我国古代经典中医医书《黄帝内经·素问》中，就有"怒伤肝，悲胜怒；喜伤心，恐胜喜；思伤脾，怒胜思；忧伤肺，喜胜忧；恐伤肾，思胜恐"的记载，可见身体与心理之间的平衡与和谐对人的身体健康至关重要。

20世纪70年代，医学研究人员有两项重大发现：首先，大脑中的同一化学物质不仅调节身体的免疫系统，同时还影响着人们的思想感情。这意味着人们的心理状态与生理状态有着非常紧密的联系。其次，这种化学物质不仅存在于个人的大脑中，而且在身体各个系统中循环传递，包括免疫系统。这又意味着人们的生理健康状况和心理健康状况息息相关，相互影响。负面的心理活动，如消极的情绪、长期的焦虑、巨大的精神压力等都会导致不良的生理反应，而这种反应如果持续过久，就会导致机体的损害，甚至造成器质性病变；相反，积极乐观的心理状态可以预防疾病，体内分泌出各种有利于健康的化学物质，从而提高人体的免疫机能。比如,在患病的康复治疗中,乐观向上的精神状态有时可以起到药物无法达到的作用。

生命是一个有机的整体,身心一元论是被实践证明了的科学理论。机体的各个方面,思想、意识、机能都是相互依存、相互联系,共同完成人体的各种机能活动和需求。实际生活中一切思想活动都可以影响身体,而身体方面的活动同样可以影响精神和情绪。身心一元论的科学观念倡导体育教育应以培养全面发展的合格人才为目的。体育观念也要如同医学一样,由纯生物观转向三维的立体观,即生物—心理—社会模式。体育运动对一个人个性完善的影响是突出的。一个人的精神面貌往往由他的个性所决定,而个性则是一个人各种心理特征的综合体现。体育运动是引导发展个性的有效手段,如经常参加田径、体操等运动,可以培养人的坚韧、自制、果断、勇敢等品质;经常参加球类运动,可以培养沉着、冷静、团结协作、遵守纪律等优秀品质;特别是参加竞争性很强的体育活动,可以培养现代人的拼搏、惜时、自信、讲求实效等思想品德。体育运动对美育也有很好的促进作用,它以丰富的内容和独特的形式,培养良好的审美观,而且可以提高对美的动作、美的仪表、美的情愫的感受、鉴赏、表达和创新能力。

二、体育锻炼与心理健康的关系

现代人无时无刻不在享受现代科技文明的发展和进步所带来的方便。然而,激烈的社会竞争和强烈的生存危机,也促使人类进入了情绪负重的时代。一些不良的生活方式、过量的服用药物以及危险的行为等,都会打破人们的身心平衡状态,从而引发疾病,危害健康。

世界卫生组织(WHO)2002年的一项调查发现,全球真正健康的人仅占5%,身患各种疾病的占20%,亚健康者为75%。值得重视的是,在身患疾病和亚健康的人群中有65%的人与某种心理障碍或心理疾患有关。如人们长期处于压力情绪下,情绪高度紧张或抑郁,会导致生理机能和免疫力下降,从而引发心血管系统、消化系统、呼吸系统、内分泌系统的疾病。因而,要想成为真正健康的人,首先要做一个心理健康的人,要在提高心理素质方面下功夫,努力保持身体和心理的和谐统一。

(一)体育锻炼对心理健康的影响

大量研究表明,体育锻炼是一种低经济支出、低风险的有效改善心理健康的手段。体育锻炼对心理健康的影响主要有以下几个方面:

1. 体育锻炼有益于人的综合心理功能的提高

体育活动具有直观的特点,它需要参加者必须综合地运用各种有关感觉器官,不仅通过视觉、听觉等来感知动作形象,还要通过触觉和肌肉的本体感觉来感知动作要领、肌肉用力程度和方法,从而建立正确、完整的运动表象。在这个过程中,人的感知能力、观察能力以及形象记忆、运动记忆能力等均得到发展,这有利于促进人的思维灵活性、敏捷性,也有利于挖掘人的思维潜能。

长时间进行脑力劳动后,通过体育活动有益于呼吸系统、血液循环系统和神经系统的功能发展,更有助于从事运动锻炼者的注意力、想象力、思维分析等心智能力的健康发展。这些非智力因素对人的智能发展具有促进作用。

2. 体育锻炼有助于人的情感控制和调节

情感是人对客观事物的态度体验。体育活动内容丰富多彩，能诱发人们从事体育活动的兴趣和爱好。体育内容的复杂性与多变性，既能激发人们强烈的情感，保持乐观、稳定、健康的心态，又能控制、克服情绪的冲动性、易变性，使之服从活动需要。体育活动有助于改善大脑皮层与产生情绪有关的皮下中枢的调节能力。

体育活动的情绪效应有短期效应和长期效应两种。根据1988年温伯格等人的研究报道，一次30分钟跑步可以显著地改善紧张、困惑、焦虑、愤怒和抑郁等不良情绪。长期有规律的中等强度的体育活动有助于改善情绪，有助于增进情感的控制能力。经常参加集体体育活动，可以促进人际间沟通，产生亲近、信赖和相互间谦让、谅解的心理感受，在心理上产生一种归属感和安全感，能迅速改善人际关系，适应社会环境。

运动是一种有效对付压力的武器。据加拿大的一项研究表明，与压力有关的种种症状——焦虑不安、易怒、易疲劳、肌肉僵硬、消化不良，在进行10周有规律的运动锻炼之后就会消失。体育健康专家指出：运动是一剂天然的百分之百的抗抑郁良方，它可促进具有镇静功效的内啡肽分泌，并刺激大脑产生能感受幸福的荷尔蒙多巴胺，同时减少让人感受压力的氢化可的松。

3. 体育锻炼有益于培养坚强的意志品质

意志品质是指一个人的果断性、坚韧性、自制力及勇敢顽强、独立自主精神。意志品质既是在克服困难过程中表现出来，又是在克服困难过程中培养起来的。体育活动还充满着挫折和失败，因此它常与意志联系在一起。一切体育活动都要求人积极主动地参与，在体育活动中人的积极努力程度愈高，被克服的诸多主客观困难愈多，从而也就愈能培养出良好的意志品质。而且从体育活动中培养起来的意志品质，能够迁移到日常生活、学习和工作中去。

4. 体育锻炼有助于治疗心理疾病

体育活动是预防和治疗各种心理疾病的有效手段，对神经衰弱、忧郁症、恐怖症等多种神经症状以及身心疾病都有一定的治疗作用。心理学者迪斯曼曾研究了1750名医生的材料，发现从事慢跑、游泳、骑自行车、健身走以及力量训练，对于抑郁症的疗效达85%，对于焦虑症的疗效为60%。

（二）应激与体育锻炼

应激指个体对环境刺激的一种非特异性生物学反应。心理学家薛利曾说过："应激就像相对论一样，是一个广为人知，但却很少有人彻底了解的概念。"现代研究认为，应激反应是一种包括有应激源、个体对应激源评价以及个体的典型反应等因素相互作用的过程。

应激源是指那些唤起机体适应反应的环境事件与情境，如一场激烈体育比赛。作为应激源会引起观众血压升高、心跳加快、情绪激动、手舞足蹈等应激反应。应激源包括人们日常遇到的各种会引起应激反应的有关有机体的、情绪的、心灵的、社交的、智力的、环境的刺激。例如，躯体的应激源有冷、热、病痛、失眠、性唤醒等；情绪的应激源有从日常生活中引起的烦恼、沮丧，也有体育锻炼中因成功经历而引起的振奋喜悦；社交的应激源有幸福体验的期望、朋友相邀的等待，甚至有被朋友、恋人遗弃的沮丧；环境应激源有恶劣的天气、拥挤的人群、噪声、狭小的空间、污秽的房间等。

应激有积极的应激和消极的应激之分。某种活动是产生积极应激还是消极应激，存在一定标准。人体的运动锻炼是作用机体的许多应激因素之一，运动锻炼实质上是紧张的肌肉收缩活动，这种紧张的肌肉活动，就是一种强烈的"应激刺激"。这种刺激对人体起到急性或慢性安抚作用，长期坚持运动锻炼，某些器官系统的紧张水平会降低，而生理功能得到增强，因此这种适宜负荷的运动锻炼就是一种积极的应激。但是，如果过度地运动则可能导致个体身体某部位受伤或有损于内脏，使其变得苦恼，这就成为消极应激。另外，某件事是引起积极应激还是引起消极应激，要受个体认知评价的影响。例如冷水浴，有人认为日光、空气、水等自然因素是生命源泉，人体一刻也离不开它，因此主动积极地从春天开始至寒冬，坚持冷水浴，然后进行冬泳，会收到很好的锻炼效果。但亦有人虽也曾尝试过冷水浴，但其惧怕寒冷季节和感冒，因此将冷水浴看成是烦恼的活动，会在心理上产生不良影响。

在生活、工作、学习中，人需要一定的应激，这有助于提高生活质量和工作学习效率。一般而言，轻、中度的应激比较适宜。但适宜应激个体间有所不同，对相同的应激情景，不同的人、不同的人格类型会有不同反应。

虽然长时间或高强度的锻炼会带来身心紧张，但是研究显示，坚持参加低、中等强度的有氧运动是减少应激最有效的方法，主要因为体育锻炼可以提高人对应激的抵抗力。心理学家安德森认为，当个体进入运动情景时，有三个因素会引起应激反应：一是应激史，二是个性特征，三是应激策略。有应激史、特质焦虑、缺乏应激策略的人，更有可能产生应激反应。高应激的个体往往能体验到肌肉紧张不断增加、视野缩小、注意力不集中，因而也就更容易产生运动损伤。了解了应激与运动损伤的关系，我们可在高应激状态时，特别注意医务监督，加强防范，或者在消除应激后再进行锻炼，这样可以减少运动损伤。

处于消极应激状态下的人，往往显示某些征兆和症状，当然不同个性的人征兆不同，通常认为有下列几种。

1. 生理征兆

应激的生理征兆主要表现为引起一定的身体器官系统的变化。如经常性头痛、疲劳、手抖动，这反映了肌肉紧张性变化；另外，心跳加快，反映了血液循环系统的变化；呕吐，反映了消化系统的变化；呼吸困难，反映了呼吸系统的变化等等。

2. 焦虑与抑郁

在应激的心理征兆中，最通常的两种表现形式就是焦虑和抑郁。焦虑是一种伴随着某种不祥之事而产生模糊的、令人不安的情绪，其中包括紧张、不安、惧怕、愤怒、烦躁和压抑等情绪体验；抑郁是指一种持续的心境低落状态，其特点是对一般活动失去兴趣，表现出悲伤、缺乏活力等。

3. 睡眠障碍

失眠是应激的一种普通征兆，会严重影响生活质量和精力的充分发挥。

4. 低自尊

个体看待事物的方式常常会影响到应激产生。低自尊的人倾向于以消极的方式看待事物，在遇到困难或挫折时易灰心丧气。正确对待自己和别人，将有助于降低应激。

5. 性障碍

性障碍也是一种应激征兆。由忧虑产生的性障碍会进一步加重应激反应，甚至会形成恶性循环。担心怀孕、担心通过性途径传染疾病等也会导致应激。

(三) 体育活动对大学生心理障碍的调适作用

1. 消除大学生因身体状况引起的自卑感和焦虑

身体类型与行为之间存在着依赖性关系,这种关系首先表现在关心自己身体的形态。人对自己身体形态的自我认识比对智力、人格等方面的认识要早。一般来说,匀称、肌肉发达、端庄而健美的体表,会使人把品格、刚毅的意志、美丽和稳重等与之联系在一起,从而产生自信;而对自己身体形态及疾病的认识偏差,则会导致自卑心理的产生。

体育活动可使人全面、客观地了解、认识自我,同时在体育活动中获得心情愉悦的体验,从而保持乐观情绪,消除因身体形态等因素所引起的焦虑和自卑心理。

2. 提高大学生承受挫折的能力

在人的一生中,挫折是不可避免的,但挫折会引起一系列反应,而这种反应的性质有积极的也有消极的。挫折不仅会打破人的身心平衡,而且也会自发地唤起心理防御机制的作用。因此,对挫折的适应程度,直接影响到一个人的身心健康。

体育活动具有紧张而又激烈的特点,同时运动竞赛又具备胜负的瞬间转换,高兴与失落、希望与失望共存,使人的心理承受能力不断经受磨炼,从而培养出胜不骄、败不馁的顽强意志,形成不畏困难、敢于挑战的性格特点,在面临挫折和失败时不逃避、不惧怕、不灰心丧气、不悲观失望,并主动积极地适应、勇敢顽强地去拼搏。这也使心理承受挫折的能力不断得到强化与提高,由此在生活中才能不把挫折看成是人生的厄运,才能自信乐观,相信自己有能力闯过难关、战胜挫折,使心理健康和身体健康达到和谐统一。

3. 体育活动可以缓解和化解冷淡的人际关系

体育活动具有特殊的功能,使大学生自觉不自觉地参与。在集体活动的过程中,促进同学之间的沟通,产生亲近、信赖、了解友好和相互间谦让谅解的心理感受。体育活动把个人与集体融为一体,不仅缩短了同学之间的距离,体验到集体的温暖,而且在心理上产生一种归属感和安全感。

4. 体育活动缩短了对环境的适应期

据了解,新生入学后主要面临的是陌生的人际关系和陌生的环境。这两大心理环境的适应,主要取决于人际关系的改善。当人际关系在体育活动中得到迅速的改善,环境适应问题也随之改善。

第三节　体育锻炼与合理营养

一、运动前的营养补充

(一) 运动前的食物

运动前应以高糖类、低脂肪的食物为主。例如,面包、米饭、面条和水果等,这些食物容易消化,又能提供糖类,因此常作为运动时的能量来源。

如果时间超过60分钟,可以选择升糖指数较低的食物,例如,水果、脱脂牛奶、米饭、豆类,这些食物缓慢地被消化成糖类,能够长时间地供应糖类供运动中的肌肉消耗。如果运动时间少于60分钟,可以选择升糖指数高的食物,例如,面包、运动饮料,这些食物很快就被消化,能够迅速提供糖类。

高纤维的食物容易造成肚子不舒服,因为它们需要较长时间的消化。但有些高纤维的食物也富含糖类,例如,全麦面包、高纤饼干、一些高纤饮料等。如果这些食物使人在运动中感觉不舒服,就应该避免在运动前吃这些食物。

(二)运动前的最佳进食时间

进食的时间随着运动和食物的种类不同而异,共同的原则是:吃进去的食物可以在运动过程中提供充足的营养和能量,而不至于在运动过程中造成肠胃不适。

身体震动比较大的运动,胃内的食物通常比较敏感,少量的食物就可能会令人感到不舒服。这就需要在运动前较早地进食,或是减少食物的摄取量,以减轻这些症状。一般而言,身体震动比较小的运动,如骑自行车和游泳,受到胃中食物的影响相对较小,对于进食的时间和食物的选择有较大的弹性。

少数人若是在运动前15~20分钟吃甜食或是高升糖指数的食物,例如运动饮料、面包、蜂蜜等,在运动时会发生低血糖,感到头晕和乏力。因为这些食物可刺激胰岛素的分泌增加,而运动时肌肉耗能也增加,两者都可引起血糖下降,从而影响运动能力。为避免出现血糖过低的症状,最好的方法是,短时间的运动(持续时间在40分钟以下)可在运动前5~10分钟进食甜食,胰岛素的分泌无法在这么短的时间内反应,而在运动开始后,胰岛素的分泌会被抑制,不会对升高的血糖产生反应,也就不会有上述的血糖过低的症状发生。如果运动时间较长,则宜在运动前两小时吃,此时,胰岛素增高的因素已不明显。

没有一种食物或进食时间表可以适合每一个人,每个人都需要在练习时实际体验,找出最适合、最有效的食物和进食时间。

二、运动后的营养补充

体育锻炼后的恢复是体育锻炼中非常重要的环节,恢复的好坏不仅直接影响到锻炼的效果,而且还关系到第二天的运动能力。越来越多的研究表明,锻炼后简单的体育仅是恢复手段之一,如果能适当地补充营养,将对体能的恢复有很大帮助。

运动后的营养补充主要作用有以下几个方面:

(一)水分的补充

剧烈的运动会导致机体大量水分的丢失,失水会影响运动的能力,即使失水只占体重的1%,也容易引起疲劳和不适;失水占体重3%,不适感加重,运动能力可下降20%~30%。通常情况下,运动中已经补充的水分都少于丢失量。因此,在运动后机体还是处于不同程度的缺水状态,需要积极地加以补充。

想要知道到底在运动中流失了多少水分,最直接的方法就是测量运动前和运动后的体重变化,每减少1千克体重,就表示至少需要补充1升水,甚至更多,因为在运动后仍然会持续地流汗和排尿。若是不方便测量体重,也可以根据口渴的感觉喝水。另一个明显的指标是排尿,如果在运动后1~2小时中,排尿量很少或是完全没有,而尿液的颜色很深,表示身体仍然处于缺水的状态,仍需补水,直到排尿量恢复正常,而且尿液颜色变成很淡或是无色,这才表示身体已经有了足够的水分。

(二) 电解质的补充

汗液中主要的电解质是钠离子和氯离子,还有少量的钾离子和钙离子。进行了长时间的运动,例如长跑或是在酷热的天气下连续剧烈运动数小时后,可在运动后以淡盐水或运动饮料补充水分和电解质。一般情况下,运动后的丢失电解质可在正常的饮食中得到补充。

(三) 糖类的补充

糖原是运动时的主要能量来源之一,体内糖贮存量不足以应付运动所需,是疲劳和运动能力下降的原因之一。

研究显示,在运动后两小时,身体合成肝糖原的效率最高,两小时后则恢复到平常的水平。因此,在运动后迅速补充糖类,就可以利用这段自然的高效率时段,迅速地补充体内消耗的肝糖原。如果下次训练或比赛是在10~12小时之内,这段高效率期间特别重要,因为如果错过这个时段,即使在后续时间吃进了足够的糖类,身体也可能没有足够的时间完全补充消耗的肝糖原,使体内的肝糖原存量一次比一次降低,越来越容易感觉疲劳。若下一次运动在24~48小时之后,即使错过这段时间,接下来只要着重于高糖类的食物的摄入,仍然有足够的时间补充所有消耗的肝糖原。

一般的建议是在运动后15~30分钟之内吃进50~100克糖(大约是每千克体重1克),每两小时再吃50~100克糖,直到进餐为止。正餐以及其他运动期间的饮食也应该以富含糖类的食物为主。

(四) 肌肉和组织的修复

即使是没有身体接触的运动,也会造成肌纤维和结缔组织的损害,运动后酸痛的部分是受损的肌肉组织。身体接触性的运动,如篮球、足球、橄榄球,会造成更多的肌肉损伤。受损的肌肉合成和储存肝糖原的效率也会降低。因此,参与身体接触性运动,或是比赛后受伤的运动员,需要补充更多的糖类,也需要把握运动后两小时的那段高效率期间,有效地补充体内消耗掉的糖原。

(五) 适合食用的食物

以下列出含有50克糖类的食物,各人可以依照不同的习惯或喜好以及需求的量来选择适合的食物,或是加以组合变化。一般而言,运动后比较容易接受各式饮料或流质的食物,以之补充糖类和蛋白质,同时不要忘记补充足够的水分。

800~1000毫升运动饮料;500毫升纯果汁;三个水果(苹果、香蕉、橘子等),6~10片饼干;两个水果加一杯牛奶,两片面包加少许果酱和一杯牛奶。

(六) 应该避免的食物

大运动量运动后,应避免喝酒,酒精有利尿的作用,会降低体内的水分,也会减少肝糖原的合成,还会影响受损组织的复原,对于运动后的恢复有很大的副作用。

运动后也应该避免饮用含有咖啡因的饮料,如咖啡、茶等。因为咖啡因也有利尿的作用,会减缓体内水分的补充。

第四节　体育锻炼对人体产生的积极影响

一、体育锻炼对运动系统的影响

体育锻炼能保持肌张力,减小肌萎缩和退行性变化,保持韧带的弹性和关节的灵活性,使脊柱的外形保持正常,从而能够减少和防止骨肌肉、韧带、关节等器官的损伤和退化,使运动系统功能得到改善。

体育锻炼时骨的血液供给得到改善,骨的形态结构和性能都发生良好的变化,骨密质增厚使骨变粗,骨小梁的排列更加整齐而有规律,骨骼表面肌肉附着的突起更加明显,这些变化使骨变得更加粗壮和坚固,从而提高了骨的抗折、抗弯、抗压缩和抗扭转等方面的能力。

(一) 体育锻炼对关节的影响

体育锻炼既可增强关节的稳固性,又可提高关节的灵活性。关节稳固性的加大,主要是增强了关节周围肌肉力量的结果,同时与关节和韧带的增厚也有密切的关系。关节灵活性的提高,主要是关节囊韧带和关节周围肌肉伸展性加大的结果。如游泳或体操运动时肩、肘、手、足等关节运动幅度都加大,从而使灵活性提高。人体的柔韧性提高了,肌肉活动的协调性加强了,就有助于适应各种复杂动作的要求。

(二) 体育锻炼对肌纤维的影响

1. 肌纤维变粗,肌肉体积增大,因而肌肉显得发达、结实、健壮、匀称而有力。正常人的肌肉约占体重的 35%～40%,而经常从事体力劳动和体育锻炼的人,肌肉可占体重的 45%～55%。

2. 肌肉组织的化学成分可发生变化,如肌肉中的肌糖原、肌球蛋白、肌动蛋白和肌红蛋白等含量都有所增加。肌球蛋白、肌动蛋白是肌肉收缩的基本物质,这些物质增多不仅能提高肌肉收缩的能力,而且还使三磷酸腺苷(ATP)酶的活性增强,分解速度加快并促进供给肌肉的能量。肌红蛋白具有与氧结合的作用,肌红蛋白含量增加,则肌肉内的氧储备量也增加,有利于肌肉在氧供应不足的情况下继续工作。

3. 体育锻炼有助于增强肌肉的耐力。因为肌纤维内线粒体的大小和数量成倍增加能产生更多的能量,使肌肉中的毛细血管大量开放(安静时肌肉每平方毫米开放的毛细血管不过 80 条左右,剧烈运动时可增加到 2000～3000 条)。长期坚持锻炼,可使肌肉的毛细血管形态结构发生变化,出现囊泡状,从而增加了肌肉的血液供应量。

二、体育锻炼对心血管系统的影响

(一) 体育锻炼对心血管的形态结构和机能的积极影响

体育锻炼时,心脏的工作量增加,心肌的血液代谢过程加强。长期锻炼的运动员心肌纤维增粗、心壁增厚、心脏增大,以左心室增大最为多见,而且训练水平越高,这种变化越显著。这样,不但使心脏具有更大的收缩力,而且还能增加心脏的容量,从而使心脏的每搏输出量和每分钟输出量增加。心容量可由一般人的 765～785 毫升增加到 1015～1027 毫升。每搏输出量由安静时的 50～70 毫升增至 100 毫升左右。到中老年时,长期锻炼还可延缓肌纤维退化过程。

(二)体育锻炼影响血管的结构,改变血管在器官内的分布

动物试验证明,体育锻炼可使动脉血管壁的中膜增厚,平滑肌细胞和弹力纤维增加,而在大动脉(主动脉)处,弹力纤维占优势,在中等动脉(腰动脉)处,平滑肌细胞占优势。动物试验还证明,体育锻炼能使骨骼肌的毛细血管分布数量增加,分支吻合、丰富。这些变化都有利于改善器官供血,增强物质与能量的交换。

动物试验研究还证明,体育锻炼能够反射性地引起冠状动脉扩张,使冠状动脉口径增粗,改善冠状动脉循环,心肌的毛细血管数量增加,心肌中肌红蛋白含量也增高,可以增强心脏在缺氧条件下的工作能力,对预防冠心病有着重要的意义,也是延缓冠心病发展的重要因素。

(三)体育锻炼可以促使大量毛细血管开放

这对于人体组织细胞的物质代谢过程,特别是脂质代谢,以及血管壁的弹性,都起着良好的作用,也是新陈代谢旺盛的人身体健康的保证。

(四)体育锻炼可以显著降低血脂含量(胆固醇、β脂蛋白、三酰甘油)

这会使低密度脂蛋白减少,高密度脂蛋白增加,对防治动脉硬化有着重要意义。另外,从事体育锻炼还可增强血液中抗凝血系统的功能,降低血中尿酸含量,预防血小板的聚集,以免发生血管栓塞。

(五)体育锻炼还可以使安静时脉搏徐缓和血压降低

通常人安静时脉搏每分钟 70～80 次,经过长期体育锻炼后,可使安静时脉搏减慢到每分钟 50～60 次。脉搏频率的减少能使心脏收缩后有较长的休息时间,为心脏功能提供了储备力量。这样当人体进行激烈运动时,心脏就能承受大运动量的负荷。

在进行运动时,经常锻炼的人每分钟脉搏次数增加较少,而且恢复较快;不常进行体育锻炼的人脉搏次数增加较多,恢复也慢。正常人轻度运动时,脉搏增加越少,恢复时间越短,说明循环机能越好。

经过长期的体育锻炼,在完成定量工作时,心血管机能变化呈现以下特点:

1. 动员快。完成一定工作劳动时,能迅速动员心血管的机能活动,以适应机体承受负荷的需要。

2. 潜力大。在极度紧张的劳作中,心血管系统可发挥最大的机能潜力,充分调动人体的储血力量。

3. 恢复快。在体力活动之后,虽然心血管机能变化很大,但能很快恢复到安静状态的水平。每次搏动及每分钟输出量增加时,自静脉流入心脏的血液也随之增加。

血液具有维持内环境的相对稳定作用、运输作用以及防御作用,在体育锻炼的影响下,血液的成分及生化方面都可发生改变。适量的体育锻炼,首先使血红蛋白和红细胞数量增加,这就增加了血液的容氧量。苏联学者研究证实,长期锻炼可使机体碱储备增加,因而也增加了血液的缓冲性,在进行剧烈的肌肉活动时,虽有大量代谢的酸性产物进入血液,血液也能在比较长时间内保持正常反应,而不致造成酸性产物对各器官组织的刺激。

三、体育锻炼对呼吸系统的影响

体育锻炼能提高呼吸机能，主要表现为呼吸肌发达，收缩力增强，最大通气量大，肺活量增大，呼吸差较大，一般人为6～8厘米，经常锻炼的人为9～16厘米。安静时，一般人呼吸浅而快，每分钟男子为16～20次，女子要比男子快1～2次。而经常锻炼者呼吸深而缓，每分钟8～12次，一般成人男女肺活量为2500～4000毫升，而经常锻炼的人可达4500～6500毫升，一般人最大通气量为每分钟80升左右，最大吸氧量为2.5～3.5升，只比安静时大10倍，而经常锻炼的人每分钟通气量可达100～120升，最大吸氧量可达4.5～5.5升，比安静时大20倍。

此外，由于长期坚持锻炼，负氧质量增大，对缺氧耐受力强，氧的吸收利用率也较高，调节呼吸的节奏和形式的能力也较强。

四、体育锻炼对消化系统的影响

体育锻炼对消化器官的机能有良好的作用，它能使胃肠的蠕动加强，消化液的分泌增多，因而使消化和吸收的能力提高，从而增加食欲。但是，食后立即进行比较剧烈的运动或比较剧烈运动后立即进食，都对消化系统有不良影响。因在剧烈运动时，大脑皮层运动中枢兴奋占优势，以致减弱和抑制了其他部位的活动，使消化中枢处于抑制状态，因而减弱了胃肠的蠕动，并减少了消化液的分泌。

五、体育锻炼对人体中枢神经系统和心理方面的影响

体育锻炼可以改善和提高中枢神经系统的工作能力，使中枢神经及其主导的部分大脑皮层的兴奋性增强，抑制加深，使得兴奋和抑制更加集中，从而改善神经系统的均衡性和灵活性，提高大脑分析和综合的能力，增强机体适应性变化能力和工作能力。经常从事体育锻炼的人和运动员灵活性高、反应速度快、反应时间短。

第三章 体质健康测试与评价

第一节 《国家学生体质健康标准》

(2014年修订)实施说明

一、说明

《国家学生体质健康标准》(以下简称《标准》)是国家学校教育工作的基础性指导文件和教育质量基本标准,是评价学生综合素质、评估学校工作和衡量各地教育发展的重要依据,是《国家体育锻炼标准》在学校的具体实施,适用于全日制普通小学、初中、普通高中、中等职业学校、普通高等学校的学生。

本标准的修订坚持"健康第一",落实《国家中长期教育改革和发展规划纲要(2010—2020年)》、《国务院办公厅转发教育部等部门关于进一步加强学校体育工作若干意见的通知》(国办发〔2012〕53号)和《教育部关于印发〈学生体质健康监测评价办法〉等三个文件的通知》(教体艺〔2014〕3号)有关要求,着重提高《标准》应用的信度、效度和区分度,着重强化其教育激励、反馈调整和引导锻炼的功能,着重提高其教育监测和绩效评价的支撑能力。

本标准从身体形态、身体机能和身体素质等方面综合评定学生的体质健康水平,是促进学生体质健康发展、激励学生积极进行身体锻炼的教育手段,是国家学生发展核心素养体系和学业质量标准的重要组成部分,是学生体质健康的个体评价标准。

本标准将适用对象中高校部分分为:大学一、二年级为一组,三、四年级为一组。

大学各组别的测试指标均为必测指标。其中,身体形态类中的身高、体重,身体机能类中的肺活量,以及身体素质类中的50米跑、坐位体前屈为各年级学生共性指标。本标准的学年总分由标准分与附加分之和构成,满分为120分。标准分由各单项指标得分与权重乘积之和组成,满分为100分。附加分根据实测成绩确定,即对成绩超过100分的加分指标进行加分,满分为20分;大学的加分指标为男生引体向上和1000米跑,女生1分钟仰卧起坐和800米跑,各指标加分幅度均为10分。

根据学生学年总分评定等级:90.0分及以上为优秀,80.0~89.9分为良好,60.0~79.9分为及格,59.9分及以下为不及格。

每个学生每学年评定一次,记入《〈国家学生体质健康标准〉登记卡》(表3-1-2)。特殊学制的学校,在填写登记卡时可以按规定和需求相应地增减栏目。学生毕业时的成绩和等级,按毕业当年学年总分的50%与其他学年总分平均得分的50%之和进行评定。

学生测试成绩评定达到良好及以上者,方可参加评优与评奖;成绩达到优秀者,方可获体育奖学分。测试成绩评定不及格者,在本学年度准予补测一次,补测仍不及格,则学年成绩评定为不及格。普通高中、中等职业学校和普通高等学校学生毕业时,《标准》测试的成绩达不到50分者按结业或肄业处理。

学生因病或残疾可向学校提交暂缓或免予执行《标准》的申请,经医疗单位证明,体育教学部门核准,可暂缓或免予执行《标准》,并填写《免予执行＜国家学生体质健康标准＞申请表》(表3-1-3),存入学生档案。确实丧失运动能力、被免予执行《标准》的残疾学生,仍可参加评优与评奖,毕业时《标准》成绩需注明免测。

各学校每学年开展覆盖本校各年级学生的《标准》测试工作,《标准》测试数据经当地教育行政部门按要求审核后,通过"中国学生体质健康网"上传至"国家学生体质健康标准数据管理系统"。测试和数据上传时间由教育行政部门确定。

本标准由教育部负责解释。

二、单项指标与权重(表3-1-1)

表3-1-1　评价指标与权重

测试对象	单项指标	权重(%)
大学各年级	体重指数(BMI)	15
	肺活量	15
	50米跑	20
	坐位体前屈	10
	立定跳远	10
	引体向上(男)/1分钟仰卧起坐(女)	10
	1000米跑(男)/800米跑(女)	20

注:体重指数(BMI)=体重(千克)/身高2(米2)。

表3-1-2 《国家学生体质健康标准》登记卡(大学样表)　　　学校_____

姓名		性别		学号	
院(系)		民族		出生日期	

单项指标	大一			大二			大三			大四			毕业成绩	
	成绩	得分	等级	成绩	得分	等级	成绩	得分	等级	成绩	得分	等级	得分	等级
体重指数(BMI)(千克/米)²														
肺活量(毫升)														
50米跑(秒)														
坐位体前屈(厘米)														
立定跳远(厘米)														
引体向上(男)/1分钟仰卧起坐(女)(次)														
1000米跑(男)/800米跑(女)(分·秒)														
标准分														

加分指标	成绩	附加分	成绩	附加分	成绩	附加分	成绩	附加分
引体向上(男)/1分钟仰卧起坐(女)(次)								
1000米跑(男)/800米跑(女)(分·秒)								
学年总分								
等级评定								
体育教师签字								
辅导员签字								

注:高等职业学校、高等专科学校参照本样表执行。

　　　　　　　　　　　　　　　　　　　　　学校签章：　　年　月　日

表 3－1－3　免予执行《国家学生体质健康标准》申请表（样表）

姓名		性别		学号	
班级/院（系）		民族		出生日期	
原因	申请人： 　　年　月　日				
体育教师签字			家长签字		
学校体育部门意见	学校签章： 　　年　月　日				

注：中等职业学校及普通高等学校的学生，"家长签字"由学生本人签字。

第二节 《国家学生体质健康标准》的测试方法

一、1分钟仰卧起坐（女）

（一）测试目的

测试学生的腹肌耐力。

（二）测试方法

受试者仰卧于垫上，两腿屈膝，小腿与地面呈45°角左右，两手轻轻地搭在双耳侧。脚底与地面平行。受试者坐起时两肘触及或超过双膝为完成一次。仰卧时两肩胛必须触垫。

（三）注意事项

1. 如发现受试者借用肘部撑垫或臀部起落的力量起坐时，该次不计数。
2. 测试过程中，观测人员应向受试者报数。
3. 受试者双脚必须放于垫上。

图3-2-1 仰卧起坐测试示意图

二、引体向上（男）

（一）测试目的

测试学生的上肢肌肉力量的发展水平。

（二）测试方法

受试者跳起双手正握杠，两手与肩同宽成直臂悬垂。静止后，两臂同时用力引体（身体不能有附加动作），上拉到下颌超过横杠上缘为完成一次。记录引体次数。

（三）注意事项

1. 受试者应双手正握单杠，待身体静止后开始测试。
2. 引体向上时，身体不得做大的摆动，也不得借助其他附加动作撑起。
3. 两次引体向上的间隔时间超过10秒则停止测试。

三、立定跳远

（一）测试目的

测试学生下肢爆发力及身体协调能力的发展水平。

（二）测试方法

受试者两脚自然分开站立，站在起跳线后，脚尖不得踩线（最好用线绳做起跳线）。两脚原地同时起跳，不得有垫步或连跳动作。丈量起跳线后缘至最近着地点后的垂直距离，以厘米为单位，不计小数。

(三) 注意事项

1. 发现犯规时,此次成绩无效。
2. 可以赤足,但不得穿钉鞋、皮鞋、塑料凉鞋参加测试。

四、坐位体前屈

(一) 测试目的

测量学生在静止状态下的躯干、腰、髋等关节可能达到的活动幅度,主要反映这些部位的关节、韧带和肌肉的伸展性和弹性

(二) 测试方法

受试者两腿伸直,两脚平蹬测试纵板坐在平地上,两脚分开 10~15 厘米,上体前屈,两臂伸直,用两手中指尖逐渐向前推动游标,直到不能前推为止(图 3-2-2)。测试计的脚蹬纵板内沿平面为 0 点,向内为负值,向前为正值。记录以厘米为单位,保留一位小数。测试两次,取最好成绩。

(三) 注意事项

1. 身体前屈,两臂向前推游标时两腿不能弯曲。
2. 受试者应匀速向前推动游标,不得突然发力。

五、800 米(女)、1000 米(男)跑

图 3-2-2 坐位体前屈测试示意图

(一) 测试目的

测试学生耐力素质的发展水平,特别是心血管呼吸系统的机能及肌肉耐力。

(二) 测试方法

受试者至少两人一组进行测试,站立式起跑。当听到"跑"的口令后开始起跑。计时员看到旗动开表计时,当受试者的躯干部到达终点线垂直面时停表。以分、秒为单位记录测试成绩,不计小数。

(三) 注意事项

1. 如果在非 400 米标准场地上进行测试,测试人员应向受试者报告剩余圈数,以免跑错距离。
2. 测试人员应告知受试者在跑完后要继续缓慢走动,不要立刻停下,以免发生意外。
3. 受试者不得穿皮鞋、塑料凉鞋、钉鞋参加测试。
4. 对分、秒进行换算时要细心,防止差错。

六、50 米跑

(一) 测试目的

测试学生速度、灵敏素质及神经系统灵活性的发展水平。

(二) 测试方法

受试者至少两人一组测试。站立起跑,受试者听到"跑"的口令后开始起跑。发令员在

发出口令同时要摆动发令旗。计时员视旗动开表计时,受试者躯干部到达终点线的垂直面停表。以秒为单位记录测试成绩,精确到小数点后一位,小数点后第二位数按非0进1原则进位,如10.11秒读成10.2秒并记录之。

(三)注意事项

1. 受试者测试最好穿运动鞋或平底布鞋,赤足亦可,但不得穿钉鞋、皮鞋、塑料凉鞋。
2. 发现有抢跑者,要当即召回重跑。
3. 如遇风时一律顺风跑。

七、肺活量

(一)测试目的

测试学生的肺通气功能。

(二)测试方法

房间通风良好;使用干燥的一次性口嘴(非一次性口嘴,则每换测试对象需消毒一次,每测一人时将口嘴下倒出唾液并注意消毒后必须使其干燥)。肺活量计主机放置在平稳桌面上,检查电源线及接口是否牢固,按工作键液晶屏显示"0"即表示机器进入工作状态,预热5分钟后测试为佳。

首先告知受试者不必紧张,并且要尽全力,以中等速度和力度吹气效果最好。令被测试者面对肺活量计站立,手持吹气口嘴,测试过程口嘴或鼻处不能漏气,如漏气应调整口嘴和用鼻夹(或自己捏鼻孔);学会深吸气(避免耸肩提气,应该像闻花似的慢吸气)。受试者进行一两次较平日深一些的呼吸动作后,更深地吸一口气,屏住气向口嘴处慢慢呼出至不能再呼为止,防止此时从口嘴处吸气。测试中不得中途二次吸气。吹气完毕后,液晶屏上最终显示的数字即为肺活量毫升值。以毫升为单位,不保留小数。

(三)注意事项

1. 电子肺活量计的计量部位的通畅和干燥是仪器准确的关键,吹气筒的导管必须在上方,以免口水或杂物堵住气道。
2. 严禁用水、酒精等任何液体冲洗气筒内部。
3. 导气管存放时不能弯折。
4. 定期校对仪器。

八、体重

(一)测试目的

测试学生的体重,与身高测试相配合,评定学生的身体匀称度,评价学生生长发育的水平及营养状况。

(二)测试方法

测试时,杠杆秤应放在平坦地面上,调整0点至刻度尺水平位。受试者赤足,男性受试者身着短裤;女性受试者身着短裤、短袖衫,站在秤台中央(图3-2-3)。测试人员放置适当砝码并移动游标至刻度尺平衡。读数以千克为单位,精确到小数点后一位。记录员复诵后将读数记

体重测试示意图
图3-2-3

录。测试误差不超过 0.1 千克。

（三）注意事项

1. 测量体重前受试者不得进行剧烈体育活动或体力劳动。
2. 受试者站在秤台中央，上下杠杆秤动作要轻。

九、身高

（一）测试目的

测试学生身高，与体重测试相配合，评定学生的身体匀称度，评价学生生长发育的水平及营养状况。

（二）测试方法

受试者赤足，立正姿势站在身高计的底板上（上肢自然下垂，足跟并拢，足尖分开成 60 度角）。足跟、骶骨部及两肩胛区与立柱相接触，躯干自然挺直，头部正直，耳屏上缘与眼眶下缘呈水平位（图 3-2-4）。测试人员站在受试者右侧，将水平压板轻轻沿立柱下滑，轻压于受试者头顶。测试人员读数时双眼应与压板水平面等高进行读数，记录员复述后进行记录。以厘米为单位，精确到小数点后一位。测试误差不得超过 0.5 厘米。

身高测试示意图
图 3-2-4

（三）注意事项

1. 身高计应选择在平坦靠墙的地方放置，立柱的刻度尺应面向光源。
2. 严格掌握"三点靠立柱""两点呈水平"的测量姿势要求，测试人员读数时两眼一定与压板等高，两眼高于压板时要下蹲，低于压板时应垫高。
3. 水平压板与头部接触时，松紧要适度，头发蓬松者要压实，头顶的发辫、发结要放开，饰物要取下。
4. 读数完毕，立即将水平压板轻轻推向安全高度，以防碰坏。
5. 测量身高前，受试者应避免进行剧烈体育活动和体力劳动。

第三节 《国家学生体质健康标准》
（2014 年修订）测试评分表

表 3-3-1 体重指数（BMI）单项评分表　　　　　　（单位：千克/米²）

等级	单项得分	大学男生	大学女生
正　常	100	17.9～23.9	17.2～23.9
低体重	80	≤17.8	≤17.1
超　重		24.0～27.9	24.0～27.9
肥　胖	60	≥28.0	≥28.0

表3-3-2 大学男生各测试项目评分表　　　　　　　　　　（大一、大二适用）

等级	单项得分	肺活量	50米跑（秒）	坐位体前屈（厘米）	立定跳远（厘米）	引体向上（次）	耐力跑1000米（分·秒）
优秀	100	5040	6.7	24.9	273	19	3'17"
优秀	95	4920	6.8	23.1	268	18	3'22"
优秀	90	4800	6.9	21.3	263	17	3'27"
良好	85	4550	7.0	19.5	256	16	3'34"
良好	80	4300	7.1	17.7	248	15	3'42"
及格	78	4180	7.3	16.3	244		3'47"
及格	76	4060	7.5	14.9	240	14	3'52"
及格	74	3940	7.7	13.5	236		3'57"
及格	72	3820	7.9	12.1	232	13	4'02"
及格	70	3700	8.1	10.7	228		4'07"
及格	68	3580	8.3	9.3	224	12	4'12"
及格	66	3460	8.5	7.9	220		4'17"
及格	64	3340	8.7	6.5	216	11	4'22"
及格	62	3220	8.9	5.1	212		4'27"
及格	60	3100	9.1	3.7	208	10	4'32"
不及格	50	2940	9.3	2.7	203	9	4'52"
不及格	40	2780	9.5	1.7	198	8	5'12"
不及格	30	2620	9.7	0.7	193	7	5'32"
不及格	20	2460	9.9	−0.3	188	6	5'52"
不及格	10	2300	10.1	−1.3	183	5	6'12"

表3-3-3 大学男生各测试项目评分表　　　　　　　　　　（大三、大四适用）

等级	单项得分	肺活量	50米跑（米）	坐位体前屈（厘米）	立定跳远（厘米）	引体向上（次）	耐力跑1000米（分·秒）
优秀	100	5140	6.6	25.1	275	20	3'15"
优秀	95	5020	6.7	23.3	270	19	3'20"
优秀	90	4900	6.8	21.5	265	18	3'25"
良好	85	4650	6.9	19.9	258	17	3'32"
良好	80	4400	7.0	18.2	250	16	3'40"

续表

等级	单项得分	肺活量	50米跑（米）	坐位体前屈（厘米）	立定跳远（厘米）	引体向上（次）	耐力跑1000米（分·秒）
及格	78	4280	7.2	16.8	246		3'45"
	76	4160	7.4	15.4	242	15	3'50"
	74	4040	7.6	14.0	238		3'55"
	72	3920	7.8	12.6	234	14	4'00"
	70	3800	8.0	11.2	230		4'05"
	68	3680	8.2	9.8	226	13	4'10"
	66	3560	8.4	8.4	222		4'15"
	64	3440	8.6	7.0	218	12	4'20"
	62	3320	8.8	5.6	214		4'25"
	60	3200	9.0	4.2	210	11	4'30"
不及格	50	3030	9.2	3.2	205	10	4'50"
	40	2860	9.4	2.2	200	9	5'10"
	30	2690	9.6	1.2	195	8	5'30"
	20	2520	9.8	0.2	190	7	5'50"
	10	2350	10.0	—0.8	185	6	6'10"

表3-3-4 大学女生各测试项目评分表　　（大一、大二适用）

等级	单项得分	肺活量	50米跑（米）	坐位体前屈（厘米）	立定跳远（厘米）	1分钟仰卧起坐（次）	耐力跑800米（分·秒）
优秀	100	3400	7.5	25.8	207	56	3'18"
	95	3350	7.6	24.0	201	54	3'24"
	90	3300	7.7	22.2	195	52	3'30"
良好	85	3150	8.0	20.6	188	49	3'37"
	80	3000	8.3	19.0	181	46	3'44"
	78	2900	8.5	17.7	178	44	3'49"
	76	2800	8.7	16.4	175	42	3'54"
	74	2700	8.9	15.1	172	40	3'59"
	72	2600	9.1	13.8	169	38	4'04"
	70	2500	9.3	12.5	166	36	4'09"
	68	2400	9.5	11.2	163	34	4'14"
	66	2300	9.7	9.9	160	32	4'19"

续表

等级	单项得分	肺活量	50米跑（米）	坐位体前屈（厘米）	立定跳远（厘米）	1分钟仰卧起坐（次）	耐力跑800米（分·秒）
良好	64	2200	9.9	8.6	157	30	4'24"
	62	2100	10.1	7.3	154	28	4'29"
	60	2000	10.3	6.0	151	26	4'34"
不及格	50	1960	10.5	5.2	146	24	4'44"
	40	1920	10.7	4.4	141	22	4'54"
	30	1880	10.9	3.6	136	20	5'04"
	20	1840	11.1	2.8	131	18	5'14"
	10	1800	11.3	2.0	126	16	5'24"

表3-3-5 大学女生各测试项目评分表　　（大三、大四适用）

等级	单项得分	肺活量	50米跑（米）	坐位体前屈（厘米）	立定跳远（厘米）	1分钟仰卧起坐（次）	耐力跑800米（分·秒）
优秀	100	3450	7.4	26.3	208	57	3'16"
	95	3400	7.5	24.4	202	55	3'22"
	90	3350	7.6	22.4	196	53	3'28"
良好	85	3200	7.9	21.0	189	50	3'35"
	80	3050	8.2	19.5	182	47	3'42"
及格	78	2950	8.4	18.2	179	45	3'47"
	76	2850	8.6	16.9	176	43	3'52"
	74	2750	8.8	15.6	173	41	3'57"
	72	2650	9.0	14.3	170	39	4'02"
	70	2550	9.2	13.0	167	37	4'07"
	68	2450	9.4	11.7	164	35	4'12"
	66	2350	9.6	10.4	161	33	4'17"
	64	2250	9.8	9.1	158	31	4'22"
	62	2150	10.0	7.8	155	29	4'27"
	60	2050	10.2	6.5	152	27	4'32"
不及格	50	2010	10.4	5.7	147	25	4'42"
	40	1970	10.6	4.9	142	23	4'52"
	30	1930	10.8	4.1	137	21	5'02"
	20	1890	11.0	3.3	132	19	5'12"
	10	1850	11.2	2.5	127	17	5'22"

表 3-3-6 大学生加分指标测试项目评分表一　　　　　　　　　　（单位：次）

加分	引体向上（男）		1 分钟仰卧起坐（女）	
	大一、大二	大三、大四	大一、大二	大三、大四
10	10	10	13	13
9	9	9	12	12
8	8	8	11	11
7	7	7	10	10
6	6	6	9	9
5	5	5	8	8
4	4	4	7	7
3	3	3	6	6
2	2	2	4	4
1	1	1	2	2

注：引体向上（男）、1 分钟仰卧起坐（女），均为高优指标，学生成绩超过单项评分 100 分后，以超过的次数所对应的分数进行加分。

表 3-3-7 大学生加分指标测试项目评分表二　　　　　　　　　　（单位：分·秒）

加　分	1000 米跑（男）		800 米跑（女）	
	大一、大二	大三、大四	大一、大二	大三、大四
10	−35″	−35″	−50″	−50″
9	−32″	−32″	−45″	−45″
8	−29″	−29″	−40″	−40″
7	−26″	−26″	−35″	−35″
6	−23″	−23″	−30″	−30″
5	−20″	−20″	−25″	−25″
4	−16″	−16″	−20″	−20″
3	−12″	−12″	−15″	−15″
2	−8″	−8″	−10″	−10″
1	−4″	−4″	−5″	−5″

注：1000 米跑（男）、800 米跑（女）均为低优指标，学生成绩低于单项评分 100 分后，以减少的秒数所对应的分数进行加分。

第四节　促进达标的锻炼方法

为了促进体质健康达标,针对新《标准》规定的各项指标,现分别提供五种锻炼方法供同学们参考。

一、体重指数(BMI)锻炼方法

影响此项指数成绩的因素主要是一些学生过于肥胖,而体重较轻的同学通过一般体育锻炼即可达到提高此项指数成绩的目的。因此,本锻炼方法重在提高肥胖学生的该项成绩。

(一)锻炼目的:一是减轻体重,防止肥胖;二是保持和增强体力,提高身体机能水平。

(二)运动项目:长距离跑、自行车运动、游泳及球类活动。比较而言,经常采用的是长距离跑,它简单易行,容易控制。

(三)运动强度:保持心率在 120~160 次/分,最佳为 130~140 次/分。

(四)运动时间和频度:每次 45~60 分钟,每周 4~5 次。

(五)锻炼方法与程序:

1. 准备活动 5 分钟,可做些腰、腿、髋关节柔韧性活动。

2. 慢跑 30 分钟,速度控制以心率位于 120~160 次/分的速度为好,若心率低于 120 次/分,应加快跑速;若心率高于 160 次/分钟,应降低跑速。

3. 素质练习 20 分钟,包括仰卧起坐 40 个、提踵 50 次、立卧撑 40 次、纵跳 40 次。

4. 整理活动 5 分钟,可做些腰、背、腿、上肢的放松活动。

5. 注意事项:锻炼时若过于轻松或过于吃力,可适当调节内容或运动量(如改变速度、变换动作等);以锻炼后第二天不感到疲劳为宜,每周可适当增加运动量;严寒、酷暑或患病时,应停止锻炼。

(六)锻炼时间安排:早晨或晚饭后 1 小时。

(七)锻炼伙伴:最好与同样体型或同一运动水平的同学一起锻炼。

(八)锻炼环境:应在干净、空气清新的环境中,附近有树木、绿地及花草为宜。

(九)锻炼监督:选择与你有利害关系的人监督。

(十)锻炼习惯:争取养成锻炼习惯,保证计划的执行。

二、肺活量锻炼方法

(一)锻炼目的:一是提高个体肺活量水平,使个体的肺通气量、肺活量、呼吸深度等发生良性变化;二是保持和增强体力,提高身体机能水平。

(二)运动项目:长距离慢跑、球类运动、健美操、游泳、台阶跑等。

(三)运动强度:心率保持在 140~160 次/分。

(四)运动时间和频度:每次 50 分钟左右,每周 3~4 次。

(五)锻炼方法与程序:

1. 准备活动 5 分钟,可做些腰、腿、髋关节柔韧性活动。

2. 台阶跑 10 组,使心率保持在 160 次/分左右,持续时间大概 30 分钟。

3. 素质练习20分钟,包括跨跳40米2次、后蹬跑50米3次、加速跑30米3次。
4. 整理活动5分钟,可做些腰、背、腿、上肢的放松活动。
5. 注意事项:锻炼时若过于轻松或过于吃力,可适当调节内容或运动量(如改变速度、变换动作等);以锻炼后第二天不感到疲劳为宜,每周可适当增加运动量;严寒、酷暑或患病时,应停止锻炼。

(六)锻炼时间安排:早晨或晚饭后1小时。
(七)锻炼伙伴:最好有同一运动水平的同学与你一起交替或同时锻炼。
(八)锻炼环境:在田径场做跑的活动,在看台进行台阶跑。
(九)锻炼监督:选择与你有利害关系的人监督。
(十)锻炼习惯:坚持按已制订的计划执行,保证每次的锻炼量。

三、1000米跑(男)、800米跑(女)锻炼方法

(一)锻炼目的:一是提高机体的呼吸系统和心血管的机能;二是提高肌肉的耐力水平。
(二)运动项目:越野跑、变速跑、重复跑、中速跑、台阶跑、楼梯跑等。
(三)运动强度:使心率保持在140~180次/分。
(四)运动时间和频度:每次60~90分钟,每周3~4次。
(五)锻炼方法与程序:
1. 准备活动5分钟,可做些腰、腿、髋关节柔韧性活动。
2. 加速跑40~60米3次,每次间歇时间1分钟;变速跑1500~2500米2~3次,每次间歇时间3~5分钟,要求快跑和慢跑相结合,如采用100米慢跑接100米快跑,或者200米慢跑接200米快跑,再或用400米慢跑接400米快跑相结合的方法。
3. 素质练习20分钟,包括仰卧起坐20次1组,共3组;或收腹举腿20次1组,共3组。
4. 整理活动5~10分钟,可做些腰、背、腿、上肢的放松活动或者慢速跑。
5. 注意事项:锻炼时若过于轻松或过于吃力,可适当调节内容或运动量(如改变速度、变换动作等);以锻炼后第二天不感到疲劳为宜,每周可适当增加运动量;严寒、酷暑或患病时,应停止锻炼。

(六)锻炼时间安排:晚饭前4小时左右。
(七)锻炼伙伴:最好有同一运动水平的同学与你一起结伴锻炼。
(八)锻炼环境:田径场。
(九)锻炼监督:选择与你有利害关系的人监督,并记录你每次练习的时间和间歇时间,以保证练习强度。
(十)锻炼习惯:坚持按已制订的计划执行,保证每次的锻炼量和强度。

四、50米跑、立定跳远锻炼方法

(一)锻炼目的:一是提高较短距离跑的能力;二是发展下肢肌肉力量,尤其是爆发力水平、跳跃的协调性等。
(二)运动项目:30~50米的计时跑、上下坡跑、半蹲跳、跳远、多级蛙跳、负重深蹲、多级跨跳等。
(三)运动强度:运动时心率在160~180次/分。

（四）运动时间和频度：每次 60～90 分钟，每周 3～4 次。
（五）锻炼方法与程序：
1. 准备活动 5 分钟，可做些腰、腿、髋关节的柔韧性活动。
2. 慢跑 5～10 分钟；跑的专门性练习 30～40 分钟，包括小步跑 30～50 米 3 次、高抬腿跑 30 米 3 次、后蹬跑 30 米 3 次；50 米计时跑 5 次。
3. 素质练习 20 分钟，包括半蹲跳 10 次。
4. 整理活动 5～10 分钟，可做腰、背、腿、上肢的放松及放松跑 5 分钟。
5. 注意事项：锻炼时应坚持运动强度，间歇时间可适当调整；锻炼后必须认真完成放松活动，每周可适当增加运动量；每次这样的练习后，应有至少 24 小时的休息时间；严寒、酷暑或患病时，应停止锻炼。
（六）锻炼时间安排：晚饭前 4 小时左右。
（七）锻炼伙伴：最好与同一运动水平的同学结伴锻炼。
（八）锻炼环境：田径场。
（九）锻炼监督：选择与你有利害关系的人监督，并帮你计时或放松。
（十）锻炼习惯：保证强度要求，坚持完成锻炼计划。

五、其他锻炼方法

（一）坐位体前屈锻炼方法：5～10 分钟的慢跑后，可大量做正压腿、侧压腿、正踢腿、并腿体前屈等活动；保持静力性肌肉韧带伸展和动力性肌肉韧带伸展活动相结合的运动形式。
（二）引体向上处方（男）：5～10 分钟的慢跑后，可适量做俯卧撑、举哑铃、屈臂悬垂、平梯移行、爬杆或爬绳等活动；所有训练要量力而行，不能太勉强，否则可能会伤到肌肉。
（三）仰卧起坐锻炼方法（女）：5～10 分钟的慢跑后，可大量做仰卧起坐、收腹举腿、仰卧团身、头手并起等活动；坚持每天锻炼的持续性，不能松懈。

第四章
体育锻炼的原则与方法

第一节 体育锻炼的基本原则

体育锻炼的原则是身体锻炼基本规律的反映,也是参加者安排锻炼计划、选择锻炼内容、运用锻炼方法所要遵循的原则。为了达到体育锻炼的目的,提高锻炼的效果,在锻炼中我们应遵循以下五条基本原则:

一、自觉积极性原则

自觉积极性是要求锻炼时首先要有明确的健身目标,懂得"生命在于运动"的道理,树立起锻炼有益于学习、工作和生活的信念。把个人的切身需要和身体锻炼的功效与民族体质、人口质量以及国家的兴旺发达结合起来,这样就能更好地激发自己锻炼的热情。在这个基础上,还应认真选择适宜的身体锻炼的内容和方法,以及安排适宜的运动负荷,使进行身体锻炼之后获得一种精神上的满足,感到有乐趣、心情舒畅。人们进行感到有趣味的活动,就会对这项体育活动表现出极大的主动性和自觉性,使身心统一。总之,体育锻炼的效果、信心、兴趣三者是相辅相成的,应密切结合才能做到自觉积极地进行体育锻炼,这样也可提高比赛时的心理素质。

定期检测锻炼效果的信息反馈,可以使自己经常看到锻炼的结果和进步,增强自信心,有助于不断巩固和提高自觉锻炼的积极性。

二、从实际出发原则

从实际出发原则是指根据体育锻炼的目的、内容、方法以及自身的条件状况,而选择适宜的运动负荷的原则。

运动负荷大小由"负荷量"和"负荷强度"所组成。"负荷量"可以通过练习动作的次数、组数、时间、距离、负荷重量等特征表现出来;"负荷强度"可以通过练习动作的速度、难度、练习的密度、练习间歇时间的长短、单次负重的大小、投掷的距离、跳跃的高度和长度等表现出来。量和强度要处理适当。强度越大,量就要相应减少;强度适中,量可以相应加大。要做到适量,以练习者承受得了并有一定的疲劳为限。

三、持之以恒原则

锻炼效应具有不稳定性,当锻炼的系统性和连续性遭到破坏而出现间断或停顿时,已获得的全锻炼效应(机能水平提高、运动素质的发展、运动技能的形成与巩固等)就会逐渐消退

以至完全丧失,使体质逐渐下降。贯彻持之以恒原则,应注意以下两点:

(一)坚持安排合理的锻炼间隔时间

锻炼间隔时间长,锻炼的效果就不明显,因此每次锻炼安排间隔要合理。显然,要有长期计划、短期安排,计划安排要根据身体适应运动负荷的能力而定。

(二)锻炼要有恒心

持久锻炼、日积月累可使健身益心之效显著,逐渐产生兴趣,达到身心愉悦,从而养成经常锻炼的习惯。

四、循序渐进原则

循序渐进原则是指体育锻炼必须根据人体身心发展规律和个人的实际情况,在锻炼的内容、方法、运动负荷等方面逐步提高,使机体功能不断得到改善和提高。进行体育锻炼不能急于求成。坚持循序渐进原则要做到:

(一)选择合理的锻炼内容

在锻炼内容上,根据自己的身体状况合理选择,体质不同锻炼起点也不同。体质较好的人,可选择比较剧烈的运动方式,如各种竞技运动项目;体质较弱的人,开始锻炼时可选择比较缓和的运动,如慢跑、徒手操、武术、乒乓球等。患慢性疾病的人,可选择保健体育的一些内容,如太极拳、散步等。当体质逐渐变好时,锻炼内容也可逐步由缓和变为较为剧烈的运动。

(二)运动量逐步加大

机体对运动量的承受能力有个缓慢的适应过程,锻炼时运动量要由小到大,逐步增加。开始锻炼,时间要短,运动量不要过大,待机体适应后再逐步加大。如果运动量长期停留在一个水平上,机体的反应就会越来越小。机体机能的提高是按照刺激—适应—再刺激—再适应的规律有节奏地上升的,运动量也应随着这种节奏来安排。病后或中断锻炼后再进行锻炼,尤其要注意循序渐进,以免发生意外。

(三)每次锻炼过程也要循序渐进

每次锻炼前要做准备活动,锻炼后要做好整理活动,如长跑前先进行5～10分钟慢跑,长跑后也不要马上停下来。

五、全面锻炼原则

全面锻炼原则是指体育锻炼应全面发展身体的各个部位和各个器官的机能,提高身体素质和基本活动能力,从而达到身心全面和谐的发展。

人体是在大脑皮层调节下的有机统一的整体,人体各部位、各器官系统的机能,各种身体素质和基本活动能力之间是相互联系、相互制约的。身体素质是人体在运动过程中所表现出来的力量、速度、耐力、柔韧和灵敏等机能能力,它们是通过肌肉活动表现出来的,但同时反映着内脏器官的机能、肌肉工作时的供能情况,以及运动器官与内脏器官活动的配合协调状况。

对于处于生长发育关键时期的青少年来说,全面发展尤为重要。各个运动项目对身体发展都有其独特的锻炼作用,但同时也有一定的侧重性。如长跑锻炼有益于发展心血管系统和呼吸系统,加强中枢神经系统的调节。锻炼的内容可结合自己的兴趣爱好选择1～2个作为每天必练的主要项目,同时加强其他项目的锻炼以弥补主项的不足。全面锻炼的过程中还应注意心理素质的发展,如群体意识、个性的发展等。

第二节 体育锻炼的基本方法

在体育锻炼时我们不仅要遵循体育锻炼的基本原则,还应掌握正确的锻炼方法,以达到体育锻炼的目的。

一、重复锻炼法

在运动锻炼的过程中,用多次重复同一练习,两次(组)练习间安排相对充分休息,从而增加负荷的锻炼方法叫重复锻炼法。此方法关键是一次练习完毕后,间歇时间应当充分,这样可有效地提高锻炼者的无氧、有氧混合代谢能力,提高各种技术应用的熟练性与机体的耐久性。

重复锻炼是锻炼身体从而增强体质,为追求必要的负荷而反复做动作的过程。这个过程中主要是负荷强度,而不在于改正动作错误。因此,运用重复锻炼方法的关键是掌握好负荷的有效价值范围(最有锻炼价值负荷量下的心率),并据此调节重复次数。在重复锻炼中,对负荷量如何控制和怎样去重复才能达到理想效果的负荷强度,应视实际情况而定。通常认为,普通大学生的负荷心率在130～170次/分钟的范围内是较适宜的,心率低于130次/分钟则健身效果不大,应增加重复次数,超过170次/分钟则需减少重复次数,或安排足够的间歇时间。

运用重复锻炼方法还要注意根据锻炼项目的不同特点和不同体质状况,随时加以调整,以免机械呆板和产生厌倦情绪。

二、间歇锻炼法

在运动锻炼的过程中,对多次锻炼时的间歇时间做出严格规定,使机体处于不完全恢复状态下,反复进行锻炼的方法叫作间歇锻炼法。该方法的关键是间歇时间严格控制,使机体处于不完全恢复状态,但每次练习的负荷时间较长、负荷强度适中。此方法可使锻炼者的心脏功能明显增强,通过调节负荷强度,可使机体各机能产生与锻炼项目相匹配的适应性变化;提高有氧代谢供能能力,提高体质。

同重复锻炼法一样,间歇的时间也要依据负荷的有效价值标准去调节。一般说来,当负荷反应(心率)指标低于有效价值标准时应缩短间歇时间,而在高于价值标准时则可延长间歇时间。实践中,一般心率在130次/分左右时,就应再次开始锻炼。间歇时,不要做静止休息,而应边活动边休息,如慢速走步、放松手脚、伸伸腰或做深而慢的呼吸等。因为轻微活动可使肌肉对血管起到按摩作用,帮助血液回流和排除代谢所产生的废物。

总之,通过适当的间歇,把负荷量调节到负荷有效价值范围以追求良好的锻炼效果。

三、连续锻炼法

在运动锻炼的过程中,为了保持有价值的负荷量而不间断地连续进行运动的方法叫连续锻炼法。此方法要求负荷强度较低、负荷时间较长、无间断地连续进行运动。连续、间歇、重复都是在整个锻炼过程中实现的。连续、间歇、重复等因素各有其特有的作用,连续的作用在于持续负荷量不下降,维持在一定的水平上,使身体充分地受到运动的作用。

连续锻炼时间的长短,同样要根据负荷价值有效范围而确定,通常认为在140次/分左右心率下连续锻炼20～30分钟,可使机体的各个部位都长时间地获得充分的血液和氧的供应,因而能有效地发展有氧代谢能力,发展耐力素质。实践中,用于连续锻炼的内容主要是那些比较容易并已为锻炼者所熟悉的运动,如跑步、游泳,也可以是跳迪斯科舞等。

四、循环锻炼法

循环锻炼法由几个不同的练习点(或称作业站)组成,练习者按照既定顺序和路线,依次完成每点练习任务,即一个点上的练习一经完成,练习者就迅速转移到下一个点,下一个练习者依次跟上。练习者完成了各个点上的练习,就算完成了一次循环。这种练习方法就叫循环锻炼法。其结构因素有:每点的练习内容、每点的运动负荷、练习点的安排顺序、练习点之间的间歇、每遍循环之间的间歇、练习的点数与循环练习的组数。

循环锻炼法对技术的要求不高,且各项目都采用比较轻度的负荷练习,因此练起来简单有趣,可有效地提高不同层次和水平的练习者的运动情绪和积极性;可以合理地增大锻炼过程的练习密度;可以随时根据具体情况加以调整,做到区别对待;可以防止局部负担过重,延缓疲劳的产生,交替刺激不同体位,有利于综合锻炼,从而达到全面发展的效果。

运用循环锻炼法时,关键是要按照全面性原则去搭配项目。根据已有的经验,一般选择6～12个已为锻炼者掌握的简单易行的项目。搭配时注意上肢动作与下肢动作、剧烈的跑跳练习与静力憋气动作之间的合理交替。在健身锻炼中,可根据锻炼项目安排循环练习各练习点,还可分队比赛,增加竞争性,以提高练习兴趣。

五、变换锻炼法

通过不断变换运动负荷、练习内容、练习形式以及条件,以提高锻炼者的积极性、适应性及应变能力的方法称作变换锻炼法。此法可以有效地调节生理负荷,提高兴奋性,强化锻炼意识,克服疲劳和厌倦情绪,以达到提高锻炼效果的目的。

如刚参加锻炼时,可多做些诱导性练习和辅助性练习。随着锻炼水平的提高,应加大练习的难度,如用越野跑代替在田径场的长跑等。由于锻炼条件的变化,可使锻炼者的大脑皮层不断地产生新异的刺激,提高兴奋性,激发锻炼的兴趣,从而提高机体对负荷的承受能力,提高锻炼效果。另外,不断地对锻炼的内容、时间、动作速率等提出新的要求,可有效地调节生理负荷,使机体不断产生适应性变化,达到更好的锻炼身体的目的。

六、负重锻炼法

负重锻炼法是使用杠铃、哑铃、沙袋等重物进行身体运动来锻炼身体,增强体质的方法。负重的方法既用于普通人为增强体质而锻炼身体,又适用于各项运动员进行身体训练,还适用于身体疾患者的康复。

一般进行负重锻炼,应该采用最大摄氧量和最大心血输出量以下的负荷。因为过大的负荷可能给心血管和呼吸系统带来不良的影响。为了保证这种锻炼方法对身体的良好作用,在运动负荷价值阈范围内可以多次重复或连续。

第三节 发展身体素质的方法

力量、速度、耐力、灵敏和柔韧是五项基本素质,也是在校学生通过《国家学生体质健康标准》需要具备的素质。下面是发展身体素质的练习方法:

一、力量素质

(一)力量素质的练习方法

力量素质是指人体神经肌肉系统紧张或收缩时对抗或克服阻力的能力,这种能力按肌肉收缩的形式可分为静力性力量和动力性力量。

1. 静力性力量是指肌肉做等长收缩时产生的力量,即使肢体维持或固定为一定的位置和姿势,肢体环节固定,肌肉长度不变,以改变张力克服阻力,如体操项目中的支撑、平衡、倒立、悬垂等。

2. 动力性力量是指肌肉做扩张收缩时产生的力量,即使人体相应环节运动,肌肉张力不变,改变长度,产生收缩力克服阻力,从而产生加速度,如田径、游泳和球类运动等。

选择阻力(负重)大小是关键,如果不进行系统的克服相当大阻力的练习,肌肉的最大力量就不会增长。采用大重量、次数少、阻力大的练习最有利于发展力量。阻力的大小一般用最大力量的百分数或一次练习中能重复的次数来确定。发展最大力量用能重复1~3次阻力(相当于本人最大力量的85%~95%的强度)进行3~5组练习,组间休息1~3分钟,隔天练习一次效果最佳。

综上所述,力量练习与重量、次数、组数和间歇有密切的关系,只有科学地掌握了它们之间的规律,才能收到预期的锻炼效果(表4-3-1)。

表4-3-1 力量、次数、组数、间歇的等级

重量	极限重量(%)	次级	次数	组数	间歇	间歇时间
大重量	80~100	少次数	1~5次	1~3组	极短间歇	10秒以内
中大重量	70~90	中次数	6~12次	4~6组	短间歇	10~30秒
中重量	60~80	多次数	13~20次	6组以上	中间歇	30秒~1分钟
中小重量	50~70	较多次数	20次以上		长间歇	1分钟~1分钟30秒
小重量	50以下			由几个动作不加间歇或只做极短间歇(10秒以内)而连续进行所构成的一种动作		
开始重量	在一次锻炼作不加间中做某个动					

（二）力量素质练习负荷的安排

不同的重量、次数、组数和间歇时间的组合,引起不同的锻炼目的和效果。

1. 大重量、少次数、高组数、长间歇——主要用于提高绝对力量。
2. 中大重量、中次数、中组数、中间歇——主要用于增加肌肉围度。
3. 中重量、中次数、高组数、短间歇——主要用于突出肌肉线条。
4. 中小重量、高次数、中高组数、短中间歇——主要用于加强耐力和心肺血管功能。
5. 小重量、超高次数、高组数、长间歇、配合合理节食——主要用于减肥。

（三）力量素质练习的注意事项

1. 练习前应充分做好准备活动。
2. 力量练习应循序渐进,肌肉力量增长后,必须随之加大负荷。
3. 力量练习应注意安全,避免受伤,练习结束应充分整理放松或者按摩。

二、速度素质

（一）速度素质的练习方法

速度素质是指人体快速运动的能力,包括对外界信号刺激快速反应的能力、人体快速获得高速度完成动作的能力、最短时间完成单个动作的能力、最短时间重复多次动作的能力、最短时间移动身体到达最长距离的能力。

速度的练习方法归纳起来可分为以下几种:

1. 追逐跑或追逐游戏接力跑。
2. 高速跑或高速做其他投掷、跳跃练习,这种方法的目的在于使练习者体会和建立在高速情况下完成各种动作的能力。
3. 助力训练法。借助于外界的助力,迫使练习者做快速动作,建立新的动作节奏,从而达到提高速度的目的(顺风、下坡等)。
4. 缩小作业难度的练习方法(缩小动作幅度的小步跑)。
5. 诱导法。采用听觉、视觉信号诱导练习者伴随信号快速运动的训练,这种方法有助于建立新的动作节奏,例如,节拍器、看录像模仿动作等。
6. 测验比赛法。通过测验或比赛,提高练习强度,引起练习者高度的兴奋性,这有助于建立快速完成练习的条件反射。
7. 速度练习方法。依次用5~20秒做原地快速摆臂练习;依次用5~20秒做手扶肋木架快速高抬腿练习;进行20~80米加速跑6~8次;200米变速跑;30米下坡跑;让跑追逐跑;不同距离的接力游戏或比赛;30~60米听枪声起跑6~8次。

（二）速度素质练习的注意事项

1. 发展速度应在身体状况较好、体力较强时进行,一般安排在一次练习课的前半部。
2. 发展速度应与发展力量相结合。
3. 速度练习对中枢神经系统的负荷较大,因此要注意重复次数不宜太多,并应注意速度练习之间的间歇时间。

三、耐力素质

(一) 耐力素质的练习方法

耐力素质是指有机体坚持长时间运动的能力,可分为肌肉耐力(又称力量耐力)和心血管耐力(又分为有氧耐力和无氧耐力)。一般来说,耐力练习主要采用长时间持续低负荷的方法,如长时间跑步这种方法,强度在中等水平,对大学生来说,心跳、脉搏应该维持在130~160次/分钟为宜。有疲劳的感觉但不难受,运动后心情舒畅、精力充沛。这种锻炼时间较长的跑步可以匀速进行,也可变速进行。长跑持续时间、距离和速度应根据自己锻炼水平以及通过《学生体质健康标准》要求而定。

(二) 耐力素质练习的注意事项

1. 耐力练习应持之以恒、循序渐进。
2. 培养自己坚持不懈,勇于克服困难的品质。
3. 应逐步掌握两种正确落地方法和呼吸方法,克服"极点"的不适感。
4. 由于耐力主要的训练目标是心血管系统,所以必须坚持长时间运动才能奏效。
5. 训练心血管呼吸系统必须严格控制速度(强度),控制速度最好的指标是心率。
6. 一般耐力训练较单调,宜成组进行,为呼吸新鲜空气,不宜在公路上跑,宜在野外跑。

四、灵敏性素质

灵敏素质是指在各种突然变换的条件下,练习者能够迅速、准确、协调地改变身体运动的空间位置和运动方向,以适应变化着的外界环境的能力。人的身体素质中,灵敏性占有特殊的地位,它以多种方式与其他身体素质发生联系,也与动作、熟练性密切相关,因而它具有特殊的综合特性。

(一) 灵敏性素质的练习方法

发展灵敏素质应从培养各种能力入手,如掌握运动能力、反应能力、平衡能力、观察判断能力、节奏感等,一般可采用以下的方法进行练习:

1. 首先要提高大脑皮质神经过程的灵活性,采用变换条件的多种多样的练习,如变向跑、闪躲跑等。
2. 提高灵敏性应加强肌肉的力量及关节的柔韧性,尤其应注意发展爆发力和培养协调性及放松能力。
3. 多进行体操、球类、技巧、摔跤、击剑、拳击、跳跃等项目锻炼能有效地发展灵敏素质。

(二) 灵敏性素质练习的注意事项

1. 发展灵敏素质要与速度、力量、柔韧等素质综合进行。
2. 灵敏性练习应在大脑处于适宜兴奋、心理状态良好时进行,一般安排在练习课前半部分。
3. 发展灵敏素质与年龄、性别、个体差异较大,应根据具体情况进行锻炼。
4. 女子进入青春期,灵敏素质会出现明显下降的趋向,这是由于体重的增加,有氧能力下降所致。锻炼者应根据这一规律,不要急躁,只要锻炼方法得当,青春期后灵敏素质仍可恢复和发展。

表 4-3-2　各项运动价值表

价值项目 \ 身体	部位 上肢	部位 腰背	部位 腰腹	部位 下肢	能力 敏捷性	能力 爆发力	能力 持久性	能力 柔韧性	能力 平衡性	能力 协调性
徒手体操	中	中	中	中	中	中	中	大	中	大
器械体操	大	大	大	中	大	大	小	大	大	大
长　跑	中	中	中	大	小	小	大	小	小	小
快速跑	中	中	中	大	大	大	中	中	中	中
跳　跃	中	大	中	大	中	大	小	大	中	中
投　掷	大	大	中	中	中	大	小	中	中	中
举　重	大	大	大	大	小	大	小	中	中	小
武　术	大	大	大	大	大	中	中	大	大	大
网　球	大	中	中	大	大	大	中	小	中	中
排　球	中	中	小	大	大	大	中	中	中	中
乒乓球	中	中	中	中	大	中	中	小	中	大
羽毛球	中	中	中	中	大	中	大	小	中	中
篮　球	小	小	中	大	大	大	大	中	中	大
手　球	大	中	中	大	大	大	大	中	大	大
足　球	小	小	小	大	大	大	大	中	大	大
棒垒球	中	中	中	中	中	中	中	中	中	中
高尔夫球	大	小	中	中	小	中	中	小	小	小
登　山	小	中	中	大	小	小	大	中	中	小
徒步旅行	小	中	中	大	小	小	大	小	小	小
散　步	小	小	小	中	中	小	中	中	中	大
太极拳	中	小	小	中	中	小	中	中	中	大

五、柔韧性素质

柔韧素质是指人体关节在不同方向上的运动能力以及肌肉、韧带等软组织的伸展能力。柔韧素质是掌握运动技术的重要条件，人体所表现出的各种姿势和运动幅度的大小，往往与柔韧素质有着直接的关系。

（一）柔韧性素质的练习方法

发展柔韧素质有两种形式，即在助力作用下进行关节活动的运动形式和主动控制肌肉紧张与放松进行关节活动的运动形式。

发展肩部、腿部、臂部和脚部的柔韧性主要手段有：压、搬、劈、摆、踢、绷及绕环等练习；

发展腰部的柔韧性主要手段有：站立体前屈、俯卧背伸、转体、甩腰与绕环等练习。可以徒手、持器械或在器械上进行主动和被动的各种练习。

（二）柔韧性素质练习的注意事项

1. 与力量素质结合，训练后注意放松练习，使肌肉柔而不软、韧而不僵。
2. 准备活动要充分，使身体发热，减少肌肉的阻力。
3. 动作幅度与强度要由小到大，且每次练习应达到最大活动范围，如不逐渐增大，则柔韧性发展效果不明显，甚至减退。
4. 不同部位的练习要交替进行，练习中一般应先拉压、后振踢，先主动、后被动，由小到大，由弱到强。
5. 坚持每天练习则效果最佳。

第五章 运动处方

第一节 运动处方概述

一、运动处方的概念

早在20世纪50年代美国生理学家卡波维奇就曾提出过运动处方的概念。1969年,世界卫生组织使用了运动处方术语,从而在国际上得到确认。运动处方的完整概念可概括为:"对从事体育锻炼者或病人,根据医学检查资料(包括运动试验及体力测验),按其健康、体力以及心血管功能状况,结合生活环境条件和运动爱好等个体特点,用处方的形式规定适当的运动种类、时间及频率,并指出运动中的注意事项,以便有计划地经常性锻炼,达到健身或治病的目的,即为运动处方。"

运动处方由四个要素构成:即合理的运动项目——选择什么运动项目最适合？合理的运动强度——运动的激烈程度应有多大？合理的运动时间——每次运动应持续多长时间？合理的运动频率——一周应锻炼几天？

二、运动处方的分类

随着运动处方应用范围的不断扩大,运动处方的分类方法也在不断改进,用不同的方法,可将运动处方分为不同的种类。

(一)根据运动处方的对象分类

1. 康复治疗性运动处方

康复治疗性运动处方的对象,是经过临床治疗达到基本痊愈,但遗留有不同程度的身体机能下降或功能障碍的患者,如冠心病、脑卒中患者,手术后患者,以及已经得到一定控制的慢性病患者,如高血压病、高血脂、糖尿病、肥胖症患者等。这类运动处方的目的是,通过运动疗法帮助患者提高身体机能,缓解症状,减轻或消除功能障碍,恢复肢体功能,尽量提高患者的生活自理能力和工作能力。

2. 健身性运动处方

健身性运动处方的对象是全民健身运动的参加者,包括身体基本健康的中老年人;长期从事脑力劳动,缺乏体育锻炼,处于亚健康状态的人群;中青年人和在校学生等。运动处方的主要目的是指导人们采取适当的体育活动,科学地进行锻炼,以便更有效、更科学地提高健康水平,增强体质。

（二）根据运动处方的锻炼作用分类

1. 全身耐力运动处方

全身耐力（区别于肌肉力量、耐力）运动处方以提高心肺功能为主要目标。在健身运动中，全身耐力运动处方被用于科学地指导健身，以提高锻炼者的耐力素质，维持合理的身体成分，消除亚健康状态，预防冠心病、高血压病、高血脂、糖尿病等疾病的发生。

2. 力量运动处方

力量运动处方的主要目的是提高肌肉的力量和耐力。在健身运动中，力量运动处方用于指导健身者科学地进行增强肌力的训练，以达到提高力量素质，减缓中年以后肌肉萎缩的速度，预防骨质疏松等作用。

3. 柔韧性运动处方

柔韧性运动处方的目的是提高身体的柔韧性素质。在健身运动中，柔韧性运动处方用于指导健身者采用科学的手段和方法，提高身体的柔韧性素质，预防随年龄增长而导致关节活动幅度下降。

全身耐力运动处方、力量运动处方、柔韧性运动处方对保持良好的健康体适能状态，都可起到积极作用。

三、制订运动处方的基本原则

（一）个性化原则

由于每个人的身体条件千差万别，所以不可能有通用的处方。因此，必须根据每个人的具体情况而定，做到因人而异、区别对待。

（二）动态性原则

每个人的身体或客观条件都经常处于动态性变化中，严格地说，上周的处方就不一定适合本周。因此，制订出的运动处方要依据情况变化不断地进行调整，使之符合变化了的实际情况。

（三）体质的基础性原则

在制订运动处方时，体力要素比性别和年龄要素更为重要。以体质情况为基础制订的运动处方才是最适宜的。

（四）安全和有效性原则

为了提高全身耐力水平，运动必须达到改善心血管和呼吸功能的有效强度，这就是靶心率范围。如果运动超过这个上限，就可能有危险，此运动强度或运动量界限被称为安全界限，而达到这个最低效果的下限被称为有效界限。安全界限和有效界限之间，就是运动处方安全而有效的范围。

第二节 运动处方的内容

一、运动目的

由于个人的情况千差万别,运动处方的目的也多种多样,这其中有健身、娱乐、减肥和治疗等多种目的。

二、运动项目

在运动处方中,为锻炼者提供最合适的运动项目关系到锻炼的有效性和持久性。

(一)运动项目的分类

从运动生理学中氧的代谢程度来看,对健康有效的运动项目可分为三类,即有氧运动、无氧运动和混合运动(表5-2-1)。

表5-2-1 有氧、无氧及混合运动项目示例

有氧运动	无氧运动	混合运动
步 行	短距离全力跑	足 球
慢 跑	举 重	橄榄球
自行车	拔 河	手 球
网 球	跳跃项目	篮 球
排 球	投 掷	冰 球
高尔夫球	肌力训练	间歇训练
远 足	潜 泳	

在运动实践中,不少运动项目是有氧和无氧运动不规则的混合存在。同一项目由于方法不同而成为有氧运动或无氧运动。例如,长跑、轻松慢跑是有氧运动,而竞赛时全力跑即为无氧运动。体力水平(尤其是有氧运动)不同也不一样,同样以200米/分钟的速度跑步,体力强的人为有氧运动,而体力差的人则为无氧运动。因此,不能只按运动项目一概判断是有氧运动还是无氧运动。

(二)运动处方的运动种类

现代新兴的运动处方要求包括三种运动种类,即有氧运动、伸展运动和力量性运动,以达到全面锻炼的最佳效果。

第一类为有氧运动的耐力性运动项目:步行、慢跑、走跑交替、游泳、自行车、滑冰、越野滑雪、划船、跳绳、上下楼梯及室内功率自行车、步行车、活动平板(跑台)等。

第二类为伸展运动及健身操:广播体操、太极拳、五禽戏、八段锦、健身迪斯科、跳舞及各种医疗体操和矫正体操等。

第三类为力量性锻炼:采取中等强度的、足以发展和维持去脂体重(用皮褶计测量皮下

脂肪厚度,利用相应公式推算人体脂肪含量,人体体重减去人体脂肪重量即为去脂体重)的力量训练,必须成为成人身体素质训练计划的一个组成部分。美国运动医学会推荐的力量训练主要是肌群参与,每次 8~10 组,每组重复 8~12 次,每周至少 2 次。

(三)运动项目的选择

选择运动项目,要考虑运动的目的,如是健身还是治疗等;要考虑运动的条件,如场地器材、余暇时间、气候等;还要结合个人的体育兴趣、爱好等(表 5-2-2)。在运动处方中,为锻炼者提供最适宜的运动项目可以说是最终的目标。

表 5-2-2 运动处方的内容

	作 用	方 法	项 目
健身运动	能促进身体的正常发育,使身体各部位协调发展,增强机体各器官、系统的机能,发展身体素质,提高人体的运动能力	一般采用能增强心肺功能的锻炼项目进行锻炼	走、跑、健身操、游泳、划船、骑自行车等
健美运动	可以使形体健美	一般采用使肌肉发达、增强肌肉力量的锻炼项目进行锻炼	俯卧撑、仰卧起坐、原地纵跳、跑步等
娱乐性体育	调节精神,丰富文化生活	一般采用能使身心愉快的体育项目	游戏、体育舞蹈、保龄球、台球、钓鱼等
格斗性体育	可以提高人的积极进取、不畏困难的精神,以达到强身健体和自卫的目的	一般采用以身体接触为主的锻炼项目进行锻炼	擒拿、散打、跆拳道、拳击等
医疗和康复体育	预防和治疗疾病	一般在医生或专门教师的指导下,采用一些保健体育的方法进行锻炼	太极拳、广播操、气功、散步等

选择运动种类的条件:(1) 经过医学检查已许可;(2) 运动强度、运动量符合本人的体质;(3) 过去的运动经验、本人喜爱的项目;(4) 有进行运动的环境、就近有场所;(5) 运动设备、用具齐全;(6) 有同伴;(7) 有指导者。

但不一定所有条件都具备,(1)、(2)是必须具备的,多数情况下(3)~(7)不可能完全具备,结果导致部分人虽然有运动的意愿,然而不能付诸实践。从运动医学的角度来说,以增进健康为目的所进行的运动应考虑三个条件:(1) 恒常运动;(2) 有一定节律的持续运动,无呼吸紊乱或憋气现象;(3) 近于全身运动,不是局部运动。

三、运动强度

运动强度是单位时间内的运动量,反映的是运动的剧烈程度。它是运动处方定量化与科学性的核心问题。运动强度可用每分钟的心率来表示。一般认为,大学生心率 120 次/分以下为小强度,120~150 次/分为中强度,150~180 次/分或 180 次/分以上为大强度。测量运动强度的简单办法是,测量运动后 10 秒钟内的脉搏数再乘以 6,就是 1 分钟的运动强度。

适宜运动强度范围可用靶心率来控制,即以本人最高心率的 70%~85% 的强度作为标准。靶心率为：(220－年龄)×(70%～85%)。例如，20岁的靶心率是140～170次/分。

最适宜运动心率为：心率储备×75%＋安静时心率。其中，心率储备＝最大心率－安静时心率；最大心率＝220－年龄。

四、运动时间

运动时间指每次持续运动的时间。由于运动时间和运动强度的乘积决定运动量，因此即使等量的运动量，因运动目的不同也会有运动强度和时间都不同的处方。以健身为目的的运动，强度小而时间长的处方效果较好（特别适合中老年人），而对于大学生来说，反复多次、短时间激烈运动的处方对增进健康有很好的作用。

从运动生理来说，5分钟是全身耐力运动所需的最短时间，60分钟对于坚持正常工作的人是最大限度的时间。库珀研究认为，心率达到150次/分以上时，最少持续5分钟即可开始收到效果；如果心率在150次/分以下，则需要5分钟以上才会有效果。

一次必要的运动时间，也是根据运动强度、运动频度、运动目的、年龄及身体条件的不同而不同，不能一概而定。还要看为了给予呼吸、循环系统有效的刺激，使各种生理功能充分发动起来，从运动开始至达到恒常运动所需要的时间。一般达到恒常运动的时间，轻运动时为5分钟左右，强运动时需3分钟左右。由此可见，5分钟以内的运动对呼吸、循环系统的刺激还是不充分的。因此，在达到恒常运动以后需要继续运动一段时间，这样合计运动时间则为10分钟以上，再加上准备活动及整理活动至少需要5～8分钟，所以实际所需要的时间为15～20分钟，这是比较可行的运动时间的最低限度。

一般来说，每次进行20～60分钟的耐力性运动是比较适宜的，如考虑时间与强度的配合，健康成年人宜采用中等强度、长时间的运动；体力弱而时间充裕的人，可采用小强度、长时间的配合；但体力好而时间不多的人，就可采用大强度、短时间的配合（表5-2-3）。

日本体育科学中心建议人们采用三种中等运动量的锻炼，即15分钟70% VO_2 max、30分钟60% VO_2 max、60分钟50% VO_2 max（VO_2 max指最大摄氧量）。

表5-2-3 运动时间与运动强度（% VO_2 max）的配合

运动时间（分钟） 运动强度	5	10	15	30	60
小强度	70	65	60	50	40
中强度	80	75	70	60	50
大强度	90	85	80	70	60

五、运动频度

运动频度指每周的锻炼次数。每周锻炼几次为好？有人的研究结果是：当每周锻炼多于3次时，最大摄氧量的增加逐渐趋于平坦；当锻炼次数增加到5次以上时，最大摄氧量的提高就很小；而每周锻炼少于2次时，通常不引起改变。由此可见，每周锻炼3～4次是最适宜的频度。但由于运动效应和蓄积作用，间隔不宜超过3天。作为一般健身保健，如果能坚持每天锻炼一次当然更好。

关于必要的运动频度,据日本池上教授的研究结果:一周运动1次时,运动效果不蓄积,每次都发生肌肉酸痛和疲劳,运动后1~3天,身体不适且易发生伤害事故;一周运动2次,疼痛和疲劳减轻,效果一点一点蓄积,但不显著;一周运动3次,基本上是隔日运动,不仅效果可充分蓄积,也不会产生疲劳。如果频率增加为每周4次或5次,效果也相应提高(表5-2-4)。

表5-2-4 可以取得效果的运动方案

运动量	取得相同效果的方案				
锻炼持续时间/分钟	180	90	45	20	10
运动强度/最大用力(%)	20	30	40	50	60
心率/次·分$^{-1}$	110	120	130	140	150

第三节 制订运动处方的程序

一、制订运动处方的步骤

(一)一般体检

1. 了解运动的目的及对运动的期望;
2. 询问病史,如既往史、家族史;
3. 运动史,如运动爱好、现在运动情况等;
4. 社会环境条件,如职业、工作与劳动条件、生活环境、经济、营养等条件,周围能够利用的运动设施,有无指导等。

(二)临床检查(包括人体测量及体脂测定)

1. 对现在的健康状况进行评价;
2. 判断能否进行运动;
3. 是否有潜在性疾病或危险因素,以预防事故。

总之,医学检查的基本目的在于掌握个人的状况,为制订运动处方提供必要的信息。

(三)运动负荷试验及体力测验

运动负荷试验是制定运动处方的基本依据之一。运动负荷试验的方法很多,根据检查的目的、被测者的特点来选择适合的方法。现在最普遍常用的方法是"递增负荷运动试验"。这是利用活动平板或功率自行车等,在试验过程中逐渐增加运动负荷强度,同时测定某些生理指标,指导受试者达到一定用力程度。

关于体力测验是运动负荷试验无异常的人才能接受此测验,即进行肌力、爆发力、柔韧性等运动能力和全身耐力测验。根据库珀和日本学者浅见的实验研究认为,12分钟跑测验与最大摄氧量相关系数最高。所以,库珀提出的有氧代谢运动的体力测验包括走、跑、游泳三种方式,可以任选其中之一用来检查和衡量心血管系统功能。由于是测验,它们的运动强

度就比平常锻炼高,并要求尽全力而为之,因此参加测验的人必须符合三个条件之一:

1. 35岁以下,身体健康;2. 有半年以上运动经历;3. 按库珀介绍的锻炼计划至少运动了6周(表5-3-1、表5-3-2)。

表5-3-1　12分钟跑体力测验评定标准　　　　　　　　　　　　(单位:米)

年龄/岁		13~19	20~29	30~39	40~49	50~59	60~69
1级(很差)	男	<2080	<1950	<1890	<1825	<1650	<1390
	女	1600	<1540	<1500	<1410	<1345	<1250
2级(差)	男	2080~	1950~	1890~	1825~	1650~	1390~
	女	1600~	1540~	1500~	1410~	1345~	1250~
3级(及极)	男	2190	2100~	2080~	1985~	1855~	1630~
	女	1890	1775~	1680~	1570~	1490~	1375~
4级(好)	男	2500	2385~	2320~	2225~	2080~	1920~
	女	2065	1950~	1890~	1775~	1680~	1570~
5级(很好)	男	2750	2625~	2500~	2450~	2305~	2110~
	女	2290	2145~	2065~	1985~	1890~	1745~
6级(优秀)	男	>2975	>2815	>2705	>2640	>2330	>2480
	女	>2415	>2320	>2225	>2145	>2080	>1890

表5-3-2　12分钟游泳测验评定标准

(不限姿势,以12分钟游泳的距离评定体能)(单位:米)

年龄/岁		13~19	20~29	30~39	40~49	50~59	60~69
很差	男	<450	<355	<320	<275	<230	<230
	女	<355	<275	<230	<885	<840	<840
差	男	458~550	335~450	328~480	275~355	238~320	238~275
	女	355~450	275~355	238~320	885~275	848~230	848~885
及格	男	558~540	458~550	488~505	355~450	328~480	275~355
	女	458~550	355~450	328~480	275~355	238~320	885~275
好	男	548~730	558~540	505~595	458~550	488~505	355~480
	女	558~540	458~550	488~505	355~450	328~480	275~355
很好	男	>730	>540	>595	>550	>505	>450
	女	>540	>550	>505	>450	>480	>355

(四)制订运动处方,安排锻炼计划

通常根据以上检查的结果,可以根据此人的健康状况、体力水平及运动能力的限度等具体情况制订运动处方,处方中主要是规定出运动强度保证安全的一次必要运动量(运动时间)以及一周的运动频度等内容。一般按照初定的运动处方试行锻炼,对不适当的地方可进行调整,待适合后要坚持锻炼3~6个月再做体力测验。重新制定长期的运动处方,以不断提高锻炼效果。

(五)善后工作和复查

原则上医生要当面为本人制定运动处方,不宜只按体检资料或由别人代办。首先要向本人说明医学检查结果的概要,要正确对待体检异常结果;其次指出注意事项,如何按运动处方锻炼进行运动教育和咨询指导;再次是隔一段时间要与被检查者接触,询问运动情况,判断有无副作用或疲劳。另外,有些人中间停止运动,故可要求做运动处方锻炼日记,并每隔1~2周来门诊咨询一次;最后是至少一年全面复查一次,总结一年的运动实施情况,评价这期间的运动效果,必要时进一步改善运动处方。

二、一次锻炼课的安排

在一次锻炼中通常分三部分进行,即准备部分、锻炼部分和结束部分。在不同的锻炼阶段,这三个部分的时间划分各不相同。在早期阶段,准备部分时间要长些,一般为10~15分钟,锻炼部分20~25分钟,结束部分5~10分钟。在中期和后期阶段,则准备5~10分钟,然后进入主项运动(即锻炼部分),最后5分钟整理活动。这样一次课表现为"开始缓慢的、中间爽快的、终了微火似的运动过程"。以健身为目的者合计运动时间约30~45分钟。各部分锻炼内容的安排各有所侧重,并且运动负担量的分配也不同。准备部分的作用是使机体组织"暖和"起来,使身体逐渐适应运动强度较大的运动,以免因心、肺等内脏器官和骨关节功能不能适应而导致意外。一般都采用活动强度小的步行、伸展性体操或太极拳等。

锻炼部分也称基本部分,其内容是运动处方的主项运动欲达到的目标,例如,耐力运动项目要达到靶心率(又称目标心率,即在运动处方中,推荐练习者运动时所达到的心率水平),并要求至少维持12分钟以上。主项运动的运动强度一般定为最大能力的40%~60%。同时还要求达到一定活动范围的肌力训练,其训练强度为最大能力的80%左右。

结束部分是指在训练结束后,要使高负荷活动的心肺和肢体逐渐安静"冷却"下来,不要突然停止运动。因为此时血流仍大量集中于四肢,若突然停止不动,使回心血量锐减,可能会出现"重力性休克",即由于每搏输出量不足,引起脑贫血而发生休克症状。通常做一些放松式体操、散步或自我按摩等。

第六章 体育锻炼的卫生保健

第一节 体育锻炼的医务监督

一、体育锻炼的自我监督

自我监督又称自我检查,是健身爱好者在体育锻炼过程中,对自己健康状况和生理功能变化做连续观察并定期记录。其目的在于评价锻炼结果、调整锻炼计划,防止过度疲劳和运动性损伤,更有利于提高健康水平。经常性地进行自我监督,对于增进信心、坚持科学锻炼、防止运动过量或不足、提高锻炼效果和养成良好运动卫生习惯等都有重要意义。

二、自我监督的内容和方法

自我监督包括以下两方面内容:

（一）**主观感觉**

1. 一般感觉

它是人体功能状态尤其是中枢神经系统功能状况的反映。身体健康的人就会精力充沛、活泼愉快;若患病或过度疲劳就会精神不振、软弱无力、疲倦、易激动。在记录时,若精力充沛可记为"良好";若未出现不良感觉可记"平常";若精神不振、疲倦等可记为"不好"。

2. 锻炼心情

心情是与精神状况有关。在锻炼过程中,若出现对体育运动不感兴趣,甚至厌倦,这可能是锻炼方法不当或疲劳的表现,也可能是过度疲劳的早期征象。可根据自己的锻炼心情,分别记录为"很想练""愿意练""不想练""冷淡"或"厌倦"等。

3. 不良感觉

在健身活动时出现肌肉酸痛是正常的,经过适当减少运动量酸痛就会消失。若锻炼后出现头痛、头晕、胸痛、胸闷、恶心、呕吐或其他部位的疼痛,说明运动量过大或健康状态不佳。在记录时,应写清具体感觉。

4. 睡眠

经常进行健身运动的人,应当是入睡快、睡得好。

5. 食欲情况

一般由于运动锻炼消耗能量较多,所以食欲往往很好。但有时由于运动量过大或出现过度训练或健康不佳时,也可出现食欲下降的情况。在自我监督日记上可记下食欲"良好""一般""减退"或"厌食"等情况。

6. 排汗量

训练或比赛时,由于能量代谢水平较高,产热量多,所以排汗成为散热的一种重要方式,但排汗量受很多因素的影响,如运动量、训练水平、气温、湿度以及神经系统的状况等。记录时可以记下汗量"正常""减少""增多"等情况。

7. 体征

锻炼时的外部体征,一般可从以下三方面去观察:精神(锻炼者的精神、表情、言语、眼神、注意力等)、躯体(面色、呼吸、嘴唇、排汗等)、动作(动作质量、准确性、步态等)。

运动量适宜时,锻炼者一般表现为精神良好、面色稍红、步态轻快等。运动量大时,锻炼者一般表现为面色红、气喘、满脸流汗、精神差、眼神无光、反应迟钝、动作不稳等;此时必须减量运动。

8. 其他情况

在过度运动后,由于疲劳男性可能会出现遗精,女性也可能在一段时期内出现月经不调、痛经等情况。总之,在锻炼前、中、后期所出现的一些特殊感觉都要记在监督日记上,供指导人员参考。

运动量过小的表现:运动后身体无微汗、无发热感,脉搏也无大的变化,在运动后2~3分钟即恢复至安静状态,说明运动量过小。

运动量适宜的表现:锻炼后有微汗、轻松愉快、感觉良好、睡眠、食欲良好,或虽然稍感疲乏、肌肉酸痛,但休息后会很快消失,次日体力充沛,渴望锻炼,表明运动量适中。

运动量过大的表现:锻炼后大汗淋漓、头晕眼花、胸闷、身体疲倦、睡眠差、食欲下降,脉搏在运动后15分钟尚不能恢复,次日仍觉乏力,不想锻炼,这些表明运动量过大,此时应注意减少运动量。其症状表现为:

(1) 出现胸闷、胸痛、晕眩等症状。

(2) 出现心悸、头晕、血压过于升高或下降。

(3) 明显的呼吸困难、嘴唇发紫、脸色苍白、出冷汗、头晕、恶心、呕吐等。

(4) 四肢肌肉剧痛、关节疼痛、步态不稳、动作不协调等。

(二) 客观检查

1. 安静时脉搏

每天早晨醒后,先不起床而立即仰卧测1分钟的脉搏数,这就是安静时脉搏,也有把它称为"晨脉"。用这个脉搏来检查身体机能状态十分必要,若安静时脉搏比平时高12次以上,可能和过度训练有关,应立即改变锻炼方法和减少运动量;若比平时高6~8次,说明运动量大了,应当进行调整;若比平时高4~5次,就不要再增加运动量了。

2. 锻炼后即刻脉搏

应控制在锻炼法规定的脉搏数以内。若连续几天超过规定数,身体又有不适感,说明运动量大了,应进行调整;若几天均未达到规定数,且身体感觉良好,可适当增加运动量。

3. 体重

刚进行健身活动锻炼,体重会逐渐减轻,尤其身体肥胖者,这是由于机体的水分和脂肪减少的缘故。随后体重应逐渐趋于稳定。若出现体重不断减轻,并有其他异常感觉,可能与过度训练或患有慢性消耗性疾病有关,应减小运动量并到医院检查。体重每周测1~2次,测体重应在每天的同一时间进行,穿的衣服也应一致。

4. 血压、肺活量、心电图

健身运动爱好者的血压应趋于稳定。锻炼后收缩压上升20~25毫米汞柱,舒张压下降5~10毫米汞柱,应视为正常。测肺活量时应连续5次,每次测的结果是逐渐上升的,说明呼吸机能良好,若逐渐下降或前后显著下降,说明呼吸肌耐力差,是反应不良的表现。若血压突然升高、肺活量明显下降、心电图异常则应减小运动量并到医院进行检查。

第二节 运动中常见的生理反应及处理

一、肌肉酸痛

(一)原因和征象

运动后肌肉酸痛的原因是运动时肌肉活动量过大,引起局部肌纤维及结缔组织的细微损伤,以及部分肌纤维的痉挛所致。这种酸痛不是发生在运动结束后即刻,而是发生在运动结束后1~2天以后,因此也称为延迟性疼痛。由于这种酸痛现象只是局部肌纤维的细微损伤和痉挛,不影响整块肌肉的运动功能。所以,酸痛后经过肌肉内部对细微损伤的修复,肌肉组织会变得更加强壮,以后同样负荷将不易再发生酸痛。

(二)处置和预防

1. 处置

当已经出现肌肉酸痛后,可采用以下方法减轻和缓解:

(1)热敷。对酸痛的局部肌肉进行热敷,促进血液循环及代谢过程,有助于损伤组织的修复及痉挛的缓解。

(2)伸展练习。对酸痛局部进行静力牵张练习,保持伸展状态2分钟,休息1分钟,重复进行,有助缓解痉挛。

(3)按摩使肌肉放松,促进血液循环,缓解肌肉痉挛和损伤修复。

(4)口服维生素C。维生素C可促进结缔组织中的胶原合成,有助于损伤的结缔组织的修复。

(5)针灸、电疗等也有一定作用。

2. 预防

锻炼时,应根据自身的身体状况安排锻炼负荷,尽量避免局部肌肉负担过重;锻炼时,要充分做好运动前的准备活动和运动后的整理活动。

二、运动中腹痛

(一) 原因和征象

运动中腹痛多数在中长跑时产生。主要因准备活动不充分,开始时运动过于剧烈,或者跑得过快,内脏器官功能尚未达到运动状态,致使脏腑功能失调,引起腹痛;也有的因运动前吃得过饱,饮水过多,以及腹部受凉,引起胃肠痉挛;少数因运动时间过长或过于剧烈,使下腔静脉压力上升,引起血液回流受阻,或者因肝脾淤血,膈肌运动异常,致使两肋部胀痛。

(二) 处置和预防

1. 处置

如果没有器质性病变迹象,一般可采用减慢跑速,加深呼吸,按摩疼痛部位或弯腰跑等方法处理,疼痛常可减轻或消失。如疼痛仍不减轻,甚至加重,就应停止运动,并口服十滴水或溴丙胺太林(每次一片),或揉按内关、足三里、大肠俞等穴位。如仍不见效,应送医院做进一步检查。

2. 预防

饭后一小时可进行运动;做好准备活动,运动量要循序渐进,并注意呼吸节奏;夏季运动要适当补充盐分;对于各种慢性疾病引起的腹痛应就医检查,病愈之前,应在医生和体育教师指导下进行锻炼。

三、运动性贫血

(一) 原因和征象

血液中红细胞数与血红蛋白量低于正常值,称为贫血。因运动引起的这种血红蛋白量减少,即称为运动性贫血。

运动性贫血的指数为男性的血红蛋白量低于12%,女性低于10.5%。在通常情况下,此病的发病率女性高于男性。由于贫血,常引起多种不良的生理反应,危及健康。其发病的主要原因为:

1. 由于运动时,肌肉对蛋白质和铁的需要量增加,一旦需求量得不到满足时,即可引起运动性贫血。

2. 由于运动时,脾脏释放的溶血卵磷脂能使红细胞的脆性增加,加上剧烈运动时血流加速,易引起红细胞破裂,致使红细胞的新生与衰亡之间的平衡遭到破坏,从而导致运动性贫血。运动性贫血发病缓慢,其症状表现有头晕、恶心、呕吐、气喘、体力下降,以及运动后心悸、心率加快、脸色苍白等。

(二) 处置和预防

1. 处置

如运动中(后)出现头晕、无力、恶心等现象时,应适当减小运动量,必要时暂停运动,并补充富含蛋白质和铁的食物,口服硫酸亚铁,这对缺铁性贫血的治疗有明显效果。

2. 预防

遵循循序渐进和个别对待原则,合理调整膳食。如运动时经常有头晕现象时,应及时诊断医治,以利于正常参加体育锻炼。

四、运动性昏厥

(一)原因和征象

在运动中,由于脑部突然供血不足而发生的暂时性知觉丧失现象,叫运动性昏厥。原因是剧烈运动或长时间运动,使大量血液积聚在下肢,回心血量减少所致;也和剧烈运动后引起的低血糖有关。

运动性昏厥表现为全身无力、头昏耳鸣、眼前发黑、面色苍白、失去知觉、突然昏倒、手足发凉、脉搏慢而弱、血压降低、呼吸缓慢等。

(二)处置和预防

1. 处置

应立即使患者平卧,足略高于头部,并进行由小腿向大腿心脏方向推摩或拍击。同时用手指点压人中、合谷等穴位,必要时给氨水闻嗅。如有呕吐,应将患者头偏向一侧。如停止呼吸,应立即进行人工呼吸。轻度休克者,应由同伴搀扶慢慢走一段时间,帮助进行深呼吸,即可消除症状。

2. 预防

平时要经常坚持体育锻炼,以增强体质;久蹲后不要突然起立;不要带病参加剧烈运动;疾跑后不要立即停下来;不要在饥饿情况下参加剧烈运动。如果遵循上述要求,运动性昏厥是可以避免的。

五、肌肉痉挛

(一)原因和征象

在体育锻炼时,肌肉受到寒冷的强烈刺激时,可能发生肌肉痉挛。它常在游泳或冬季户外锻炼时发生;有的因准备活动不够,或肌肉猛力收缩,或收缩与放松不协调时,均可发生肌肉痉挛;也有的因情绪过分紧张所致。

肌肉痉挛时,肌肉突然变得坚硬、疼痛难忍,而且一时不易缓解。

(二)处置和预防

1. 处置

对痉挛部位的肌肉做牵引。例如,腓肠肌痉挛时,即伸直膝关节,并配合按摩、揉捏、叩打以及点压委中、承山、涌泉穴等,以促使痉挛缓解和消失。

2. 预防

运动前做好准备活动,对容易发生痉挛的部位,事先应做适当按摩。夏季进行长时间运动时要注意补充盐分;冬季锻炼时要注意保暖;游泳下水前应先用冷水淋浴;游泳时不要在水中停留时间过长;疲劳和饥饿时,不要进行剧烈运动。

六、运动中暑

（一）原因和征象

原因是在高温环境中,长时间体育锻炼易发生中暑,尤其在温度高、通风不良、头部缺乏保护、被烈日直接照射的情况下,最容易发病。

中暑早期可有头晕、头痛、呕吐现象,逐步发展为体温升高,皮肤灼热干燥。严重者可出现精神失常、虚脱、抽搐、心律失常、血压下降,甚至昏迷危及生命。

（二）处置和预防

1. 处置

首先将患者扶送到阴凉通风处休息,同时采取降温消暑手段,如解开衣领、额部冷敷作头部降温,喝些清凉饮料、十滴水,并补充生理盐水或葡萄糖生理盐水等。严重患者,经临时处理后,应迅速送医院进一步治疗。

2. 预防

在高温炎热季节锻炼时,应适当减少运动量和锻炼时间;避免在烈日下长时间锻炼;夏天在室外锻炼时,应戴白色凉帽,穿宽敞薄衣;在室内锻炼时,应保持良好通风并备有低糖含盐的饮料。

第三节　常见运动损伤的预防与处理

运动损伤是日常生活和锻炼运动中常遇到的,通常分为急性和慢性损伤,应辨证施治,方能恰到好处,否则会适得其反,造成不良后果,甚至终身不愈。

一、常见运动损伤

（一）挫伤

1. 损伤部位及征象

挫伤多发生在头部、胸部、四肢,因为这些地方经常暴露在外面,常会遇到碰、跌、撞、打、摔等,受伤后局部红肿、疼痛,皮肤破裂的当时就出血,没有破裂的,会出现青紫淤血。

2. 发生挫伤的原因

首先是运动前准备活动做得不够,肌肉关节没有得到充分活动;其次是活动时用力过猛,超过了肌肉、关节、韧带的负荷限度;再次是参加活动的人员过于拥挤或没有按正确的方法进行;另外,场地不平或器械设备不安全以及没有做好保护工作也可能导致挫伤。

3. 处置

发生了挫伤应根据情况及时处理。如果皮肤出血应立即停止运动,先用酒精或碘酒将伤口消毒,用净布包扎。如果受伤部位红肿疼痛可先用冷水或冰进行冷敷局部,抬高受伤部位,必要时加压包扎,防止继续出血。24小时以后改用热敷,用按摩来活血、消肿、止痛。经过治疗待伤势减轻以后做针对性的活动,使关节、肌肉借以恢复功能,如做下蹲、弯腰、举腿等,可以避免伤后关节不灵或发生肌肉萎缩。

(二) 肌肉损伤

1. 损伤征象

肌肉损伤分主动收缩和被动拉长两种损伤。主动收缩损伤是由于肌肉做主动的猛烈收缩时,其力量超过了肌肉本身所能承担的能力;而被动拉伤主要是肌肉力量牵伸时超过了肌肉本身的伸展程度。肌肉损伤如果是细微的损伤,则症状较轻;如果是肌纤维完全断裂,则症状较重。一般表现为伤处疼痛、局部肿胀、压痛、肌肉紧张或抽筋,伤后肌肉功能减弱或丧失。

2. 发生肌肉损伤的主要原因

准备活动不充分;肌肉的生理机能尚未达到剧烈活动所需的状态就参加剧烈活动;体质较弱,运动水平不高,肌肉的弹性、伸展性和力量较差,疲劳过度;运动技术低,姿势不正确,动作不协调,用力过猛,超过了肌肉活动范围;气温过低或过高,场地太硬等。

3. 处置

肌肉损伤治疗要根据具体情况而定,少量肌纤维断裂者,应立即采取冷敷,局部加压包扎,并抬高患肢。肌肉大部分或完全断裂者应采用加压包扎后立即送医院进行手术缝合。

(三) 关节韧带损伤

1. 损伤征象

关节韧带损伤后,一般表现为压痛,自感疼痛,轻者发生韧带部分纤维的断裂,重者则韧带纤维完全断裂,引起关节半脱位或者完全脱位,从而出现关节功能障碍。

2. 损伤部位及原因

上肢关节以肩关节、肘关节、腕关节损伤最为常见,如掷标枪引枪后的翻肩动作错误造成肩、肘关节扭伤;下肢关节以髋关节、膝关节、踝关节损伤较多,从高处跳下,平衡缓冲不够使得膝、踝关节受伤;做"下桥"练习时,过分提腰造成腰椎损伤等。

3. 处置

发生关节、韧带扭伤应当在 24 小时内采用冷敷,必要时加压包扎,24 小时以后采用理疗、热敷、按摩、针灸治疗。待疼痛减轻后可增加功能性练习。对急性腰部损伤,如果出现剧烈疼痛,切不可轻易处理,可让患者平卧,并用担架送医院就诊。

(四) 骨折

1. 骨折征象

骨折可分完全性骨折(骨完全断裂)和不完全性骨折(骨未完全断裂,如裂缝骨折),是运动中一种比较严重的损伤。骨折后的症状主要表现是:

(1) 肿胀和皮下淤血。因骨折处血管破裂骨膜下出血以及周围软组织损伤所造成。

(2) 疼痛。因骨膜撕裂和肌肉痉挛引起,尤其在活动时更加剧烈,甚至可引起休克。

(3) 功能障碍。骨折后肢体失去杠杆和支持作用,丧失了原来的功能,再加上剧烈疼痛和肌肉痉挛,肢体多不能活动。

(4)出现畸形和假关节。因骨折端发生移位和重叠,伤肢变形以至缩短;完全骨折的地方可出现假关节,移位时可产生骨折摩擦音。

(5)压痛和震痛。骨折断端有明显的压痛,在远离骨折处轻轻捶击,骨折处往往出现震痛。

2. 骨折原因

运动时发生骨折的原因是身体某部位受到直接或间接暴力,或肌肉强烈收缩所致。常见的骨折部位有肱骨、尺(桡)骨、手指、小腿、肋骨等。

3. 处置

一旦出现骨折,暂勿随意移动患肢,立即进行急救,应先用夹板或其他代用品固定伤肢,动作要轻巧、缓慢,不要乱拉乱拽,以免造成错位,影响整复。如果是上肢骨折,可用一块长40厘米、宽6厘米的木板托住伤肢,用绷带扎紧骨折处的上、下两端。如果是下肢骨折,先将伤腿轻轻放好,然后用宽布条或褥单将两条腿缠在一起,慢慢抬到硬板担架上,送往医院救治。如果是头部、颈部或脊柱骨发生骨折,运送时就更要小心,以免损伤神经和脊椎而造成肢体瘫痪,搬运时头部用枕头或衣服塞紧,防止移动。固定好以后,患者不要扭动肢体。在送医院的路上也要迅速、平稳。

(五)关节脱位

1. 原因与征象

因受外力作用,使关节面失去正常的连接关系,叫关节脱位,又称脱臼。关节脱位可分为完全脱位和半脱位(或称错位)两种。严重的关节脱位,伴有关节囊撕裂,甚至损伤神经。运动中发生的关节脱位大都是间接外力撞击所致。如摔倒时用手撑地,引起肘关节或肩关节脱位。关节脱位后常出现畸形,与健肢相比不对称,因软组织损伤而出现炎症反应,局部疼痛、压痛和关节肿胀,并失去正常活动功能,甚至发生肌肉痉挛等现象。

2. 处置

用长度和宽度相称的夹板固定伤肢。如果没有夹板,可将伤肢固定在自己的躯干或健肢上,防止震动,随后及时送医院治疗。必须指出,如果没有把握做整复处置时,切不可随意做整复手术,以免再度增加伤害。

(六)脑震荡

1. 原因与征象

脑震荡是指头部受到外力打击后,使大脑管理平衡的膜半规管、椭圆囊、球囊等感应器官机能失调,直至引起意识和机能的暂时性障碍。在体育锻炼时,两人头部相撞或撞击硬物或从高处跌下时头部撞地,都可能造成脑震荡。

受伤时,神志昏迷、脉搏徐缓、肌肉松弛、瞳孔稍大但能对称,神经反射减弱或消失;清醒后,患者常有头痛、头晕、恶心呕吐感;平时情绪烦躁,注意力不易集中,耳鸣、心悸、多汗、失眠、记忆力减退等。

2. 处置

立即让患者平卧,头部冷敷;若有昏迷,即指压人中、内关、合谷穴;若呼吸发生障碍,立即进行人工呼吸。上述症状处理后,出现反复昏迷或耳鼻口出血,两瞳孔放大且不对称时,表明病情严重,应立即护送至医院救治。在运送途中,要让伤者平卧,头部固定,避免颠簸。

脑震荡一般都可自愈,无须住院治疗,但要注意休息和必要的药物治疗,保持情绪安定,减少脑力劳动。在恢复过程中,可定期做脑震荡痊愈平衡试验,以检查病况进展。其方法是:闭目、单腿站立、两臂平举,如果能保持平衡,表明脑震荡已基本治愈,这时,可适当参加体育锻炼,但要避免滚翻和旋转性动作。

二、常见运动损伤的处理

在运动过程中所发生的各种损伤统称为运动损伤。运动损伤又可以分为开放性损伤和闭合性损伤。对于运动损伤的处理一般分为前、中、后处理原则:对于急性损伤前期(24小时以内)处理原则是制动、止血、防肿、镇痛即减轻炎症。处理方法可根据具体情况选用一种或几种并用。

(一)一般处理方法

1. 一般先冷敷,加压包扎并抬高伤肢。这种方法应在伤后立即使用,有制动、止血、止痛及防止或减轻肿胀的作用。冷敷一般使用冰袋、自来水或氯乙烷。冷敷之后,用适当厚度的棉花或海绵置于伤部,立即用绷带稍加压力进行包扎。

2. 伤后24小时打开包扎,可进行热疗、按摩,如理疗、外敷活血化瘀和生新的中草药、贴活血膏等,也可用几种方法进行综合治疗。

3. 待损伤组织已基本恢复正常,肿胀和压痛已消失,锻炼时仍会感到酸胀、无力,因此要进行功能性的恢复治疗,这时仍以按摩、理疗以及增加肌肉、关节功能锻炼为主。如果是轻微、慢性的损伤,主要是改善伤部的血液循环,促进组织的新陈代谢,可以合理地安排局部的负担量。

(二)开放性软组织损伤的处理

常见的开放性软组织损伤有擦伤、切伤、刺伤和撕裂伤;局部皮肤或黏膜破裂、伤口与外界接触,常见组织液渗出或血液自伤口流出。紧急处理的要点是及时止血和处理伤口,预防感染。

1. 擦伤

擦伤多发生在摔倒时,对于伤口较脏的擦伤可先用生理盐水洗净伤口,然后再用酒精棉球或红汞药水消毒杀菌,伤口较浅、面积较小的擦伤无须包扎,待干后即可。

2. 切伤与刺伤

伤口往往较深、较小,如果伤口较脏,除了进行伤口的止血消炎、包扎外,还要注射破伤风抗生素。

3. 撕裂伤

撕裂伤中以头面部皮肤伤为多见,例如拳击运动中,眉弓被对方肘部碰撞而引起眉际皮肤撕裂等。若撕裂的伤口较小,经消毒处理后,贴上创可贴即可;若撕裂伤口较大,则须止血,缝合创口;若伤情和污染较重时,应注射破伤风抗生素。

(三)闭合性软组织损伤的处理

急性闭合性软组织损伤是运动损伤中较常见的一类损伤,如肌肉拉伤、挫伤、韧带拉伤等都属于这类损伤。

急性闭合性软组织损伤的特点是：皮肤黏膜完整；由于暴力而引起，从而损伤局部有组织的撕裂、血管损伤等引起出血、组织液渗出、肿胀。在急性闭合性软组织损伤发生后，首先要检查有无合并伤，如腹部挫伤后是否合并有内脏破裂；肌肉挫伤后有无断裂，有无明显血肿；头部挫伤有无脑震荡等。应先处理合并伤，然后处理软组织损伤。在确定没有严重的合并伤后，在急性闭合性软组织损伤后应进行冷敷，加压包扎，制动和抬高患肢，24小时以后解除包扎，并进行局部热敷、理疗、按摩等，以改善血液循环，促进局部代谢，加速损伤的修复。当损伤基本恢复后，开始进行肌肉、韧带的伸展性练习以及加强局部力量练习，以恢复局部受伤部位的肌肉力量及肌肉、韧带的柔韧性。

第四节　疲劳程度的判断与消除

一、判断疲劳的简易方法

由于对疲劳的本质研究还不十分清楚，因而到目前为止还没有一种可靠的判断疲劳程度的检查方法，一般可根据以下三个方面综合起来进行评定：

1. 根据运动者的各种自我感觉症状（如疲乏、头晕、心悸、恶心等）加以评定。
2. 根据疲劳的客观体征（如面色、排汗量、呼吸、动作和注意力等）进行评定。
3. 根据身体各器官系统的生理、生化指标变化的情况（如心律、心电图、脑电图、肌电图、肌蹬反射、肺活量、血压、握力和尿蛋白等）进行评定。

在学校体育教学和训练中，还可以采用比较容易的方法来判断疲劳程度（表6-4-1）。

表6-4-1　疲劳程度的标志

内　容	轻度疲劳	中度疲劳	重度疲劳
自我感觉	无任何不适	疲乏、腿痛、心悸	除疲乏、腿痛、心悸外，还有头痛、胸痛、恶心，甚至呕吐等征象。有些征象存在时间较长
面色	稍红	相当红	十分红或苍白，有时呈紫蓝色
排汗量	不多	较多，特别是肩带部分	非常多，尤其是整个躯干部分以及汗衫和衬衣上可出现白色盐迹
呼吸	中等程度加快	显著加快	呼吸表浅（其中有少数深呼吸出现），有时呼吸节奏紊乱
动作	步态稳定	步伐摇摆不稳	摇摆现象显著，在行进时掉队，出现不协调动作
注意力	比较好，能正确执行指示	执行口令不准确，改变方向时有时发生错误	执行口令缓慢，只有大声口令才能接受

二、消除疲劳的常用方法

疲劳是一种生理现象，又是一种运动量的标志。从某种意义上说，运动训练是以疲劳为媒介而不断提高身体训练水平的。科学研究证实，疲劳与恢复是运动后的必然过程，如果大强度训练后不能采取消除疲劳的适当措施,疲劳就会积累,不仅使运动成绩下降,还会成为疾病和伤害事故的诱因。所以运动后及时消除疲劳、恢复体力,才能有效地提高训练水平。尽快消除运动性疲劳主要有以下几种方法:

1. 睡眠

睡眠是消除疲劳的最好方法之一,练习者应严格遵守生活作息制度,保证充足的睡眠时间。

一般每天不少于8~9小时,并应安排一定的午休时间。大运动量和比赛期间,睡眠时间还可以适当增加。

2. 积极性休息

休息是除睡眠之外的消除疲劳的一种积极手段,对由于紧张训练和比赛引起的肌肉和精神疲劳有良好的缓解作用。积极性休息的方法和内容很多,如在公园、湖滨或海边散步、听音乐、观看演出、钓鱼、下棋和参观游览等,可根据条件和个人爱好选择安排。

3. 按摩

按摩是消除运动性疲劳的重要手段之一。一般采用手法按摩,进行全身或局部的按摩,有损伤的还可以兼作治疗,均有良好效果。有条件的还可以采用机械按摩,目前国内外使用的还有气压按摩、振动按摩和水力按摩,对放松肌肉、消除肌肉酸痛和恢复体力效果极佳。

4. 物理疗法

训练后采用淋浴和局部热敷是一种简易的消除疲劳的方法,淋浴时水温不能过高,一般以温水浴(水温40℃左右)为佳,时间15~20分钟为宜,温水浴有良好的镇静作用,能促进血液循环和放松肌肉,以达到消除疲劳的目的。如有条件,还可以采用蒸汽浴、干燥空气浴和旋涡浴等恢复手段。热敷能减少肌肉中酸性代谢产物的堆积,消除肌肉僵硬、紧张以及酸痛。热敷的温度以47℃~48℃为宜,时间约10分钟。

5. 营养与药物

运动训练和比赛后,合理的营养补充有助于疲劳的消除,运动以后应供应充足的热能,补充足够的蛋白质、维生素、无机盐和水。同时可服用维生素 B1、B6、C 和 E。中药黄芪、刺五加、人参、三七对促进疲劳的消除也有一定的效果。营养学研究证实,运动员服用麦芽油和花粉有消除疲劳和增强体力的功效。

6. 心理恢复法

它包括心理调整、自我暗示、放松训练等手段。心理恢复法能减轻紧张情绪,放松肌肉,对消除疲劳和延迟疲劳的产生有良好的效果。

7. 氧气及负离子吸入法

运动员训练和比赛后,血液中有大量酸性代谢产物,吸氧可以促进乳酸继续氧化,有利于代谢产物的消除,对消除运动性疲劳,特别是无氧训练后的疲劳恢复有一定的效果;负离子有提高神经系统兴奋性,加强组织氧化还原过程的作用,有助于消除机体运动后的疲劳。

第七章 奥林匹克运动

第一节　古代奥林匹克运动会

第二节　现代奥林匹克运动会

第三节　现代奥林匹克运动与世界文化

第四节　现代奥林匹克运动与中国

奥林匹克运动会，简称"奥运会"，是国际奥林匹克委员会主办的世界规模最大的综合性运动会，每四年一届，会期不超过16日，是目前世界上影响力最大的体育盛会。

奥林匹克运动会发源于两千多年前的古希腊，因举办地在奥林匹亚而得名。古代奥林匹克运动会停办了1500年之后，法国人顾拜旦于19世纪末提出举办现代奥林匹克运动会的倡议。并在1894年成立奥委会，1896年举办了首届奥运会，我国于2008年承办了第29届奥运会，2017年7月，国际奥委会决定由法国巴黎承办2024年奥运会，由美国洛杉矶承办2028年奥运会。

本章将详细介绍古代、现代奥林匹克运动会的起源于发展，奥林匹克运动与世界文化，现代奥林匹克运动与中国等内容。读者扫一扫下方二维码，畅览精彩内容。

阅读〉奥林匹克运动

第八章

体育欣赏

第一节 体育竞赛的欣赏内容

第二节 不同项目比赛的欣赏

体育欣赏是进行体育教育的有效手段,也是校园体文化的重要组成部分。本章主要介绍从哪些方面观赏体育比赛,观赏体育比赛需要的修养以及不同项目比赛欣赏的具体内容。通过本章学习,使学生具有欣赏体育内在魅力和外在特质所表现出来的特有的美的能力,使欣赏体育运动成为学生的一种赏心悦目的精神享受。

更多精彩内容,请扫下方二维码观赏。

阅读 体育欣赏

运动实践篇
YUN DONG SHI JIAN PIAN

第九章 田径运动

视频 田径运动

第一节 田径运动概述

一、田径运动的起源与发展

田径运动是人类通过长期的社会实践发展起来的,是世界上最为普及的体育运动之一,也是历史最悠久的体育运动。根据国际业余田径联合会章程中对田径运动的解释,田径运动的定义表述为:"田径运动是由田赛和径赛、公路赛、竞走和越野赛组成的运动项目。"在众多的田径单项比赛中,我们通常把在跑道或公路上举行的以时间计算成绩的比赛项目称为径赛,把在专门的场地上进行的以高度和远度计算成绩的比赛项目称为田赛。而全能运动是由部分跑、跳跃、投掷项目组成的以评分为办法计算成绩的综合比赛项目。

田径运动起源于古时人类的生活、生存方式,人们为了获得生活资料,在和大自然的斗争中,不得不走或跑相当的距离,越过各种障碍,投掷石块和使用各种捕猎工具。在劳动中不断地重复这些动作,便形成了走、跑、跳跃和投掷的各种技能。随着社会的发展,人们有意识地把走、跑、跳跃、投掷作为练习和比赛形式。后来,这些基本技能逐渐发展和提高并日益走向成熟。据史料记载,公元前776年,在古希腊奥林匹克村举行了第1届古代奥运会,从那时起,田径运动就被列为正式比赛项目之一。1894年在法国人皮埃尔·德·顾拜旦倡议下,在巴黎召开了国际体育代表大会,成立了国际奥林匹克委员会。1896年在希腊雅典召开了第1届现代奥林匹克运动会,并确立了田径为奥运会的第1运动。第1届现代奥运会只有男子田径项目的比赛,直到1928年阿姆斯特丹奥运会才增设了女子田径项目。1912年,国际业余田径联合会在斯德哥尔摩成立。随后拟订了国际统一的田径竞赛项目和竞赛规则。国际业余田径联合会的成立,对于田径运动的发展,起了积极的推动作用。

20世纪初外籍传教士将现代田径运动带进中国,当时只有在教会创办的学校之间开展田径比赛,后来逐渐普及到全国的国立和私立学校。1932年洛杉矶奥运会田径选手刘长春成为第一个参加奥运会比赛的中国人。新中国成立后,田径运动得到迅速普及,技术水平提高很快,我国田径技术水平和成绩缩短了与国际间的差距。1957年,女子跳高运动员郑凤荣以1.77米打破了当时1.76米的世界纪录,成为中国运动员打破田径世界纪录的第一人。

1983年,在第5届全运会上朱健华以2.38米创造了他自己保持的2.37米的世界纪录。同年,徐永久以45分13秒4的成绩创造女子10公里竞走世界纪录,成为我国第一个在世界比赛中获得冠军的田径运动员。1992年第25届奥运会上,我国女子竞走运动员陈跃玲获得10公里竞走金牌,实现了我国奥运史上田径项目金牌"零"的突破。此后,我国女子运动员王军霞先后以29分31秒78和8分06秒41的成绩创造了10000米和3000米的世界纪录。曲云霞以3分50秒46的成绩创造了1500米的世界纪录。1996年第26届奥运会上王军霞又获得了5000米的金牌和10000米的银牌。进入新的世纪,2000年悉尼奥运会上中国运动员王丽萍获得20公里竞走的金牌。2004年雅典奥运会上,刘翔以12秒91平世界纪录的成绩获得男子110米栏金牌。这是中国男运动员在奥运会上夺得的第1枚田径金牌,翻开了中国田径历史新的一页。此次奥运会上,邢惠娜也在女子1500米比赛中获得了金牌。2006年7月在瑞士洛桑田径大奖赛上,刘翔以12秒88的成绩打破了12秒91的110米栏世界纪录,为中国田径运动又竖起了一座新的丰碑。在2015年北京田径世锦赛上,苏炳添创造了百米9秒99的好成绩,成了历史上第一位进入世锦赛男子100米决赛的中国人。同时,苏炳添带领莫有雪、谢震业和张培萌,两度改写中国和亚洲的历史——先在预赛中以37秒92大幅提高了自己保持的4×100米接力亚洲纪录,接着在决赛中拼下银牌,震惊四座。近20年是我国田径运动突飞猛进的时期,但总的来说,我国的田径运动水平与高水平世界田径运动行列仍有明显差距,提高田径运动水平的任务还是十分艰巨的。

国内外田径运动的分类主要是根据性别、年龄、比赛项目和比赛场地等结合实际情况进行分类的。多数将田径运动分为竞走、跑、跳跃、投掷和全能五大类。各国为参加世界性的和国际间的田径比赛,使本国的训练和竞赛与世界接轨,都沿用或参照国际田联承认为世界纪录的比赛项目。我国通常将田径运动分为径赛、田赛和全能三大类。

田径运动是我国开展得最为广泛的体育运动之一。田径运动具有广泛的群众性、激烈的竞争性、严格的技术性、能力的多样性等特点。田径运动较少受到场地、人数、时间、器械、年龄和性别等方面的限制,比赛规则容易掌握,无身体冲撞,运动量可大可小,具有较好的教育价值、健身价值和竞技价值。经常参加田径运动可以改善身体器官和系统的功能状况,增强体质、增进健康,促进心理素质的发展;能培养人勇敢顽强、拼搏进取的意志品质,吃苦耐劳、坚韧不拔的精神。田径运动是在严密的组织下,按严格的规则和要求进行的,对于培养人遵守纪律,增进责任感和集体主义精神具有积极作用。

二、田径比赛规则简介

(一)径赛项目的有关规则

1. 参加径赛项目的运动员必须按时到检录处报到,应正确佩戴号码并与检录单一致,运动员的鞋、鞋钉的数量和规格、服装和提包应符合规定。检录点名不到的运动员将被取消该项目的比赛资格。

2. 竞赛项目判定运动员的比赛名次,是以运动员的躯干(不包括头、颈和四肢)任何部位抵达终点线后沿垂直面的顺序为准。

3. 400米及400米以下的各个径赛项目(包括4×400米),运动员必须使用起跑器进行蹲踞式起跑。起跑时发令员口令为"各就位""预备",最后发令枪响。

4. 400米以上的各个径赛项目,运动员都应进行站立式起跑。起跑时发令员口令为

"各就位",最后发令枪响。

5. 起跑犯规。除了全能项目之外,每项比赛都不允许起跑犯规,起跑犯规的运动员均将被取消该项目的比赛资格。

6. 运动员由于受他人推、挤或被迫踏上或跑出自己的分道,或者跑在突沿或实际分界线上或内侧;运动员在直道上踏上或跑出自己的分道,或者在弯道上跑出自己分道的外侧分道线。如果未从中获得实际利益且未推挤或阻挡其他运动员以致阻碍了他人进程,不应取消其比赛资格。

7. 接力比赛。运动员必须手持接力棒跑完全程。如发生掉棒,必须由掉棒运动员捡起,且必须回到至少在他上次手持棒的位置继续跑进。接力棒必须在接力区内传递。仅以接力棒的位置决定是否在接力区内完成接力,运动员在接棒之前和传棒之后,应留在各自分道内,以免影响其他运动员。否则,应取消该接力队的比赛资格。

8. 4×400米比赛第一棒是分道跑,第二棒运动员越过第一个弯道末端的抢道线以后即可切入里道,第三、四棒的运动员接棒的位置按照同队传棒运动员跑完200米时的先后顺序(由内向外)排列各自的接棒位置。顺序排好后,不得改变。

9. 跨栏跑。运动员应跨越每一个栏架,并且在过栏瞬间其脚或腿在栏架两侧外(任意一边)不得低于栏顶水平面,也不能有意撞倒栏架,否则将被取消比赛资格。

(二)田赛项目的有关规则

1. 田赛项目的比赛通则

(1)田赛项目的比赛,检录工作由田赛裁判员负责。运动员应正确佩戴号码并与检录单一致,运动员的鞋、鞋钉的数量和规格、服装和提包应符合规定。点名不到的运动员均将被取消该项目的比赛资格。

(2)试跳和试掷。除跳高和撑竿跳高外,在其他田赛项目中,如参赛运动员多于8人,则每名运动员均有3次试跳(掷)机会,有效成绩最好的前8名运动员可再试跳(掷)3次。当运动员人数只有8人或少于8人时,每人均有6次试跳(掷)机会。

(3)运动员应按抽签排定的顺序参加比赛,前3次试跳(掷)结束后,应对运动员的成绩排序,第4、5次的试跳(掷)顺序,应与前3次试跳(掷)的排名相反。最后一轮的试跳(掷)顺序应与前5次试跳(掷)后的排名相反。

(4)判断名次。每名运动员应以其最好的一次试跳(掷)成绩,包括因第一名成绩相等而进行的决名次赛的成绩,作为其最后的决定成绩。除了跳高和撑竿跳高项目,如成绩相等,应以其次优成绩判定名次。如次优成绩仍相等,则以第三较优成绩判定,余类推。如依然成绩相等,则运动员的比赛名次并列。

(5)跳高和撑竿跳高项目,遇上成绩相等时,以在出现成绩相等的高度上,试跳次数较少者名次列前。如成绩仍相等,则全场比赛中试跳失败次数较少(包括最后跳过之高度)者名次列前。如成绩仍相等,成绩相等不涉及第一名时,则运动员的比赛名次并列。如涉及第一名时,将在成绩相等的运动员间进行决名次跳,运动员在规定的最后越过高度的下一高度上进行决名次跳,如果与有关运动员都跳过或未跳过而仍不能判定名次,则横杆应提升或降低(跳高为2厘米、撑竿跳高为5厘米),每人应在每个高度上只试跳一次,直到分出名次为止。

（6）如果一名运动员同时参加一项径赛和一项田赛或多项田赛,有关裁判长每次可以允许该运动员在某一轮的比赛中,或在跳高和撑竿跳高的每次试跳中,以不同于赛前抽签排定的顺序进行试跳(掷)。如果该运动员后来因此在轮到其试跳(掷)时未到,一旦该次试跳(掷)时限已过,将视其该次试跳(掷)为免跳(掷)。

2. 田赛各单项比赛规则

（1）跳高。比赛开始前,裁判员应向运动员宣布起跳高度和每轮结束后横杆的提升高度,直至只剩下一名已获胜的运动员或出现第一名成绩相等时为止。除非只剩下冠军参赛者,否则横杆的升幅不得少于 2 厘米,而且横杆的升幅不得增加。在只剩下冠军参赛者的情况下,横杆的升幅可按其意愿而做出决定。

运动员必须单脚起跳。若起跳后,由于运动员的起跳动作,致使横杆不停留在支架上;或在尚未越过横杆前,身体的任何部位触及两支架间或两支架外的地面(包括其着地区),则以试跳失败论。如果运动员在试跳时,其脚部触及着地区,而裁判员认为并未因此而获得利益,则该跳仍算有效。

运动员可以在任何一个高度开始起跳,往后亦可以自由选择高度试跳,但不管高度为何,连续三次试跳失败,便会丧失继续比赛的资格。若运动员曾放弃某一高度的第一次试跳,其后便不得在同一高度上再次要求试跳机会(成绩相同时之额外试跳除外)。

（2）跳远。跳远运动员触犯下列任何情况,均作试跳失败论:不论起跳与否,身体的任何部位触及起跳线前方的地面;不论是否超过起跳线,在起跳板两端以外起跳;在助跑或跳跃中采用任何空翻姿势;起跳后,在第一次触及落地区之前,运动员触及了助跑道或助跑道以外地面或落地区以外地面;着地时,身体的任何部分触及着地区以外的地面,而该点较其落在着地区之位置为近;离开落地区时,运动员在落地区外地面的脚部第一触地点较落地区内最近触地点和在落地区内因身体失去平衡而留下的任何痕迹更靠近起跳线。

（3）三级跳远。三级跳远必须顺序由单足跳、跨步跳及跳跃三个部分组成。第一步起跳后,须以同足着地,进行第二次起跳;第二步起跳后,则要以另一足着地,然后再作第三次(最后一次)起跳。除场地外,跳远之所有规则,均适用于三级跳远项目上。

（4）推铅球。运动员在圈内从静止姿势开始试掷,用单手从肩部将铅球推出。当运动员进入圈内开始试掷时,铅球要抵住或靠近颈部或下颌,在推球过程中持球手不得降到此部位以下。也不得将铅球置于肩轴线后方。推掷时,运动员可以触碰推掷圈及抵趾板的内缘,但身体之任何部位若触到推掷圈或抵趾板上缘,或推掷圈外面的地面,均视作试推失败。铅球未着地前,运动员不得离开推掷圈。离开推掷圈时,亦必须从其后半圆离开。

（5）掷标枪。掷标枪时应握在把手处,从肩部或投掷臂上臂的上方掷出,不得抛甩。不得采用非传统姿势进行投掷;只有标枪的金属枪尖先于标枪的其他部位触地,试掷方为有效;运动员试掷时,在标枪出手以前,身体不得完全转向背对投掷弧。掷标枪时,身体的任何部分不能触及助跑道标志线或线外地面。当运动员离开助跑道时,首先触及的助跑道标志线或助跑道外地面要完全在投掷弧两端的白线后边。

第二节 跑

一、短跑

短跑项目包括100米、200米和400米跑。

（一）100米跑

1. 起跑

田径竞赛规则规定，短跑比赛运动员必须采用蹲踞式起跑，必须使用起跑器，要按发令员的口令完成起跑动作。起跑器的安装方式主要有普通式和拉长式两种，运动员应根据个人的身高、体型、身体素质和技术水平等情况来选择起跑器的安装方式。

普通式：前起跑器距起跑线一脚半长，后起跑器距前起跑器一脚半长。前、后起跑器的抵足板与地面夹角分别约成45度和75度，两起跑器的左右间隔约15厘米。

拉长式：前起跑器距起跑线两脚长，后起跑器距前起跑器一脚长，起跑器的抵足板与地面的夹角及两起跑器左右间隔与普通式基本相同。

起跑技术包括"各就位""预备"和鸣枪三个阶段。

听到"各就位"口令后，运动员走到起跑器前，俯身，两手撑地，两脚依次蹬在前后起跑器的抵足板上，脚尖应触及地面，后腿膝关节跪地。接着两臂收回到起跑线后撑地，两臂伸直，两手间距离比肩稍宽，四指并拢与拇指成"八"字形，颈部自然放松，身体重量均匀地落在两手、前腿和后膝之间，注意听"预备"口令。

听到"预备"口令后，逐渐抬起臀部和后膝，臀部要稍高于肩部，身体重心适当向前上方移动，肩部稍超出起跑线，重心落在两臂和前腿上。两脚紧贴起跑器抵足板，集中注意力听枪声。

听到枪声后，两手迅速推离地面，两臂屈肘做积极有力的前后摆动，同时两腿快速用力蹬起跑器，后腿快速蹬离起跑器后迅速屈膝向前上方摆出，前腿快速有力地蹬伸（图9-2-1）。

图 9-2-1 蹲踞式起跑

2. 起跑后的加速跑

起跑后的加速跑是从蹬离起跑器到途中跑之间的一个跑段，一般为30米左右，其任务是尽快加速达到自己的最高速度。

起跑后第一步约三脚半长，第二步约为四脚至四脚半长，以后逐渐增大，直至途中跑的步长。腿蹬离起跑器后,身体处于较大的前倾姿势,为了不使身体向前摔倒,要积极加快腿的蹬伸与臂的摆动,保持身体的平衡。

最初几步两脚着地点并非在一条直线上,随着速度的加快,两脚内侧着地点逐渐趋于一条直线上。

3. 途中跑

途中跑在整个短跑中是最长的一段距离,其主要的任务是继续发展和保持较长距离的最高速度。其动作特点是前脚掌落在身体重心投影点的稍前面,脚触地后膝关节微屈,足踵下沉,使身体重心很快地移过垂直阶段;接着后腿的髋、膝、踝关节依次迅速伸展,完成快速有力的后蹬。后蹬的角度约为50度,后蹬方向要正。随着腿的落地动作,摆动腿的大腿迅速前摆,小腿随惯性折叠。蹬地腿蹬地时,大腿积极向前上方摆动,并把同侧髋一起带出。落地前,大腿要迅速积极地下压,这时由于惯性缘故,小腿自然前伸,接着前脚掌迅速和有弹性地向下、向后做"扒地"动作。

途中跑时,头要正对前方,两眼要向前平视,上体保持正直或微向前倾。以肩关节为轴,两臂轻松而有力地向前摆动。前摆时,不超过身体中线和下颌,大小臂之间所成的角度约90度;后摆时,肘关节要稍微向外。摆臂动作应以自然协调为原则(图9-2-2)。

图9-2-2 100途中跑技术

4. 终点跑

终点跑是全程跑的最后一段,要求运动员在离终点线15~20米处时,尽力加快两臂摆动速度和力量,保持上体前倾角度,当离终点线一步距离时,上体急速前倾,双手后摆,用胸部或肩部冲向终点线,跑过终点后逐渐减速。

(二) 200 米和 400 米跑

200米和400米跑,有一半以上的距离是在弯道上进行的,弯道跑与直道跑的技术有区别。

1. 弯道起跑和起跑后的加速跑

为了便于弯道起跑后能有一段直线距离进行加速跑,应将起跑器安装在弯道跑道的右侧,起跑器对着弯道的切线方向。弯道起跑后,前几步应沿着内侧分道线的切线跑进(图9-2-3)。加速跑的距离适当缩短,上体抬起较早。在进入弯道时,应尽可能地沿着跑道内侧跑,身体及时向内侧倾斜。

图9-2-3 弯道起跑

2.弯道跑技术

运动员从直道进入弯道时,身体应有意识地向内倾斜,加大右侧腿和臂的摆动力量和幅度,身体应向圆心方向倾斜。后蹬时,右腿用前脚掌的内侧,左脚用前脚掌外侧蹬地。两腿摆动时,右腿膝关节稍向内摆动,左腿膝关节稍向外摆动。两臂摆动时,右臂前摆稍向左前方,后摆时肘关节稍偏向右后方;左臂稍离躯干做前后摆动。弯道跑的两腿蹬地与摆动方向都应与身体向圆心方向倾斜趋于一致。从弯道跑进直道时,应在弯道最后几步,身体逐渐减小内倾程度,自然跑几步,然后作一个进入直道的调整,按直道途中跑技术跑进。

二、中长跑

中长跑项目包括 800 米、1500 米和 3000 米跑。

(一) 起跑和起跑后的加速跑

中长跑采用站立式起跑,当运动员听到"各就位"的口令后,迅速走到起跑器后,习惯将力量较大的脚放在起跑线后,前后脚距约一脚长,左右脚距约半脚长,后脚掌触地,眼看起跑线 5~10 米处,两臂一前一后,身体保持稳定,集中注意听枪声。当听到枪声后,两腿迅速用力蹬地,两臂配合腿部动作做快速有力的摆动,使身体迅速向前冲出,在短时间内获得较快的跑速,然后进入匀速有节奏的途中跑。

(二) 途中跑

途中跑的距离最长,是中长跑的主要部分。中长跑的强度小于短跑,跑速相对较慢,动作速度和用力程度相对较小,除了战术需要而改变跑的节奏外,一般多采用匀速跑,跑时要做到技术合理、速度均匀、节奏感强、全身动作协调有力。

(三) 终点跑

终点跑是运动员在十分疲劳的情况下,竭尽全力进行最后一段距离的冲刺跑,在运动员实力接近的条件下,它将决定比赛的胜负。

什么时候开始终点冲刺,这要根据比赛项目、训练的水平、战术的要求和临场的情况等因素决定。一般情况下,800 米可在最后 200~300 米,1500 米在最后 300~400 米,5000 米以上可以在最后 400 米或稍长的距离开始加速,长距离的项目加速距离可更长些。速度占优势的采取紧跟,在进入最后直道时,才开始做最后冲刺超越对手。

(四) 中长跑的呼吸

中长跑时,应注意呼吸的节奏。呼吸应自然和有一定的深度,一般是跑两三步一呼气,跑两三步一吸气。随着跑速的提高,呼吸频率也相应加快。中长跑时,由于强度大、竞争激烈,为了提高呼吸效率可采用半张的口与鼻子同时呼吸,以最大限度地满足机体对氧气的需要。

中长跑时,跑一段距离后会不同程度地出现胸部发闷、呼吸困难、动作无力,迫使跑速降低的感觉。这种生理现象叫"极点"。当"极点"出现时,应适当降低跑速,深呼吸,特别是加深呼气,同时要以顽强的意志坚持下去。

三、接力跑

接力跑竞赛项目一般为男、女 4×100 米接力跑和男、女 4×400 米接力跑。

（一）4×100米接力跑技术

1. 起跑

（1）持棒起跑：第一棒运动员采用蹲踞式起跑，其基本技术类同短跑起跑，通常右手持棒，接力棒不得触及起跑线及起跑线前面的地面。持棒的方法一般用中指、无名指和小指握住棒的末端，用拇指和食指分开撑地（图9-2-4）。

（2）接棒人起跑：第二、三、四棒运动员多采用半蹲式或站立式起跑。第二、四棒选手站在跑道外侧，第三棒选手站在跑道内侧。接棒运动员起跑姿势的选择主要取决于能否快速起跑和进入加速跑，并能清晰地看到传棒选手以及设定的起动标志。

2. 传、接棒

传、接棒时，一般采用不看棒的传、接棒方法。可分为两种：

（1）上挑式。接棒人手臂自然后伸，手臂与躯干成40～45度角，掌心向后，虎口张开朝下。传棒人将棒由下向前上方"挑"送到接棒人手中（图9-2-5）。

（2）下压式。接棒人手臂后伸，与躯干成50～60度角，掌心向上，虎口向后，拇指向内。传棒人将棒的前端由上向下"压"送到接棒人手中（图9-2-6）。

图9-2-4　　　　图9-2-5　上挑式　　　　图9-2-6　下压式

（二）4×400米接力跑技术

4×400米跑的传、接棒技术相对简单，由于传棒人最后跑速已不快，所以接棒人应目视传棒人，顺其跑速接棒，然后再快速跑出。

四、跨栏跑

（一）110米跨栏跑技术

1. 起跑至第一栏技术

起跑至第一栏要求步数固定，步长稳定，准确地踏上起跨点。如采用8步，应将起跨腿放在前起跑器上，如跑7步，摆动腿放在前起跑器上。同短跑相比上体抬起较快，大约在第6步时身体姿势已接近短跑途中跑的姿势。

2. 途中跑技术

跨栏途中跑是由9个跨栏周期组成的，每个跨栏周期由一个跨栏步和栏间三步跑构成。

（1）过栏技术：过栏技术由起跨攻栏、腾空过栏、下栏着地构成（图9-2-7）。

① 起跨攻栏：起跨离地前身体重心积极前移，身体重心移过支点后，足跟提起，上体加速前移，在摆动腿屈膝折叠积极前摆的配合下完成后蹬，形成有利的攻栏姿势。快速高摆攻栏腿，加大两腿夹角。起跨腿着地时，摆动腿由体后向前摆动，足跟靠近臀部，膝向下，以髋为轴，大腿带动小腿积极向前上摆至膝超过腰部高度。

两腿蹬摆配合完成起跨动作过程中,上体随之加大前倾,摆动腿异侧臂屈肘向前上方摆出,肘关节达到肩的高度,另一臂屈肘摆至体侧,整个身体集中向前用力。

② 腾空过栏:起跨结束后,摆动腿继续向前上方高抬,异侧臂屈肘后摆,超过栏板高度后,摆动腿的小腿迅速前摆,几乎伸直,脚尖微微上翘,使大腿伸肌拉长准备积极下压着地。当摆动腿前摆的同时,异侧臂伸向栏板上方,与摆动腿基本平行。同侧臂后摆,加大上体前倾,躯干与摆动腿形成锐角,目视前方。

在摆动腿脚掌到达栏板之前,起跨腿一侧的髋关节保持伸展,大腿屈肌处于拉紧状态,小腿约与地面平行或膝略高于踝,两腿在过栏前形成120度以上的夹角。

③ 下栏着地:摆动腿脚掌移过栏板的同时,起跨腿屈膝外展,小腿收紧抬平,脚尖勾起,足跟靠臀,以膝领先经腋下加速提拉,当脚掌过栏后,膝关节继续收紧向身体中线高抬,脚掌沿最短路线向前摆出,身体成高抬腿跑的姿势。

过栏时两腿剪绞换步动作是在两臂和躯干协调配合下完成的。摆动腿的异侧臂和经腋下向前提拉的起跨腿做相向运动,膝肘几乎相擦而过,臂的摆动积极有力,摆过肩轴以后屈肘内收摆向体后,另一臂屈肘前摆,以维持身体平衡。

伸直下压的摆动腿在接近地面时,前脚掌做积极扒地动作。脚落地后踝关节稍有缓冲,但足跟不触地面,膝、踝关节保持伸直,使身体重心保持较高的部位。躯干应保持一定前倾,起跨腿大幅度带髋提拉,两臂积极摆动,形成有利的跑进姿势。

图9-2-7 过栏技术

(2)栏间跑技术:用三步跑过,其三步的步长分别是:小—大—中。

第一步:为使跨跑紧密结合,在下栏着地时,应充分发挥踝关节及脚掌力量,借起跨腿的高抬快摆和两臂前后用力摆动,加速身体重心前移。

第二步:要高抬大腿用前脚掌着地,上体稍前倾,两臂积极前后摆动。

第三步:其动作特点与跨第一栏前的最后一步相同,形成一个快速的"短步",摆动腿抬得不高,放脚积极而迅速。

合理的栏间跑技术表现为栏间三步步长比例合理,身体重心高、起伏小,频率快,节奏稳定,直线性强,更加接近平跑技术。

3. 全程跑技术

全程跑过栏技术与栏间跑技术要有机的结合,跨过最后一个栏架后,要像短跑一样冲刺。

(二)400米跨栏跑技术

400米跨栏跑距离较长,对节奏、速度、速度耐力有较高的要求。起跑技术与400米起跑技术基本相同。全程跑,一般固定步数过栏较好,但由于身体疲劳,最后几个栏步数可能增加,因此应该掌握两腿过栏技术,好的跨栏跑技术表现为跑速均匀、节奏准确、动作轻松。

第三节 跳

一、跳高

随着跳高技术的发展,在正式比赛中已经比较普遍采用背越式跳高,背越式跳高技术由助跑、起跳、过杆和落地四个部分组成(图9-3-1)。

图9-3-1 背越式跳高技术

(一)助跑

一般助跑分为前段直线跑和后段弧线跑。助跑开始采用直线助跑,用前脚掌着地,富有弹性的跑;提高重心,步幅均匀,不断加速;进入弧线跑时,前脚掌沿弧线落地,外侧摆动腿有弹性地蹬地,上体逐步加大向弧线内侧倾斜。助跑的节奏要快,特别是助跑最后两步髋关节前送幅度要大,迈步时上体保持较垂直的姿势,摆动腿积极,充分后蹬,起跳腿快速前伸,髋部自然前送。助跑时两臂应积极有力地前后摆动,弧线跑时外侧手臂摆动幅度应大于内侧手臂的摆动幅度。

(二)起跳

起跳腿以大腿带动小腿积极下压着地,起跳脚脚跟外侧先着地,接着通过脚的外侧滚动至全脚掌,脚尖朝向弧线的切线方向。随着身体由内倾转为垂直,迅速地完成缓冲和蹬伸动作,运动员顺势向上跳起。

摆动腿蹬离地面以后,以髋发力加速向前摆大腿,同时以膝关节领先,屈膝折叠,当摆动腿摆过起跳腿前方后应向里转,而小腿和脚要稍外展。摆动腿沿着助跑弧线的延续方向加速上摆,直至减速制动。两臂的摆动要与摆动腿的摆动协调配合。

(三)过杆和落地

当起跳腿蹬离地面结束起跳以后,身体应保持伸展的姿势向上腾起,同时在摆动腿和同侧臂的带动下,围绕身体纵轴旋转,使身体转向背对横杆。当头和肩越过横杆以后,及时地仰头、倒肩和展体,并利用身体重心向上的速度,收腿挺髋,形成身体的背弓姿势。这时两腿屈膝稍后收,两臂置于体侧。当身体重心移过横杆时,则应做相反的补偿,即含胸收腹,控制上体继续下旋,同时以髋部发力,带动大腿和小腿加速向后上方甩腿,使整个身体脱离横杆。保持着屈髋伸膝的姿势下落,最后以上背部或背先落于海绵垫上。落在海绵垫后要做好缓冲控制,防止受伤。

二、跳远

跳远技术由助跑、起跳、腾空和落地四个部分组成。

(一)助跑

助跑是为了获得理想的水平速度,并为准确踏板和快速有力的起跳做好准备。助跑距离与运动员的年龄、运动水平和发挥速度的能力有关,助跑的距离一般为28~50米。男子助跑为16~24步,女子为14~18步。助跑过程注意身体重心、节奏的把握,最后一步达到助跑最高速度。

(二)起跳

助跑的倒数第二步摆动腿着地时,膝关节迅速前移,上体正直,起跳腿自然积极地前摆。在起跳腿的大腿前摆时,抬腿要比短跑时低些,并积极主动下压,用全脚掌踏上起跳板,然后,屈膝缓冲,身体重心稍降低,当身体重心移至起跳腿支点的垂直部位时,起跳腿迅速用力蹬伸,使髋、膝、踝三个关节迅速伸直,上体挺起,摆动腿的大腿积极向前上方摆至水平位置,小腿自然下垂,完成起跳动作。

起跳腿蹬伸充分的同侧臂屈肘向前上方摆起,异侧臂屈肘向侧摆起,当双臂肘关节摆至略低于肩或与肩同高时,突停,使身体借助于摆臂的惯性提肩、拔腰、挺胸、顶头,帮助身体重心提起,增大起跳效果。

(三)腾空

起跳腾空后的空中动作主要有挺身式、蹲踞式和走步式,以下介绍挺身式(图9-3-2)。起跳腾空后,摆动腿的大腿积极下放,小腿随之向下、向后方摆动,留在体后的起跳腿与摆动腿靠拢。当达到腾空最高点时,身体充分伸展,形成"挺胸展髋"姿势。两臂上举或后摆,然后收腹团身,落地瞬间双腿前伸成落地动作。

图9-3-2 挺身式跳远技术

（四）落地

落地前，上体不要过分前倾，大腿要尽量上举靠近胸部，将要落地时，小腿积极前伸，双脚接触沙面后，迅速屈膝缓冲，两臂积极向前挥摆，臀部前移，上体前倾，使身体重心迅速移过支撑面。为了避免落地时身体后坐，可采用以下两种落地姿势：前倒姿势，当脚跟着地后，前脚掌下压，两腿屈膝前跪，身体移过支撑点后继续向前移动，并向前倒下；侧倒姿势，当脚跟着地后，一腿紧张支撑，另一腿放松，身体向放松腿的前侧方倒下。

三、三级跳远

三级跳远由助跑、单足跳、跨步跳和跳跃四个部分组成（图9-3-3）。

图9-3-3 三级跳远技术

（一）助跑

助跑是为了获得最快的速度和准确地踏上起跳板。三级跳远的助跑与跳远的助跑基本相同。

（二）单足跳

起跳腿自然积极主动下压，用全脚掌踏上起跳板，然后，屈膝缓冲，身体重心稍降低，当身体重心移至起跳腿支点的垂直部位时，起跳腿迅速积极用力充分蹬伸，摆动腿的大腿积极向前上方摆至水平位置，然后开始做换腿动作，即摆动腿大腿带动小腿自然向下、向后摆动，同时起跳腿屈膝向前上方摆动，完成换步动作。

（三）跨步跳

随着身体重心下降，前摆的起跳腿积极有力的下压，小腿迅速前伸做积极有力的扒地动作，着地后要及时屈膝缓冲并迅速滚动到前脚掌，同时摆动腿的大腿快速有力地向前上方摆动至水平位置。

（四）跳跃

随着身体重心下降，摆动腿的大腿积极下压、小腿前伸做有力的向下、向后快速扒地动作。着地后适度地屈膝，伸踝，积极缓冲，使身体快速前移。同时前两跳中的起跳腿此时成为摆动腿，与两臂积极配合快速有力、大幅度地向前上方摆出，及时完成第三跳的起跳动作。

第四节 投

背向滑步推铅球技术由握持球、预备姿势、滑步、最后用力和维持身体平衡五个部分组成。

1. 握球和持球

握球的方法(以右手为例)五指稍微分开,将球放在食、中、无名指指根处,拇指和小指扶在球的两侧,手腕背屈(图9-4-1)。握好球后,将球放在锁骨窝处,贴于颈部,右臂屈肘向外,掌心向内(图9-4-2)。

图9-4-1 握 球 　　　　图9-4-2 持 球

2. 预备姿势

持球后,站在投掷圈的后部,背对投掷方向,右脚在前,贴近投掷圈,身体重心落在右脚掌上,左脚在后,以脚尖自然点地。身体从正直姿势开始向前屈体,待身体与地面平行时,屈膝下蹲,形成"团身"动作。

3. 滑步

预备姿势完成后,臀部带动身体重心略向投掷方向移动,使其移离身体的支撑点(右脚),以便于滑步和避免身体重心起伏过大。接着,左腿以大腿带动小腿迅速向抵趾板方向摆出并外旋,右腿积极蹬伸,及时拉收并内旋,两腿摆蹬协调配合,推动身体向投掷方向快速移动。

4. 最后用力

最后用力是推铅球技术的重要环节。滑步结束后,左腿脚掌内侧着地支撑,右腿弯曲,支撑体重。左脚尖与右脚跟在一条直线上,肩轴与髋轴成扭紧状态,右腿积极蹬转,推动右髋向投掷方向转动,左臂由胸前向投掷方向牵引摆动,体重逐渐移至左腿,左膝被动微屈。左臂由上向身体左侧靠压制动,右臂向投掷方向转动,用力推球。铅球快离手时,手腕手指向外拨球。

5. 维持身体平衡

铅球离手后,两腿交换,降低重心,维持身体平衡。

第十章 篮球运动

第一节 篮球运动概述

一、篮球运动的产生与发展

（一）篮球运动的起源

1891年美国马萨诸塞州斯普林菲尔德基督教青年会学校的体育教师詹姆斯·奈史密斯博士在分析了各种球类项目之后发现，凡是使用小球的运动项目都是用器械来控制球，技术复杂难以掌握，更不利于在教学中开展和掌握。他受桃园中的工人用球向桃筐做投准游戏的启发，将两只桃筐分别钉在健身房两端看台的栏杆上，距离地面10英尺（3.05米），选用英式的A型足球向篮筐内投掷，投中得一分，以得分的多少决定胜负。由于这项运动采用了两个篮子和一个球，因此这项新的体育运动被称作篮球。

（二）篮球运动的发展过程

篮球运动在全世界迅速传播，19世纪90年代相继传入加拿大、法国、巴西等国家，1895年传入中国。1932年瑞士、希腊、阿根廷、意大利、拉脱维亚、葡萄牙、罗马尼亚和捷克斯洛伐克八个国家在日内瓦开会组建了"国际业余篮球联合会"（FIBA），并且以美国大学使用的篮球规则为基础，制定了世界统一的比赛规则，每四年对规则进行修改和补充。男子篮球在1936年被列入第11届奥运会的竞赛项目，1976年女子篮球运动被列入第21届奥运会的竞赛项目。在一系列的比赛中，篮球运动形成了世界性的大普及和大发展。

二、现代篮球运动的发展趋势

现代篮球运动在速度、战术、心理等方面都得到了较快的发展，趋向于高强度对抗、快速移动、战术的突变性、攻守平衡和心理调节能力等方面的发展。21世纪篮球运动将沿着"高、快、准、全、变"的方向继续发展。

"高"：主要包括身高、弹跳、高空技、战术和空间对抗能力等，要成为世界强队必须具备一定的"高度"。

"快"：快速是篮球运动的核心和灵魂。现代高水平竞技篮球由于进攻时间的限制使得攻防转换的速度越来越快，各队不断强化"快"的意识和"快"的训练，使得比赛中各个环节的衔接越来越快，运动员完成技战术的动作速率及转换越来越快，各种有针对性的制约与反制约的变化也越来越快。

"准"：具体反映在投篮和传球的准确性上，其中首先以远投和强对抗下的投篮命中率为代表。其次还表现为攻守技术运用的准确性的提高，以及实现技、战术配合在时间、空间、节奏等方面的准确把握。

"全"：要求运动员具备全面的身体机能、身体素质、心理、智力、思维、技战术水平、协同配合等攻守能力全面均衡。

"变"：技、战术的发展和规则的变化及对手的具体特点等迫使运动员不断提高自身能力并适当调整技、战术的运用。现代篮球运动既是实力的对抗，又是智谋的决战，在各队实力日趋接近的比赛中，如何面对赛场的千变万化已成为取胜的关键。

三、篮球运动的锻炼价值

篮球运动是全民健身活动的手段，具有娱乐性和增强体质的作用。从事篮球运动，能够提高参与者各感受器官的功能，提高神经中枢的灵活性，改善内脏器官的功能，促进参与者的力量、速度、耐力、灵敏等身体素质的全面提高。它能全面、有效、综合地促进身体素质和人体机能的全面发展，提高和保持人的生命活力，为人的一切活动打下坚实的身体(物质)基础，从而提高生活的质量。

四、篮球比赛场地与比赛规则简介

（一）比赛场地

篮球比赛是在一块平坦、坚实且无障碍物的长28米、宽15米(从界线的内沿丈量)的长方形场地上进行的(图10-1-1)。

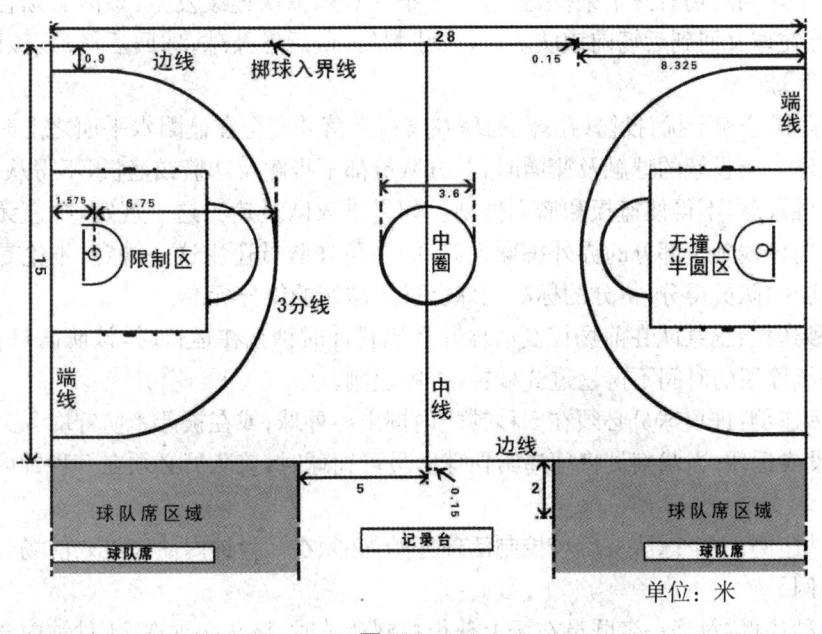

图 10-1-1

（二）比赛规则简介

1. 篮球比赛由两个队参加，每队上场5人，其中1人为队长，替补球员有7人。

2. 在3分区内将球投入对方球篮得2分；在3分区外投入对方球篮得3分；罚中1次得1分。

3. 比赛由4节组成，每节10分钟。在第1节和第2节（第一半时）之间，第3节和第4节（第二半时）之间以及每一决胜期之前有2分钟的比赛休息时间；两个半时之间的比赛休息时间为15分钟，以全场得分多者为胜。

4. 如果在第4节比赛时间终了时比分相等，需要一个或多个5分钟的决胜期来继续比赛，直至决出胜负。

5. 比赛中每队的换人次数不限。但是，要登记的暂停在第一半时的任何时间每队可准予2次，在第二半时任何时间可准予3次，每一决胜期的任何时间每队可准予1次。

6. 整个比赛过程由裁判员（包括主裁判员和副裁判员）、记录台人员（包括记录员、助理记录员、计时员和24秒钟计时员）和技术代表管理。

7. 违例，即是违反规则。罚则是将球权判给对方队在靠近发生违例的地点掷球入界。

（1）带球走：当持活球的队员用同一脚向任何方向踏出一次或多次，其另一脚（称为中枢脚）不得离开与地面的接触点，如果中枢脚离开了这个接触点就构成带球走违例。

（2）非法运球：队员在运球后，用双手同时触及球或允许球在一手或双手中停留时运球即完毕。运球结束后，除非失去控球权后又重新控制球，否则不得再次运球，如果再次运球，则为非法运球违例。

（3）拳击球或脚踢球：比赛中队员不得故意用拳击球或用腿的任何部位去阻挡球，否则将判违例。如果球偶然地接触到腿的任何部位，或腿的任何部位无意碰到球，不算违例。

（4）球回后场：在比赛中，前场控制球的队，不得使球再回到后场，否则为球回后场违例。具体判定球回后场有三个条件，且这三个条件必须依次连续发生：该队必须控制球；球进入前场后，在球又回到后场前该队队员（或裁判员）最后触及球；球回后场后，该队队员在后场最先触及球。

（5）干涉得分和干扰：投篮（罚球）的球在飞行下落并完全在篮圈水平面之上时，双方队员不可触及球。当投篮的球触及篮圈时，双方队员都不得触及球篮或篮板，不得从下方伸手穿过球篮并触及球，不得使篮板和篮圈摇动。如果进攻队员违犯这一规定，中篮无效，将球判给对方在罚球线延长部分的界外掷球入界；如果防守队员违犯这一规定，不论是否投中，均判投篮（罚球）队员得分，得分的标准同球已进入球篮的得分标准。

（6）3秒违例：当某队在前场控制活球并且比赛计时钟正在运行时，该队队员在对方的限制区内持续停留的时间不得超过3秒钟，否则违例。

（7）5秒违例：进攻球员必须在5秒钟之内掷出界外球；或在被严密防守时，必须在5秒钟之内传、投或运球；当裁判员将球递给罚球队员可罚球时，该队员必须在5秒钟内出手，否则违例。

（8）8秒违例：一个球队从后场控制活球开始，必须在8秒钟内使球进入前场（对方的半场），否则违例。

（9）24秒违例：每当一名队员在场上获得控制活球时，该队必须在24秒钟内尝试投篮，否则违例。

8. 犯规是对规则的违犯，含有与对方队员的非法身体接触和违反体育道德的举止。对违犯者登记犯规并随后按规则予以处罚。

（1）侵人犯规：是队员与对方队员的接触犯规。无论球是活球还是死球，队员均不应通过伸展其手、臂、肘、肩、髋、腿、膝或脚来拉、阻挡、推、撞、绊、阻止对方队员行进以及不应将其身体弯曲成"反常的"姿势（超出其圆柱体），也不应放纵任何粗野或猛烈的动作。在所有情况下都要给犯规队员登记1次侵人犯规。如果对未做投篮动作的队员犯规，由非犯规队在靠近犯规地点的界外掷球入界重新开始比赛。如果犯规队处于全队犯规处罚状态，则应判给未做投篮动作的队员2次罚球，代替掷球入界。如果对正在做投篮动作的队员犯规，如投篮成功，应计得分并判给1次追加罚球；如投篮未中，则要根据投篮的地点，判给2次或3次罚球。

（2）技术犯规：是包含（但不限于）行为性质的队员的非接触犯规。如不顾裁判员警告；触犯裁判员、技术代表、记录台人员或球队席人员；有冒犯或煽动观众的语言和举止；戏弄对方队员或在对方队员的眼睛附近摇手妨碍其视觉；在球穿过球篮后，故意触及球以延误比赛；阻碍迅速地执行掷球入界以延误比赛；假摔以伪造一次犯规等。

队员技术犯规应给其登记1次技术犯规，作为全队犯规之一计数。教练员、替补队员和随队人员的技术犯规，对每一起违犯行为都要登记教练员1次技术犯规，但不作为全队犯规之一计数。

对技术犯规的处罚，是判给对方2次罚球以及随后在记录台对面的中线延长部分掷球入界或在中圈跳球开始第一节（如犯规发生在第一节比赛前）。

（3）违反体育道德的犯规：根据裁判员的判断，一名队员不是在规则规定的范围内合法地试图去直接抢球，发生的接触犯规是违反体育道德的犯规。应给犯规队员登记1次违反体育道德的犯规。判给对方罚球以及随后在记录台对面的中线延长部分掷球入界或在中圈跳球开始第一节（如犯规发生在第一节比赛前）。

（4）罚球的次数按如下规定：对没有做投篮动作队员的犯规应判给2次罚球；对正在做投篮的队员发生的犯规，如中篮，应计得分并加判给1次罚球，如未中篮，应判给2次或3次罚球。

第二节　篮球基本技术

一、移动

移动是篮球运动的基础。队员在比赛中为了争取时间和空间上的优势，经常要采取改变位置、方向、速度的移动方法。对球的支配和控制、篮板球的争夺、投篮等技术也都需要配合移动才能完成。在篮球运动中基本的移动方法有以下几种。

（一）跑

跑是运动员在球场上改变位置、发挥速度的重要方法，也是比赛中运用最多的一种移动动作。篮球运动中的跑，具有快速、多变的特点。在比赛中最为常用的跑有以下几种。

1. 变向跑

变向跑是队员在跑动中突然改变方向来摆脱防守或堵截进攻队员的一种方法。顺步变向跑时,左脚落地制动,屈膝降低身体重心,用前脚掌内侧用力蹬地,同时扭腰转胯,快速移动重心,右脚迅速向右跨步加速。交叉不变向跑时,左脚落地制动,腰胯向右转动。同时,左脚前脚掌内侧蹬地向右跨步,继续加速跑动前进。

2. 侧身跑

侧身跑是队员在向前跑动的过程中为了观察场上的情况,侧转上体,进行攻守行动的一种跑动方法。进行侧身跑时,头部与上体要侧转向球的方向,而脚尖要朝向前进的方向。

3. 变速跑

变速跑是队员在跑动过程中运用速度的变换来争取主动的一种跑动方法。在跑动过程中突然加速时,上体前倾,两脚短促而有力的积极蹬地,手臂加速摆动加以配合,加快跑的频率;减速时,用前脚掌用力抵地来减缓前冲力,上体直起,身体重心后移,降低跑速。

4. 后退跑

后退跑是队员在球场上背对前进方向跑动的一种跑动方法。后退跑时,用脚前掌交替蹬地提膝向后跑动,上体放松直起,双臂屈肘配合摆动,保持身体平衡,两眼平视,观察场上情况。

（二）跳

跳是队员在球场上争取高度及远度,从而获得更多的空间优势的一种动作方法。

1. 双脚起跳

起跳前,两脚开立,屈膝下蹲,两臂后摆,上体前倾。起跳时,两脚用力蹬地,伸膝、提腰,两臂前摆使身体向上腾起,上体在空中保持伸展,收腰,下肢放松。落地时,用前脚掌先着地,屈膝缓冲,保持身体平衡,以便衔接下一个动作。

2. 单脚起跳

起跳之前的最后一步步幅要小,起跳时起跳腿微屈前送,脚跟先着地,然后迅速过渡到前脚掌用力蹬地,提腰摆臂。另一腿同时积极提膝上台帮助起跳。落地时屈膝缓冲,保持平衡。

（三）急停

急停是队员在跑动过程中突然制动的一种方法,也是各种脚步动作衔接和变化的过渡动作。急停的动作可分为两种。

1. 跨步急停（两步急停）

急停时,先向前跨出一大步,脚后跟先着地过渡到全脚掌抵住地面,并迅速屈膝,上体稍微后仰;第二步着地时,身体侧转,脚尖内旋,用前脚掌内侧蹬撑地面保持身体平衡。

2. 跳步急停（一步急停）

队员在移动速度不是很快时,单脚或双脚起跳后,上体稍微后仰,两脚同时落地,全脚掌着地,前脚掌内侧蹬地制动。着地后两膝微屈,降低重心,控制身体平衡。

（四）转身

转身是以一脚蹬地向前或向后跨出的同时,另一脚做中枢脚进行旋转而改变身体方向的一种动作方法。转身可分为前转身和后转身两种。

后转身是在行进间突破防守队员的一种常用技术。行进间运用后转身,是在靠近对手时以前脚为中枢脚旋转,后脚蹬地完成转身,由于跑动中存在惯性的原因,要适当减速,同时加大中枢脚碾地的力量,加快旋转速度。在转身过程中,要注意控制重心,保持身体平衡。

(五)滑步

滑步是防守的一种主要步法,它易于保持身体平衡,可向任何方向移动。滑步可向侧、向前、向后进行滑动来阻截对方的移动路线。

1. 侧滑步

两脚平行站立,两膝较深弯曲,上体略前倾,伸展两臂。向左滑步时,右脚前脚掌内侧蹬地,左脚向左跨步,左脚落地的同时,右脚紧随滑动,向左脚靠近,两脚之间保持适当的距离;向右侧滑步时脚步动作相反。滑步时,要屈膝降低重心,身体重心不要上下起伏,重心保持在两脚之间。

2. 前滑步

两脚前后开立,向前滑步时,后脚前脚掌内侧蹬地,前脚先前跨步,前脚着地后,后脚紧随着向前滑动,保持前后开立姿势。

3. 后滑步

后滑步动作方法与前滑步相同,只是向后方移动。

二、传、接球

(一)传球技术动作要点和运用

1. 持球

两手手指自然分开,拇指相对成"八"字形,用指根以上部位握住球的两侧后下方,手心空出,两臂弯曲,肘关节下垂,持球于胸前。

2. 双手胸前传球

动作要点:持球后两肘自然弯曲于体侧,将球置于胸腹之间,身体成基本站立姿势,传球时后脚蹬地,身体重心前移,手臂伸向传球方向,拇指用力下压,手腕前屈,用食指和中指用力将球传出(图10-2-1)。

运用:常用于快速传球推进、阵地进攻时外围队员转移球以及不同距离的传球。

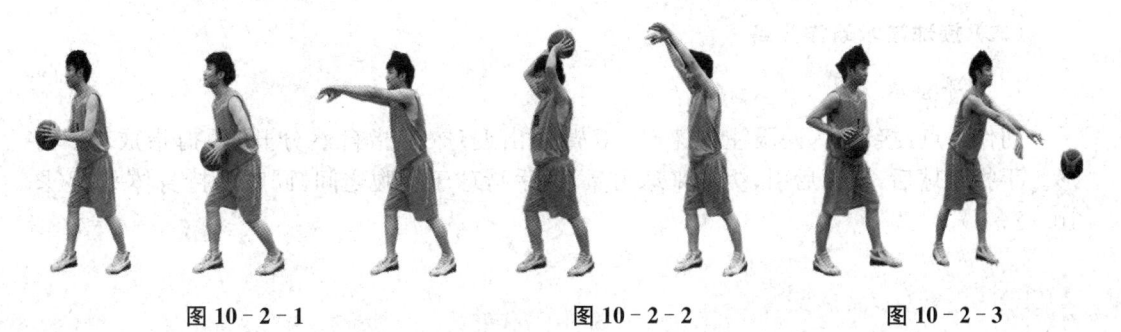

视频 传接球

图 10-2-1   图 10-2-2   图 10-2-3

3. 双手头上传球

动作要点:两手握球于头上,前臂稍前摆,用手腕和手指短促快速地抖动将球传出(图10-2V2)。

运用:多用于高大队员转移球给内线队员或传给切入篮下的队员。在抢到后场篮板球后,为避免对方封堵,可跳起用双手头上传球。

4. 双手反弹传球

动作要点:与双手胸前传球基本相同,两臂向前下方用力,腕、指快速抖动将球传出。球击地点的远近和传球力量的大小要以球反弹后接球队员能顺利接到球为宜(图10-2-3)。

5. 单手肩上传球

单手肩上传球是单手传球中一种最基本的方法。这种传球的特点是力量大、速度快,常用于中、远距离的传球。

动作要点:传球时,右脚蹬地,上体向左转动并带动肩、肘,右前臂迅速向前挥摆,手腕前屈,食指、中指用力拨球将球传出(图10-2-4)。

图 10-2-4　　　　　　　　　图 10-2-5

6. 单手胸前传球

动作要点:持球方法与双手胸前传球相同。传球时,传球的手的前臂快速将球送出,手腕用力前扣,手指拨球将球传出。(图10-2-5)

7. 单手反弹传球

动作要点:单手反弹向前传球的手法与单手胸前传球基本相同,只是手臂向前下方用力,球击地后,反弹给同伴。

运用:在小个子队员面对高大队员时,通常采用单手反弹传球。向内线队员和空切篮下队员传球时,也多采用这种传球方法。

(二)接球技术动作要点

1. 双手接球

动作要点:接球时,两眼注视来球,双臂伸出迎球,手指自然分开,两拇指成"八"字形。手指触球后,双臂后引,缓冲来球力量,两手持球于胸腹之间,同时保持身体平衡(图10-2-6)。

图 10-2-6　　　　　　　　　　　图 10-2-7

2. 单手接球

动作要点：如果来球离身体较远，移动后不便于双手接球时，可运用单手接球（以右手接球为例），右脚向来球方向迈出一步，两眼注视来球，手掌成勺形，手指自然分开，右臂伸向来球方向迎球。手指触球后，手臂顺势将球引至体前或体侧，左手立即扶球，保持身体平衡。（图 10-2-7）

三、运球

（一）高运球

动作要点：以肘关节为轴，小臂自然弯曲，手腕和手指柔和地按拍球的右侧上方，高度在腰部左右，将球拍至脚的侧前方，运球时目视前方（图 10-2-8）。

（二）低运球

动作要点：降低身体重心，弯腰屈腿，伸腕，用手指指根部位向前短促的按拍球，将球反弹地面后达到的最高高度控制在膝关节部位（图 10-2-9）。

图 10-2-8　　　　　　　　　　　图 10-2-9

（三）运球急停急起

动作要点：快速运球过程中运用两步急停，同时按拍球的前上方，迅速制动。急起时，后脚突然用力蹬地，上体迅速前倾，手按拍球的后上方，快速起动，整个过程中始终保持目视前方（图 10-2-10）。

图 10-2-10

（四）体前变向运球

动作要点：在行进中运球过程中，右手按拍球的右上方，使球弹向身体左侧，右腿迅速向左侧前方跨步，上体左转，侧肩贴近防守者，左手拍球的后侧上方，突破防守者（图10-2-11）。

运用：当防守队员堵截运球队员进攻路线时，或运球队员运球接近防守队员时，为了摆脱、突破对手，可运用体前变向运球。

图 10-2-11

（五）运球后转身

动作要点：（以右手运球为例）转身时左脚向右前方跨出一步，重心移至左脚，屈膝。此时，运球手随球上弹的同时，右脚掌向后蹬地并积极向后转跨，肘关节贴身，身体后转的同时将球后拉，身体后转到位后继续运球前进。

视频 ▶ 运球后转身＋投篮

四、投篮

（一）原地双手胸前投篮

动作要点：持球时，两手五指自然分开，持球的两侧稍后部将球置于胸前，肘关节自然下垂，上体稍前倾，两膝微屈，双脚前后或左右开立。投篮时，两脚蹬地，两臂向前上方伸展，手腕同时外翻，最后拇指、食指、中指用力将球投出。

（二）原地单手肩上投篮

动作要点：右手五指自然分开，持球的后半部，向后屈腕、屈肘，持球于肩上；左手扶球，右脚在前，两腿微微屈。投篮时两脚蹬地，自下而上发力，同时提肘并且手臂向前上方充分伸展，最后通过食指、中指发力将球投出。球出手后，手腕前屈，手指向下（图10-2-12）。

图 10-2-12

（三）行进间单手肩上投篮

动作要点：接球和运球上篮时，在右脚跨出一大步的同时，双手持球；左脚紧接着跨出一小步，用力蹬地起跳。当身体接近最高点时右臂向前上方伸直，手臂弯曲，食指、中指用力将球投出（图10-2-13）。

图 10-2-13

（四）行进间单手低手投篮

动作要点：动作方法同行进间单手肩上投篮。当身体接近最高点时，左手离球，右手托球，并充分向球篮方向伸直，屈腕使球由食指、中指、无名指上拨球投出（图10-2-14）。

图 10-2-14

（五）急停跳起投篮

动作要点：接球急停跳起投篮。移动中跳起腾空接球后，两脚同时或先后落地，脚尖朝向球篮方向，两膝弯曲，迅速跳起投篮，投篮出手动作同原地跳起单手肩上投篮的出手动作（图10-2-15）。

图 10-2-15

五、持球突破

（一）原地持球交叉步突破技术

动作要点：突破时，左脚内侧蹬地，并向右前方迈出一大步，同时上体右转，左肩向前下压，将球引至右侧，在右脚离地前用右手推拍球于身体的右前方。同时，右脚用力蹬地，加速迅速超越对手（图10-2-16）。

图10-2-16

（二）原地持球同侧步突破技术

动作要点：突破时，右脚向内侧蹬地，左脚迅速向左前方跨出，上体稍微左转，同时右肩向前下压，重心前移；在右脚离开地面时，用左手推拍球于左脚的侧前方，同时右脚用力蹬地，加速超越对手（图10-2-17）。

图10-2-17

（三）跳步急停持球突破技术

动作要点：跳步接球前应根据自己与防守队员的位置、同伴的传球方向调整好准备姿势。在腾空过程中接球，然后两脚前后或平行落地，两腿微屈，重心落在前脚掌上。根据防守队员的防守情况，用交叉步突破或同侧步突破超越对手。

第三节　篮球基本战术

一、进攻战术

（一）传切配合

传切配合是进攻队员之间利用传球和切入技术所组成的简单配合，它包括一传一切配合和空切配合。配合的要点是切入队员要把握好切入时机，持球队员要及时准确地将球传出。

1. 一传一切配合

⑤传球给④后,迅速摆脱对手的防守,向篮下切入,接④的回传球投篮(图10-3-1)。

图 10-3-1 　　　　图 10-3-2

2. 空切配合

④传球给⑤后,⑥立即摆脱对手的防守向篮下切入,接⑤传来的球投篮(图10-3-2)。

(二) 突分配合

突分配合是持球队员运用突破打乱对方防守部署或吸引防守,并及时将球传给获得空位的同伴,使同伴获得进攻机会的配合方法。

⑤从防守者左侧突破,吸引对方两名防守队员同时封堵⑤的突破路线,此时④及时跑到有利的进攻位置,接⑤的传球投篮,或接球后做其他配合(图10-3-3)。

图 10-3-3 　　　　图 10-3-4

(三) 策应配合

策应配合是指进攻队员背对或侧对球篮接球后,以持球队员为枢纽,与同伴相互配合而形成的一种里应外合的配合方法。

④摆脱防守后插到罚球线作策应,⑤将球传给④,摆脱防守空切篮下,接④的策应传球投篮(图10-3-4)。

(四) 掩护配合

掩护配合是进攻队员有目的地去选择适当的位置,运用合理的技术动作,用自己的身体挡住同伴的防守者的移动路线,使同伴借以摆脱防守的一种配合方法。

1. 给持球队员做掩护

⑤传球给④后跑到④的防守队员的侧面做掩护,④接球后做投篮或突破动作,吸引防

守,当⑤达到掩护位置后,④在⑤的掩护下持球从左侧突破投篮,⑤完成掩护后迅速移动到有利位置去接球或抢篮板球(图10-3-5)。

2. 给无球队员做掩护

⑤传球给④后跑去给同伴⑥做掩护,当⑤到达掩护位置后,⑥利用⑤的掩护切入篮下接④传来的球投篮。④接到⑤的传球后要做投篮、突破的假动作吸引防守,⑥切入篮下时,④要及时将球传给⑥(图10-3-6)。

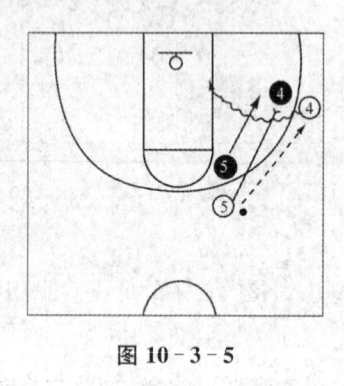

图10-3-5   图10-3-6

二、防守战术

(一) 半场人盯人防守

半场人盯人防守是由攻转守时,全队有组织的退回后半场。它的特点是防守任务明确机动灵活,能有效地控制对方的进攻重点,但它容易被对方局部击破。

防守的基本要求是根据对手、球和球篮来选择防守位置,以人盯人为主,近球紧,远球松,积极移动,抢占有利位置,破坏对方进攻配合,加强防守的协同性。

(二) 区域联防

区域联防是一种半场的全队防守战术,是指由攻转守时,防守队员退回半场,每人分工负责防守一个区域,并与同伴协同防守的集体防守战术。它的基本要求是在防守分工负责区域的基础上,5个队员必须协同一致,积极随球移动,以防球为主,人、球兼顾。联防是区域联防的基本形式。5个队员的位置分布均匀,移动距离短,便于相互协作。联防适用于防守外围运球突破和夹击中锋,同时也便于控制后场篮板球发动快攻。(图10-3-7①,图10-3-7②)防守的薄弱环节是防区的衔接处,即图10-3-7②中的阴影部分。

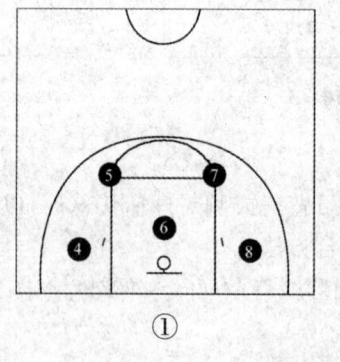

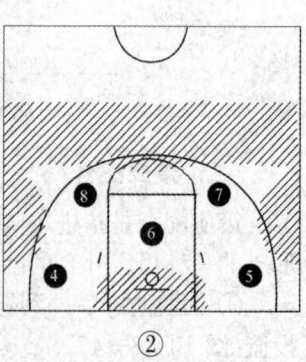

① ②

图10-3-7

第十一章 足球运动

第一节 足球运动概述

一、足球运动的起源与发展

足球运动是一项古老而富有魅力的体育运动,它的历史源远流长。根据历史记载,公元前我国古代足球称蹴鞠,又称踏鞠,是我国古代一种"足球"游戏,最早记载于《战国策·齐策》。在战国时,蹴鞠已成为重要的娱乐和练兵手段,两汉三国时期,承袭先秦蹴鞠形式的基础上发展得较快。在唐、宋、元、明、清不同朝代继承和发展了蹴鞠运动,它不仅是一种娱乐活动,而且也作为军事训练的一项内容。2004年7月15日担任国际足联主席的布拉特宣布,中国是足球故乡,足球最早起源于山东淄博市的临淄,2005年5月21日布拉特在国际足联总部向淄博临淄颁发了足球起源地认定证。

现代足球诞生在英国,1857年英国谢菲尔德成立了世界第一个足球俱乐部——谢菲尔德俱乐部。1863年10月26日英国足球协会的成立,是足球史上最重要的一次集会,标志着现代足球的正式形成,从此欧洲足球得到普及开展。1896年第1届现代奥运会在希腊举行时,足球就被列为正式比赛项目。1928年奥运会结束后,国际足联召开代表会,一致通过决议每四年举办一次世界足球锦标赛——雷米特杯,简称"世界杯",这对世界足球运动的发展和提高起着积极推动作用。1930年7月18日第1届世界杯在乌拉圭首都蒙得维的亚中央体育场开幕,开辟了世界足球新纪元。

国际足联(FIFA)是国际足球联合会的简称,1904年5月21日成立于巴黎。

20世纪50年代至60年代初,我国的足球运动水平有了大幅度的提高,并在亚洲处于领先地位,与欧美强国有了一定的抗衡能力,但在20世纪60年代末以后,由于政治因素的影响,我国足球运动水平停滞不前。1976年粉碎"四人帮"以后,国家体委重新召开了全国足球工作会议,恢复了全国甲乙级联赛制度和青少年联赛制度,使我国的足球运动水平快速回升。特别是1994年开始实行中国足球职业联赛,共有23支俱乐部球队参加甲A、甲B的联赛,实行升降级制度,使我国的足球运动步入了职业化的道路,更好地与国际足球接轨。在职业化的推动下,2002年的第17届世界杯,中国国家足球队首次打入了世界杯的决赛圈,冲出亚洲,走向了世界。

二、足球运动的锻炼价值

（一）有利于良好的心理素质和思想品德的形成

经常参加足球运动，可以培养人的意志力、自制力、责任感及勇敢顽强、机智果断、团结协作、密切合作等思想品德。

（二）有助于增强体质，增进健康

参加足球运动，可以增进人们的健康，提高身体素质，特别是能增强人的心血管系统、呼吸系统等内脏器官的功能。

（三）振奋民族精神，扩大国际交往

现代足球运动它涉及和渗透到社会的很多领域，对振奋民族精神、弘扬民族文化和反映国家的综合实力具有深远影响。

（四）促进经济发展，创造社会财富

在市场经济极为活跃的今天，风靡世界的职业化足球同商业化是密不可分的。大力发展的足球产业不仅活跃了市场，增加了国家的财政税收，而且还促进了足球运动的发展，足球已经从过去的事业型向产业型转变。

三、国际重大足球赛事简介

（一）世界杯足球赛

国际足联主办的世界杯足球赛是最高水平的足球比赛。它始于1930年，每四年举行一次，到2010年已举办了19届（1942年和1946年两届因第二次世界大战被暂停）。

（二）世界杯女子足球赛

为了促进和肯定世界女子足球运动，1988年中国足球协会受国际足联的委托，在中国广州举办了国际女子足球锦标赛，五大洲12支女子足球队参赛，前国际足联主席阿维兰热亲临观战。这次锦标赛大获成功，展示了世界女子足球运动的发展前景。于是国际足联决定，1991年在中国举办首届"世界女子足球锦标赛"，以后为每4年一届，到2015年已举办了7届。

四、足球比赛规则简介

（一）比赛场地（图11-1-1）

1. 场地面积

足球比赛是在比较平坦的长方形场地进行。标准国际比赛的场地长100～110米，宽64～75米；世界杯比赛的场地长105米，宽68米。

2. 球场构成

足球场由边线、端线、球门线、中线、球门区、罚球区、角球区、罚球点、中点、中圈构成。

图 11-1-1

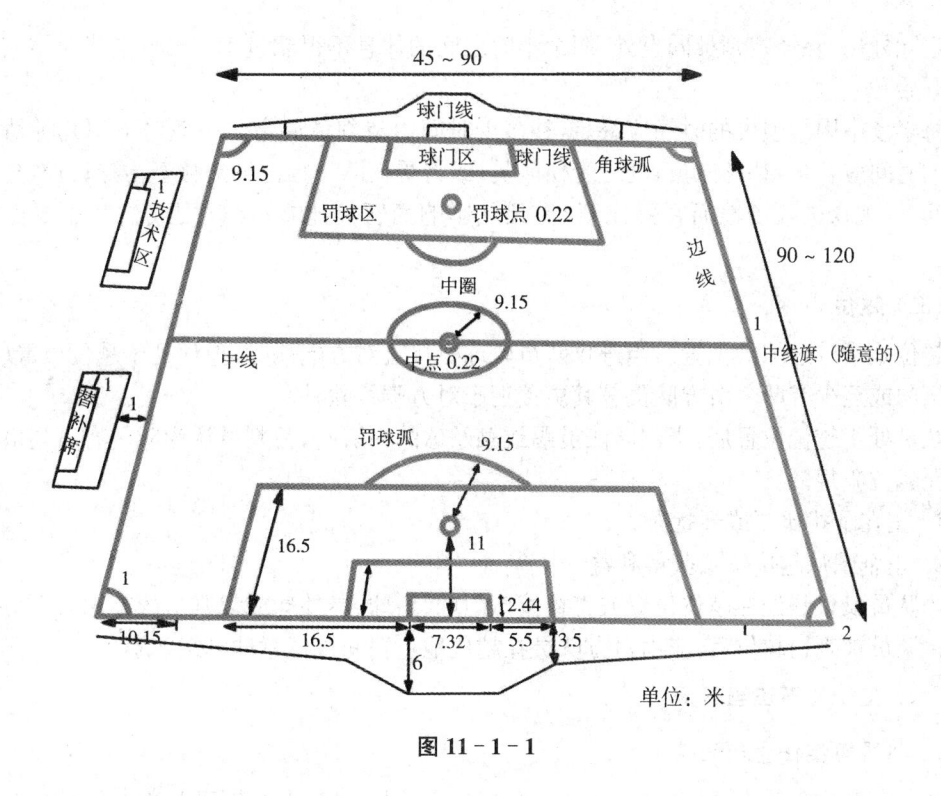

3. 球场设备

(1) 球门：由长 7.32 米的横木和高 2.44 米的立柱构成，立柱和横木的厚度不超过 12 厘米。

(2) 球网：是为了判断球是否入门而设置的，其网孔的大小不超过球的大小。

(3) 角旗：是竖在球场四角的四面旗，用来判断球是否出边线或端线，其高度不低于 1.5 米。

(二) 队员人数

一场比赛每队上场队员不得多于 11 名。裁判员发现该队有 12 名队员在场上踢球时，应立即停止比赛，令其不正当进入球场的替补队员出场并予以警告，然后以坠球恢复比赛，赛后向主办机构做出书面报告。主办机构的处理原则是不得做出对犯规队有利的决定。

(三) 裁判员

一场正式的足球比赛由 4 名裁判员担任裁判工作：1 名主裁判员、2 名助理裁判员和 1 名替补裁判员（第四官员）。

1. 主裁判员的职责：有场上最终判决权，决定比赛时间是否延长、比赛是否推迟和中止。

2. 助理裁判员的职责：示意越位及球出界，协助主裁判员的场上判罚，但没有最终判决权。

(四) 比赛时间

正式比赛每场为 90 分钟，分上下两个半时，每半时为 45 分钟（竞赛规程对比赛时间另有规定除外)。除经裁判员同意外,两个半时之间的休息不得超过15分钟(上半时结束至下半时开始)。

每半场中因故损失的时间应补足,补多少时间由裁判员决定。一般对下列几种情况所损失的时间应补足:替补队员;处理受伤队员,或将受伤队员抬出场地接受治疗;故意延误比赛时间;因观众进入场地而暂停比赛;受天气影响而暂停比赛;球破裂或漏气需要更换新球等。

(五) 越位

越位是指越过球的位置。当进攻队员较球更接近对方端线时,他便处于越位位置(在本方半场内或至少有两名对方队员较其更接近于对方端线除外)。

队员处于越位位置后,当同队队员踢或触及球的一瞬间,裁判员认为队员有下列情况时应判罚越位犯规。

1. 正在干扰比赛或干扰对方;
2. 正企图从越位位置获得利益。

当队员仅仅是处在越位位置或直接接球门球、角球、界外球或裁判员的坠球时不应被判越位。队员被判罚越位后,应由对方队员在越位地点罚间接任意球继续比赛。

(六) 犯规与不正当行为

1. 判罚间接任意球的情况

队员犯有危险动作,不合理冲撞、阻挡、回传守门员及守门员违例时,判罚间接任意球。

2. 判罚直接任意球的情况

踢或企图踢对方队员;绊摔或企图绊摔对方队员;跳向对方队员;猛烈或带有危险性地冲撞对方队员;从背后冲或铲对方队员;打或企图打对方队员或有不良举动;拉扯或推对方队员;用手或臂部携带、击或推球。

3. 出示黄牌警告的情况

队员擅自进出比赛场地;持续违犯规则者;用语言或行动对裁判员的判罚表示不满者;有不正当行为者。

4. 出示红牌罚令出场的情况

犯有暴力行为或严重犯规者;用粗言秽语进行辱骂者;经警告后仍坚持其不正当行为者。

第二节 足球基本技术

足球运动是一项技术动作相当复杂的运动。足球技术是指运动员在比赛中所采用的合理动作的总称,包括有球情况下的踢球、顶球、运球、抢截球和利用假动作带球过人等技术。

一、颠球

颠球是指运动员用身体的各个有效部位连续地触击球,并加以控制,尽量使球不落地的技术动作。颠球是运动员熟悉球性的一种练习手段,以增强对球的弹性、重量、旋转及触球部位、击球时用力轻重的感觉。

颠球包括双脚脚背颠球、双脚内侧、外侧颠球、大腿颠球、头部颠球、各个部位连续颠球。

(一) 双脚脚背颠球

脚向前上方摆动,用脚背击球,击球时踝关节固定,击球的下部两脚可交替击球,也可一只脚支撑,另一只脚连续击球。击球时用力均匀,使球始终控制在身体周围(图11-2-1)。

(二) 双脚内侧、外侧颠球

抬腿屈膝,用脚的内侧、外侧向上摆动,击球的下部,两脚内侧或外侧交替击球(图11-2-2)。

(三) 大腿颠球

抬腿屈膝,用大腿的中前部位向上击球的下部,两腿交替击球(图11-2-3)。

(四) 头部颠球

两脚开立,膝盖微屈,用前额部位连续顶球的下部。顶球时,两眼注视球,两臂自然张开,以维持身体平衡(图11-2-4)。

图11-2-1　　　　图11-2-2　　　　图11-2-3　　　图11-2-4

(五) 各个部位连续颠球

根据上述单一颠球技术动作要领,用各部位配合连续颠球,配合的部位越多,难度越大。

二、踢球

踢球是指运动员有目的的用脚的某一部位将球击向预定的目标。

踢球包括脚内侧踢球(脚弓踢球)、脚背正面踢球(正脚背踢球)、脚背内侧踢球(里脚背踢球)、脚背外侧踢球(外脚背踢球)、脚尖踢球和脚跟踢球等。

踢球的方法很多,动作的要领也有所不同,但从技术动作结构上分析主要由:助跑、支撑脚的位置、踢球腿的摆动、脚与球接触的部位、踢球后的随前动作这五个部分组成。

(一) 脚内侧踢球(又称脚弓踢球)

踢球时,助跑路线为直线,支撑脚踏在球的侧方15厘米左右处,脚尖与球的前沿平行,膝关节微屈。在支撑脚落地的同时摆动腿由后向前摆动,在前摆过程中髋关节外展,小腿加速前摆,脚掌平行于地面,脚尖稍翘起,踝关节紧张,用脚内侧部位击球的后中部。触击球后,身体跟随移动,髋关节向前送(图11-2-5)。

图11-2-5　　图11-2-6　　图11-2-7　　图11-2-8　　图11-2-9

(二) 脚背正面踢球(又称正脚背踢球)

踢球时,直线助跑最后一步稍大并积极着地,支撑脚踏在球的侧方10~15厘米处,脚尖与球前沿平行并指向出球方向。膝关节微屈,摆动腿与髋关节为轴,大腿带动小腿迅速前摆。脚面绷直,膝关节紧张,脚趾扣紧,用脚背正门击球的中后部,踢球腿随之前摆(图11-2-6)。

(三) 脚背内侧踢球(又称内脚背踢球)

踢球时斜线助跑,助跑方向与出球的方向基本成45度,支撑脚在球的侧后方20~25厘米处,膝关节微屈,在支撑的同时踢球腿已完成后摆,脚尖指向出球方向,身体向支撑腿一侧倾斜。在支撑腿着地的同时踢球腿以髋关节为轴,大腿带动小腿由后向前迅速摆动,触球一瞬间脚面迅速绷直,踝关节紧张,脚尖外转插向球的斜下方,用脚背内侧击球的后下部,踢球腿随球向斜上方前摆(图11-2-7)。

(四) 脚背外侧踢球(又称外脚背踢球)

助跑、支撑脚站位及踢球腿摆动均与脚背正面踢球技术的三个环节相同,脚触球时用脚背外侧部位。此时要求膝关节和脚尖内转,脚背绷紧,脚趾紧屈并提膝,击球后身体随踢球腿的摆动前移(图11-2-8)。

(五) 脚尖踢球(又称脚尖捅球)

脚尖踢球是一种用脚尖部位接触球的方法。由于脚尖踢球时出球异常迅速,雨天场地泥泞时多使用这种方法踢球。具体方法是用支撑腿跳跃上步,踢球腿屈膝前跨,髋关节尽量前送,两臂上摆协助身体向前,小腿前伸,在踢球脚落地前用脚尖捅球的后中部(图11-2-9)。

(六) 脚跟踢球

脚跟踢球是用脚跟接触球的一种踢球方法。球在支撑脚外侧时,踢球脚在支撑脚前面交叉,摆到支撑脚外侧用脚跟击球。球在支撑脚内侧时,踢球脚后摆用脚跟踢球。

三、停球

停球是指足球运动员用身体的合理部位将球停挡在自己的控制范围内。停球包括脚内侧停球、脚背外侧停球、胸部停球、脚背正面停球、大腿停球和脚底停球等。

（一）脚内侧停球

1. 停地滚球

脚接触球的面积大，停球稳，能准确停在自己控制范围内。

身体对正来球方向，支撑脚膝关节微屈，停球脚稍提起，脚尖翘起，膝关节外转，脚内侧正对来球。脚与球接触的一刹那，停球腿稍有后撤以缓冲来球的力量，将球停在自己的体前（图 11－2－10）。

2. 停反弹球

先判断好球的落点，支撑脚要在球落地的侧前方，膝关节弯曲。上体稍前倾对准球的反弹路线，停球腿放松，用脚内侧对准球的反弹角度，推压球的中上部，缓冲球的力量，将球控制好。

图 11－2－10

3. 停空中球

准确判断好来球方向、力量和高度，迎球前上。提腿用内侧对准来球，触球的一刹那，小腿放松、微撤，缓冲球的力量，将球停在自己的控制范围内。

（二）脚背外侧停球

1. 脚背外侧停地滚球

将接球点放在接球腿一侧，支撑腿膝关节微屈。接球腿提起屈膝，脚内翻使小腿脚背外侧与地面成锐角，并对着接球后球运行的方向。脚离地面的高度应略等于球的半径，然后大腿向接球后球运行的方向推送，同时身体随球移动。

2. 脚背外侧停反弹球

根据来球的落点及时移动到位，支撑脚站在来球落点的侧后方，除触球部位外，其他环节均与脚背外侧接地滚球相同。

（三）胸部停球

胸部既能停高球又能停空中直平球，是足球运动中较常见的技术之一。

1. 缩胸停球

缩胸停球主要停齐胸高的平直球。面对来球，两脚前后开立，两臂自然张开，挺胸迎球收胸，当与球接触的一刹那，上体后移，迅速收胸，腹挡压球，缓冲来球力量，将球准确停在体前。

2. 挺胸停球

挺胸停球主要停高于胸以上高空球。面向来球，两臂自然屈肘上举，当球与胸接触时，两腿蹬地，上体稍后仰，胸部向上挺出，将球弹起落在体前（图 11－2－11）。

图 11－2－11 　　　　图 11－2－12 　　　　图 11－2－13 　　　　图 11－2－14

（四）脚背正面停球

脚背正面停球主要用于空中下落的球。面对来球，停球脚提起，用脚背正面迎空中下落的球的底部，踝关节及膝关节放松，接球一刹那脚背后下撤，缓冲球的力量，将球准确停在体前（图 11－2－12）。

（五）大腿停球

大腿停球主要用于高空下落的球及平行于大腿高度的球。停球时，面对来球，停球腿抬起，以大腿中部对准下落的球，肌肉放松，当大腿与球接触时，大腿迅速后撤，将球准确停在体前（图 11－2－13）。

（六）脚底停球

由于脚底停球技术便于掌握，易于将球停到位置，故常被用来接各种地滚球。

1. 脚底停地滚球

身体正对来球方向，移动前迎，支撑脚站在球的侧面，脚尖正对来球方向，膝关节微屈，同时接球腿提起，膝关节微屈，脚略背屈，使脚底与地面约小于 45 度角，以前脚掌触球的上部为宜（图 11－2－14）。

2. 脚底停反弹球

根据来球落点，及时前移迎球，支撑脚站在落点侧后方，脚尖正对来球方向，球落地瞬间，用前脚掌去触球的中上部，微伸膝，用脚掌将球停在体前。

四、运球

运球是指运动员在助跑中，用脚间断触球的技术，它是控制球能力的集中体现。运球技术包括脚背正面运球、脚内侧运球、脚背外侧运球以及其他运球方式。

（一）脚背正面运球

脚背正面运球是利于向前跑动时快速运球。运球时，身体放松，上体前倾，两臂自然摆动，步幅不要太大，运球脚提起时，踝关节弯曲，脚尖下指，在向前迈步着地前，用脚背正面向前推拨球（图 11－2－15）。

（二）脚内侧运球

要求在运球前进时支撑脚始终领先于球，位于球的侧前方，肩部指向运球方向，支撑腿膝关节微屈,重心放在支撑腿上,另一条腿提起屈膝,用脚内侧推球前进(图 11 - 2 - 16)。

(三)脚背外侧运球

运球时身体持正常跑动姿势,上体稍前倾,步幅不宜过大,运球腿提起,膝关节稍屈,髋关节前送,提踵,使脚背外侧正对运球方向,在运球脚落地前用脚背外侧推拨球的后中部(图 11 - 2 - 17)。

图 11 - 2 - 15 　　　　　图 11 - 2 - 16 　　　　　图 11 - 2 - 17

(四)其他

1. 拨球

利用踝关节向侧转动,以达到用脚背内侧或外侧触球,将球拨向身体的侧前方、侧方、侧后方。

2. 拉球

将前脚掌放在球的上部或侧上部,另一脚在球的侧后方支撑,然后触球脚向后下方用力将球拉回。

3. 扣球

这种方法与拨球相同,不同的是它的用力是突然的并伴随着突然转身或急停,使对手在来不及调整重心的瞬间,突然从反方向推送球突破对手的防守。

4. 挑球

用脚背触球的下部并突然向上方挑起,运球者迅速随球跟进。

5. 颠球

运球过程中,有时球在空中或地面上跳动,根据对手抢截时所处位置或实施抢截的时间,用恰当的部位将球颠起,越过对手以达到过人的目的。

五、运球过人

运球过人的方法多种多样,前面所述仅是运球的基本方法。掌握这些方法后,但若遇对手阻挡时要想超过,必须恰当地综合使用这些方法,抓住对手瞬间出现的漏洞,达到过人的目的(在运球过人时要把握好时机、距离、速度和方向的变化)。

运球过人的方法有:拨球、拉球、扣球、挑球、推球、捅球和利用速度和方向等。恰当地组合推、拨、挑、扣、拉等动作过人:以单脚或双脚轮流选用上述动作,使组合起来的动作适时地变化运球的方向与速度,使对手难以判断过人的方向与时机,或造成对手重心出现错误的移动,运球者抓住其漏洞而超越对手。

运用速度过人:持球者以突然的快速推拨球并以快速的奔跑相结合越过对手的阻拦。

六、头顶球

头顶球是指运动员有目的的用前额将球击向预定的目标的动作。

(一) 头顶球的主要方法

头顶球是由移动选位、身体的摆动、头触球和触球后的身体平衡四个环节组成。

1. 移动选位

由于头顶球技术都是用来处理运行的空中球的一种技术,因此要想处理好来球,首要条件是对来球的速度、运行轨迹做出正确判断,选好击球点,并及时到达顶球位置或起跳位置,同时还应考虑到自己的弹跳能力和比赛当时双方的情况。只有充分地估计了这些情况后的选位,才能保证完成顶球动作。

2. 身体的摆动

身体的摆动是由身体许多部位的肌肉协调用力来完成,其摆动顺序是由下而上,这样才可以使击球部位获得最大的速度。

3. 头触球

这一环节的主要任务是保证顶出球的准确性。它有两层含义,一是用头的哪一部位接触球,二是用头的一定部位接触球的哪一部位。比赛中大多数情况不是将球顶回,而是与来球方向成一定角度,并将球顶到一定距离的预定目标,因此要主动用力。在头触球时,必须使身体摆动所获得的速度与由接触部位造成的反射方向一致并指向预定目标。

4. 触球后的身体平衡

顶球者在触球后维持身体平衡的主要因素:一是两臂合理摆动;二是脚步的移动;三是落地时屈膝、踝;四是来球的冲力。顶球者应根据不同来球和顶球方法,恰当协调四者关系,维持身体平衡。

(二) 头顶球技术

1. 原地顶球

正对来球,两脚前后开立,膝关节稍屈,上体后仰,身体重心放在后脚上,两臂自然张开,判断球的速度和力量;两脚用力蹬地,上体前摆,收腹,颈部紧张,快速向前甩头,用前额正面顶球的后中部,触球后上体继续随球前摆(图11-2-18)。

图 11-2-18

2. 跳起顶球

屈膝，重心下降，判断来球方向、速度、力量。两脚向上跳起的同时，收胸收腹，两臂自然张开。当跳到最高点时，身体成背弓，快速收腹前摆甩头，用前额将球顶出，缓冲落地。

3. 鱼跃头顶球

对于离身体较远的低空球来不及移动到位处理，必须抢点击球时（如抢救险球、射门等），可使用鱼跃头顶球技术。

当判断好来球的路线和选好顶球点后，以单脚或双脚用力向前蹬地，身体接近水平状态向前跃出。同时两臂微屈前伸，手掌向下，眼睛注视来球，利用身体向前跃出的冲力，以前额正面顶球。顶球后，两手先着地，手指向前，接着以胸部、腹部和大腿依次着地（图 11-2-19）。

图 11-2-19

4. 后蹭顶球

后蹭顶球分原地蹭顶与跳起蹭顶。第一环节分别与原地前额正面和跳起前额正面头顶球相同，当球运行到身体上空时，利用挺胸、展腹、仰下颌，身体向后上方伸展，用前额正面靠上的部位用力击球的下部，将球向后上方顶出。

七、抢截球

抢截球是凭借争夺、堵截、破坏的办法，以延缓和阻拦对方的进攻。

（一）正面跨步抢截球

两脚前后开立，两膝稍微屈，身体重心下降，重心平均落在两脚上，面向对手。对手运球前进，当脚触球即将着地或刚着地时，一脚立即用力蹬地，抢球脚以脚内侧对正球并向球跨出一步，膝关节弯曲。如双方的脚同时触球时，则要顺势向上提拉，使球从对方脚背滚过，身体要迅速跟上把球控制住（图 11-2-20）。

（二）正面铲球

两脚前后开立，两膝微屈，身体重心下降，重心平均落在两脚上，面向对手。对手运球前进，当脚触球即将着地或刚着地时，一脚立即用力蹬地，另一只脚前伸，然后蹬地腿迅速跟上，并以脚跟着地，沿地面前滑铲球。上体要后仰，两臂屈肘，两手指向前撑地（图 11-2-21）。

图 11－2－20 　　　　　图 11－2－21 　　　　　图 11－2－22

（三）侧面合理冲撞抢球

当与对手并肩跑动时，身体重心稍下降，同对方接触一侧的臂要紧贴身体。当对方靠近自己一侧的脚离地时，用肘关节以上部位冲撞对方的相应部位，使对方失去平衡而离开球，然后趁机将球控制过来（图 11－2－22）。

八、假动作

假动作是为了隐蔽自己动作的意图，运用各种动作的假象，迷惑和调动对方，使其产生错误的判断或失去身体的平衡，从而取得时间、位置、距离等有利条件，更好地实现自己的真正意图。

（一）传球假动作

队员正要传球，如对方迎面跑来抢球时，可先摆动右腿向右假踢，使对方向左方堵截，再突然改用其他脚法将球从左前方传出或运球。

（二）停球假动作

在对方紧逼下停球时，可先假装向左方停球，然后突然改变方向。

（三）过人假动作

背靠对方停球时，先向左侧做虚晃动作，使对方向左移动，然后用右脚外脚背把球向右轻拨并转身过人。

（四）抢球假动作

作为防守者，当对手运球向自己跑来时，如果防守者能调动进攻者，就可以变被动为主动，而抢截假动作就是达到此目的的一种手段。比如，先使用假动作去堵截某一方向，使进攻者不敢从这一方向出球或运球，而从另一方向出球或运球，却正是抢截真动作实施的方向，就可将球截获。

由于高速运球较难抢截，稍一错移重心就会被运球者越过，因而防守者对于高速向自己运球而来的进攻者可采取假动作前扑，当对手看到防守者猛扑时会一拨而过，但防守者假扑后立即转身将运球者拨出之球夺下来。使用这种假动作时应注意距离，离进攻者太远时对方不易上当；离进攻者太近易弄巧成拙，反被进攻者突破。

九、掷界外球

由于掷界外球时接球人不受越位规则的约束。因此，不仅用于恢复比赛，而且可以为进攻创造有利条件,尤其是在前场 30 米内掷界外球,将球直接掷入门前,可以给对方造成很大威胁。

(一)技术动作结构分析

1. 掷界外球的动作是一个下端固定的爆发式的平摆运动,需要稳固的支撑。
2. 根据身高和臂长掌握合理的掷出角(不超过 45 度),它是影响远度的重要因素,一般球出手早掷出角大,反之则小。
3. 球出手速度快则掷得远,这需要力量基础和协调用力能力。
4. 充分利用助跑的初速度有助于将球掷远。

(二)掷界外球的方法

1. 原地掷界外球

面对出球方向,两脚前后或左右开立,膝关节弯曲,上体后仰成弓形,重心移到后脚上(左右开立时,重心在两脚间),两手自然张开,拇指相对,持球的侧后部,屈肘将球置于头后。掷球时,后脚用力蹬地,两腿迅速伸直,身体重心由后脚移到前脚,屈体收腹,同时两臂急速前摆,当球摆到头上时用力甩腕将球掷入场内。掷球时后脚可沿地面向前滑动,两脚均不得离地或踏入场地(但允许踏在线上)(图 11-2-23)。

图 11-2-23　　图 11-2-24

2. 助跑掷界外球

双手持球于胸前,在助跑迈出最后一步时,上体后仰成背弓,同时将球上举至头后。掷球时的动作与原地掷界外球动作相同(图 11-2-24)。

十、守门员技术

守门员技术有位置选择、准备姿势、移动、接球、扑球、拳击球、运球、掷球和踢球等。

(一)位置选择

位置根据对方射门地点和射门角度来决定,通常站在两门柱与射门时球所处的位置所形成的分角线上。

(二)准备姿势

两脚左右开立,与肩同宽,两脚跟稍提起,身体重心落在前脚掌上,两腿屈膝,并稍内扣,上体稍前倾,两臂自然屈肘于体前,手指自然张开目视来球。

(三)移动向左右调整位置的移动一般采用侧滑和交叉步两种办法

1. 侧移步

侧移步常用于扑接两侧低平球。向左侧滑步时,先用右脚用力蹬地,左脚稍离地面并向左滑步,右脚快速跟上。向右侧滑步时,动作相同,方向相反。

2. 交叉步

交叉步多用于扑接两侧高球。向左侧交叉步移动时,身体先向左侧倾斜,同时右脚用力蹬地,并及时向左前方跨出一步成交叉步,然后左脚向左侧移动,右脚和左脚依次快速移动并蹬地跃出。向右侧交叉步移动时,动作相同,方向相反。

(四) 接球

1. 地面球

直腿式:对来球,弯腰时两膝伸直,两腿分开,距离不得超过球的直径,两手掌心向上,前迎触球后将球抱于怀中。

跪撑式:用于向侧移步接球。接左侧球时,左腿屈,右腿跪撑于左脚附近,距离不得超过球的直径,其余动作与直腿式接球相同。接右边球时,动作相同,方向相反。

2. 平空球

平空球是指膝以上、胸以下的空中球。接球时面对来球,两手掌心向上,两手小指相靠,前迎接球。上体前屈,当手触球时微后撤以缓冲来球力量,将球抱于胸前。

3. 高空球

面对来球,两臂上伸,两手拇指相对呈八字形,其余四指微屈,手掌对球。在最高点手触球瞬间,手指、手腕适当用力,缓冲来球并将球接住,顺势转腕屈肘、下引将球抱于胸前。

(五) 扑球

1. 扑两侧的低球

异侧脚用力蹬地,双手快速向侧伸出,一手置于球后,另一侧手置于球的侧上方,同时身体向同侧脚方向倒地,落地时以小腿、大腿、臀、肘外侧依次着地,落地后既团身。

2. 扑两侧平高球

完成这一动作时应注意空中展体,手指用力抓住球,接球后以球、肘、肩、上体、臀、腿外侧依次着地并迅速团身。

(六) 拳击球和托球

1. 拳击球

在守门员没有把握接住球或对方猛烈冲门的情况下,为了避免接球脱手,可采用拳击球。

准确判断来球运行路线,及时移动到位,握紧拳,在接近球的刹那迅速出拳击球。拳击球有单、双拳击球,单拳击球动作灵活,摆动幅度大,击球力量大;双拳击球接触球面积大,准确性高。

2. 托球

托球主要是在来球弧度较大,其落点又在球门横梁附近,守门员起跳接球把握性不大时运用。

(七) 掷球

充分利用后腿蹬地,持球手臂后引,转体、挥臂和甩腕力量将球掷出。

第三节　足球基本战术

足球战术是指在比赛攻守过程中,为了战胜对手,根据本队和对方的实际情况所采取的个人行动和集体配合的综合体现。

一、现代足球战术特征

(一) 机械分工消失

现代足球比赛,由于全攻全守战术打法的运用与发展,锋卫职责机械分工已经消失。比赛中队员上下、左右大范围机动跑位十分频繁,后卫插上助攻直至射门得分,前锋退居门前积极防守的现象已屡见不鲜。

全攻全守需要全面化的运动员,单凭技术或靠体力的运动员在绿茵场上消失。全攻全守的先驱者荷兰队教练米赫尔斯说:"全面化的运动员必须具备敏锐的机智,根据场上攻守情况,需要他到哪里起什么作用他都能承担,这样把所有的力量加起来才是总体战术。"因此,运动员在技术和战术意识、身体素质及心理品质等诸方面获得全面的发展,是实现现代战术打法的基础。

当然,队员位置机械分工的消失并不等于比赛场上队员没有位置职责分工。实践证明,全面化的队员仍然首先是本位的"专家",其次才是其他位置的"能手"。根据比赛主客观实际,出色地、创造地完成本队总体战术赋予他的各项任务。

(二) 快速争夺时空主动权

足球是争夺时间与空间的运动项目。快速争夺时空主动权是足球比赛取胜的关键。时间是指进攻或防守队员在完成技、战术过程中在时机、速度、节奏变化方面具有时间性的特征;空间是指攻守双方在距离、方位、角度方面具有空间性的特征,而双方争夺时空主动权的目的是争夺对球的支配权。所以,足球比赛的时间与空间都有其特定的含义,主要体现在运动员高速运动与激烈对抗中对球速与落点、对手与同伴的位移速度和方向的观察与判断,完成技术动作时对时间与空间掌握的程序,以及充分利用场地发挥本队技、战术水平,争取射门得分等方面。争夺时空主动权,敏锐观察和准确判断是前提,足球意识和经验是基础,快速行动、高超的技术和同伴支援是保证。优秀选手最突出的特点就是视野开阔、时空判断能力强,能更早地预测将会出现的局面,快速争夺控球的主动权,以达到本队的战术目的。

(三) 阵形与队形合理组合

比赛队形是指比赛时队员的位置分布,是球队攻守力量搭配和职责分工的形式,是战术的一个组成部分。其目的是使每场上队员在明确基本位置和主要职责的前提下,充分发挥个人的智慧和全队的攻守特点,以克敌制胜。

队形是阵形在不同比赛场合下更具体、更严谨、更灵活的运用,需要周密组织、随机变化的人员组合。队形是一个队攻守战术效应的重要基础,凡不能保持良好队形的队,攻必乏力,守必漏洞。队形分为整体与局部两大类,如优秀队在比赛中整体队形压扁,一般在40米左右,三条线脉络清晰,间距合理。局部地区队形往往是三角形。合理的队形进攻中利于支援,防守中利于保护补位。阵形与队形完美结合的核心要有利于创造和利用时空间,或控制和封锁时空间。

(四)集体与球星完美结合

足球是集体运动项目,取胜需要发挥整体力量,即使是球星离开了同伴的支援,单枪匹马也难现光彩。但球队又是由若干队员组成,每名队员的竞技水平直接影响整体成绩。球星是球队的核心,拥有特长或绝招比同伴高出一筹,在比赛中起到了别人无法代替的积极作用,教练员往往围绕球星制订攻防战术打法。实践证明,只有训练有素的整体和出类拔萃的球星完美地组合,才能夺取比赛的胜利。

二、基本战术

队员个人的摆脱与跑位、运球过人、选位与盯人、传球以及二过一配合都是构成复杂战术的基本因素,称为基本战术。

(一)个人战术

1. 无球的摆脱和跑位

当本方队员得球时,同队其他队员的任务就是摆脱对方的防守,从而创造传球的机会,以便把进攻推向对方球门,争取射门得分。

2. 运球过人

运球过人是进攻战术中一种极为重要的个人战术,是突破密集防守的有效手段,是冲破紧逼盯人、刹那间在局部地区造成以多打少、打乱对方防守部署的锐利武器。

(二)局部战术

局部战术是指在一定的区域里进行的小范围战术配合。

1. 斜传直插二过一

斜传直插和直传斜插二过一都是只通过一次传球和穿插就越过一名防守队员,配合十分简捷和实用。在进行配合时,两名进攻队员要保持适当的距离,控球队员可采用运球或其他动作,诱使防守者上前阻截,插入的队员必须突然、快速起动,但应避免越位。

2. 直传斜插二过一

同斜传直插二过一。

3. 踢墙式二过一

踢墙式二过一是两名进攻队员通过两次传球越过一名防守队员的配合方法。

4. 回传反切二过一

回传反切二过一是通过三次传球组成的配合方法。

5. 交叉掩护二过一

交叉掩护二过一是两名进攻队员通过运球与身体的掩护越过一名防守队员的配合方法。

第十二章 排球运动

第一节 排球运动概述

一、排球运动的起源与发展

（一）排球运动的起源

排球运动起源于美国。1895年，美国马萨诸塞州霍利约克城基督教青年会干事威廉·摩根创造了一项球类游戏。人们分别站在网球场球网的两侧，用篮球胆之类的球托来拍去，击球的次数不限。这就是排球运动的雏形，最初起名为"Mintonette"（意为"小网子"）。为了更好地推广这项运动，1896年美国各大城市的基督教青年会体育部主任在春田大学召开会议，威廉·摩根首次将自己发明的这项运动向与会者做了介绍，阿尔弗富法哈尔·斯戴特博士提议将"小网子"改名为"Volleyball"，取"空中飞球"之意。这一提议形象地概括了排球运动的性质，受到了摩根和参加者的一致赞同，这一名称一直沿用至今。

（二）世界排球运动的发展

最早的排球比赛是双方各16人出场，分成4排。随着技术的发展和提高，逐步演变为"12人制"和"9人制"，最后为"6人制"。

排球运动首先在美国军队中开展，随后排球在各国也普遍开展起来，1900年首先传入加拿大，1905年传入古巴，1912年传入巴拉圭，1914年传入墨西哥。美洲各国使用的排球规则，大多是直接引用美国的排球规则，进行6人制的排球。

在亚洲，排球于1900年左右最早传入印度，1905年由传教士将排球传入我国，然后传入日本、菲律宾等国。排球传入亚洲虽然较早，但很长时间都未开展6人制的排球。因此，6人制的排球技、战术较为落后。美国虽然是排球的发源地，但长期以来并没有将其作为竞技项目，而是作为休闲、娱乐项目来开展。第二次世界大战结束后，在许多国家的共同努力下，1947年在法国巴黎由14个国家发起成立了国际排球联合会，从此，排球成为世界性竞技体育运动。

（三）我国排球运动发展简况

1949年以前，我国的排球比赛采用9人制比赛。新中国成立后，决定采用6人制排球，并继承和发展9人制排球的各项技术，特别是我国的快球和快攻战术，当时在世界上还没有，成为我国排球技、战术打法的主要特点。1953年我国成立排球协会。1954年国际排联正式接纳我国为正式会员国。同年8月，中国男女排球队首次参加在巴黎举行的男子第3

届、女子第2届世界排球锦标赛,在男子24支参赛队中夺得第9名,女子17支参赛队中获得第6名的成绩。

1979年,中国男、女排双双获得亚洲冠军,结束了日本女排蝉联20年冠军的历史,并获得了参加1980年奥运会的资格,由于当时抵制这届奥运会而没有参加。而后从1981~1986年在世界排球锦标赛、排球世界杯、奥运会中,中国女排先后5次获得世界冠军,大大振奋了中华民族精神,开创了现代排球的新纪元。此后,中国男子排球出现了滑坡,女排也逐渐走向低谷。

为了重新振奋排球精神,1994年原国家体委召开了"国家男女排球队工作汇报及重振排球雄风研讨会"。1995年以赛制改革为先导,开创了排球改革的步伐,中国女排于1995年重夺亚洲排球锦标赛冠军,世界排球锦标赛第3名。1997年男排夺得了阔别10年的亚洲排球锦标赛冠军,并获得了世界锦标赛的参赛资格。2004年雅典奥运会,中国女排获得冠军。2008年北京奥运会,中国女排获得季军。2015年第12届女排世界杯,中国女子排球队第4四次将世界杯冠军的奖杯收入囊中。2016年3月25日,中国女排获得"影响世界华人大奖"。

二、排球运动的技术特点与锻炼价值

(一)排球运动的特点

1. 广泛的群众性

排球场地设备简单,比赛规则容易掌握,既可在球场上比赛和训练,亦可以在一般空地上活动,运动负荷可大可小,适合于不同年龄、不同性别、不同体质、不同训练程度的人。

2. 技术的全面性

规则规定,每个队员都要进行位置轮转,既要到前排扣球与拦网,又要轮到后排防守与接应,要求每个队员都要全面地掌握各项技术。

3. 高度的技巧性

规则规定,比赛中球不能落地,不得持球、连击。击球时间的短暂和击球空间的多变决定了排球的高度技巧性。

4. 攻防技术的两重性

排球是多种技术都可以得分,也能失分的项目,这种情况在决胜局比赛中更加突出,所以说每项技术都具有攻防的两重性。因此,要求技术既要有攻击性,又要有准确性。

5. 严密的集体性

排球比赛是集体比赛项目,除发球外,都是在集体配合中进行的。没有严密的集体配合,再好的个人技术也难以发挥,更无法发挥战术的作用。水平越高的队,集体配合就越严密。

(二)排球运动的锻炼价值

排球运动对增强体质、丰富业余文化生活、增进健康有着不可忽视的积极作用。经常进行排球运动,不仅能全面提高人体各器官系统功能,发展力量、弹跳、速度、灵敏等身体素质,而且能培养机智、果断、沉着、冷静等心理品质和团结友爱的集体主义精神。

三、排球比赛场地与比赛规则介绍

(一) 比赛场地 (图 12-1-1)

比赛场区为长 18 米、宽 9 米的长方形。四周至少有 3 米的无障碍区。场上空 7 米以内(奥运会和国际重大比赛要高 12.50 米)和四周至少 2 米(奥运会和国际重大比赛端线后要有 8 米,边线外要有 5 米)内不得有障碍物。在场地中线上空,架有球网。网宽 1 米,长 9.50 米,张挂在场外两根圆柱上。女子网高 2.24 米,男子网高 2.43 米。球网两端垂直于边线和中线的交界线各有 5 厘米宽的标志带,在其外侧各连接一根长 1.80 米的标志杆。

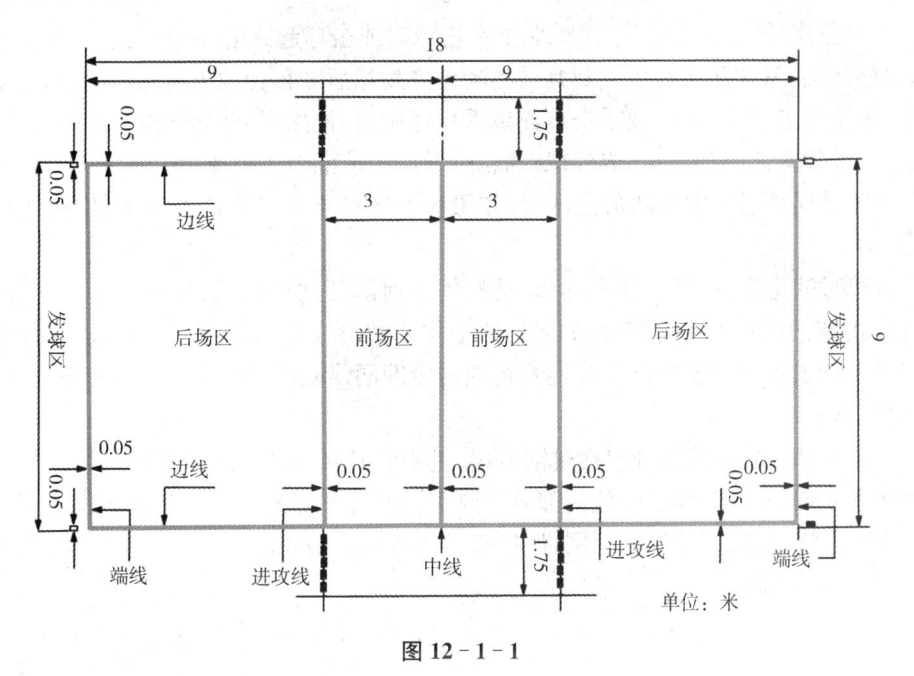

图 12-1-1

(二) 比赛规则简介

排球比赛开始,每队上场 6 人,站两排(每排 3 人)。从左到右,前排为 4、3、2 号位,后排为 5、6、1 号位。每次均由轮转到 1 号位的队员发球。在发球击球时,双方队员都必须按规定位置站好,前后排和左右侧都不能站错,否则将被判失发球权或对方得 1 分(球发出后其位置不受此限制)。由后排右边的队员在发球区内发球进入比赛。然后每队可触球 3 次(接网触球不计算在内)。如果球落地、触墙、触天花板、触其他场外任何物体或某一队员犯规,则成死球,造成死球的一方失球。

排球比赛采用每球得分制,即任何一队只要赢球就得分。每队赢 25 分并同时超过对方 2 分时才胜一局。正式比赛采用 5 局 3 胜制。前 4 局打成 2 比 2 平局时,第 5 局为决胜局。在决胜局比赛中,是 15 分制,任一队赢 15 分并同时超过对方 2 分时即赢得了整场比赛。决胜局中不论是哪一队发球,胜一球即得 1 分,一队先得 8 分后,两队交换场区,按原位置顺序,继续比赛到结束。

规则规定 1 个队最多有 12 名队员（队长在内）。比赛成死球时，教练员和场上队长可向裁判员请求暂停换人。每队在一局比赛中，可要求两次暂停。队员站在发球区里，在裁判员鸣哨后 5 秒钟内将球击出。球必须抛出明显离手。如触及发球队场上队员、球网、标志杆、其他障碍物或从网区以外越过，或发球不过网均为发球失误。当球在运动员身体任何部分停留时间较长，或未将球清晰地击出，或捞球、捧球、推球和携带球时，均判"持球"。如果 1 个队员连续触球多于 1 次（拦网除外），则判为连击。队员的脚过中线触及对方场区地面即判过中线犯规。后排队员在进攻线前或踏在进攻线上，将高于球网上沿的球直接击入对方场内，以及后排队员参加拦网，均为"后排犯规"。

（三）排球比赛中的几种主要犯规

1. 发球犯规：发球次序错误；发球队员在击球时或击球起跳时，踏及场区（包括端线）或发球区以外地面；发球队员在第一裁判员鸣哨允许发球后 8 秒钟内未将球击出；球未被抛起或持球手未清楚撤离就击球；双手击球或单手将球抛出、推出；将球抛起准备发球却未击球；球发出后触及发球队其他队员；界外球；球越过发球掩护的个人或集体。

2. 位置错误是指当发球队员击球时，如果场上队员不在其正确位置上，则构成位置错误犯规。

3. 击球时的犯规：排球比赛中，运动员身体任何部分均可触球，但一名队员（拦网队员除外）连续击球两次则为连击犯规；如果将球接住或抛出为持球犯规；一个队连续触球四次（拦网除外）为四次击球犯规；队员在比赛场地内借助同伴或任何物体的支持进行击球，皆为借助击球犯规。

4. 队员在球网附近的犯规包括过网击球、过中线和触及球网上沿 7 厘米部分。

5. 网下穿越：队员除脚以外任何部分只要不影响对方都可以进入对方场区，否则犯规。

6. 拦网犯规：队员不得过网拦网，后排队员或者自由防守队员不得参与拦网；不得拦对方发过来的球，否则犯规。

第二节 排球基本技术

排球技术分为无球技术和有球技术两大类。其中，准备姿势、各种移动步法和起跳等技术被称为无球技术；传球、垫球、发球、扣球和拦网被称为有球技术。

一、准备姿势和移动

准备姿势和移动是排球基本技术之一，属于无球技术，是完成发球、垫球、传球、扣球和拦网等各项有球技术的前提和基础，并对各项有球技术的运用起串联和纽带作用。准备姿势和移动是相辅相成的，准备姿势主要是为了移动，而要快速移动，又必须做好准备姿势。

（一）准备姿势

准备姿势根据身体重心的高低可分为稍蹲准备姿势、半蹲准备姿势和低蹲准备姿势三种。在此着重介绍一下半蹲准备姿势。

半蹲准备姿势:两脚左右开立,稍比肩宽,一脚稍前,两脚尖稍内收,脚跟稍提起,膝关节保持一定的弯曲,膝关节的投影在脚尖前面,上体前倾,重心靠前。两臂放松自然弯曲,双手置于腹前。全身肌肉放松,两眼注视来球,两腿始终保持微动(图 12-2-1)。

(二) 移动

在排球比赛中,多采用两三步短距离的移动。其中,包括并步、滑步、交叉步、跨步、冲刺步等。

图 12-2-1

视频 准备姿势+移动

1. 并步与滑步

当球距身体一步左右时采用并步移动。移动时,如向前,则前脚向来球方向跨出一步,后脚蹬地跟上(图 12-2-2)。当来球稍远,并步不能接近球时,可用快速的连续并步,即为滑步。

图 12-2-2

2. 交叉步

当来球在体侧 3 米左右时,可采用交叉步移动。采用向右侧交叉步时,上体稍右倾,左脚从右角前面交叉迈出一步,然后右脚向右跨出一步,同时身体转向来球方向,保持击球前的姿势(图 12-2-3)。

图 12-2-3

3. 跨步

当来球较低时,常运用跨步迎球。跨步可以向前、向侧前或侧方跨出(图 12-2-4)。

图 12-2-4

二、传球

传球是在额前上方用双手(或单手)借助伸臂、蹬腿的动作,通过手指、手腕的弹击力量将球传至一定目标的击球动作。

双手传球的技术动作通常分为正传、背传和侧传三类,可以在原地传或跳传。

(一)正面上手传球

准备姿势:正对来球,两脚开立,两膝稍屈,上体挺起稍前倾,两眼注视来球,两臂屈肘抬起,两手成传球手形。

击球:传球时利用蹬地、伸膝和伸臂的动作,通过球压在手指上的反弹力,以拇指、食指、中指和手腕的协调力量将球传出,用力一定要协调一致。传球距离近时,用手指、手腕的弹力较多,传球距离较远时,必须要加强蹬地展体的力量,才能控制好球(图12-2-5)。

图12-2-5

手形:两手自然张开微屈成半球形,手腕后仰,小指在前,拇指相对成八字形置于额前(图12-2-6)。

图12-2-6

(二)背传

视频 正面上手传球+背传

背传球是传球的基本方法之一,也是难度较大的一种传球。传球时,上体保持正直或稍后仰,击球点比正面传球要高。迎球时,微仰头挺胸,在下肢蹬地的同时,上体向后上方伸展,击球时手腕适当后仰,掌心向后上方击球的底部,利用抬臂、送肘的动作和手指、手腕主动将球向后上方传出(图12-2-7)。无论是向前传还是向后传,都应该尽量保持一种姿势,从而提高传球的隐蔽性,迷惑对手,为队友创造更好的扣球机会。

图12-2-7

（三）侧传

侧传的准备姿势、手形与正面传球相同。迎球时，通过下肢蹬地使身体重心向上伸展，但上体和手臂应向侧上方用力，触球下方，传球方向异侧手臂的动作幅度和用力的距离要大于同侧手臂。

由于侧传具有隐蔽性的特点，可以传各种快球以增强进攻的力量。

三、垫球

垫球是用双手前臂的前部击球，利用来球的反弹力将球击出的技术动作。垫球主要用于接发球、接扣球、接拦回球，有时也用来组织进攻。

视频〉侧传＋垫球

（一）正面双手垫球

正面双手垫球技术按连贯动作的顺序一般可概括为"一插、二夹、三抬臂"。"插"：要求判断来球，快速移动到位，保持好球与人的关系，双手插入球下；"夹"：要求两臂夹紧，手腕下压，保持良好的手形，触球部位要正确（图12－2－8）；"抬"：抬臂时要求击球点要正确，根据来球的力量大小采用正确的用力方法，全身协调用力（图12－2－9）。

图12－2－8　　　　　　图12－2－9

（二）侧面双手垫球

在身体两侧用双臂垫球的动作称为侧面垫球。来球飞向体侧，队员来不及移动对正球时，可用双臂在体侧垫球。

（三）背垫

从身前向背后垫球，称背垫。在不能进攻将球处理过网时可采用。

四、发球

发球是后排右边队员在发球区由自己抛球，用一只手将球从网上空两标志杆内击入对方场区的一种击球方法，击球的一瞬间即完成发球。发球时可运用正面、侧面、上手、下手、助跑或起跳发球。击球手法可用全手掌、掌根、半掌根、半握拳、虎口和腕部。

视频〉发球

（一）下手发球

这种发球动作简单易学，失误较少，方向较准确，但球飞行速度慢，力量小，攻击性小（图12－2－10）。

动作方法：以右手击球为例，发球前侧对球网，两脚前后开立，左脚在前，两膝微屈上体稍前倾，重心偏后脚。左手持球置于腹前，右臂自然下垂，两眼注视球。发球时，左手将球轻轻抛起在体前右侧,离手高约 20 厘米;在抛球之前,右臂伸直,以肩为轴由后向前摆动,借右脚蹬地力量,身体重心随着右手向前摆动击球移至前脚上。在腹前以虎口、掌根或手掌击球的后下部。接触球时,手指手腕紧张,手成勺形吻合球,随着击球动作,重心前移,迅速进场比赛。正面下手发球时将球抛在右肩前下方,右臂伸直,以肩为轴,由后向前摆动击球。

图 12－2－10

(二)正面上手发球

这种发球准确性大,易控制球的力量和落点,对对方有很强的攻击性和威胁性(图 12－2－11)。

图 12－2－11

动作方法:面对球网,两脚自然开立,左脚在前,左手拖球于身前。用抬臂和手掌的平拖上送,稳稳地将球垂直向自己右肩前上方抛起,高度要适中。在抛球的同时,右臂抬起,并屈肘后引,肘与肩平,上体稍向右侧转动,利用蹬地、转体、收腹带动手臂迅速而有力的向前上方挥动。在右肩膀前上方伸直手臂的最高点,用手掌击球的后中下部。击球时,手指自然张开吻合球。正面上手发时,可利用不同的击球手法和击球的不同部位,使其产生不同旋转方向。

(三)正面上手大力跳发球

这种发球攻击性强,直接得分和破坏对方一传的概率比较大,但是难度较高,在国际大赛上这种发球已经占领了主流,世界强队几乎都是采用此种发球。

动作方法:面对球网,把球向斜上方抛高(尽量把球抛在固定的高度与位置上有利于发挥最大的攻击效果),利用已经熟练掌握的技术扣球上步,起跳、腾空、展腹、展臂、看准球的最高点、收腹、挥臂、全手掌包满球、屈膝、缓冲落地即完成整套动作。

五、扣球

扣球在比赛中占有重要地位。扣球可利用助跑方法不同、手击球部位不同、挥臂路线和节奏不同、击球点高低不同、与二传配合时间不同等特点,扣出不同性能、时间、空间、位置和角度的球。在此,主要介绍正面扣球。

正面扣球时,因扣球者身体面对球网,便于观察,所以扣球准确性较高。同时,扣球者可根据对方防守布局,随时改变扣球路线和力量,有利于控制击球落点。

(一)准备姿势

站在离网 3 米左右处,两脚自然开立,两膝微屈,上体稍前倾,两臂自然下垂,观察二传来球,随时准备向各个方向助跑起跳。

(二)助跑

助跑的目的是为了获得一定的水平速度,增加弹跳高度,并且选择适当的起跳点。助跑的时机、方向、步法、速度、节奏是根据来球的方向、速度和弧线来决定的。因此,要全面熟练掌握一步、两步、三步及多步助跑的步法。

以两步助跑为例,助跑时,左脚先向前迈出一步,接着右脚再迅速跨出一大步,左脚及时并上,落在右脚侧前方,两脚尖稍内收准备起跳。

助跑的第一步要小,目的是对正上步的方向,使身体获得向前的水平速度;第二步要大,目的是接近球和提高助跑的速度,右脚落地支撑点在身体重心之前,有利于制动。

(三)起跳

在助跑跨出最后一步的同时,两臂绕体侧向后引,左脚在落地制动的过程中,两臂自后积极向前摆动,随着双腿蹬地向上起跳,两臂配合起跳用力上摆。

(四)空中击球

起跳后,挺胸展腹,上体稍向右转,右臂向后上方抬起,身体成反弓形。挥臂时,以迅速转体、收腹动作发力,集资带动肩、肘、腕各部位关节成鞭甩动作向前上方挥动。击球时,五指微张成勺形并保持紧张,用全手掌包满球,以掌心为击球中心,击球的后中部,同时主动用力屈腕屈指向前推压,使扣出的球加速上旋。击球点在起跳和手臂伸直最高点的前上方。

(五)落地

空中完成击球动作后,身体自然下落,为了避免腿部负担过重,应采用双脚的前脚掌先着地,同时顺势屈膝,缓冲身体下落的力量。(图 12 - 2 - 12)

图 12 - 2 - 12

六、拦网

队员用腰部以上身体任何部位，在球网附近高于球网上沿，试图阻拦击过来的球，并触击球，称为拦网。拦网分为单人拦网、双人拦网和三人拦网。下面仅介绍单人拦网。

队员面对球网，两脚左右开立约与肩宽，距网 30～40 厘米，两膝微屈，两臂在胸前自然屈肘。移动可采用并步、交叉步、跑步，向前或斜前移动。原地起跳后，重心降低，两膝弯曲，用力蹬地，使身体垂直起跳。如果是移动后起跳，制动时，双脚尖要转向网，同时利用手臂摆动帮助起跳。拦网时两手从额前平行球网向网上沿前上方伸出，两臂平行，两肩尽量上提，两臂尽力过网伸向对方上空，两手接近球，自然张开，手触球时两手要突然紧张，用力屈腕，主动盖帽捂住球（图 12-2-13）。

图 12-2-13

七、防守技术

防守技术包括倒地、前扑和鱼跃等配合完成有球技术的技术动作。下面主要介绍倒地滚翻动作及鱼跃动作。

（一）滚翻救球

当球离身体远而低时，可采取此动作。起球后的滚翻动作起到自我保护及快速衔接下一个动作的作用。

低重心移动：准备接球时，向球的方向移动，前脚为重心，身体幅度由高到低迅速下降，伸前臂救球。

击球：两腿用力蹬地向前用力，使身体向球的方向伸展，手臂直插球的底部，双手或者单手触球，把球向中场高高打起后，顺势侧身，用背部、臀部、大腿外侧、依次着地，然后顺势低头、收腹、团身，击球的手臂不动，向另一侧肩膀做后滚翻动作，利用向前的惯性使身体与地面柔和接触，迅速起身做下一动作的准备（图 12-2-14）。

图 12-2-14

（二）鱼跃救球

当球低而远时，可用控制范围大的鱼跃动作去救球。

低姿移动：以半蹲准备姿势防守，当来球落点低而远时，上身前倾，向前做一到两步助跑，前脚掌用力蹬地，使身体向远处腾空跃出。

击球：手臂向前伸展，以单手虎口或手背从下向上击球的后下部。击球后双手在体前着地支撑。两肘缓慢弯曲，以缓冲身体下落力量，同时抬头、挺胸、展腹，向后自然屈腿，身体成反弓形，胸、腹、大腿依次着地产生滑行(图 12-2-15)。

图 12-2-15

第三节　排球基本战术

一、阵容配备

排球阵容配合是排球战术运用的基础，阵容配备应最大限度地符合本方队员的特点，使队员特点合理搭配，同时还要考虑对手的情况。

（一）四二配备

四二配备是 2 个二传手，4 个进攻队员。4 个进攻队员为 2 个主攻，2 个副攻。四二配备在中等水平球队采用较多，2 个二传手前后排始终保持 1 个，便于接应传球。

（二）五一配备

五一配备是 1 个二传手，5 个进攻队员。5 个进攻队员为 2 个主攻，2 个副攻，二传对角是接应二传。由于目前比赛中引入了自由人，五一配备更加灵活。这种战术配备对二传手要求较高，一般在中高水平的球队运用较多。

（三）三三配备

三三配备是由 3 名传球队员和 3 名进攻队员间隔站立，使每一轮都有传有扣。这种配备是初学者采用的战术配备。

二、排球进攻战术

（一）中一二进攻

前排3个人中一人在3号位做二传，将球传给2、4号位的进攻形势。二传在2、4号位时，在球发出后可以置换到3号位，这种情况称为边一二换中一二，反边一二换中一二。这种进攻简单，便于组织。

（二）边一二进攻

前排3个人中2号位做二传，将球传给3、4号位进攻，二传在3、4号位时，在发球后换到2号位。这种方式对右手扣球比较顺手，而左手扣球比较别扭。但是一传如果传偏到4号位，则很难接应。

三、排球防守战术

（一）接发球的站位阵型

视频 多人接发球

接发球的阵型，要利于接球，也有利于本方进攻战术，同时要注意对方发球特点来布阵。

1. 5人接发球

除1名二传在网前站立或后排插上外，其余5名队员均担负起一传任务，通常为一三一或三三站位。这种方式便于队员分布，但二传插上距离较远或者进攻变化较少。

2. 4人接发球

二传和上快球队员站在网前不接发球，后场4人一字或弧线站立。这种方式便于二传传球和进攻跑动，但容易造成空心，对接发球判断和移动要求高。一般用来针对发球较差对手采用。

（二）防守阵型

1. 不拦网的防守阵型

在没有拦网必要时，二传在网前，既可接网前球，又可以组织进攻，前排队员后撤，准备防守和进攻。

2. 单人拦网防守阵型

该阵型用于对方进攻力量较弱、扣球以中线为主、吊球较多的情况。单人拦网应以中线为主，阻止球吊入中场，前排不拦网队员后撤防前区。

3. 接拦回球的保护阵型

拦回球的保护，一般应掌握在后排留一个人准备接反弹较远的球，其他队员尽量多参加前排保护。在只有一点进攻时，应采用4人保护。在有战术变化时，进攻队员跑动或跳起后，如未扣球应争取保护，但二传和后排队员应尽量组成2~3人的保护阵型。

第十三章 乒乓球运动

第一节 乒乓球运动概述

一、乒乓球运动的起源

乒乓球运动的起源有很多种说法,而最为流行、较为可靠(根据国际乒联有关资料分析)的说法是,乒乓球运动19世纪末起源于英国,是由网球运动派生而来的。

据说,在19世纪末的一天,伦敦遇到少有的闷热。两个英国上流社会贵族青年看过温布尔顿网球赛后,到一家上等饭馆的单间去吃饭。先是用雪茄烟的木盒盖当扇子,继而讨论网球技战术,捡起香槟酒的软木酒瓶塞当球,以大餐桌当球台,中间拉一细绳为网,用烟盒盖当作球拍模仿网球动作打球。侍者在一旁喝彩,闻声赶来的女店主见此情景,不禁脱口喊出"TableTennis",这一声将乒乓球命名为"桌上网球",一直沿用至今。最初,乒乓球运动是一种宫廷游戏,是欧洲贵族间的一种娱乐活动,后来逐步流入民间。

大约在1890年,英国人吉姆斯·吉布(JamesGibb)去美国旅行时,偶然发现了一种用赛璐珞制成的空心玩具球,弹跳力很强。于是,他带回英国并稍加改进,取代了原来的实心球,逐步在英国和世界各地推广开来。也许因为此球在桌上打来打去发出"乒乒乓乓"声音的缘故,英国一家体育用品公司,首先用"乒乓"(Ping-Pong)一词作了广告上的名称,作为商标来登记。就这样,乒乓球才开始得此绘声之名。汉语的乒乓球是从声音上得名的,但将其翻译成英文时名为"TableTennis"。

二、乒乓球运动的传播与发展

(一)乒乓球运动的传播

乒乓球运动在英国流行起来之后不久便传入美国,1902年传入日本,1904年由日本传入中国上海,1905—1910年间传入中欧的维也纳和布达佩斯,而后传入北非的埃及等地,现已发展成遍及世界五大洲的竞技体育运动,是世界上参与人数最多的三个体育运动项目之一,国际乒乓球联合会目前的协会成员已有200多个,该项目于1988年被列入奥运会的正式比赛项目。

(二)世界乒乓球运动的发展概况

从第1届世乒赛到现在,乒乓球运动的发展可概括为以下六个阶段。

第一阶段:欧洲全盛期(1926—1951年)这个时期的打法是以削球为主,指导思想为

"自己少失误,让对方失误"。削球打法在此时期得到了很大的发展。

第二阶段:优势转向亚洲,日本队震动世界乒坛(1952—1959年)

日本乒乓球队1952年才第一次参加世界乒乓球比赛。手握海绵球拍,采用直拍全攻型打法的日本队,虽然只有三男二女运动员参加,却震动了整个世界乒坛。他们一鸣惊人地获得了男子单打、男子双打、女子团体和女子双打四项冠军。从此,世界乒乓球技术的优势开始由欧洲的削球转到了亚洲的攻球。

第三阶段:中国队崛起(1959—1969年)

20世纪50年代末,正当日本队处于巅峰状态时,中国选手容国团在第25届世乒赛上,为中国夺得了第一个世界冠军。中国具有"快、准、狠、变"独特风格的近台快攻打法和以"稳、低、转、攻"为指导思想的削球打法,把世界乒乓球运动推向了一个新的发展阶段。

第四阶段:欧洲队复兴和中国队重整旗鼓(1971—1979年)

进入20世纪70年代,世界乒乓球技术的发展突飞猛进。欧洲选手经过了近20年的努力,终于闯出了一条新路。他们兼取中国快攻和日本弧圈球打法的优点,创造了弧圈结合快攻和快攻结合弧圈的两种新打法,从而走上复兴之路。面对新的发展形势,中国队及时调整了心态和技术,在70年代的5届世乒赛的35个冠军中,中国队共获得17个。

第五阶段:中国队攀上世界高峰,演变成"中国打世界"的局面(1981—1987年)

1981年,中国队在36届世乒赛上囊括7项冠军及5个单项的亚军,创造了世界乒坛55年来由一个国家包揽全部冠军的空前纪录。此后,在第37、38、39届世乒赛上,又连续3次夺得6项世界冠军,形成了"中国打世界"的局面。

第六阶段:"世界打中国"成绩卓著,中国队走出低谷,重攀高峰(1988—)

自乒乓球项目1988年进入奥运会以后,欧洲乒坛职业化迅速发展,各种比赛频繁,加上待遇优厚,极大地促进了欧洲乒乓球技术的发展。20世纪80年代末至90年代初"世界打中国"的成绩卓著,以瑞典为首的欧洲男队,已领先于中国队和亚洲各队。

中国男队走出低谷,从男双项目最先有所突破。第42届世乒赛获得男双金、银、铜牌以及混双的金牌,从第43届至第53届世乒赛,中国队几乎囊括了所有金牌。中国队已成为世界各队的众矢之的。

三、乒乓球运动的特点与锻炼价值

乒乓球是典型的集智能、技能、体能于一体,以技能为主的体育运动项目。乒乓球球体轻、速度快、旋转变化多、趣味性强,可以提高手眼配合能力,是开动脑筋的好方法。

乒乓球运动是一项器材简单、运动量可大可小、不分年龄、性别和身体条件的大众体育健身项目,非常适合我国的国情,在我国不仅参加的人数为世界之最,而且水平相当高,是名副其实的国球。它不仅能全面锻炼身体,使人体的心血管系统、神经系统、呼吸系统、消化系统及运动系统等得到全面锻炼,而且能发展人体的速度、灵敏、力量、耐力、协调等身体素质,同时也能锻炼和培养人们的勇敢、顽强、机智、果断等良好的心理品质。经常打乒乓球,使人的反应更快、思维更敏捷、动作更协调;能调节人的情绪,使人心情愉悦,性格开朗大方;能以球会友,结识朋友,增进友谊;能开发人体大脑智力,提高思维能力,促进智力发展。资料表明,常打乒乓球,还能防治近视的特殊功能。因为眼睛随球的快速移动而不停转动,可以改善眼部的血液循环并使周边的眼肌收缩,起到很好的按摩作用,缓解眼睛的疲劳。乒乓球运动可谓益智、益体、益心、益乐、益友,是中国人最钟爱的运动项目之一。

四、乒乓球比赛规则简介

(一)器材与场地

1. 球台:长 2.74 米,宽 1.525 米,高 76 厘米。

2. 球网:包括球网、悬网绳、网柱和夹钳部分,球网高 15.25 厘米。

3. 球:直径为 40 厘米,重 2.7 克,颜色为白色或橙色,无光泽。

4. 球拍:大小、形状和重量不限。但底板应由 85% 的天然木料制成。球拍两面无论是否有覆盖物,必须无光泽,且一面为鲜红色,另一面为黑色。用来击球的拍面应用一层颗粒向外的普通颗粒胶覆盖,连同黏合剂,厚度不超过 2 毫米;或用颗粒向内或向外的海绵胶覆盖,连同黏合剂,厚度不超过 4 毫米。

5. 比赛场地:为 75 厘米高的挡板围成的赛区空间应不少于 14 米长、7 米宽、5 米高。

(二)合法发球与还击

1. 合法发球:(1)发球开始时,球自然地放置于不执拍手的手掌上,手掌张开,保持静止;(2)发球员须用手将球几乎垂直地向上抛起,不得使球旋转,并使球在离开不执拍手的手掌之后上升不少于 16 厘米,球下降至被击出前不能碰到任何物体;(3)当球从抛起的最高点下降时,发球员方可击球,使球首先触及本方台区,然后越过或绕过球网装置,再触及接发球员的台区。在双打中,球应先后触及发球员和接发球员的右半区;(4)从发球开始到球被击出,球要始终在台面的水平面以上和发球员的端线以外,而且不能被发球员和其双打同伴的身体或衣服的任何部分挡住;(5)运动员发球时,应让裁判员或副裁判员看清他是否按照合法发球的规定发球;(6)运动员因身体伤病而不能严格遵守合法发球的某些规定时,可由裁判员做出决定免于执行。

2. 合法还击:对方发球或还击后,本方运动员必须击球,使球直接越过或绕过球网装置,或触及球网装置后,再触及对方台区。

(三)胜负判定

1. 除被判重发球的回合,下列情况运动员得 1 分:(1)对方运动员未能合法发球;(2)对方运动员未能合法还击;(3)运动员在合法发球或合法还击后,对方运动员在击球前,球触及了除球网装置以外的任何东西;(4)对方击球后,该球没有触及本方台区而越过本方端线;(5)对方阻挡;(6)对方连击;(7)对方用不符合规定的拍面击球;(8)对方运动员或他穿戴的任何东西使球台移动;(9)对方运动员或他穿戴的任何东西触及球网装置;(10)对方运动员不执拍手触及比赛台面;(11)双打时,对方运动员击球次序错误;(12)执行轮换发球法时,接发球方连续还击 13 板,将判接发球方得 1 分。

2. 一局比赛:在一局比赛中,先得 11 分的一方为胜方,10 平后,先多得 2 分的一方为胜方。

3. 一场比赛:(1)一场比赛应采用单数局,如3局2胜制、5局3胜制、7局4胜制等;(2)一场比赛应连续进行,除非是经许可的间歇。

(四)比赛次序和方位

1. 在单打中,首先由发球员合法发球,再由接发球员合法还击,然后两者交替合法还击;双打中,首先由发球员合法发球,再由接发球员合法还击,然后由发球员的同伴合法还击,再由接发球员的同伴合法还击,此后运动员按此次序轮流合法还击。

2. 在获得每2分后,接发球方变为发球方,依此类推,直到该局比赛结束,或直至双方比分为10平,或采用轮换发球法时,发球和接发球次序不变,但每人只轮发1分球。

3. 在双打中,每次换发球时,前面的接发球员应成为发球员,前面的发球员的同伴应成为接发球员。

4. 在一局比赛中首先发球的一方,在该场比赛的下一局中应首先接发球,在双打比赛的决胜局中,当一方先得5分后,接发球一方必须交换接发球次序。

5. 一局中,在某一方位比赛的一方,在该场比赛的下一局应换到另一方位。在决胜局中,一方先得5分时,双方应交换方位。

(五)重发球

1. 回合出现下列情况应判重发球:(1)如果发球员发出的球,在越过或绕过球网装置时,触及球网装置,此后成为合法发球或被接发球员或其同伴阻挡;(2)如果接发球员或接发球方未准备好时,球已发出,而且接发球员或接发球方没有企图击球;(3)由于发生了运动员无法控制的干扰,而使运动员未能合法发球、合法还击或遵守规则;(4)裁判员或副裁判员暂停比赛。

2. 裁判员或副裁判员可以在下列情况下暂停比赛:(1)由于要纠正发球、接发球次序或方位错误;(2)由于要实行轮换发球法;(3)由于警告或处罚运动员;(4)由于比赛环境受到干扰,以致该回合结果有可能受到影响。

第二节 乒乓球基本技术

一、握拍方法

握拍方法有两种:一种是直握球拍,另一种是横球拍握。

(一)直握球拍法

直拍握法击球出手快,手腕灵活,发球变化多,台内球容易处理,利于以速度和球路变化取得主动;但反手攻球时受身体所限不易发力,防守时照顾面积较小。

用拇指和食指握住球拍拍柄与拍面的结合部位。拍前,以食指第二指关节和拇指第一指关节扣拍;拍后,三指弯曲贴于拍的1/3上端。这种握法,简称中钳式(图13-2-1)。

图 13 - 2 - 1

(二) 横握球拍法

横拍握法照顾范围大,击球时便于发力,利于攻削结合;但手腕不太灵活,摆速较慢,台内球较难处理。

虎口贴拍,拇指在球拍的正面,食指自然伸直放于球拍的反手面,其他三手指自然地握住拍柄,这种握法又称为八字式。正手攻球时,食指稍向上移动;反手攻球时,拇指稍向上移动(图 13 - 2 - 2)。

图 13 - 2 - 2

二、身体姿势和站位

(一) 身体姿势

特点:动作自然、协调、放松,重心较低并稳定。

动作方法:两脚开立,稍宽于肩,前脚掌着地,脚跟稍提起,两膝微屈,上体略前倾,重心在两脚中间;下颌略内收,两眼注视来球;两臂自然弯曲置于身体略前两侧,执拍手手腕适当放松(图 13 - 2 - 3)。

(二) 站位

特点:不同技术打法有不同站位方法。但总体动作要协调,位置要合理。动作方法:

1. 快攻打法和弧圈球打法基本站在近台中间偏左处。
2. 两面攻打法基本站在近台中间。
3. 攻削结合打法基本站在中远台中间。

图 13 - 2 - 3

三、基本步法

在基本技术中,没有灵活的步法,就不可能及时抢占击球位置,有效地还击来球。步法的训练必须与技术训练紧密结合。

视频 乒乓球步法

(一) 单步

特点:动作简单,在来球离身体较近时用。

动作方法:以一脚为轴,另一只脚向前后、左右不同方向移动,身体重心也随之落到移动脚上(图 13 - 2 - 4)。

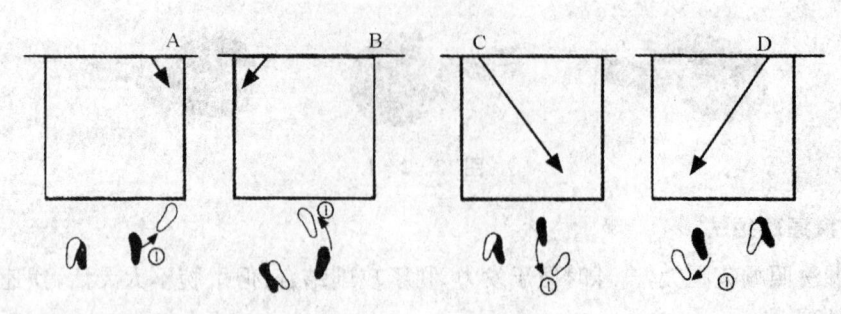

图 13-2-4

(二) 跨步

特点:移动幅度大(常会因此降低身体重心,不易连续使用),移动速度快。跨步多在借力击球和来球离身体较远时运用。

动作方法:以一脚蹬地,另一脚向左右的来球方向跨出一大步,身体重心随即移至该脚上,另一脚迅速跟上(图 13-2-5)。

(三) 并步

特点:一般在来球速度不算太快时使用,如削球的左右移动、快攻和弧圈球打法在攻削球时做小范围移动时,也常运用它。

动作方法:移动时,先以与来球异方向的脚向另一脚并一步,与来球同方向的脚再向来球的方向迈一步迎击来球。由于并步移动范围大,有利于保持重心稳定(图 13-2-6)。

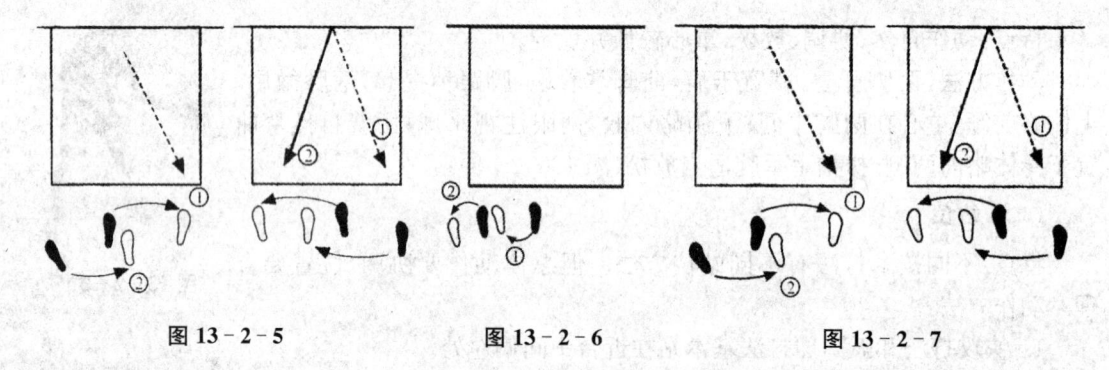

图 13-2-5　　图 13-2-6　　图 13-2-7

(四) 跳步

特点:移动动作灵活,便于选择位置,适合来球离身体较远时使用。

动作方法:来球异方向的脚先蹬地,两脚几乎同时离地向左或向右移动,先离地的脚先落地,另一脚再跟着落地、跳步,若来球落点较远或较近,其移动方向可偏后或偏前(图 13-2-7)。

四、发球技术

乒乓球比赛,每一分球的开始就是发球。发球可在不受对方任何影响的情况下进行,易于取得比赛的主动权。

发球的作用:造成对方接发球失误而直接得分,使对方接发球出机会

视频　发球技术

球,进行抢攻或抢位;通过发球实现自己的战术意图,最低要求能压制对方接发球抢攻或抢位。

(一) 正反手平击发球

特点:不带旋转;是初学者最基本的发球方法。

动作方法:左脚稍前,身体略向右转,左手掌心托球,置于身体右前方;将球向上抛起,当球下降到稍高于球网时击球中上部,向左前方发力,第一落点在球台中央(图13-2-8)。

图 13-2-8

(二) 正手发右侧上旋急球(奔球)

特点:球速快,冲力大,落点远。

动作方法:左脚稍前,身体略向右转,左手将球向上抛起,同时右臂内旋,使拍面稍前倾;当球下降到近于网高时,擦击球的右侧部,手腕向左上方发力,第一落点接近端线。

(三) 正手发下旋加转球与不转球

特点:球速较慢,发球手法近似,以旋转变化迷惑对方。

发加转球动作方法:左脚稍前,身体略向右转,左手将球向上抛起,同时右臂旋外,使拍面后仰;当球下降至稍高于球网时,快屈手腕配合前臂发力,触球中下部并向底部摩擦。第一落点接近球网(图13-2-9)。

图 13-2-9

发不转球动作方法:发不转球的动作方法与发加转球方法大致相同,主要区别是手臂外旋幅度小,减少拍面后仰角度,击球中部或中下部,减少向下摩擦球的力量,稍加向前推送的力量,使其作用力接近球心。

(四) 正手发左侧上、下旋球

特点:两种发球手法近似,以旋转变化迷惑对方。

动作方法:站位左半台,左脚稍前,身体略向右转,左手将球向上抛起;当球下降至接近网高时,前臂加速向左前方挥摆。若发左侧下旋球,触球时向左侧上方摩擦;若发左侧下旋球,触球时向左侧下方摩擦。

131

（五）反手发右侧上、下旋球

特点：两种发球手法近似，以旋转变化迷惑对方。

动作方法：站位左半台，右脚稍前，身体略向左转；左手掌心托球置于身体左前方，将球向上抛起；当球下降至接近球网高时，前臂加速向前方挥摆。若发右侧上旋球，触球时向右侧上方摩擦；若发右侧下旋球，触球时向右侧下方摩擦（图13－2－10）。

图 13－2－10

（六）反手发轻球（短球）

特点：力量轻，落点近网。

动作方法：发球时，左手将球轻轻上抛，右手将球拍位置向后上方略提高。当球下降时，前臂迅速向前下方迎球。球拍将触球时，前臂突然内旋，不再往前发力，使球拍后仰，顺着前臂往前的余力，在球约与网同高时，摩擦球的中下部。轻球的第一落点在本方球台中段，第二落点在对方近网处。

五、接发球

接发球技术通常由点、拨、带、拉、攻、推、搓、削等各种技术综合组成。

（一）接急球

发过来的球速快，带上旋。左方急球一般用反手推挡回接，右方急球一般用正手快攻借力回接。如果用反手攻或弧圈球，削球回击，则必须移步后退，等来球力量减弱时回接。

（二）接下旋球

发过来的球速度较慢，触拍后向下反弹。用搓球回接时，注意拍面后仰，增加向前发力。用快攻或弧圈球回接时，一定要增加向上提拉的力量。

（三）接侧上旋球

这种发球是侧旋与上旋相结合的旋转球。一般采用推、攻回接为主，击球时拍面要稍前倾，并朝左方或右方偏斜，以抵消来球的上旋力和侧旋力。用弧圈球回接时，要加大拍面前倾角度，多向前发力，少向上提拉。

（四）接侧下旋球

这种发球是侧旋与下旋相结合的旋转球。一般采用搓、削回接为主。回接时，拍面要稍后仰，并朝左方或右方偏斜，以抵消来球的下旋力和侧旋力。用推、攻回接，除注意拍面角度外，还要加大向上摩擦球的力量；用弧圈球回接时，拍面不要过于前倾，要多向上提拉，少向前发力。

（五）接短球

由于对方发的是近网短球,回击时要注意及时上前,以取得最合适的击球位置,同时要控制好身体的前冲力。接发球后,要迅速还原准备下一板击球。回接短球时,受台面阻碍而影响引拍,这时要靠前臂和手腕发力为主,根据来球的旋转性能,注意调节拍面角度、击球部位、击球时间和用力方向。

六、攻球技术

攻球力量大,速度快,攻击性强,是争取主动、克敌制胜的重要手段。

（一）正手攻球

1. 正手近台攻球

特点:站位近,动作小,速度快,可为扣杀创造条件。

动作方法:左脚稍前,身体离球台40厘米左右。击球前,持拍手臂要右前伸迎球,前臂自然放松,球拍呈半横状。当球从台面弹起时,前臂和手腕向前上方挥动,并配合内旋转腕的动作,使拍形前倾,在上升期击球中上部。拍触球刹那,拇指压迫,同时加快手腕内旋速度,使拍面沿球体作弧形挥动。击球后,挥拍至头部高度(图13-2-11)。

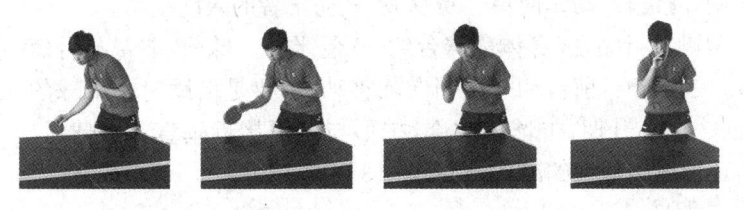

图13-2-11

横拍击球时,手臂要自然弯曲,手腕与前臂近乎成直线并约与地面平行,前臂和手腕稍向前上方用力。击球时间、部位和拍形与直拍基本相同(图13-2-12)。

图13-2-12

2. 正手中远台攻球

特点:站位远,动作大,力量重,主动发力击球,并在来球前进力减弱时回击。

动作方法:左脚稍前,身体离球台1米左右。击球前,持拍手臂向右后方引拍,球拍呈半横状,拍形稍后仰。击球时,手臂由后向前挥动。球拍触球前,前臂在上臂带动下向前上方用力,手腕边挥边转使拍形逐渐前倾;在球下降前期,击球中部并向上摩擦,上臂带动前臂继续向左前上方挥动,腰髋转动配合发力,同时上体左转,重心移至左脚(图13-2-13)。横拍正手攻球时,手臂向后引拍,手腕稍下沉,球拍成横状,然后手臂向前上方用力。击球时间、部位和拍形与直拍基本相同。

图 13-2-13

3. 杀高球

特点：动作大，力量重，是还击高球的有效进攻技术。

动作方法：左脚在前，身体离台略远，手臂内旋使拍面前倾，向身体右后方引拍，增大球拍与来球的距离；当来球下降至头肩高度时，右脚蹬地腰髋向左转动。击球中上部，整个手臂加速向左前下方挥动，腰髋配合发力。

（二）推挡球

推挡是直拍快攻打法的基本技术之一，具有站位近、动作小、速度快等特点。

1. 挡球

特点：球速慢，力量轻，动作简单容易掌握，是初学者的入门技术。

动作方法：两脚平行站立，身体离球台约50厘米。击球前，前臂与台面平行伸向来球。拍触球时，前臂和手腕稍向前移动，主要是借助对方来球的反弹力将球挡回。在上升期，击球的中部，拍形与台面接近垂直。击球后，迅速收回球拍，还原成击球前的准备姿势（图13-2-14）。

[视频] 推挡球

图 13-2-14

2. 直拍快推

特点：借力还击，回球速度快，力量较轻。

动作方法：右脚稍前或两脚平行，自然开立，身体离球台约50厘米。持拍手上臂和肘关节内收，前臂略向外旋。击球时，前臂开始向前推击，同时手腕外旋。食指压拍，拇指放松使拍形前倾。在上升期，击球中上部，将球快推回去。击球后，手臂继续前送，手腕配合外旋使球拍下压（图13-2-15）。

图 13-2-15

3. 加力推

特点：回球力量重，球速快，击球点较高。

动作方法：右脚稍前，身体离球台约 50 厘米。手臂自然弯曲并作外旋，使拍面角度稍前倾，前臂提起。当来球跳至上升后期或高点期，击球中上部，上臂、前臂、手腕加速向前下方推压，击球后迅速还原成击球前准备姿势。

4. 横拍快拨

特点：回球速度快，落点远，力量大，击球点较低。

动作方法：两脚平行开立或左脚稍前，正对来球方向，身体离球台约 40 厘米。前臂回收，手腕略下垂，肘关节略抬起，将球拍引至腹部。当球从台面反弹时，前臂带动手腕向前方挥动，在球上升期击球的中上部位，以击打为主结合摩擦球。击球后迅速还原成击球前准备姿势(图 13-2-16)。

图 13-2-16

七、搓球技术

搓球是近台还击下旋球的一种基本技术。比赛中用该技术不给对方攻球机会及为自己攻球和弧圈球创造条件，形成搓攻战术。搓球还可用于接发球，必要时用它作为过渡。

视频 搓球

（一）反手快搓

特点：动作幅度较小，速度较快，旋转强度一般，借助对方来球冲力进行回击。

动作方法：右脚稍前，身体离球台约 50 厘米，手臂身然弯曲，拍面稍后仰，前臂向左上方提起，在来球上升期时击球的中下部，前臂手腕向右前平方用力(图 13-2-17)。

图 13-2-17

（二）反手慢搓

特点：动作幅度较大，回球速度稍慢，旋转变化较多。

动作方法：右脚稍前，身体离球台约 50 厘米，持拍手臂向左上引拍。击球时，前臂和手腕向前下方用力，拍形后仰，在球下降后期击球的中下部。击球后，前臂随势前送。

横拍搓球时,拍形略竖一些,击球后前臂向右下方挥摆。击球时间、部位和拍形,与直拍基本相同(图13-2-18)。

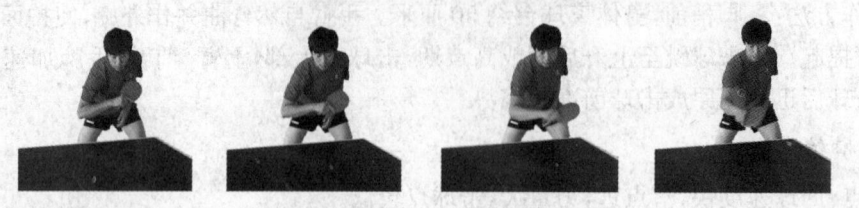

图13-2-18

八、弧圈球技术

弧圈球是一种上旋力很强的进攻技术。它能产生适宜的弧线,比攻球有更多的发力击球时机。

(一)正手前冲弧圈球

特点:弧线长,上旋力强,球速快,着台后前冲力大,向下滑落。

动作方法:左脚稍前,根据来球选择站位远近,手臂内旋,使拍面前倾角度大些,腰髋右转,手臂接近伸直,将球拍引至身体右后下方。在来球高点期或下降前期,摩擦击球中上部,上臂带动前臂向前上方挥动,同时手腕伸展配合发力(图13-2-19)。

图13-2-19

(二)正手侧旋弧圈球

特点:有强烈上旋力及侧旋力,着台后下落快,还会出现拐弯现象,使对方增加回击的困难。

动作方法:两脚开立,右脚稍后,身体略向右转,两膝微屈,重心放在右脚上。击球时,拍面成半横立状并略向右侧,上臂带动前臂和手腕,结合腰部向左转动的力量,在球下降期用拍摩擦球的右中部或右中上部,使球带有强烈右侧上旋。击球后,重心移至左脚。

九、削球技术

削球是一种积极性的防御技术。它以旋转、落点的变化制约和控制对方。

(一)中远台正手削球

特点:站位离球台比较远,击球时间晚,击球前有充分的动作准备时间,控制球的稳定性相对较好。

动作方法:左脚稍前,双膝微屈。向后上引拍至右肩上方并横立,身体向后转动。挥拍击球时,球拍向前下方挥动,在身体腰侧方摩擦下降前期球的中下部。触球时要用腰臂一同发力,身体重心同时向前下移动。击球完后,球拍向前送出并还原(图 13-2-20)。

图 13-2-20

(二) 中远台反手削球

特点:站位离球台较远,击球时间晚,有充分的击球准备时间,控制球的稳定性相对比较好。

动作方法:选择好站位,右脚稍前,双膝微屈。向后上引拍至左肩上方并横立,身体向左后转动。挥拍击球时,球拍向右前下方挥动,在身体腰左侧方摩擦下降前期球的中下部。触球时要用腰臂一同发力,身体重心同时向前下移动,击球完后,球拍向前送出并还原(图 13-2-21)。

图 13-2-21

第三节 乒乓球基本战术

一、快攻型打法的基本战术

(一) 发球抢攻

视频 快攻型打法战术

1. 反手发右侧上、下旋球,发至对方中路靠右近网处,伺机攻对方左方。
2. 发追身急球(球速越快越好),使对方不能发挥其正反手攻球的威力,然后侧身进攻对方中路或两角。这种战术对付两面攻比较有效。
3. 发急下旋长球至对方左角,配合近网短球,然后侧身抢攻,主要是针对对方弱点进行攻击。这种战术对付弧圈和快攻较为有效。
4. 正手中高抛球发左(右)侧上、下旋至对方左角(角度越大越好),配合发右方急球进行抢攻。这种战术对付善于采用搓球接发球的选手最为有效。

137

(二) 推挡侧身抢攻

1. 在对推中,以力量、速度、落点控制对方,伺机侧身抢攻。
2. 在对推中,用反手攻球作配合寻找机会,伺机侧身抢攻。
3. 在对推中突然加力推或推下旋球,迫使对方回球较高,然后立即侧身抢攻。
4. 如推挡技术强于对方,可推压对方反手,伺机侧身抢攻。

(三) 推挡变线

1. 先用推挡连压对方左角取得主动时,突然变推直线袭击其右角空当。
2. 遇连续打侧身抢攻的选手,以推变直线来加以牵制。
3. 当对方用反手进攻或侧身进攻时,用变直线来反击其空当。
4. 变线前,要用加力推压住对手,或者推出大角度球,使对方身体向左移动或采用侧身时突然变线。切忌乱变,否则容易被对方反击。

(四) 左推右攻

1. 当推挡略占上风时,或在侧身抢攻获得成功后,对方往往会主动变线到正手,此时采用有力的正手攻球回击对方。
2. 主动推变直线,引诱对手回斜线,用正手攻击直线,反袭对方空当。
3. 有时可伴作侧身,诱使对方变线,给自己创造正手回击的机会。

二、弧圈球型打法的基本战术

(一) 发球抢位

视频 弧圈球型打法战术

1. 正手(或侧身)发强烈下旋球至对方左侧近网短球,迫使对方以搓回击,然后拉加转弧圈球至对方反手或中路。
2. 反手发右侧上、下旋球至对方中路或偏右及偏左的地方,然后拉前冲弧圈球至对方两大角。
3. 反手发急下旋球至对方中路偏右或左方大角,当对方以搓球回击时,拉前冲弧圈至对方正手。
4. 对削球手一般用速度快、落点长的球,使对方退守,然后根据对方的站位和适应弧圈球的能力,决定用哪种弧圈球攻击对方。

(二) 接发球抢拉

对方发侧上旋球和不太转的球时,用前冲弧圈球回击,对方发侧下旋或强烈下旋球时,用加转弧圈球回击。

(三) 搓中拉弧圈球

1. 在对搓中看准时机,主动抢拉弧圈球。
2. 在对搓短球时,突然加力搓左角长球,然后侧身主动抢拉加转弧圈球。
3. 多搓对方正手,使其不能逼左大角,伺机抢拉弧圈球至对方反手或中路,再冲两角。

(四) 弧圈球结合扣杀

1. 拉加转弧圈球结合扣杀。
2. 拉前冲弧圈球迫使对方远台回击,然后放短球,再扣杀。
3. 拉加转弧圈球与不转弧圈球相结合,伺机扣杀。

第十四章 羽毛球运动

第一节 羽毛球运动概述

一、羽毛球运动的发展概况

(一)羽毛球运动的起源与发展

羽毛球运动的起源至今仍是众说纷纭,但羽毛球运动从古代的毽子球游戏逐渐演变而来的说法是人们都认可的,古代类似羽毛球的毽子球游戏在我国和其他亚洲、欧洲的国家都有记载。在英国不列颠图书馆就有两人手握板状拍,对击类似羽毛球的雕版的原始稿,大约是在 1390 年。国际羽毛球联合会在成立 50 周年的纪念册上是这样写的:"羽毛球运动早在 1934 年前就有着悠久的历史,很多世纪以前,在荷兰和中国就有使用球拍的类似当今羽毛球的体育游戏。"

现代羽毛球形成在英国,而印度的普那是羽毛球的发源地。相传在 19 世纪 20 年代,这种游戏就已在印度的普那非常普及了。后来是由当时统治印度的英国军人在 1873 年将此种游戏带回了英国。这种游戏传入英国之后,在格拉斯哥郡鲍弗特公爵的领地伯明顿定下了游戏的规则,这就是今天的羽毛球运动的最初模式。人们把鲍弗特公爵的领地伯明顿(Badminton)这个地名,作为这种新的运动项目的正式名称。

1893 年,由英国的 17 个羽毛球俱乐部一致倡议成立了英国羽毛球协会,并进一步修改了规则。1899 年英国羽毛球协会举办了首届羽毛球锦标赛。此后,羽毛球运动由英国流传到英联邦各国,20 世纪初传到美洲,最后传到非洲。今天羽毛球运动已成为一项全球性的体育运动。

(二)我国羽毛球运动的发展简况

羽毛球运动是我国传统优势项目,20 世纪 60 年代被誉为"无冕之王",20 世纪 80 年代达到最高峰,我国羽毛球运动水平一直保持世界领先水平。中国队近几年取得了很好的成绩:悉尼奥运会连夺四枚金牌,雅典奥运会取得三枚金牌,2004 年夺回失去 12 年之久的汤姆斯杯,2005 年史无前例地做到了汤姆斯杯、尤伯杯、苏迪曼杯三杯齐聚中国,2008 年北京奥运会上三金,重夺男单金牌,2012 年伦敦奥运会上夺得五枚金牌。

二、羽毛球运动的特点与锻炼价值

羽毛球运动是一项全身性的运动项目,对场地器材要求简单,易于开展,而且不易发生伤害事故,具有速度快、变化多、灵活性强等技术特点。经常参加羽毛球运动,可以发展力量、速度、耐力、柔韧、灵敏等身体素质和改善内脏器官的功能,使身体得到全面发展,达到增强体质、增进健康的目的。此外,羽毛球运动还可以培养勇敢顽强、灵活机智、沉着冷静等优良品质。

三、羽毛球比赛规则简介

(一)比赛场地

球场应是一个长方形,长 13.4 米,单打宽 5.18 米,双打宽 6.1 米,用宽 4 厘米的线画出。球网全长至少 6.1 米,宽 76 厘米,球网的最上端以 7.5 厘米的白带对折缝合,用有足够的长度和强度的绳索或钢丝从中穿过并悬挂在两端的网柱上,球网中心距离地面高度为 1.524 米,在网柱上的两端距离地面高度为 1.55 米。球网应是深色、优质的细绳织成,网孔为各边长均在 1.5～2 厘米的方形(图 14-1-1)。

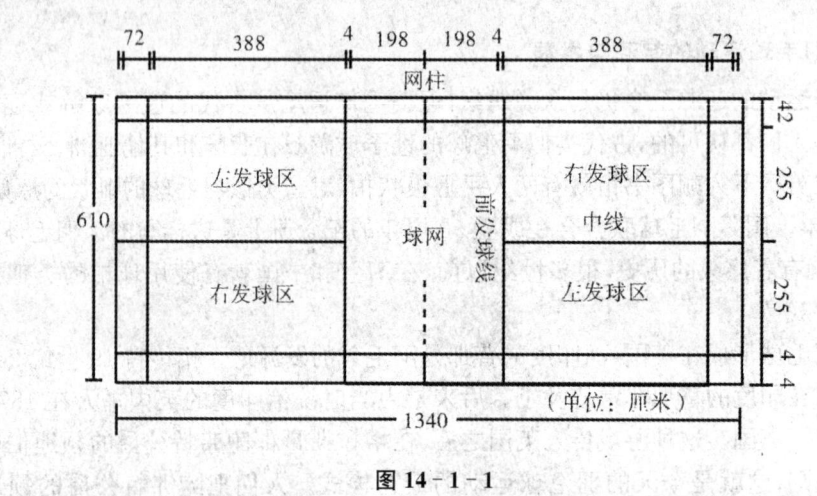

图 14-1-1

(二)挑边

任何一场正式比赛开始之前,参赛双方首先要做的事是在裁判员的主持下,通过由裁判员抛掷挑边器确定首先发球的一方。挑边器决定的胜者具有挑选发球或接发球;在一个场区或另一个场区开始比赛的优先权。输的一方,在余下的一项中选择。挑边器是一枚类似一个硬币的物体,两面由不同颜色图案组成。

(三)计分方法

除非另有规定,一场羽毛球比赛应以三局两胜定胜负,比赛实行 21 分制和每球得分制,先得 21 分的一方胜一局。对方违例或球触及对方场区的地面成死球,则该方胜这一回合并得 1 分。如果双方比分为 20 平后,领先得 2 分的一方胜该局;如果双方比分打成 29 平后,先到 30 分的一方胜该局。一局的胜方在下一局比赛中首先发球。

(四)发球与接发球

有发球权的一方称发球方,对方则称为接发球方。

1. 发球

(1) 发球时发球员应站在发球区内,脚不得触及发球区的任何界线。

(2) 一旦双方选手站好位置,发球员的球拍一开始挥动即为发球开始,发球员的球拍必须连续向前挥动直到将球发出,任何一方不得延误发球。必须注意的是,一旦发球员开始挥动球拍发球,而未击中球,则应视为发球违例。发球时,任何一方都不允许有非法延误发球的行为。

(3) 在发球过程中,即从发球员的球拍开始挥动直至球拍的拍面将球击出为止,发球员的双脚均不得离开地面或移动。

(4) 发球时发球员的球拍必须首先击中球托,另外发球员在击球的瞬间,整个球要低于发球员的腰部,球拍杆应指向下方。

(5) 发球员必须站在本方发球区向位于自己相对应的斜对角一端的发球区发球。球体须经球网的上方飞过,落入对方场地的发球区域内才有效。单打有效发球区域的范围是(以右区为例):前发球线、中线、单打后发球线和单打边线之间,左区反之。

2. 合法的接发球

(1) 接发球员必须等对方发球员按相应的规定将球发出后,即球托触及球拍的拍面而飞离球拍后,才能移动双脚,并开始接发球,否则属违例。

(2) 接发球时,接球员的脚不能踏踩在接发球区域四周的任何线上或线外,否则违例。

(3) 在双打和混合双打中,只有合法的接发球员才能去接发球,如果同伴去接球或被球触及,都属违例,记发球方得一分。

(五) 发球与接发球的顺序

1. 单打

发球方的分数为零或偶数时,发球方和接发球方均站在右发球区发球和接发球;分数奇数时,双方都站在左发球区发球和接发球。

2. 双打(含混双)

(1) 发球方的分数为零或偶数时,发球方均应从右发球区发球;发球方的分数为奇数时,发球方均应从左发球区发球。接发球员应是站在发球员斜对角发球区的运动员。

(2) 发球方每得一分后,原发球员则变换发球区再发球。接发球方上一回合最后一次发球的运动员应在原发球区接发球;他的同伴接发球的站位与其相反。

(六) 重新发球

如下列情况发生时应重新发球:

1. 裁判员认为比赛被干扰或教练员干扰了对方运动员的比赛。
2. 发球时,发球员和接发球员同时违例。
3. 当接球员尚未做好准备之前,发球员发球。
4. 在比赛进行中,球托与球的其他部分完全分离。
5. 发球被击回后,球停在网顶或过网后挂在网上。
6. 司线员未能看清,裁判也不能做出裁决时。

7. 在比赛中,不可预见或意外的情况发生。

(七) 违例

1. 不合法发球。

2. 发球时,球挂在网上或停在网顶;过网后挂在网上;双打时接发球员的同伴接到球或被球触及。

3. 比赛中,球未从网上方越过,从网下或网孔中穿过或不过网。

4. 比赛中,球落在场地界线外,或碰房顶及场地四周以外的人或物体。

5. 比赛中,球碰到运动员的身体或衣物。

6. 比赛中,击球者的球拍与球的击球点不在自己球网一方,而是过网击球。

7. 比赛中,选手的球拍、身体或衣物触及网或网的支撑物;选手的脚或球拍由网下侵入对方场区,导致妨碍对方或分散对方的注意力。

8. 击球时,球夹在或停滞在球拍上,紧接着又被拖带。

9. 一名球员两次挥拍,连续两次击中球,或同一方的两名选手连续各击中球一次。

10. 球触及球员的球拍后未飞向对方场区。

11. 阻挡对方紧靠球网的合法击球。

12. 比赛时选手故意扰乱、影响对方进行正常比赛的任何举动。

第二节 羽毛球基本技术

一、握拍法

握拍是打羽毛球的第一个动作,从开始到完成每一个击球动作,握拍的方式都会有所不同。本书以右手执拍为例,介绍两种握拍方法:正手握拍和反手握拍。

(一) 正手握拍

左手握住拍杆,使拍框与地面垂直。右手张开,用近似握手的手形,虎口对准拍框,拇指与食指成 V 字形,然后五指自然贴到拍柄上(图 14-2-1)。

(二) 反手握拍

左手握住拍杆,使拍框与地面平行。拇指上提,顶贴拍柄的宽拍棱上。食指连同其余四指自然贴靠在拍柄上,留有一定的发力空间(图 14-2-2)。

图 14-2-1    图 14-2-2

二、发球技术

发球不仅是羽毛球技术中一项很重要的基本技术,也是战术的重要组成部分。发球质量的好坏往往直接影响一个比赛回合的主动与被动。羽毛球的发球方法有两种：一种是正手发球，另一种是反手发球。在羽毛球发球中，按照发出球在空中飞行的弧度与落点，可以分为：后场高远球、后场平高球、后场平射球和网前球（图 14-2-3）。

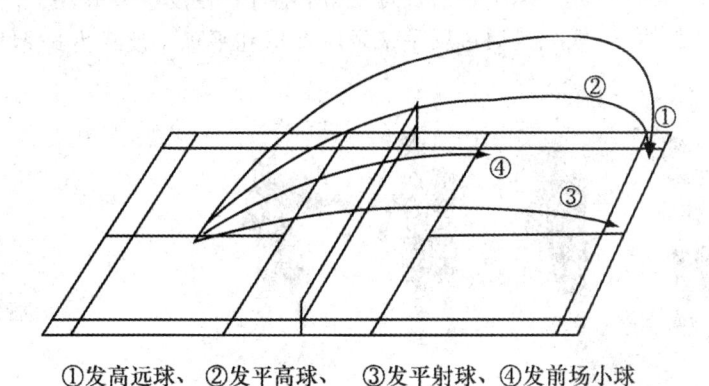

①发高远球、 ②发平高球、 ③发平射球、④发前场小球

图 14-2-3

（一）正手发球技术

正手发球是以正手发高远球动作为基础的。正手发后场高远球是用正手握拍方法，以正拍面将球击得又高又远，使球飞行到对方端线上空后突然改变方向，成直线下落至端线附近的一种发球（图 14-2-4）。

图 14-2-4

正手发后场高远球的动作要领：

1. 准备发高远球的时候，站在离前发球线 1 米左右，发球场区中线附近，面对球网，左脚在前，右脚在后，两脚之间自然分开。

2. 身体重心放在右脚上面，身体自然地微微向后仰，右手向右后侧举起，肘部稍弯曲，左手拿球（可拿球的球托部位）并自然地在胸前弯曲。

3. 发球的时候，左手把球举在身体的靠右前方并放下，使球自然落下；右手同时由大臂带动小臂，从右后方向左前上方挥动，大臂开始挥动的时候，身体重心由右脚慢慢地移到左脚。

4. 当球落到击球人手臂向下自然伸直能够触到球的部位的一刹那，握紧球拍，并利用甩手腕的力量，向前上方鞭打用力击球，当把球击出的同时，手臂向左上方挥动，击球之后，身体重心也由右脚移至左脚，身体微微前倾。

（二）反手发球

上面谈到的发球法，是用正手握拍方法从右后方向往左上方挥动手臂并发力击球的技术动作，这些称之为正手发球。除了正手发球之外，还有一种反手发球法。由于动作结构、解剖因素和力量等原因，一般只是通过反手来发网前球和平球。反手发球多见于双打比赛当中（图 14-2-5）。

图 14-2-5

反手发网前球的动作要领：

1. 站位靠近前发球线，左脚或右脚在前均可，身体重心在前脚掌上，上体前倾后跟提起。右手反握在拍柄稍前部位，肘关节部位提起，手腕稍前屈，球拍低于腰部，斜放在小腹前。左手持球在球拍面前方。

2. 左手放球的同时，以肘为轴，持拍手前臂内旋，带动展腕由后向前做半弧形回环挥动。

3. 击球时，球拍由后向前推送击球，使球的最高弧线略高于网顶，通过拍面的切削动作使球落到对方场区的前发球线附近。

4. 击球后，以制动动作结束发力，并迅速将握拍姿势调整为正手放松握拍。

三、后场击球技术

发球仅是击球的开始，而真正激烈的争夺是在发球后的接发球或发球抢攻以及这之后的对拉击球上。因此，合理、协调、有效的击球将是运动员夺取最后胜利的最基本的保证（图 14-2-6）。

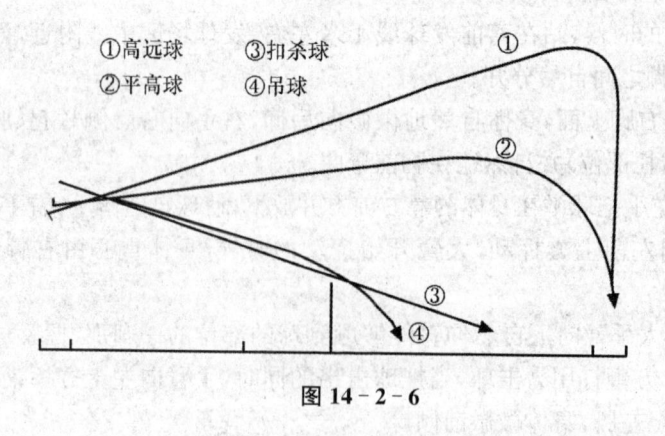

①高远球　③扣杀球
②平高球　④吊球

图 14-2-6

（一）后场正手击高远球

后场正手击高远球是用正手握拍以正拍面击出击球点在右肩前上方的后场高远球（图 14-2-7）。

动作要领：

1. 准备姿势以左脚在前，右脚在后，侧身对网。右手正手握拍屈肘于体侧，上前臂夹角为 45 度左右。左手自然上举，保持平衡，双眼注视来球方向。

2. 当球下落到一定的高度时，躯干转体，手肘上抬，手臂后倒引拍，以肩为轴做回环动作；前臂充分向后下方摆动并外旋充分伸展；左手随转体协调屈臂向身体左下方下降。

3. 击球时前臂急速内旋并带动手腕加速向前上方挥动，手腕收缩，手指屈指发力，用正拍面将球击出。击球点选在右肩的前上方，其高度以持拍手臂自然伸直击球为宜。

4. 击球后，右手随击球后的惯性向左前下方挥动，顺势收回至体前，呈接球前准备姿势。

图 14-2-7　　　　　　　　　图 14-2-8

（二）后场反手击高远球

后场反手击高远球是用反手握拍，以反拍面在后场击高远球（图 14-2-8）。

动作要领：

1. 由中心位置启动后，用后场反手后退步法向来球方向移动，移动到位后右脚在前，身体背向球网，球拍举在胸前，拍面朝上，两眼注视来球。

2. 击球时，下肢是一个由屈到伸的过程；上肢是当球下落至右肩前上方一定高度时，以上臂带动前臂作为初速度，在肘部上抬至与肩平行时，转为前臂带动腕部闪动，在右侧上方伸直手臂向后击球，伴随右腿的蹬力，使击出的球更有力量。

3. 击球后迅速转体面向球网，迈出跟进回位。

（三）后场吊球

吊球是把对方击来的高球，从后场轻击或轻切、轻劈到对方的近网附近。吊球从其动作方法，球的飞行弧线的不同可分为轻吊、拦吊、劈吊（其中每一项都包括正手、头顶、反手等方法）。

1. 劈吊

劈吊击球前动作和打高远球动作相似。击球时用力较轻，带有劈切动作（落点一般离网较远），当球落到右手臂向上自然伸直的高度时，手腕快速做切削动作，使拍面与球托的右侧或左侧接触而把球击出去就完成了劈吊动作（图 14-2-9）。

图 14－2－9

2. 拦吊

拦吊通常是把对方击来的平高球拦截回去。击球时拍面正对来球，当拍面和球接触时，只要轻轻拦切或点击，球即以较平的弧线，较慢的速度越过球网垂直下落。

3. 轻吊

轻吊击球前动作和打高球相似。击球时，拍面正对来球，在接触球的一刹那，突然减速轻点或轻切来球，使球刚一过网就下落。

（四）扣杀球

扣杀球是把高球用力向前下方重击、重切或重"点"击球，这种球速度快、力量大。比赛中，杀球可以直接得分，也可以使对方处于被动防守地位。这一技术是羽毛球进攻中的主要技术之一（图14－2－10）。

图 14－2－10

扣杀球以击球总距身体的位置可分为正手扣杀、头顶扣杀和反手扣杀；从击球力量的大小分为重杀、轻杀、劈杀、点杀、追身杀等。

1. 头顶扣杀直线球

准备姿势同头顶击高球。不同之处是挥拍击球时，靠腰腹带动手臂、手腕的鞭打动作，全力往直线下方击球，拍面和击球用力方向水平面的夹角小于90度。

2. 头顶扣杀对角线球

准备姿势同头顶击高球。不同之处是挥拍击球时，靠腰腹带动手臂、手腕的鞭打动作，全力向对角线下方击球。球拍面和击球方向水平面夹角小于90度。

四、前场击球技术

前场技术包括网前的放、搓、推、勾、扑、挑球等。其中,搓、推、勾、扑属进攻技术,要求击球前期动作具有一致性,击球刹那间产生突变,握拍要灵活,动作细腻,手腕、手指要灵巧,以控制好球的落点。网前球的各种球路(图 14-2-11)。

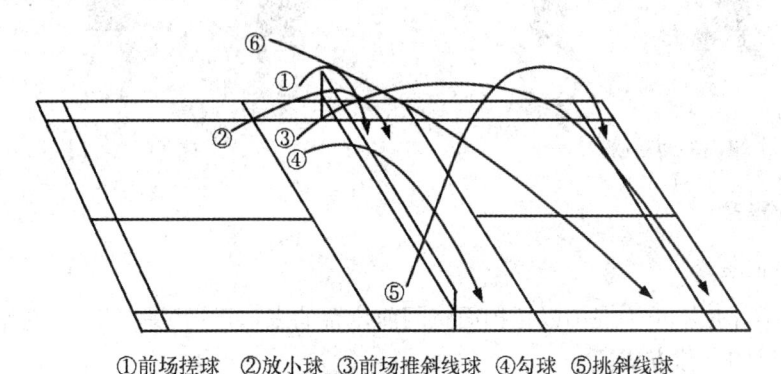

①前场搓球　②放小球　③前场推斜线球　④勾球　⑤挑斜线球

图 14-2-11

网前进攻威胁较大,因球飞行距离短,落地快,常使对方措手不及而直接得分。即使不能直接得分,也能迫使对方被动回球,创造下一拍进攻的机会。若网前进攻和中场进攻能紧密地配合起来,则能发挥前后场的连续进攻,掌握主动权。

(一)放网前球

放网前球是将网前区域低手位置的来球击至对方网前区域的前场击球技术。放网前球的来球一般处于低手位,击出的球没用旋转和翻滚,但落点可以比较贴近球网,这样可以创造有利的进攻的形势,营造转机的机会。放网前球可分为正手放网前球和反手放网前球。

1. 正手放网前球

用正手握拍以正拍面将网前区域或低手位置的来球击至对方网前区域,称为正手放网前球(图 14-2-12)。

动作要领:

(1) 准备姿势右脚在前、左脚在后,两脚开立与肩同宽,右手执拍自然置于胸前,左手自然置于体侧,身体向前倾斜。

图 14-2-12

(2) 前臂随步法伸向前上方,手腕外旋后导引拍。击球时,握拍放松,拍面几乎成仰平面置于球托下,手指手腕轻轻地向上抬击球托底部,使其越网而过。

(3) 击完球后,右脚迅速蹬地回动,同时击球手臂收回至胸前,呈接球准备姿势准备回击下一个来球。

2. 反手放网前球

反手放网前球是用反手握拍以反拍面将网前区域低手位的来球击至对方网前区域位置的回球。击球前的动作要领同正手放网前球动作, 视频 反手放网前球

147

只是方向相反。反手握拍,反面迎球,击球时,主要靠小臂的前伸、外旋和手腕由内收至外展的合力,轻托底部把球轻送过网。击球后,整个动作还原成下次击球的准备姿势(图 14 - 2 - 13)。

图 14 - 2 - 13　　　　　　　　　　　　　　图 14 - 2 - 14

(二) 网前搓球

1. 正手网前搓球

正手网前搓球是用正手握拍以正拍面将网前位置的来球运用"搓""切"等动作回击到对方网前区域附近的击球方式。

动作要领:击球前,小臂稍外旋,手腕由后伸至稍内收闪动。击球时,在正手放网前球动作基础上,加快挥拍速度,搓切来球的右下部,使球旋转滚过网(图 14 - 2 - 14)。

2. 反手网前搓球

反手网前搓球是用反手握拍以反拍面将网前位置的来球运用"搓""切"等动作回击到对方网前区域附近的击球方式。

动作要领:击球前,小臂前伸外旋,手腕由内收至外展状;搓击球的右侧后底部,使球侧旋滚动过网。另外,还可以小臂稍伸直,手腕由外展到内收,带动球拍向前切送,击球托的后底部,使球下旋滚动过网。

(三) 网前勾球

1. 正手勾对角线

勾球一般采用并步加蹬跨步上网的步法。在步法移动的同时,球拍随着前臂往右前上方举起,前臂前伸的同时,稍有外旋,手腕微后伸,这时将拍柄稍向外捻动,使拇指贴在拍柄的宽面上,食指的第二指节贴在与其相对的另一个宽面上,拍柄不触及掌心。击球时,靠前臂稍有内旋往左拉收,手腕由稍后伸至内收,球拍拨击球托的右侧下部,由手腕和手指控制拍面角度,击球后,球拍回收至胸前(图 14 - 2 - 15)。

图 14 - 2 - 15

2. 反手勾对角线

随着步法移动的同时,手臂向左侧前方平举(注意手臂不要伸直,稍弯即可)。击球时,随着肘部下沉,前臂回收外旋的同时,食指和拇指协调用力捻动拍柄,使拍面拨击球托的左侧后部,将球沿对角线飞越过网。击球后,球拍回收至胸前,为下次的来球做作积极的准备。

(四) 挑球

1. 正手挑球

准备动作同正手放网动作。击球前前臂充分外旋,手腕尽量后伸。击球时,从右下向右前方至左上方挥拍击球。在此基础上,若球拍向右前上方挥动,挑出的是直线高球;若球拍向左前方挥动,挑出的则是对角高球(图14-2-16)。

视频 反手勾对角线+反手挑球

图14-2-16

图14-2-17

2. 反手挑球

准备姿势同反手放网动作。击球前,右臂向后拉抬肘引拍。击球时,前臂充分内旋,手腕由屈至后伸闪动挥拍击球。若球拍由左下向左前上方挥动,则球向直线方向飞行;若球拍由左下向右前上方挥动,则球向对角线方向飞行(图14-2-17)。

五、中场击球技术

羽毛球球技术中,除了后场击球技术和前场击球技术之外,还有介于前后场之间的中场击球技术,其中常见的是中场平抽球和中场接杀球技术。由于中场区域是比赛双方攻守转换的主要地带,双方运动员之间的距离比较近,球在空中滞留的时间又比较短。因此,中场击球技术对挥拍击球时球拍的预摆幅度要求相对小一些,突出体现"快"字。

(一) 平抽球

平抽球是把位于身体左右两侧,高度在肩部以下、腰部以上位置的球用抽击的动作使球过网,球飞行的线路既平又快,是双打的主要技术之一。

动作要领:站在右场区的中部,两脚平行站立稍宽于肩,重心在两脚间,微屈膝收腹,正手握拍举于右肩前。击球前肘关节前摆,前臂稍往后带外旋,手腕稍外展至后方,引拍至体后。

击球时前臂内旋,手腕伸直闪动,手指抓紧拍柄,球拍由右后往右前方高速平扫盖击来球。击球后手臂左摆,左脚往左前方迈一步,右脚跟一步回中心位置(图14-2-18)。

图14-2-18

（二）接杀球

接杀球技术是羽毛球实战中由守转攻的重要环节，掌握较好的接杀球技术，可以从防守反击中得到较好的进攻主动权或直接得分机会。积极有效的接杀球可以化解对手进攻，达到化被动为主动的目的。接杀球技术可分为接杀放网前球、接杀挑后场高球和接杀勾对角球等。每项技术由可分为正手和反手两种击球方法。

动作要领：两脚开立与肩同宽，自然分立于中场位置，膝关节微微弯曲，重心降低、眼视对方击球动作。判断来球落点，采用相应的步法与握拍，控制好拍面以切击或挑球的动作将球击出。击球后迅速回位，并将球拍置于胸前准备回击下个来球。

六、羽毛球步法

步法在羽毛球运动中占有十分重要的地位，步法可称为羽毛球运动技术之母。快速、灵活、合理的步法是打好羽毛球、全面提高羽毛球技术水平的重要环节。

（一）步法的组成

羽毛球步法是由垫步、并步、交叉步、小碎步、蹬转步、蹬跨步、腾跳步等组成。通常情况下，每种步法的移动都是从球场中心开始的。

1．垫步

当右（左）脚向前（后）迈出一步后，后脚跟进，紧接着以同一脚向同一方向再边一步，为垫步。垫步一般作为调整步距用。

2．交叉步

左右脚交替向前、向侧或向后移动为交叉步，经另一脚前面超越的为前交叉步；经另一脚后面超越的为后交叉步。交叉步一般在后退打后场球时后退得较多。

3．小碎步

以小的交叉步移动的步法称为小碎步。由于步幅小，步频快，一般在起动或回动起始时用。

4．并步

右脚向前（或向后）移动一步时，左脚即刻向右脚跟并一步，紧接着右脚再向前（向后）移动一步，称为并步。

5．蹬转步

以一脚为轴，另一脚作向后或向前蹬转步。

6．蹬跨步

在移动的最后一步，左脚用力向后蹬的同时，右脚向来球的方向跨出一大步，称为蹬跨步。它多用于上网击球，在后场底线两角移动抽球时也常采用。

7．腾跳步

起跳腾空击球的步法为腾跳步。它可分为两种，一种是上网扑球或向两侧移动突击杀球时，以领先的脚（或双脚）起跳，作扑球或突击杀球；另一种是对方击来高远球时，用右脚

(或双脚)起跳到最高点时杀球。

（二）羽毛球步法的分类

1. 前场上网步法

从中心位置移动到网前击球的步法，称为上网步法。前场上网步 视频〉后场后退步法
法可根据个人习惯采用交叉步、并步、垫步或蹬跨步。

（1）正手上网步法。当来球在右侧距离身体较远时，采用正手三步上网步法。起动后右脚迅速向身体右侧前方迈出第一步，左脚紧接着向前垫第二步并至右脚跟处，同时左脚的前脚掌用力蹬地，右脚再向前跨出第三大步，准备击球(图 14-2-19)。

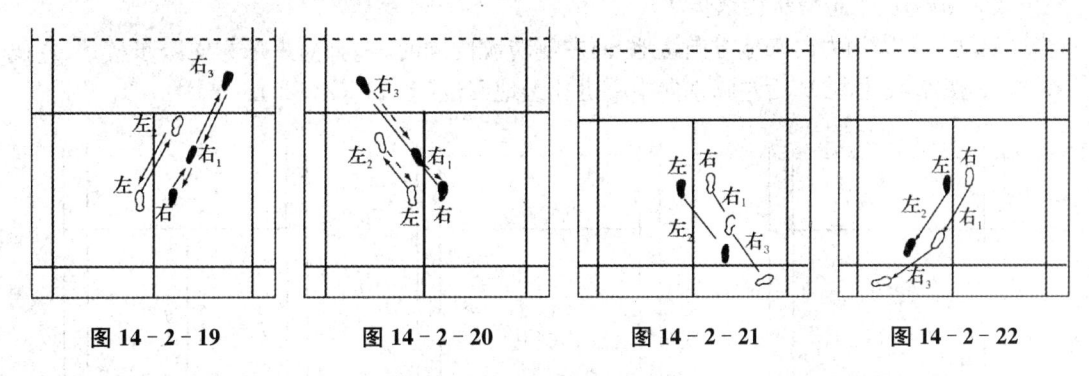

图 14-2-19　　　图 14-2-20　　　图 14-2-21　　　图 14-2-22

（2）反手上网步法。当来球位置在左侧距离身体较远时，采用反手三步上网步法。起动后右脚迅速向身体左侧前方迈出第一小步，左脚向前交叉迈出第二小步，同时左前脚掌用力蹬地，右脚又向前跨出第三步击球。击球后右脚向中心位置撤回第一步，左脚紧跟退回第二步，两脚再向中心位置迈回最后一小跳步回位(图 14-2-20)。

2. 后场后退步法

后场后退步法是指从球场中心位置后退到端线的移动步法。后场步法是羽毛球步法中最常用的，又是难度较大的步法动作，因人的解剖、生理结构所决定，向前总比向后移动容易些，特别是向左场区底线后退，对灵活性和协调性的要求更高。后场后退步法可分为后场正手后退步法、后场头顶后退步法和后场反手后退步法。

（1）后场正手后退步法。来球位置在后场正手位距离身体较远时，采用后场正手后退步法。起动后右脚向来球落点方向后退第一小步，左脚经右脚往左交叉退第二步，右脚再交叉退第三步，身体重心放在右脚上，向右后方向斜步起跳，准备击球(图 14-2-21)。

（2）后场头顶后退步法。来球位置在后场反手位距离身体较远时，可以采用后场头顶后退步法。起动后，右脚蹬地，转体，向身体左后侧区域的来球落点方向后退第一小步，左脚后交叉退第二步，右脚再向后交叉退第三步，身体重心在右脚上，交叉步起跳，准备击球(图14-2-22)。

（3）后场反手后退步法。当来球距离身体位置较远，不能采用头顶后退步法时，则采用反手后退步法。反手后退步法以左脚的前脚掌为轴心，右脚蹬地向身体左后侧来球落点方向转体迈出第一小步，左脚紧接其后向左后侧迈出第二步，右脚再交叉向来球落点方向跨出第三步，准备击球。完成击球后，身体重心在右脚上，迅速蹬地转体向中心位置方向迈出第一小步，左脚随即交叉迈出第二步，右脚再向中心位置迈出第三步，迅速回位(图 14-2-23)。

3. 中场步法

左右移动主要是还击中场球时所使用的步法。中场两侧移动步法用于接杀球较多，故此左右移动大致有两种方法：一是向右移动的正手移动步法，二是向左移动的反手移动步法。

(1) 中场正手蹬跨步接杀步法。

判断来球后，脚掌触地启动，左脚向身体右侧场区边线蹬地，右脚向来球方向转动的同时向前跨一步接球，右脚触地动作与前场交叉步上网步法相似，接球后右脚迅速向中心蹬跳回位(图14－2－24)。

(2) 中场反手蹬跨步接杀步法。

启动后右脚用力向来球方向蹬地，向左侧转髋的同时，左脚向来球方向跨步接球，左脚尖外展，脚跟触地，接球后左脚掌向中心迅速蹬地回位(图14－2－25)。

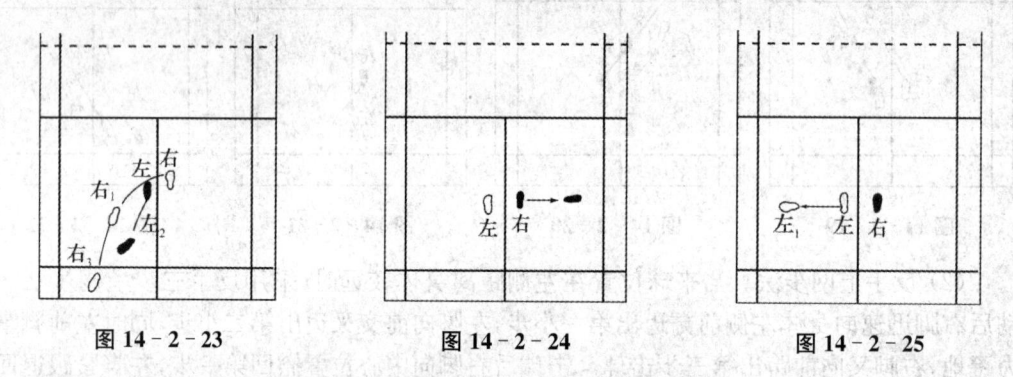

图 14－2－23　　　　图 14－2－24　　　　图 14－2－25

总之，羽毛球的步法是很多的，这里介绍的只是其中几种最常见、最主要的步法。根据运动员的技术打法特点和身体及身体素质的实际可灵活采用，也可以总结、创新一些适合自己特点的步法来。

第三节 羽毛球基本战术

羽毛球战术是指运动员在比赛中为表现出高超的竞技水平和战胜对手，而采取的计谋和行动。在羽毛球比赛中，运动员要控制对手，力争主动，以己之长，克彼之短，抑彼之长，避己之短，根据不同对手的特点，采取相应变化的技术手段战而胜之，这便是战术的意义。

我国羽毛球运动战术的指导思想是"以我为主""以快为主""以攻为主"，同时也确定了我国运动员"快、狠、准、活"的技术风格。

一、羽毛球战术的目的

(一) 调动对方位置

对方一般站在场地中心位置，全面照顾各个角落，以便回击各种来球。如果把他调离中心位置，他的场区就会出现空当，这空当就成了我们下一拍进攻的目标。

（二）迫使对方击出中后场高球

以平高球、劈杀、劈吊或网前搓球等技术造成对方还击的困难，迫使对方击来的高球不能到达自己场区的底线，这样来增加自己大力扣杀和网前扑杀的威力，给对方以致命的一击。

（三）使对手重心失控

利用重复球或假动作打乱对方的步法，使对方重心失去控制，来不及还击或延误击球时间导致回球质量差，造成被动。

（四）消耗对手体力

控制球的落点，最大限度地利用整个场地，把球击到场地的四个角上或离对手最远的地方，使对手在每一次回球时尽量消耗体力。在争夺一球的得失时，也应以多拍调动对手，让对手多跑动，多做无效的杀球，以此消耗对手体力，为后程比赛奠定体能基础。

二、单打基本战术

（一）发球抢攻战术

发球不受对方干扰，发球者可以根据规则，随心所欲地以任何方式将球发到对方接球区的任意位置；善于利用多变的发球术，先发制人，取得主动；以发平快球和网前球配合，争取创造第三拍的主动进攻机会，这就是发球抢攻战术。

（二）攻后场战术

采用重复打高远球或平高球的技术，压对方后场两点，迫使对方处于被动状态，一旦其回球质量不高，便伺机杀球、吊球一击制敌。

（三）逼反手战术

一般说来，后场反手击球的进攻性不强，球路也较简单。对于后场反手较差的对手要毫不放松地加以攻击。先拉开对方位置，使对方反手区露出空当，然后把球打到反手区，迫使对方使用反拍击球。例如，先吊对方正手网前，对方挑高球，我便以平高球攻击对方反手区。在重复攻击对方反手区迫使其远离中心位置时，突然吊对角网前。

（四）四方球突击战术

以快速的平高球，吊球准确地打到对方场区的四个角落，迫使对方前后左右奔跑，当对方来不及回中心位置或失去重心时，抓住空当和弱点进行突击。

（五）吊、杀上网战术

先在后场以轻杀配合吊球把球下压，落点要选择在场地两边，使对方被动回球。若对方还击网前球时，便迅速上网搓球或勾对角快速平推球；若对方在网前挑高球，可在其后退途中把球直接杀到他身上。

三、双打基本战术

（一）攻人（二打一）战术

这是一种经常运用的行之有效的战术。当发现对方有一个人的防守能力或心理素质较差,失误率比较高或防守时球路单调,就可采用这种战术,把球攻到较弱者的一边。这种战术可集中优势兵力以多打少,以优势打劣势,造成主动或得分;有利于打乱对方防守站位;有利于我方突击另一线而成功;有利于造成对方思想上的矛盾而互相埋怨,影响其士气。

(二) 攻中路战术

不论对方把球打到什么位置,但攻球的落点都应集中在对方两人之间的结合部,并靠近防守能力较差者一侧或在中线上。攻中路战术可以造成对方抢球或漏球,也可以限制对方挑出大角度的球路,有利于我方网前的封网。

(三) 攻直线战术

攻直线战术即杀球路线和落点均为直线,没有固定的目标和对象,只依靠杀球的力量和落点来取得得分效果。当对方的来球靠边线时,攻球的落点在边线上;当对方的来球在中间区时,就朝中路进攻。这个战术在使用上较易记住和贯彻。杀直线球虽然难度高一些,但效果不错,便于网前同伴的封网。

(四) 后攻前封战术

当本方取得主动攻势时,后场队员逢高球必杀,前场队员积极移动封网扑打。

(五) 防守反击战术

防守时,对方攻直线球,我方挑对角平高球;对方攻对角球,我方挑直线平高球,以达到调动对方移动的目的。然后,可采用挡或勾网前的精巧网前技术迫使对手起球,创造后场进攻机会,达到反守为攻的目的。

第十五章 网球运动

第一节 网球运动概述

一、网球运动的起源与发展

古代网球运动可追溯到古希腊时期,它是人们玩耍的一种"掌中游戏"。现代网球运动起源于英国。1873年,英国有位乡村绅士温菲尔德少校在掌握了古代网球游戏之后,把它从古老的宫廷游戏搬到了室外,使网球运动走进了寻常百姓家。

1877年,英国在温布尔顿举行了第1届草地网球锦标赛,以亨利·琼为首的裁判委员会草拟的比赛规则是现代网球比赛规则的基础,其中的盘制、局制、换位法一直沿用至今。

网球运动冲出宫廷走向普及和形成高潮是在美国。第二次世界大战期间,其他国家的网球赛事都停止了,唯独美国继续开展并进入鼎盛时期,先后有4000万人参加网球运动,普及率非常高,这为网球运动的发展做出了很大的贡献。

1912年3月1日,世界网球的最高组织——世界网球联合会成立,总部设在伦敦。1896年到1924年网球为奥运会的比赛项目。此后,国际网联因运动员参赛资格问题而与国际奥委会发生冲突,网球不再是奥运会项目,直到1988年才重新进入奥运会。

二、网球运动的特点与锻炼价值

网球运动既是一种消遣,一种增进健康的手段,也是一种艺术追求和享受,还是一种扣人心弦的竞赛项目。网球运动文明、高雅,动作优美,每击出一次好球,打出弦音,使人感觉兴奋异常,愉快无比。

网球运动可以使人们动作迅速、判断准确、反应快,并能提高速度、力量、耐力、灵敏等素质。由于手握网球拍击球,在拍与球撞击时,需要根据来球的具体情况,随时挥拍应变处理。因此,对调节肌肉用力的紧张度与肌肉感觉有良好影响,对发展协调性有积极作用。

网球运动是一项男、女、老、少皆宜的运动,从8~9岁的儿童到60~70岁的人都可以根据个人体力情况进行锻炼。长期坚持网球活动,青年人能保持青春活力和健美形态;老年人能保持旺盛精力,推迟衰老,延年益寿,情绪饱满。网球是隔网对抗项目,没有身体接触,安全文雅。另外,打网球需要有一个对手或球友,这样通过打网球可以增进友谊、加强团结、交流球艺和开展社交活动。

三、网球比赛规则简介

（一）比赛场地

双打场地的标准尺寸是 23.77 米×10.97 米，单打场地的标准尺寸是 23.77 米×8.23 米。在端线、边线后应分别留有不小于 6.4 米、3.66 米的空余地。两个网柱间的距离是 12.80 米。网柱顶端距地平面 1.07 米，球网中心上沿距地平面 0.914 米（图 15-1-1）。

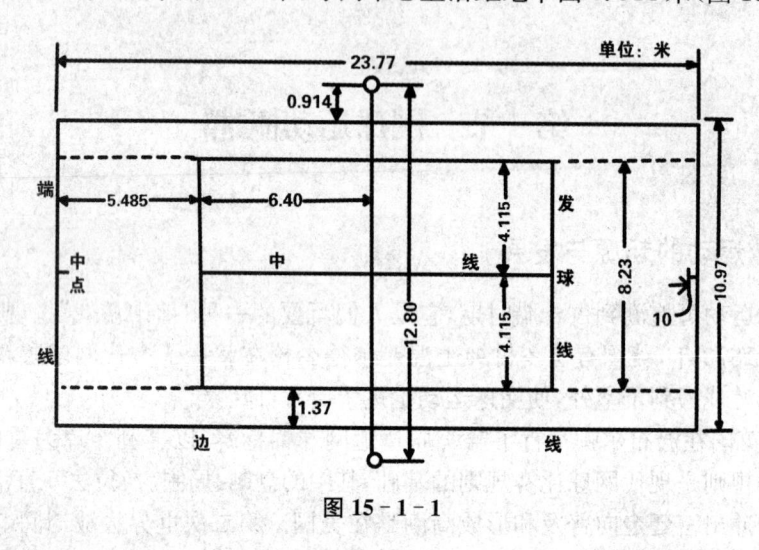

图 15-1-1

（二）比赛规则简介

1. 单打规则

比赛开始前，双方用掷钱币挑边，胜者有选择发球权或有权选择场地；选择发球或接发球者，应让对方选择场区；选择场地者，应让对方选择发球或接发球。

（1）发球动作

发球员在发球前，应先站在底线后中点和边线的假定延长线之间的区域里，然后用手将球向空中任何方向抛起，在球接触地面以前用球拍击球。只要球拍与球接触，就算完成了球的发送。发球时，发球员不得向上抛起两个或两个以上的球，否则判重发。如果是故意的，应判失分。

（2）发球时间

发球员应该在接球员做好准备后，才能发球（接球员做还击姿势就认为已做准备好击球准备）。

（3）发球位置

每局比赛开始发球时，发球员应先从右区端线后发球。得或失一分后，应换到左区发球。如果发球位置出现错误而未被察觉，比分仍然有效。一旦发现，应立即纠正。

（4）发球次序

第一局比赛终了，接球员成为发球员，发球员成为接球员。以后每局终了，均依次互相交换直到比赛结束。如发球顺序发生错误时，发现后应立即纠正，由此轮发球的球员发球，发现错误前双方所得的分数都有效。如果发现前已有一次发球失误，则不予计算。如一局终了才发现次序错误,则以后的发球顺序就以该局为始,按规定轮换。

(5) 交换场地

双方应在每盘的第一、三、五等单数局结束后以及每盘结束双方局数之和为单数时,交换场地。如果发生未按正常顺序交换场地的错误,一经发现应立即纠正,按原来的顺序进行比赛。

(6) 发球失误

发球时如果出现发球脚误、未击中球、发出的球在落地前触及固定物等现象时,均判失误。脚误:发球员在发球动作中,两脚只准站在端线后中点和边线的假定延长线之间,不能触及其他区域,不得通过行走或跑动改变原站的位置(发球员发球时如两脚轻微移动而未变更原位,不算行走或跑动)。否则,就会被判为脚误。

击球未中:发球员在发球时由于用力过猛、动作不协调等原因而未击中抛出的球成为击球未中。如果发球员在向上抛球准备发球时,又决定不击球而将球接住,这不算失误,判重发。

(7) 触网

在双打比赛中甲乙一队、丙丁一队,甲发球给丁,丙在球着地前触网,而后球落在发球区外。这时应判丙与丁失分,因为球落在发球区外之前丙先触网。

(8) 第二发球

网球比赛规则规定,发球员有两次发球权。第一次发球失误后,应在原发球位置进行第二次发球。如第一次发球失误后,发觉发球位置错误,则应按规定改在另区发球,但只能再发一次球。

(9) 压线球

压线球是指落在比赛线上的球,算界内球。

2. 双打规则

单打规则均适用于双打,但双打规则也有自己的特殊规定。

(1) 发球次序

应在每盘开始之前决定发球次序,即每盘第一局开始时,由发球方决定由何人首先发球,对方则同样地在第二局开始时决定由何人首先发球,第三局时由第一局未发球方的球员发球,第四局由第二局未发球的球员发球。以下各局均按此次序轮换发球。

(2) 接球次序

与发球次序一样在每盘开始之前要决定接球次序,即先接球的一方应在第一局开始时,决定何人先接发球,并在这盘单数局继续先接发球。对方同样应在第二局开始时决定何人先接发球,并在这盘双数局继续先接发球。他们的同伴应在每局中轮流接发球。

(3) 发球次序错误与接球次序错误

发球次序错误应在发现时立即纠正,但已得的分数或已成的失误都有效。如发现时全局已经终了,此后发球次序就以该局为准轮流发球。接球次序错误发现后仍按错误的次序进行,等到下一接球局再行纠正。

3. 网球比赛计分方法

(1) 盘数

正式比赛时,男子单打和男子双打采取五盘三胜制。女子单打、女子双打和混合双打采取三盘两胜制。

(2) 局与盘

局：运动员每胜一球得 1 分，比分计为 15；获得第二分时，比分计为 30；获得第三分时，比分计为 40；当运动员获得第四分时就赢得了该局，但遇双方各得 3 分时，则为"平分"。"平分"后，一方先得 1 分时，为"接球占先"或"发球占先"。"占先"后再得 1 分，才算胜一局；如一方"占先"后，对方又得 1 分，则仍为"平分"。以此类推，直到一方在"平分"后净胜 2 分才能结束该局。

盘：一名运动员先取得 6 局的胜利即赢得一盘。遇双方各得 5 局时，一方必须净胜两局才算一盘，叫作"长盘制"。

决胜局计分制：决胜局计分制用于每盘的双方局数为六平时。

单打的决胜局计分制：先得 7 分者为胜该局及该盘。若分数成六平时，比赛须到某方净胜两分时止。决胜局应全部采用数字计分。发球员在右区发第一分球后，即改由对方依次在二区和一区发第二、第三分球。此后双方轮流交替发球，每人连发两分球，其中第一分球均应在左区发球。如出现从错误的场区发球，发现后应立即纠正错误站位，但发现前已得的分数仍有效。此后，双方轮流交替发球，直到决出该局与该盘的胜负为止。运动员应在每六分及决胜局结束时交换场地。

双打决胜局计分制：双打决胜局规则与单打决胜局规则相同，只是在发球时双方要轮换发球。

第二节　网球基本技术

一、握拍方法

现代网球运动握拍方法有四种，即东方式、大陆式、西方式和反手双手握拍。

(一) 东方式

1. 东方式正手握拍法

左手先握住拍颈，使拍子与地面垂直，然后右手手掌也垂直于地面，在齐腰高的地方与拍子相握。手指朝下，大拇指搁在中指旁边，食指稍展开(图 15-2-1)。

2. 东方式反手握拍法

手掌移到拍柄上部，食指关节跨在右斜面上部，拇指放在拍柄左侧面，在击球时起到稳定作用(图 15-2-2)。

(二) 大陆式

与东方式不同之处是，大陆式握拍正反手击球都无须换握拍，手掌大部分放在拍柄顶部的小右斜面上(图 15-2-3)。

(三) 西方式

这种握拍法俗称"大把抓"，把球拍平放在地面上，用手在拍柄顶端顺手一把抓起便是。正反拍是不换的，而且击球在同一拍面上(图 15-2-4)。

（四）反手双手握拍

打球手（右手）采用东方式正手握拍法，右手在下，左手在上（图 15-2-5）。上面介绍的几种握拍法，各有长处，各有特点，可根据不同的击球技术，采用不同的握拍方法。采用哪种握拍法，要根据各人不同情况，在实践中试验和应用，选择最适合自己的握法。

图 15-2-1 　　图 15-2-2 　　图 15-2-3 　　图 15-2-4 　　图 15-2-5

二、正手击球

（一）准备动作

面对对方场区站立，两脚开立略宽于肩。两膝微屈，上体略前倾，脚跟稍抬起，重心位于两脚掌间。右手握拍柄，左手扶着拍颈部位，持拍于体前。两眼注视来球（图 15-2-6）。

图 15-2-6 　　图 15-2-7 　　图 15-2-8 　　图 15-2-9

（二）击球动作

以左脚为轴开始转身并向后拉拍，拍头高于手腕，左臂自然前伸以保持身体平衡。在开始向前挥拍时，左脚应向要击球的方向迈步，以肩为轴向前挥拍，拍面在击球时与地面垂直，并尽量使拍面和球有较长时间接触。在击球后，球拍应继续随球挥动，拍子结束在左肩上方，右腿摆动跟进，身体恢复准备姿势（图 15-2-7～图 15-2-9）。

（三）动作要领

1. 击球全过程眼睛要看球。
2. 击球点在身体右前方。
3. 击球时，紧绷手腕，握紧球拍。
4. 球拍随球送出，随挥动作结束在高处。

视频　正手击球

三、反手击球

(一) 单手反手击球

1. 准备动作

同正手击球的准备动作。

2. 击球动作

向左侧转体、转肩并变换成东方式反手握拍,向后拉拍,右脚向左前方跨步,右肩对网,重心前移。球拍向前再向上挥拍击球,击球点在右腿前腰部高度,击球时拍面垂直于地面,挥拍轨迹朝目标方向由下至上。随挥动作结束在身体的右前方(图15-2-10~图15-2-12)。

3. 动作要领

(1) 转体侧身对网,使用反手握拍。
(2) 击球点在身体左前方。
(3) 击球时紧绷手腕,握住球拍。
(4) 眼睛始终紧盯着来球。
(5) 随挥动作使球拍结束在右肩上部。

图15-2-10　图15-2-11　图15-2-12

(二) 双手反手击球

1. 准备动作

准备动作与单手相同,只是双手握在拍柄上。

2. 击球动作

转肩、向后拉拍并变换握拍。身体重心转移到左脚上。球拍拉向后方并低于来球的高度,右脚向来球方向迈出。双手向前挥动并击球,击球点比单手略靠后,击球时右臂伸直,拍面垂直于地面。击球后球拍应沿目标方向继续挥出,动作完成时双手高于肩(图15-2-13~图15-2-15)。

图15-2-13　图15-2-14　图15-2-15

3. 动作要领

(1) 眼睛始终盯着来球。
(2) 击球点在身体左前方。
(3) 击球时右臂伸直。
(4) 随挥动作结束时双手高于肩。

四、截击球

截击球是指来球在空中飞行、还没有落地就加以还击的一种打法。通常在球网和中场之间拦击。

（一）正手截击球

打截击球应该采用大陆式握拍方法，因为截击球速度快，没有足够的时间变换握拍，所以正反手截击球准备动作相同。

1. 击球动作

肩部稍做转动，球拍与肩平行，后拉拍要稳固，不得过肩。在向前挥拍的同时，用左脚朝球飞行的方向迈步，保持手腕固定并在身体前方击球。随挥动作要短，以便快速回到准备接下一个球的位置（图 15-2-16~图 15-2-18）。

2. 动作要领

（1）眼睛盯球。
（2）紧握球拍，绷紧手腕。
（3）在身体前面击球。
（4）用较短的撞击动作击球。

（二）反手截击球

1. 击球动作

肩部稍微转动，球拍与肩平行；后拉拍要稳固，在向前挥拍时右脚朝球飞行的方向迈出；保持手腕固定，并在身体前方击球；随挥动作要短，以便快速回到准备接下一个球的位置（图 15-2-19~图 15-2-21）。

图15-2-16　　图 15-2-17　　图 15-2-18

图 15-2-19 　　图 15-2-20 　　图 15-2-21

2. 动作要领

（1）眼睛盯球。
（2）手腕绷紧，握紧球拍。
（3）球拍后引要小，跟进动作必须简短。
（4）在身体斜前方击球。

视频　截击球＋发球

五、发球

现代网球运动中，发球是最重要的技术之一，是唯一由自己掌握的击球法。一分的得失常取决于发球的好坏。发球既可以直接得分，又可以为进攻创造条件。

（一）握拍

采用东方式正手握拍法。

（二）准备动作

双脚齐肩宽，在端线后侧身站立。右脚与底线基本上平行，左脚正对右网柱。手腕和手臂放松握拍于身体前，左手在拍颈处握住拍。

（三）抛球

左臂放松，持球自然、平稳的向上抛球，抛球和挥拍几乎是同时开始的；手臂达到肩部高时，手指自然松开，球借助惯性自然上升。抛球的高度要适合，在最高点击球最好。

（四）击球动作

两手臂同时向下和向上运动，球从伸展的左手中向上竖直抛出，在身体前面和左脚上部，持拍臂弯时上举。抛球后，身体开始向前转动，球拍在身后做绕环动作，并最后向前挥动击球。尽量伸展身体，在最高点击球，击球的后部（拍面于球垂直）。击球时，身体重心向前转移。随挥动作结束在身体左侧下方（图15-2-22～图15-2-27）。

图15-2-22　　图15-2-23　　图15-2-24　　图15-2-25　　图15-2-26　　图15-2-27

（五）动作要领

1. 球抛在身体的右前上方。
2. 向上伸展击球时，身体像放开的弹簧。
3. 随挥动作结束在身体左侧下方。

六、高压球

高压球是回击对方挑来的高球加以扣杀的一种技术。

（一）击球动作

用大陆式握拍法，抬头盯着球，侧身转体用短促的跐步调整位置，左手高举指向击球点，右手举起球拍向后拉拍，球拍后摆做搔背动作，拍子在右肩的前上方对准球心挥出，击球臂继续伸直跟进摆动，随挥动作结束在身体左侧下方。

（二）动作要领

1. 在击球全过程眼睛看球。
2. 用简短的后摆及早做准备。

3. 随挥动作要充分。

七、挑高球

挑高球可分为防守性和进攻性两种。防守性挑高球是为了赢得时间,摆脱困境。进攻性挑高球是在对方上网时,将球挑到对方后场较深处,使之被动或失误。

(一)击球动作

准备时将球拍做好充分的后摆。击球时是向上挥拍打球的下部,手腕绷紧,挥拍动作要尽可能地向前、向上送出。

(二)动作要领

1. 眼睛紧盯来球。
2. 击球时,手腕紧绷。
3. 击球的底部,并延长击球时间。
4. 随挥动作结束在高处。

八、放小球

放小球采用大陆式握拍方法。

(一)击球动作

放小球的准备动作和正反手击球一样。侧身对网,要求更多的手腕动作,利用小臂带动手腕的力量使球沿着球的下部急剧滑动,缓冲球的前冲作用,使球急剧随着球拍的下切动作向后旋转。正反拍都可以放小球,动作要领是一样的,最重要的是突然性和隐蔽性,不能让对方看出自己的企图。

(二)动作要领

1. 眼睛看球。
2. 准备动作和抽击球动作相同。
3. 触球时,减慢挥拍,使球速降低。

九、接发球

接发球是网球运动中较难掌握的一项技术。一次错误的回击常常会失去一分。相反,一个巧妙的接发球又能打掉发球者进攻的锐气,减少被动,甚至可以转化为主动。

动作要领:在接发球的全过程中,眼睛始终要注视来球,一直到完成回击动作。接发球时不要做大幅度的后摆动作,主要是要控制好拍面的角度,并紧握球拍以免被震而转动。选择好的落点,对控制对手发球后抢攻有重要意义。

第三节 网球基本战术

懂得战术并在比赛中聪明的运用,能在同等水平中占优势。学会分析将要遇到的对手,能使自己进步更快,获得更大的成功。

一、单打战术

单打战术一般可以分为发球战术、接发球战术、上网战术和底线战术四种。

(一) 发球战术

1. 发球站位

在右区发球多是站在靠近中线的附近,这一方面为了便于调整,还击来球,另一方面是为了把球击向对方的反拍,即中线附近。在左区发球的站位多是离开中点线向左边一些的地方,这个位置便于把球发向对方的反拍。尽量对于自己还击对方来球的位置有些偏左,放大一些正手的防守区域,还击时容易上步弥补,这样进攻的作用就增强了。

2. 第一次发球

网球比赛规定有两次发球机会,第一次如失误,可以有第二次发球机会。从战术上讲,第一次发球比第二次发球重要得多,因为第一次可以充分运用大力发球,向对方展开猛烈的进攻,对方不得不退到稍后一点的位置接发球。发第一次时,直线球比斜线球好,因为它可以打在对方的反拍区。打落点主要运用切削发球,把对方拉出场外去接,或者看对方站立接发球位置的破绽,发他的防守差的区域。

3. 第二次发球

第二次发球是发球的最后机会,如果失误就要丢分了。所以,首先应把准确性作为前提。第二次发球相对慢些,运用切削或上旋发球,落到对方场区,产生向反拍方向高和远的跳动,给接发球者造成困难,同样也具备进攻的意义。其次,向对方接发球的位置发落点,打对方防守差的地区。

4. 发球上网

发球上网是获胜的必要手段,而得分才是最终目的。但也绝非发球就能上网,重要的是选择时机,即在条件成熟时上网。

(1) 如果采用大力发球,即使没有发出"ACE"球,也具有相当威力。大力发球可迫使对方还击不利,勉强还击会打不正,这是上网的良好机会。

(2) 采用急剧旋转发球,如果发的成功便可大胆上网。因为球的旋转强烈,落地后弹跳又高,球的运动时间较长,发球者有充裕的时间上到网前;而对方由于跑动还击又打不出强烈的进攻性球来。

(二) 接发球战术

接发球是网球运动中较难掌握的运动技术。一次错误的回击常会失去一分。相反,一个巧妙的接发球又能打掉发球者进攻的锐气,减少被动,甚至可以转化为主动。

1. 占据有利的位置

接发球时的站位必须从实际出发根据临场的具体情况决定,多数站在底线前后 0.5 米处,其左右站位应在对方可能发球区的角平分线上。如果你的正拍有较强的进攻性,不妨把你的正拍防守范围放大一些,以便组织进攻。

2. 充分准备动作

从准备接发球开始,就要集中注视对方的动作,包括对方的站位、拉拍、击球,做到这些才能及早地预测来球,起动,并侧身对网,适时引拍向前迎击球。准备接发球,应两手持拍置胸腹前,拍头要上翘些,采用东方式握拍法更灵活。这样引拍前挥动作都比较小,还击较快,从而缩短了对方的准备时间,迫使对方匆忙还击。

(三) 上网战术

如果在单打中不上网,等于使自己处于"被动"的地位,对对方打来的短球处理起来也十分不利。若发球后不上网,如同让对方在毫无压力的情况下接发球。所以,上网战术成了网球比赛中重要的战术之一。上网一般在两种情况下进行:发球上网和抽击上网(包括接发球在内)。

1. 发一个外角球

在对手回球来到之前,你就有足够的时间进入发球区。上网后站在尽可能靠近网的地方,大约离网 2 米左右。如果网前技术全面的话,近网则有利,因为离网近封网角度小,便于向前截击;离网近,相对球网就低,也便于做由上向下的截击动作,使攻击性增强。所以,无论进攻和防守都是近网有利。但是近网需要有强有力的高压球作为保证和后盾。否则,很容易被对方挑高球得分。所以,要具有全面的网前技术。

2. 抽击球上网

上网前的一下抽击球非常重要,好比是上网的前奏,这下球打的位置好坏决定上网的胜负。第一,上网前的抽击球要准,要深,要有一定的角度而使球打到对方底线附近,使对方跑动去救球,这样才具有攻击性;第二,也可以打在对方中央地带,这样可形成反击的最小回击角度。

3. 上网的击球

不论采用发球上网或抽击上网,向网前冲去,在对方击球时,先在发球线后一两步的地方做分腿垫步,以便判断来球的方向,然后再对着球,向前去做网前第一次截击,并打低深球到对方的斜角,而第二次截击打浅斜线到另一边,就可使对方左右前后奔跑;如果对方预料到你的意图而已提前向另一脚跑去,第二次再打一个重复球,就会使他扑空。

当来球较高,可运用高压动作将球扣下时,力量和落点要适当结合,并看对方站位的防守位置而定。上网可能碰到被动情况,如由于准备不及而对方把球打到你的脚下,这时可运用反弹球过渡一下,以落点为主,把球打到对方难以回击的地方,再争取第二下主动截击的机会。

(四) 底线战术

在运用底线技术时,要以进攻的打法为前提,以快速、力量、准确和凶狠取胜对方。

1. 主动进攻的击球

底线抽击球主动进攻要达到打深,打出角度,才能使对方被动而出现防守上的漏洞;或攻击对方的弱点,使对方频频失误丧失信心而导致失败;或利用突击以及不同旋转的击球,出奇制胜。

2. 造成对方战术上的被动

运动员都各自具有自己的战术特点,要针对对方的弱点进行攻击。对付上网好的运动员,就用落点深的球把它压制在底线,达到不让对方上网的目的。对于不善于上网的运动员,则要运用短球或小斜角球,引他上网或跑出中央基地,再用高球或打空隙地带的球胜他。总之,要打对方所不喜欢的球,在战术上压制对方长处,打乱对方阵脚。

3. 破网球

破网技术的基础是底线技术,要熟练掌握底线正拍直线、正拍斜线、反拍直线和反拍斜线四条基本路线。破网球过网越低越好,最好是带旋转的。过网之后,弹跳不高,又朝两边斜出,给上网者造成回击位置和角度上的困难。另外,可运用挑高球破网。破网技术运用得当,同样可以转化为主动。

二、双打战术

双打和单打不同,双打要求具有配合默契、高度灵敏反应以及快速的抢球交叉位置等技术,并具有自己特定的技术。

(一) 发球战术

如果得到选择权,先发球会是有利的。让发球好的运动员首先发球,并集中精力把球发好,而不要企图以发球直接得分;要使用稳健的旋转发球,将球发到接发球员的反拍去,以掌握发球上的主动权;发球员的同伴应把守好半边场区,等候对方接发球过来而进行截击或高压。

(二) 接发球战术

双打接发球几乎是不变地和有计划地向发球员回击,绝不应打给网前的对手,如知道对手发球后上网,即应用短低球回击,使他把球从低处挑起。

如果网前的对手抢网扑杀,你打去的斜线球,可有三种选择。

1. 把对角球再打得凶狠些,但这样打得冒险性和困难较大。

2. 可打直线球,但若网前的对手不抢网,你就等于"自杀"。如果网前的对手移位不当,抢网未成,那么你的直线球肯定得分。

3. 挑一个快速球越过网前对手的头顶,在你接第二发球时,积极迎上前去,和你的伙伴同时上网。经常在接第一发球时也可以这样做,但为了取胜的话,宜在第二发球时抢网。

总之,双打与单打不同,需要强调"球感"(即球拍与球接触的体会),原因是双打比赛打落点比猛力击球得分多,单打技术要求猛抽两角深球,但这种打法在双打中极易被网前的对手阻击。双打中要运用"巧打",多打落点较好的软球,两人要配合默契,争取在双上网情况下进攻。

第十六章 游泳运动

第一节 游泳运动概述

一、游泳运动的起源与发展

游泳是一种凭借自身肢体动作与水的相互作用力,在水中漂浮前进,或在水中潜游而进行的有意识的机能活动。人类为了生存、生产、生活而与水结缘。游泳运动是人类在长期与大自然的斗争中产生的,是人类赖以生存的基本技能,它也是随着人类社会的形成、发展而产生、发展起来的。

游泳是将水浴、空气浴和日光浴三者结合的运动,它不仅是广大青少年喜爱的运动项目,也是一项老幼皆宜的体育活动。由于游泳是在水中一边呼吸一边进行全身活动的运动,在水中不能像在陆地上那样自然地呼吸,生理环境也产生了巨大的变化,同时又要克服水的阻力,因此,游泳运动能增强心血管系统、呼吸系统、神经系统和消化系统的功能,促进人体正常生长发育和新陈代谢,提高全身的协调性、肌肉力量和耐久力,增强耐寒能力。游泳对于身体瘦弱和许多慢性病患者还是一种有效的体育医疗手段。

现代游泳竞赛的历史应追溯到第1届奥运会前,1883年在英国举办了第1届世界游泳锦标赛。1896年第1届奥运会上男子游泳被列为9个比赛项目之一,1912年第5届奥运会上,正式设立了女子比赛项目。我国近代的游泳运动仅局限于沿海等一些城市,技术水平低,与世界先进国家相比,差距较大。通过几十年的发展和几代游泳人的耕耘,我国的游泳运动已居亚洲前列,特别是1992年在巴塞罗那奥运会上,我国的"五朵金花"共获得4枚金牌、5枚银牌,突出的成绩震惊了世界泳坛。随着我国游泳运动和比赛制度的建立和完善以及训练科学化程度的提高,我国游泳运动员在近几年的一系列国际比赛中取得了辉煌的成绩,整体水平又迈上了一个新的台阶。

二、游泳运动的分类

(一)竞技游泳

现代游泳运动竞技项目有蛙泳、爬泳(自由泳)、仰泳、蝶泳等四种泳式,由这四种泳式组成的混合泳也被列为正式比赛项目。在现代奥运会中,共计8个大项、34个小项(表16-1-1)。

表 16－1－1　奥运会游泳竞赛项目设置

项目＼性别	男	女
自由泳	50米、100米、200米、400米、1500米、100米、200米	50米、100米、200米、400米、800米、100米、200米
仰泳	100米、200米	100米、200米
蛙泳	100米、200米	100米、200米
蝶泳	100米、200米	100米、200米
个人混合泳	200米、400米	200米、400米
自由泳接力	4×400米、4×200米	4×100米、4×200米
混合泳接力	4×100米	4×100米
马拉松游泳	10千米	10千米

（二）实用游泳

实用游泳是指直接为生产、生活、军事服务的游泳活动，包括踩水、侧泳、反蛙泳、潜泳、水上救护技术、武装泅渡等非竞技游泳技术。

（三）特种竞技游泳

特种竞技游泳包括游渡海峡、长距离游泳、竞速潜水等。

（四）大众游泳

随着社会的发展、人民生活水平的提高，人们对物质、文化、娱乐生活的要求也相应地在变化。一些以增强体质为宗旨，以丰富人们文化生活为目的的大众游泳活动，已在世界各地蓬勃地发展起来。这种以健身、实用、娱乐为目的的游泳项目，由于不追求严格的技术和速度，形式简便、多样，因此越来越被人们所接受，并且发展迅速，现在已成为现代游泳运动的重要组成部分。

三、游泳比赛规则简介

（一）蛙泳比赛规则简介

1. 蛙泳在比赛出发和每次转身后，从第一次手臂动作开始，身体应保持俯卧姿势，任何时候不允许成仰卧姿势。

2. 两臂和两腿的所有动作都应同时，而且在同一水面进行，不能有交替动作。

3. 两手应同时在水面，水下或水上由胸前伸出，并在水面或水下向后划水。除最后一个动作外，在手臂的完整动作中，两肘不得露出水面。除出发和每次转身后第一次划水动作外，两手向后划水不得超过臀线。

4. 在蹬腿过程中，两脚必须做外翻动作，不允许做剪夹，上下交替打水或向下的海豚式打水动作。只要不做向下的海豚式打水动作，允许两脚露出水面。

5. 在每次转身和到达终点时，两手应在水面，水上或水下同时触壁。在触壁前的最后一次向后划水的动作结束后，头可以潜入水中，但在触壁前的一个完整或不完整的配合动作中,头应部分地露出水面。

(二)仰泳比赛规则简介

仰泳是四种竞技游泳中唯一在水中出发的姿势,游泳竞赛规则中对仰泳的规定主要有:

1. 出发时面对出发台,两手抓住握手器,两脚(包括脚趾)应在水面下,禁止蹬在水槽内或水槽上,或用脚趾勾住水槽边。

2. 出发和转身后应蹬离池壁并在整个游程中仰卧姿势,除在做转身动作外必须始终仰卧。

3. 在整个游进过程中,身体的某部分必须露出水面。在转身过程中允许全潜入水中。但在出发和每次转身后,潜水距离不得超过 15 米。

4. 在转身过程中,当肩的转动超过垂直面后可以进行一次连续单臂划水或双臂同时划水动作。

5. 在每个以一次划臂和一次蹬腿顺序完成的完整动周期中,头的一部分应露出水面。只有在出发和每次转身后,身体可在水下做一次手臂划到腿部的长划臂动作和蹬腿动作。第二次划水时头必须露出水面。

(三)爬泳比赛规则简介

1. 根据游泳竞赛规则的规定,爬泳比赛中可采用任何泳式。在转身和达到终点时,可用身体的任何部分触池壁。在整个游程中身体的一部分必须露出水面。在转身过程中,允许运动员完全潜入水中,但在出发和每次转身后,运动员潜泳距离不得超过 15 米。

2. 在个人混合泳比赛中,运动员应按照蝶泳,仰泳,蛙泳和自由泳的顺序游完全程。

3. 在混合泳接力比赛中,运动员按照仰泳,蛙泳、蝶泳和自由泳的顺序游完全程,这里的自由泳必须是除蝶泳,仰泳和蛙泳以外的任何姿势,比赛中运动员一般都采用爬泳姿势。

第二节 熟悉水性

熟悉水性是学习各种游泳姿势的一个重要练习,其目的是使初学者通过身体的感官感知水的浮力、压力和阻力等,逐步适应水的特性和环境,消除对水的恐惧,并掌握水中行走、呼吸、漂浮、滑行等一些游泳最基本的动作,为今后学习和掌握各种游泳技术打下良好的基础。呼吸和滑行是熟悉水性练习中最为重要的两个方面。

一、水中行走、跳跃

(一)练习目的

练习的目的是体会水的阻力、压力和浮力,学会水中行走、跳跃时维持平衡的方法,消除怕水心理。

(二)练习方法

1. **扶边跳跃和行走**:两手扶池边(池槽),两脚蹬池底,向上跳起和两腿高抬腿行走。

2. **徒手跳跃和行走**:水中站立,两臂平放水中,两手臂向下压水,两脚蹬池底,向上跳起和两脚高抬腿行走。

3. 扶边行走：手扶池边(池槽)，向前、后、两侧行走。

4. 划水行走：两手掌与水面垂直，做划水、推水动作，双腿自然前后行走。

（三）注意事项

水中行走、跳跃时，身体应保持直立，以防身体向侧、后倾倒；练习时水深齐腰、齐胸即可，不宜过深；如池底较滑时，最好是集体拉手或扶水线、池边(池槽)行走、跳跃。

二、呼吸

（一）练习目的

练习目的是使学生掌握正确的游泳呼吸技术，防止喝水、呛水现象的出现和克服怕水心理。

（二）练习方法

1. 闭气练习：手扶池边(池槽)或拉同伴的手，在水面上用口深吸气后闭气，下蹲并将脸没入水中，停留片刻后，脸部出水。再在水面上深吸气(图16-2-1)，水中闭气时间应逐渐增长，没水部位由脸部逐步过渡至整个头部。

2. 呼气练习：同上练习，头部没水稍闭气后用口鼻同时缓慢、均匀地呼气，呼气的后段应边呼边抬头，当口将出水面时，应用力将气呼完。在水中不要急于将气呼完，当脸部离开水面时再将气呼完。练习时可拉同伴的手进行双人练习(图16-2-2)，或扶池边(池槽)，后徒手进行练习(图16-2-3)。

3. 连续呼吸练习：同上练习，练习次数逐渐增加，吸气要快而深，呼气要慢而均匀。要明显看到吐出水泡(吸气用2秒，呼气用3～5秒)。呼吸的节奏是：快吸气—稍闭气—慢吐气—猛吐气(图16-2-4)。

图16-2-1　　　图16-2-2　　　图16-2-3　　　图16-2-4

（三）注意事项

呼吸练习是对初学者教学的重点和难点，应贯穿于整个教学的始终；强调用口吸气；快速用力呼气与紧接的快而深的吸气，是游泳呼吸练习的关键。

三、浮体与站立

（一）练习目的

练习的目的是体会水的浮力，初步掌握在水中浮起、维持身体平衡及由浮体至站立的方法，增强学习游泳的信心，进一步消除怕水心理。

（二）练习方法

1. 抱膝浮体：并腿站立，深吸气后，低头含胸，同时两脚轻蹬池底，提膝、收腹、团身、抱腿，成抱膝姿势自然漂浮于水中。站立时，两手松开，两臂前伸，手掌向下压水并抬头，同时两腿下伸，脚触池底后站立。两臂在体侧拨水维持身体平衡（图16-2-5）。

2. 展体浮体：两脚开立，两臂放松前伸。深吸气后，身体前倾并低头，屈膝下蹲，两脚轻蹬池底，两腿放松上浮成俯卧展体姿势漂浮于水中（图16-2-6）。站立时，收腹、屈膝、收腿，两臂向下压水并抬头，同时两腿下伸，脚触底后站立。

图 16-2-5

图 16-2-6

3. 展体仰浮：并腿站立。深吸气后，头和上体后仰，并慢慢后倒于水中，同时两脚轻蹬池底，两腿放松上浮，两手前伸或平放于体侧（图16-2-7），也可在体侧轻轻拨水，成展体仰卧姿势，仰浮于水中。站立时，低头、收腹、屈膝、收腿，两臂向下压水，同时两腿下伸，脚触池底后站立，两手在体侧拨水维持身体平衡。

图 16-2-7

（三）注意事项

让学生了解沉浮与呼吸的关系，使其能充分利用呼吸来控制身体的沉浮；由于浮体练习要求充分吸气和较长时间闭气，因此，要求学生掌握呼吸练习后进行。仰浮不仅可体会水的浮力还是重要的自救技能。

四、滑行

（一）练习目的

练习的目的是使学生体会和掌握游泳时身体的水平位置和流线型姿势，为各种泳式腿部动作的学习打好基础。

（二）练习方法

1. 蹬底滑行：两脚前后开立，两臂前伸，两手并拢。深吸气后上体前倾并屈膝，当头和肩没入水中时前脚掌用力向后下蹬离池底，随后两腿并拢，使身体成俯卧、流线型姿势在水面下向前滑行（图16-2-8）。

2. 蹬壁滑行：背对池壁，一手拉池边，一臂前伸，同时一脚站立，一脚紧贴池壁。深吸气后低头，上体前倾，提臀，向上收支撑腿，两脚紧贴池壁，臀部后移，两臂前伸、并拢，头夹于两臂之间，两脚用力蹬壁，使身体成俯卧、流线型姿势在水面下向前滑行（图16-2-9）。

图 16-2-7　　　　　　　　　　　　图 16-2-9

（三）注意事项

滑行练习是学习各种泳式和出发、转身技术的基础。练习滑行时，应强调身体的水平位置和流线型姿势；滑行时身体应保持适度的紧张，并在水面下滑行，尽量延长滑行距离。

第三节　蛙泳基本技术

蛙泳是一种模仿青蛙游泳动作的一种游泳姿势，也是最古老的一种泳姿，早在2000～4000年前，在中国、罗马、埃及就有类似这种姿势的游泳方式。18世纪中期，在欧洲，蛙泳被称为"青蛙泳"。

由于蛙泳的速度比较慢，在20世纪初期的自由泳比赛中（不规定姿势的自由泳），蛙泳不如其他姿势快，使得蛙泳技术受到排挤。在当时的游泳比赛中，一度没有人愿意采用蛙泳技术参加比赛，随后国际泳联规定了泳姿，蛙泳技术才得以发展。

一、规则要求

蛙泳运动员身体必须保持俯卧姿势，任何时候不允许呈仰卧姿势。两臂和两腿的所有动作都应同时并在同一水平面上进行，不得有交替动作。两手应同时在水面、水下或水上由胸前伸出，并在水面或水下向后划水。在手臂的完整动作中，在划水中两肘不得露出水面。两手向后划水，划水不得超过臀线。两腿在蹬腿过程中，两脚必须做外翻动作，不允许做剪夹、上下交替打水或向下的海豚式的打水动作。只要不做向下的海豚式打腿动作，允许两脚露出水面。在每个以一次划臂和一次蹬腿顺序完成的完整动作周期内，运动员头的某一部分应露出水面。

二、身体姿势

蛙泳在游进之中，身体不是固定在一个位置上，而是随着手、腿的动作在不断地变化。当一个动作周期结束后，身体应展胸、稍收腹、微塌腰，两腿并拢，两臂尽量伸直，颈部稍紧张，头置于两臂之间，眼睛注视前

图 16-3-1

下方。整个身体应以身体的横轴为轴做上下起伏的动作，头部和臀部尽量保持高位（图16-3-1）。

三、腿部技术

蛙泳的腿部动作是推动身体前进的主要动力之一。它的主要动作环节可分为收腿、翻脚、蹬夹水和滑行四个阶段,这四个环节是紧密相连的完整动作。

视频〉蛙泳腿部技术

(一)收腿

收腿是为了给翻脚、蹬水创造有利的位置,同时既要减少阻力,又要考虑到手腿配合因素的需要。开始收腿时,两腿随着吸气的动作自然放下,同时两膝自然逐渐分开,小腿向前回收,回收时两脚放松,脚跟向臀部靠拢,边收边分。收腿时力量要小,两脚和小腿回收时要收在大腿的投影截面内,以减少回收时的阻力。

收腿结束后,大腿与躯干成120~140度角,两膝内侧大约与髋关节同宽。大腿与小腿之间的角度为40~45度,并使小腿尽量成垂直姿势,这样能为翻脚、蹬水做好有利的准备(图16-3-2)。

图 16-3-2    图 16-3-3

(二)翻脚

在蛙泳腿的技术中,翻脚动作很重要,它直接影响到蹬水的效果。收腿即将结束时,脚仍向臀部靠近,这时膝关节向内扣,同时两脚向外侧翻开,使脚和小腿内侧对好蹬水方向,这样能使对水面加大,并为大腿发挥更大力量做好积极准备。

收腿与翻脚、蹬水是一个连续的完整动作过程。正确的翻脚动作是在收腿未结束前就已开始,在蹬水开始完成。如果翻脚后腿稍有停滞,则会破坏动作的连贯性并增大阻力(图16-3-3)。

(三)蹬夹水

蛙泳腿部动作效果的好坏,完全取决于蹬夹水技术的正确与否。蹬水应由大腿发力,先伸髋关节,这样使小腿保持尽量垂直对水,向后做蹬夹水的动作,其次是伸膝关节和踝关节(图16-3-4)。

图 16-3-4

蹬夹水的动作实际是一个连续的完整动作,只是蹬水在先,夹水在后。实际上在翻脚的动作中,两膝向内,两脚向外已经为蹬夹水固定住唯一的方向。

蹬夹水效果的好坏不但取决于腿部关节移动的路线和方向,以及蹬夹水时对水面积的大小,最主要的是取决于两腿蹬夹水的速度和力量的变化,蹬夹水的速度是从慢到快,力量是从小到大的。

(四)滑行

蹬夹水结束后,脚处于水平面的最低点,这时身体随着蹬水的动力向前滑行,腰部下压,双脚接近水面,准备做下一个循环动作。

视频 蛙泳臂部技术

四、臂部技术

蛙泳手臂划水动作可以产生很大的推动力,掌握合理的手臂划水技术,并且使之与腿和呼吸动作协调配合,能有效地提高游进速度。它的主要动作可分为开始姿势、抓水(也可叫作"抱水")、划水、收手和向前伸臂几个阶段。这几个阶段也是紧密相连的完整动作。

(一)开始姿势

当蹬水动作结束时,两臂应保持一定的紧张,自然向前伸直,并与水面平行,掌心向下,手指自然并拢,使身体成一条直线,形成较好的流线型。

(二)抓水

从开始姿势起,手臂先前伸,并使重心向前,同时肩关节略内旋,两手掌心略转向外斜下方,并稍屈手腕,两手分开向侧斜下方压水,当手掌和前臂感到有压力时,就开始划水。

抓水动作一方面能给划水创造有利条件,另一方面还能造成身体上浮和前进的作用。抓水的速度,根据个人的水平不同而不同,水平较高者抓水较快,反之则慢。身体以胸部为基准,手臂动作为向外划。

(三)划水

当两手做好抓水动作、两臂分至略宽于自己的肩宽时(40~45度角时),手腕开始逐渐弯曲,这时两臂两手逐渐积极地做向侧、下、后方的屈臂划水动作。

在划水中,前臂和上臂弯曲的角度在不断地变化,其标准是以能发挥出最好的力量为准则。在整个划水过程中肘关节的位置都比手高。手运动的路线,不应到肩的后下方,而应在肩的前下方。其速度是从慢到快,至收手时应达到最快速度。抱水及向下划水,头部准备上抬。

(四)收手

收手是划水阶段的继续。收手时,收的运动方向为向内、向上、向前。手的迎角大致为45度。由于前臂外旋,掌心逐渐转向内。收手动作应有利于做快速向前的伸手动作,并且肘关节要有意识地做向内夹的动作。当手收至头前下方时,两手掌心由后转向内、向上的姿势,这时大臂不应超过两肩的横向延长线。在整个收手动作过程中,手的动作应积极、快速、圆滑,收手结束时,肘关节应低于手,大、小臂的角度小于90度。向内划水及抬头吸气,腿开始向臀部回收。

(五)向前伸臂

向前伸臂是由伸直肘关节、肩关节来完成的,掌心由开始的向上逐渐转向内,双掌合在一起向前伸出,在最后结束前逐渐转向下方。手臂前伸,收腿结束,低头闭气,并用力向后蹬夹腿。继续向后蹬夹腿,低头开始呼气,手臂用力前伸。蹬腿后要保持流线型向前滑行。

蛙泳整个臂部的动作路线无论是俯视或仰视都是椭圆形的,并且是一个连贯、力量从小到大、速度从慢到快的完整过程(图16-3-5)。

图16-3-5

五、配合技术

手臂滑下(抓水)的同时,开始逐渐抬头,这时腿保持自然放松、伸直的姿势。手臂划水时,头抬至眼睛。出水面,腿还是不动。只有收手时才开始收腿,并稍向前挺髋,这时头抬至口出水面,并进行快速、有力的吸气。伸手臂的同时低头,用鼻或口鼻进行呼气,并且在手臂伸至将近1/2处时,进行蹬夹水的动作,之后,让身体伸展滑行一段距离,等速度降低时进行第二个周期的动作(图16-3-6)。

在蛙泳的游进过程中,一般都是一个周期一次呼吸,这样有利于机体的有氧供应,从而降低疲劳速度。需要注意:在抬头吸气前,必须要将体内的废气全部吐完,这样才能吸进新鲜氧气。

图16-3-6

六、蛙泳动作学习

(一)陆上腿部动作学习

1. 坐撑模仿:坐于池边或凳子上,两手侧后撑,上体后仰,模仿蛙泳腿部动作(图16-3-7)。练习时,先按"收""翻""蹬夹""停"四拍进行分解动作练习。注意正确的翻脚动作和蹬夹动作的连接。

2. 俯卧模仿:俯卧在凳子上或出发台上,模仿蛙泳腿部动作(图16-3-8)。可先由同伴帮助进行练习,对动作体会后,再独立进行练习。练习时可先进行分解练习,再逐步过渡至完整动作练习。注意收腿时髋、膝的曲度和蹬腿的方向、路线。

3. 池边俯卧模仿练习:俯卧于池边,下肢置于水中,做模仿练习的动作(图16-3-9)。注意体会收腿和蹬夹水动作时水的阻力,增加动作实感。

图16-3-7   图16-3-8   图16-3-9

（二）水上腿部动作学习

1. 扶边蹬腿：一手抓池槽（或扶池边），另一手反撑池壁俯卧水中，做蛙泳腿动作（图16-3-10）。练习时，可先由同伴帮助，然后独立进行练习。

2. 滑行蹬腿：蹬边或蹬池底滑行，两手不动，两腿做蛙泳腿动作练习（图16-3-11）。蹬腿时，注意两手微向上扬。

3. 扶板蹬腿：两臂前伸，两手扶浮板中后部，俯卧水中，做蛙泳蹬腿动作练习（图16-3-12）。练习时先注意蹬腿方向（向后），后强调蹬腿节奏（慢收、快蹬），掌握后可配合呼吸（收腿时抬头吸气，低头入水后再蹬腿滑行呼气）。

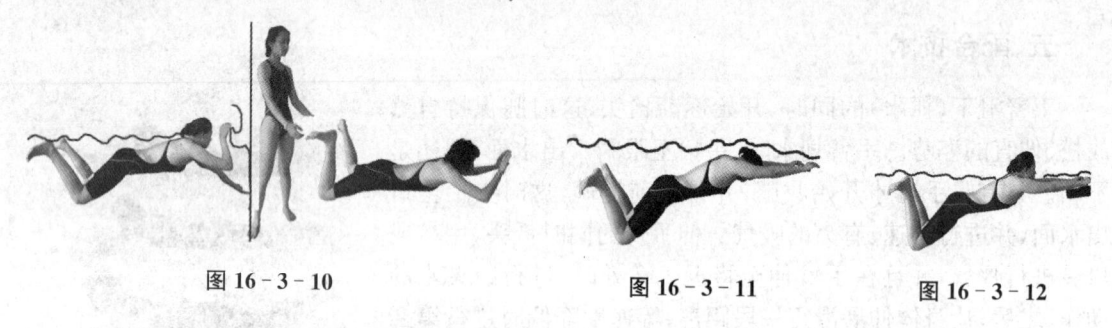

图16-3-10　　　　图16-3-11　　　　图16-3-12

（三）手臂动作和手臂与呼吸配合动作学习

1. 陆上站立模仿：两脚开立，上体前附，手臂向前伸直、并拢，掌心向下。先按"外划""下划""内划""伸臂"四拍做分解动作练习，最后进行完整动作练习，"分手抬头，夹手吸气，伸手低头吐气"，连贯进行（图16-3-13）。

2. 水中站立划臂和臂与呼吸的配合：站立齐胸水中，做陆上模仿练习的动作。划水时无须用力，着重体会划水的方向和路线。要求动作圆滑连贯，臂并拢伸直后稍停。呼气量应由小到大，口将出水时，加速将气呼完，随即顺势快而深地吸气，呼、吸之间应无停顿（图16-3-14）。

3. 行进划臂和臂与呼吸的配合：水中行进，做水中站立练习的动作。应加大划水力量，体会划水对身体的推进作用。水中行进时，脚应随手的划水动作被动行进，不要主动迈步，应加上与呼吸的配合（划水时抬头吸气，伸臂时，低头吐气）（图16-3-15）。

图16-3-13　　　图16-3-14　　　　图16-3-15

（四）完整配合动作学习

1. 陆上站立模仿臂腿配合：并腿站立，两臂向上伸直并拢。一腿支撑，另一腿与臂配合，模仿蛙泳的臂腿配合动作。练习时，可先按四拍（两臂向外侧划臂；内划同时收腿、翻脚；臂将伸直时蹬腿；臂腿伸直后稍停）进行分解练习，然后逐渐过渡至连贯动作

（图 16-3-16）。

2. 水中闭气臂腿配合：滑行后闭气做臂腿配合练习。可按"臂外划腿不动，内划再收腿，先伸臂后蹬腿，臂腿伸直滑一会儿"的口诀进行练习。练习时先进行适当的分解动作练习。随即开始时做臂腿交替连贯配合动作练习。

3. 水中完整配合练习：练习时，可先做多次蹬腿、一次划臂、一次呼吸配合，再逐步过渡至一次臂、一次腿、一次呼吸的完整配合。完整配合时，开始滑行时间可稍长，然后再逐步减少滑行时间。

图 16-3-16

七、蛙泳常见错误及其纠正方法

表 16-3-1　蛙泳常见错误及纠正方法

部位	常见错误	原因	纠正方法
腿部动作	蹬水时没有翻脚或一脚翻，一脚绷直剪水。	1. 小腿肌肉对翻脚的动作未建立感觉和体会。2. 强调蹬水时保持脚翻、勾（勾脚大拇指和脚尖）状态。	1. 多在水上做的强制性练习。2. 强调蹬水时保持脚翻、勾（勾脚大拇指和脚尖）状态。
腿部动作	平收腿、蹬得过宽，先蹬后夹或只蹬不夹。	1. 收腿时两膝外张。2. 旧的动作定型影响。	1. 陆上模仿加深体会。2. 用矫枉过正方法，要求收窄，用绳固定两膝距离，限制其外张。
腿部动作	收腿时游速突减，蹬水时不走。	1. 收腿过快，收大腿过多。2. 蹬腿时脚与小腿不对水。	1. 强调慢收腿，控制大腿与躯干的夹角约为 130 度左右。2. 强调慢收到位小腿约与水垂直。注意
臂部动作	划水时手摸水（划不到水）。	1. 划水时拖肘。2. 手臂力量差。	1. 划水时，高抬肘，屈臂划水幅度小些。2. 加强手臂力量训练。
臂部动作	划水路线太后，超过肩的延长线。	1. 急于用力划水，推动身体前进，收手过晚。2. 抬头吸气时间过长或吸气抬头过晚。	1. 伸肩划下抓水，保持高肘提前划水。2. 屈臂小划水，或用水线限制划水过肩。
配合动作	蹬腿的同时划臂。	1. 配合节奏紊乱，急于划臂。	1. 强调先伸臂后蹬腿，臂腿伸直再滑行。或两臂前伸，蹬两次腿，划一次臂，然后再做一次腿一次臂配合。
配合动作	蹬腿的同时伸臂。	1. 臂划水结束后没有及时转入收手和伸臂而是停留胸前。	1. 强调收手时蹬腿，适当地慢。2. 划、收、伸衔接应紧密连贯，强调臂先伸直再蹬直。
配合动作	吸不到气。	1. 吸气前未呼气或呼气过早过猛，使呼与吸之间有停顿。2. 抬头太慢，吸气时间太短。3. 用鼻吸气，呛水。	1. 臂前伸时开始呼气，注意呼气节奏。呼与吸衔接，嘴将出水加速呼气，嘴一出水顺势吸气。2. 滑水时开始抬头，划水时吸气。3. 用嘴、鼻呼气，用嘴吸气。

第四节 爬泳基本技术

爬泳,俗称自由泳。游爬泳时,人在水中成俯卧姿势,两腿交替上下打水,两臂轮流划水,动作很像爬行,所以人们称之为"爬泳"。

爬泳是四种竞技游泳技术中速度最快的一种姿势,在游泳比赛的自由泳项目中(不规定泳姿的比赛),运动员都采用这种姿势,所以通常人们也称之为"自由泳"。

爬泳的起源历史悠久,从我国和世界其他国家的古代遗物中,都可以发现类似于今天的爬泳技术的游泳姿势。

一、规则要求

自由泳其实并不是规定一种泳姿,而是自由选择,可采用任何泳式。大多数选手都选择了这种传统的爬泳。自由泳的规则是在整个比赛过程中,身体的一部分必须一直保持在水面以上,运动员不能在水下游。也就是说,除了比赛开始和转身阶段他们可以在水下游15米,必须一直遵守这条规则。

二、身体姿势

游爬泳时,身体俯卧在水面成流线型,背部和臀部的肌肉保持适当的紧张度,但是为了取得更好的动作效果,在游进中保持头部平稳,头部应自然稍抬,两眼注视前下方,头的1/3露出水面,水平面接近发际,双腿处于最低点,身体纵轴与水平面成3～5度的仰角(图16-4-1),躯干围绕身体纵轴有节奏地自然转动35～45度(图16-4-2)。

三、腿部技术

在爬泳技术中,大腿动作除了产生推动力外,主要起着维持身体平衡的作用,它能使下肢抬高,以及协调配合双臂有力地划水。

爬泳腿的打水动作,几乎与水平面成垂直方向进行,从垂直面看,两腿分开的距离为30～40厘米,膝关节弯曲的角度约为160度的角(图16-4-3)。

图16-4-1   图16-4-2   图16-4-3

游进中,腿向上打水时,脚应接近水平;向下打水时,不应超过身体在水中的最低部位。正确的打水动作是脚稍向内旋,踝关节自然放松,向上和向下的打水动作应该从髋关节开始,大腿用力,通过整个腿部,最后到脚,形成一个"鞭状"打水动作。向下打水的效果最大,因此应用较大的力和较快的速度进行;而向上则要求放松、自然,尽量少用力,并且速度相对要慢。

从腿向上动作开始,当大腿带动小腿,从下直腿向上移至踝关节、膝关节、髋关节与水平面平行时,大腿稍向上而终止移动,并开始向下打水。当大腿开始向下打水时,由于惯性的作用,此时小腿和脚仍继续向上移动,而使膝关节弯曲形成一个大约 160 度角,这使小腿和脚达到了最高点,由于大腿继续向下移动,而带动小腿和脚完成向下打水动作。

当大腿向下打水到最低点并向上抬起时,小腿和脚与大腿仍保持一个角度,并继续向下移动打水,直至完全伸直为止,才随大腿向上移动,开始第二个循环动作(图 16-4-4)。

图 16-4-4

四、臂部技术

自由泳时臂部动作是推动身体前进的主要动力。一个周期分为入水、抱水、划水、出水和空中移臂五个不可分割的阶段。

视频 爬泳臂部技术

(一)入水

完成空中移臂后,手在控制下自然放松入水。手入水的位置应在肩的延长线上,或在身体的中线和肩的延长线之间。入水的顺序为:手—小臂—大臂。入水时手指自然伸直并拢,臂内旋使肘关节抬高处于最高点,手掌斜向外下方,使手指首先触水,然后是小臂,最后是大臂自然插入水中。

(二)抱水

抱水动作主要是为了划水做准备,因此它是相对放松和缓慢的。抱水就好像用臂去抱一个大圆球一样。臂入水后,应积极插向前下方,此时小臂和大臂应积极外旋,并屈腕、屈肘。在形成抱水的动作中,开始手臂是直的,当手臂划下至与水平面成 15~20 度角时,应逐渐屈肘,使肘关节高于手。在划水开始前,也就是手臂约与水面成 40 度角时,肘关节屈至 150 度左右(图 16-4-5)。

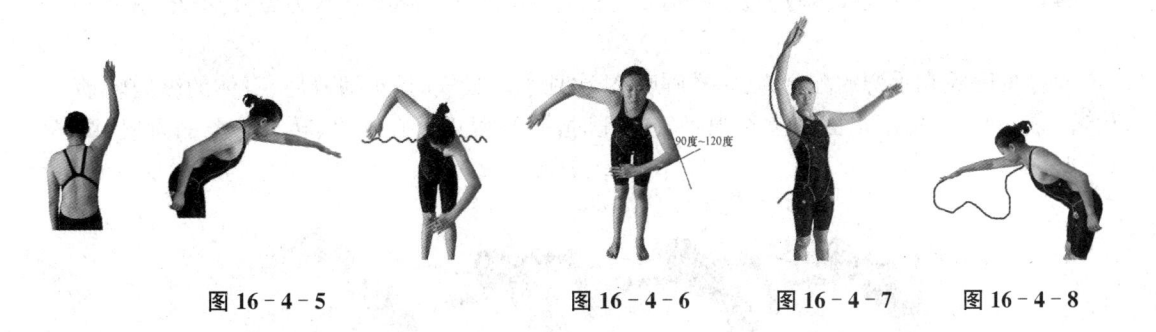

图 16-4-5　　　　图 16-4-6　　　　图 16-4-7　　　　图 16-4-8

(三）划推水

划水是发挥最大推进作用的主要阶段，分为两个部分。从抱水结束到划至与水面垂直之前称为"拉水"，过垂直面后称为"推水"。

拉水时，应保持高肘姿势，手向内—向上—向后运动。当拉水结束时，手在体下接近中线，这时，肘关节弯曲的角度为90~120度角。小臂由外旋转为内旋，掌心由向内后方变为向外后方（图16-4-6）。向后推水是通过屈臂到伸臂来完成的。在推水过程中，手是向外—向上—向后的运动。肘关节要向上、向体侧靠近，并且手掌始终要与水平面保持垂直。

整个划推水过程，手掌的运动路线并不是始终在一条直线上和同一平面上，实际上是一个较复杂的三度曲线。从身体的额状面来看是一个"S"形（图16-4-7），从身体的矢状面来看是一个"W"形（图16-4-8）。

（四）出水

在划水结束后，臂由于惯性的作用而很快地靠近水面。这时，由大臂带动肘关节做向外上方的"提拉"动作，将小臂和手提出水面。小臂出水动作要比大臂稍慢一些，掌心向后上方（图16-4-9）。手臂出水动作应迅速而不停顿，但同时应该柔和，小臂和手掌应尽量放松。

图16-4-9　　　　　图16-4-10

（五）空中移臂

臂在空中前移的动作是手臂出水的继续，不能停顿，一臂的动作应该放松自如，尽量不要破坏身体的流线型，要和另一臂的划水动作协调一致，并且要注意节奏。在整个移臂过程中，肘部应始终保持比手部高的位置（图16-4-10）。

五、配合技术

（一）两臂和呼吸的配合技术

视频　两臂和呼吸的配合

爬泳技术中的呼吸技术较为复杂，但是它的好坏，将直接影响划水力量和速度、耐力的发挥。

爬泳的呼吸和手臂的配合为：一次呼吸N次划水。吸气时，头随着肩、身体的纵向转动转向一侧，使头在低于水面的波谷中吸气。此时，同侧臂正处在出水、转入移臂的阶段（图16-4-11）。

图16-4-11

移臂时,头转向正常位置。同侧臂入水时,开始慢慢呼气,并逐渐用力加快呼气的速度。自由泳时,一般是在两臂各划水一次的过程中进行一次呼吸,以向右边吸气为例:右手入水后,嘴和鼻开始慢慢呼气。右臂划水至肩下,开始向右侧转头和增大呼气量。右臂推水即将结束,则用力呼气。右臂出水时,张嘴吸气,至空中移臂的前半部为止,并开始转头还原。然后,直至臂入水结束,有一个短暂的闭气过程,脸部转向前下。头部稳定时,右臂入水,再开始下一慢慢呼气的过程。

自由泳的呼吸与臂、腿配合,初学者一般者采 6∶2∶1 的方法,即呼吸 1 次、臂划 2 次、腿打 6 次,这种配合方法易保持平衡和协调掌握自由泳技术。

(二) 完整的配合技术

完整的配合技术即呼吸、手臂和腿的配合。因为手臂是产生推进力的主要来源,因此在配合中,呼吸和腿的动作都应该服从于手臂动作的需要。

呼吸、手臂和腿的配合比例主要有三种:1∶2∶2(即 1 次呼吸,2 次手臂动作,2 次打腿的动作);1∶2∶4;1∶2∶6。也有极少数优秀运动员采用 1∶2∶8 的技术。

六、爬泳动作学习

(一) 陆上腿部动作学习

1. 坐撑打腿:坐于池边或岸边,上体后仰,两手后撑,两腿自然伸直,脚稍内转,上下交替打腿(图 16-4-12)。要求:放松膝、踝关节和做大腿带小腿的打水动作。

2. 俯卧打腿:俯卧于池边或岸边,或屈臂撑地,下肢放于水中,做爬泳打腿动作(图 16-4-13)。体会打水时水的阻力与支撑反作用力。

图 16-4-12 　　　　　　　　图 16-4-13

(二) 水中腿部动作学习

1. 扶边打腿:手扶水线或池边,身体平卧于水中,两腿上下交替打水。要求:向下用力,向上放松,打腿幅度不要过大。练习时先做直腿打水,再逐步过渡至鞭状打水。

2. 滑行打腿:蹬壁或蹬底滑行,减速后两腿上下交替打水(图 16-4-14)。要求:两臂并拢伸直,手掌微向上扬,先闭气打腿,后可边打边转头呼吸。

3. 扶板打腿:两臂伸直扶浮板,身体平卧水中,做爬泳打腿练习(图 16-4-15)。练习时,头可先在水中闭气打腿或在水面上自由呼吸,熟练后配合转头呼吸动作。要求:逐渐增长打腿距离和加快打腿速度。

图16-4-14　　　　　　　　　图16-4-15

（三）手臂动作和手臂与呼吸配合动作学习

1. 陆上站立模仿：两脚开立，上体前屈，模仿爬泳划臂动作。先模仿单臂动作，再模仿两臂配合动作（图16-4-16）。动作阶段顺序为入水、前伸、抓水、划水、出水、移臂。重点体会空中移臂和手臂入水动作；先做屈臂划水模仿，重点体会划水方向、路线。

2. 转头呼吸：两脚开立，上体前倾，两手扶膝，做转头呼吸模仿练习（图16-4-17）。要求：头侧转时吸气，头回正时闭气然后呼气；转头吸气要快而深；头回正后呼气要缓慢，匀速。

3. 臂与呼吸配合：同侧臂划水时呼气。推水前将气呼完，推水时转头，口转出水面时张口吸气，移臂后段至入水前闭气头回正（图16-4-18）。要求：转头吸气时眼看侧后方，不要向前上抬头。

图16-4-16　　图16-4-17　　图16-4-18　　图16-4-19　　图16-4-20

4. 水中站立加行进划臂：站立于水中，上体前俯，两臂在浅水中边走边做模仿动作练习（图16-4-19）。划水适当用力，体会手臂划水推进力，双脚被动跟进。

5. 夹板划臂配合呼吸：俯卧水中，大腿夹扶板，起到下肢上浮的作用。两臂交替划水，加转头呼吸。强调推水转头后吸气（图16-4-20）。

（四）完整动作学习

1. 臂腿配合：蹬壁滑行，先打腿，闭气，后配合划臂（划臂时，腿不停）。

2. 打腿、划单臂、配合呼吸：一臂扶板打腿，另一臂划水，配合呼吸（图16-4-21）。

图16-4-21

3. 完整配合：蹬壁滑行，打腿连贯，加完整手臂配合。3次划手配一次呼吸，尽量两面呼吸。

七、爬泳常见错误及纠正方法

表16－4－1　爬泳常见错误及纠正方法

部位	常见错误	原　因	纠正方法
腿部动作	小腿打水（屈膝过大）。	动作概念不清或小腿过于紧张。	直腿打水练习，体会大腿带动小腿的动作。
	勾脚尖打水（锄头脚）。	动作过分紧张或踝关节灵活性差。	1. 绷直脚尖打水。 2. 多做踝关节灵活性练习。
臂部动作	臂入水后向下压水。	直臂入水和过早用力划水，没有形成S型划水。	臂入水时，以手指先入水，入水后不要马上用力划水，而要抓到水后才用力划水。
	划水时摸水。	沉肘划水。	划水时屈臂，肘高抬、掌心向后。
	手沿纵轴外侧划水和划水路线短。	1. 臂入水点偏外或臂入水后过分向外侧抓水和划水。 2. 没有推水动作。	1. 划水时强调屈臂，沿身体中线作S型划水，划水结束时手触大腿。 2. 可用矫枉过正法，改进入水偏外的错误，要求手在中线入水。
	身体下沉和手出水困难。	划水结束前掌心向上，没有向后推水。	划水后以掌心向后推水，利用惯性提肘带动臂出水前移。
	直臂移臂。	肩臂紧张。	1. 多进行模仿练习，加强移臂概念。 2. 强调移臂放松，手臂垂直。
配合动作	配合不协调，游不远。	1. 动作过分紧张。 2. 游得少，呼吸无节奏或吸气动作不好。	1. 放松慢游，注意技术，逐步加长距离。 2. 多练呼吸动作。
	抬头吸气。	1. 怕呛水或用鼻吸气。 2. 呼气或转头过晚。	1. 强调纵轴转头，用口吸气。 2. 强调呼吸和呼吸动作跟划臂配合。
	吸气进气。	1. 吸气不充分。 2. 吸气方法不对。	1. 反复练习呼气方法，体会呼吸节奏。 2. 呼气与吸气之间不要停顿，注意呼气后顺势张口吸气。

第十七章

武术运动

第一节 武术运动概述

一、武术运动的起源与发展

（一）武术运动的起源

武术起源于远古人类祖先的生产劳动。原始社会的生产力极为低下，人类主要靠狩猎等原始的生产活动为生，并从中学会了徒手或使用木棒、石头等器具击打野兽的方法。这些击打的方法多是本能的、自发的、随意的身体动作，人类还未有意识地把搏杀技能作为一种专门练习，但这些击打技能却是武术的起源之一。

人类进入旧石器时代晚期，打制石器等生产工具有了较大发展。到了新石器时代，人们已经较广泛地运用弓箭来狩猎了。生产工具的较大发展，使人们在劈、砍、击、刺等方面初步积累了经验。这时，以创造锋刃工具的能动性、使用工具方法的主动性及运用格斗技术的自觉性为标志，武术进入了萌芽状态，但其技能本质上还是属于生产活动的范畴。

到了氏族公社时期，部落战争促进了格斗技能的形成和发展。人们把在战争中比较成功的搏击方法加以总结，反复模仿、习练，并传授给下一代。使用兵器的技艺及战争所需的格斗技术也逐步从生产技术中分离出来，开始作为军事训练的重要内容。

（二）武术运动的发展概况

军事战争是促使武术形成与发展的催化剂，但原始格斗技术能发展成击舞一体、内外兼修的武术形式，则是由中华民族特有的文化土壤孕育而成的。

商周时期，军事训练的主要形式是"田猎"和"武舞"。田猎的目的是训练各种武器的使用及驭马驾车技术，是集身体、技术、战术训练为一体的综合训练。"武舞"是将用于实战的格杀经验按一定程式进行训练，是古代武术由感性认识向理性认识的升华，是由支离破碎向系统化演进的象征，也是武术套路的雏形。春秋战国时期，诸侯纷争，战事频繁，练兵习武更加得到重视和发展，如齐桓公每年春秋两季都要举行比武较力的"角试"来选拔人才。而随着奴隶制的崩溃，奴隶主贵族在军队和教育方面垄断武术的局面被打破，"士"阶层及"游侠"的出现，标志着武术开始走向民间。当时民间就有不少武艺高超的技击家，如越女、袁公、鲁石公等。《吴越春秋》所记载的越女论剑，理法深奥，论述精辟，至今仍不失光彩。

秦、汉、三国处于中国封建社会的上升时期，政治、经济、文化的发展为武术逐步由单纯军事技能向竞技方向发展创造了条件，角抵、手搏、击剑等竞技项目都很兴盛。攻防格斗的武术与适应表演的套路并行发展。《汉书·艺文志》"兵技巧十三家"中，收入了《手搏》6篇，《剑道》38篇。当时，也有不少武术项目被吸收到兴盛的"百戏"中去，使得武术朝着表演化方向发展。

唐代长安二年始行武举制，用考试的办法选拔武勇人才，这对武术的发展起了极大的促进作用。刀术成了唐代阵战的重要武器，剑术逐渐脱离军事实用性而在民间发展。两宋时期，以民间结社组织为主体的民间习武活动蓬勃兴起，如"英略社""弓箭社""相扑社"等。"社"的形成，为民间武术的传授、交流、发展创造了有利条件。宋代城市经济发达，在一些专门性的群众游艺场所"瓦舍""勾栏"中出现了大量以卖武艺为生的民间艺人。他们的表演不仅有单练，还有对练，极大地促进了套子武艺向表演化方向发展。

元代禁止民间习武，武术被保留在舞台上，武术受戏剧影响，套路走向艺术化，为后来套路的发展打下基础。

明清是武术的大发展时期，其繁荣的一个重要标志是流派林立，不同风格的拳种和器械得到了大发展，武术作为军事技术、健身手段及表演技艺的多种价值为人们所认识和运用。

20世纪初，习武开禁，拳技之风蓬勃一时，民间出现了许多拳社组织。1910年在上海成立的"精武体育会"是维持时间最长、影响最大的团体。1927年国民党政府在南京成立了中央国术馆，并于1928年和1933年在南京举办了两次国术国考，进行了拳术、长兵、短兵、散手和摔跤等比赛。这对武术的发展起到了重要的推动作用。但当时因中国处于半殖民地、半封建社会，政治、经济、文化、教育的落后也在一定程度上阻碍了武术的健康发展。

中华人民共和国成立后，武术运动发展非常迅速。1950年，中华全国体育总会召开了武术工作座谈会，倡导发展武术运动。1953年在天津举行了以武术为主要内容的全国民族形式的体育表演竞赛大会。1956年中国武术协会在北京成立。1957年国家体委将武术列为体育竞赛项目，并组织整理出版了《简化太极拳》和一大批长拳类拳、器械套路。这些套路成了在群众和学校中普及武术的基本教材，起到了促进技术规格统一的作用。在此基础上，国家体委于1958年制定了第一部《武术竞赛规则》，编定了拳、刀、枪、剑、棍五种竞赛规定的套路，推进了武术训练的系统化、规范化和科学化，促进了武术运动技术水平的提高。与此同时，在国家体委统一指导下，各地相继建立了各种武术组织，形成了一个广泛的、群众性的武术活动网。武术社会化程度极大提高。最可喜的是，国务院学位委员会于1996年正式批准体育学科设立武术学科专业博士学位点，这标志着武术作为一门学科已迈入学术领域的最高殿堂。作为民族传统体育，武术与体育运动训练专业、体育教育专业、运动人体科学专业以及社会体育专业并列为体育学科的五大专业门类。可以相信，今后武术运动必将在继承传统的基础上进一步向科学化方向发展。

二、武术运动比赛规则简介

（一）裁判人员的组成

1. 总裁判长1人，副总裁判长1~2人。
2. 裁判组设裁判长1人，技术检查员1人，评分裁判员6~10人。
3. 编排记录长1人。

4. 检录长1人。

（二）辅助裁判人员

辅助裁判人员包括编排记录员、检录员、计时员、记分员、宣告员、电脑工作人员、技术摄像人员。

基层武术竞赛可以聘请1~2名比较有经验者担任总裁判长，这样既可以为基层培养骨干，又可以协助做筹备工作。

基层武术比赛裁判人员的组成要根据比赛的规模、参加单位、参赛人数以及参赛项目的多少，集合实际情况组织裁判队伍。如果设一块场地进行比赛，要组成两个裁判组交替进行裁判工作，每个裁判组应配备评判动作完成分的裁判员3~5名和评判演练水平的裁判员3~5名。应聘请有裁判级别的人员参加裁判工作。裁判员必须由思想作风好、熟悉比赛规则、了解武术技术、懂得武术知识、身体健康的人员担任，以便执行裁判任务。

（三）竞赛性质

竞赛性质有竞赛规程确定，可分为个人竞赛、团体竞赛、个人及团体竞赛。

（四）竞赛项目

长拳、太极拳、南拳、剑术、刀术、枪术、棍术、其他拳术（第一类形意、八卦、八极，第二类通臂、劈挂、翻子，第三类地躺、象形拳，第四类查、花、炮、红、华拳、少林拳等）；其他器械（第一类单器械，第二类双器械，第三类软器械）；对练项目（徒手对练，器械对练，徒手与器械对练）；集体项目。

（五）比赛场地

按规则规定，武术比赛是在长14米、宽8米的地毯上进行，四周内沿应标明5厘米宽的边线，在场地两长边的中间做一条长30厘米、宽5厘米的中线标记。

基层武术比赛由于受条件限制，可以在地板上或土地上进行。

（六）评分标准（简介）

各个项目的评分标准和扣分标准有所不同，但均以10分为满分。根据竞赛规则，长拳、剑、刀、枪、棍的评分标准，可以概括为以下内容：

1. 动作完成分值为6.8分；
2. 演练水平分值为3分；
3. 创新难度分值为0.2分；
4. 对其他错误的扣分（该项属技术性失误或违例，不占分值，但有相应条款规定，如发生则扣分）。

（七）评分方法

1. 裁判员评分：裁判员根据运动员现场发挥的技术水平，按照个竞赛项目的评分标准，从10分中减去各类分支中与技术要求不符的扣分和其他错误的扣分，即为运动员得分。
2. 应得分的确定：动作完成应得分与演练水平应得分之和即为运动员的应得分数。确定的方法是：三个裁判员评分时，取三个分数的平均值为运动员的应得分；四至五个裁判员评分时，去掉最高分和最低分，取中间两个或三个分数的平均值为运动员的应得分。运动员的应得分数只取到小数点后两位数,小数点后第三位数不做四舍五入。

3. **最后得分的确定**:裁判长从运动员的应得分中减去"裁判长的扣分",再加上"创新难度动作"加分,即为运动员的最后得分。

第二节　武术基本功

通过练习武术基本功,不仅可以掌握基本动作、基本技术、基本方法,还能全面有效地提高身体素质,减少损伤,为学习拳术和器械套路以及提高武术的技术水平打下良好的基础。

一、手型、手法练习

(一) 手型

1. **拳**:五指卷紧,拳面要平,拇指压于食指、中指第二指节上(图 17-2-1)。
2. **掌**:拇指外展或屈曲,其余四指伸直并拢向后伸张(图 17-2-2)。
3. **勾**:屈腕,五指撮拢,或拇指与食指、中指撮拢成刁勾(图 17-2-3)。

图 17-2-1 　　　图 17-2-2 　　　图 17-2-3

(二) 手法

1. **冲拳**:拳从腰间旋臂向前快速击出,力达拳面(图 17-2-4)。
2. **架拳**:右拳向左经体前向头上方架起,拳轮朝上,臂成弧形(图 17-2-5)。
3. **劈拳**:拳自上向下快速劈击,臂伸直,力达拳轮;抡臂时臂要抡成立圆劈击(图 17-2-6)。

视频　武术基本功

图 17-2-4 　　　图 17-2-5 　　　图 17-2-6

4. 推掌：掌由腰间旋臂向前立掌推击，速度要快，臂要直，力达掌外沿(图17-2-7)。
5. 亮掌：臂微屈，抖腕翻掌，举于体侧或头上(图17-2-8)。
6. 格肘：前臂上屈，手心向里，力在前臂，向内横拨为里格；向外横拨为外格(图17-2-9)。

图17-2-7 　　　　　图17-2-8 　　　　　图17-2-9

二、步法、腿法练习

（一）步法

1. 弓步：前脚微内扣，全脚着地，屈膝半蹲，大腿成水平，膝部或脚尖垂直，另一腿挺膝伸直，脚尖里扣，斜向前方，全脚着地(图17-2-10)。

2. 马步：两脚左右开立约为脚长的3倍，脚尖正对前方，屈膝半蹲，大腿成水平(图17-2-11)。

3. 虚步：后脚尖斜向前，屈膝半蹲，大腿接近水平，全脚着地；前腿微屈，脚面绷紧，脚尖虚点地面(图17-2-12)。

4. 仆步：一腿全蹲，大腿和小腿靠紧，全脚着地，膝与脚尖稍外展，另一腿平铺接近地面，全脚着地，脚尖内扣(图17-2-13)。

5. 歇步：两腿交叉屈膝全蹲，前脚全脚着地，脚尖外展，后脚脚跟离地，臀部外侧紧贴小腿(图17-2-14)。

图17-2-10 　　图17-2-11 　　图17-2-12 　　图17-2-13 　　图17-2-14

（二）腿法

1. 正踢腿：支撑腿伸直，全脚着地，另一腿膝部挺直脚尖勾起前踢，接近前额，动作要轻快有力，上体保持正直(图17-2-15)。

2. 侧踢腿：脚尖勾起，经体侧踢向脑后。其他同正踢腿(图17-2-16)。

3. 里合腿：支撑腿自然伸直，全脚着地，另一腿从体侧踢起经面前向里做扇面摆动落下。其他同正踢腿(图 17-2-17)。

4. 外摆腿：同里合腿，只是摆动方向相反(图 17-2-18)。

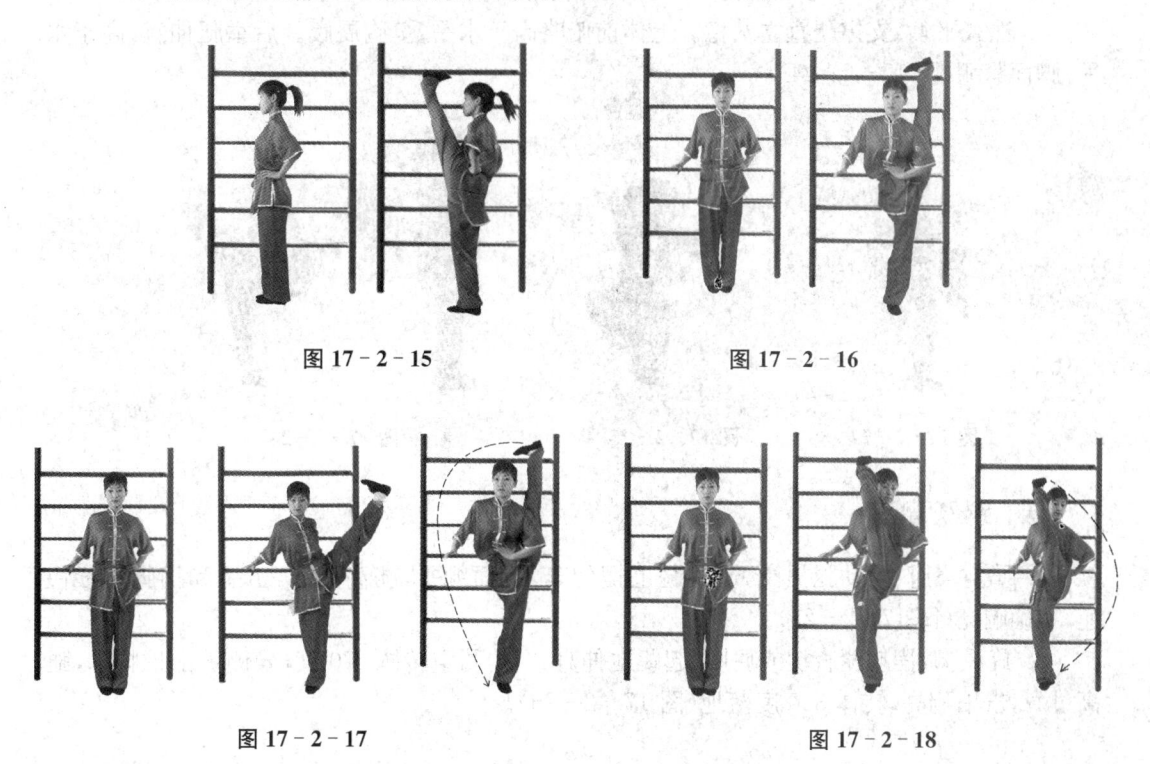

图 17-2-15　　　　　　　　图 17-2-16

图 17-2-17　　　　　　　　图 17-2-18

5. 弹腿：支撑腿直立或微屈，另一腿由屈到伸向前弹出，高不过腰，膝部挺直，脚面绷平。小腿弹出轻快有力，力达脚尖(图 17-2-19)。

图 17-2-19　　　图 17-2-20　　　图 17-2-21

6. 蹬腿：支撑腿直立或稍屈，另一腿由屈到伸，脚尖勾起，用脚跟猛力蹬出，高不过胸，低不过腰(图 17-2-20)。

7. 踹腿：支撑腿直立或稍屈，另一腿由屈到伸，脚尖勾起内扣或外摆用脚底猛力踹出，高踹与腰平；低踹与膝平；侧踹时上身倾斜，脚高过腰部(图 17-2-21)。

三、平衡

1. 提膝平衡：支撑腿直立站稳，上体正直；另一腿在体前屈膝高提近胸，小腿斜垂里扣，脚面绷平内收(图 17-2-22)。

2. 扣腿平衡:支撑腿屈膝半蹲;另一腿屈膝,脚尖勾起并紧扣于支撑腿的膝后(图 17-2-23)。

3. 燕式平衡:支撑腿直立站稳。上体前俯略高于水平,挺胸展腹。后举腿伸直,高于水平,脚面紧绷(图 17-2-24)。

图 17-2-22　　　图 17-2-23　　　图 17-2-24

四、跳跃翻腾

1. 腾空飞脚:摆动腿提高,起跳腿上摆伸直,脚面绷平,腿高过肩,击手和拍脚连续快速,准确响亮(图 17-2-25)。

2. 旋风脚:摆动腿直摆或屈膝,起跳腿伸直,向内腾空转体 270 度,异侧手击拍脚掌,腿高过肩,击拍响亮,转体 360 度落地(图 17-2-26)。

图 17-2-25　　　　　　　　　　图 17-2-26

五、组合练习(五步拳)

1. 预备势:身体直立,两脚并拢,两臂自然下垂,眼向前平视。

2. 并步抱拳:两掌变拳屈肘收抱于腰间,拳心向上;目视前方(图 17-2-27)。

3. 弓步冲拳:左脚向左迈步,同时左手收回腰间抱拳;右拳向前直冲,左弓步冲拳(图 17-2-28、图 17-2-29)。

4. 弹腿冲拳:右腿向前弹出,左拳由腰间向前直冲成平拳,右拳收于腰间(图 17-2-30)。

图 17-2-27 　　　图 17-2-28 　　　图 17-2-29 　　　图 17-2-30

5. 马步架打：右脚落地，随即身体左转90度，两腿屈蹲成马步。同时左拳变掌，屈臂上架；右拳由腰间向右直冲成平拳（图17-2-31）。

6. 歇步盖打：左脚向右脚后插步。右拳变掌经头向下盖落，掌外沿向前，身体左转90度，左掌收回腰间抱拳（图17-2-32）；两腿屈膝下蹲成歇步，同时左拳向前冲出，右拳变掌收回腰间；目视左拳（图17-2-33）。

图 17-2-31 　　　图 17-2-32 　　　图 17-2-33

7. 仆步穿掌：两腿起立，身体左转，左拳变掌，手心向下；右拳变掌，手心向上，由左手背上穿出。同时左腿屈膝提起，左手顺势收至右腋下，目视右手（图17-2-34）。然后左脚落地成仆步，左手掌指朝前沿左腿内侧穿至左脚面；目视左掌（图17-2-35）。

8. 虚步挑掌：左腿屈膝前弓，右脚蹬地向前上步，成右虚步。同时左手向上、向后划弧成正臂勾手，勾尖略高于肩；右手由后向下、向前顺右腿外侧上挑掌，掌指向上，高于鼻平；目视前方（图17-2-36）。

9. 并步抱拳：重心前移，身体左转90度。左脚向右脚靠拢，成并步站立。同时左勾手和右掌变拳，回收抱于腰间；目视前方（图17-2-37）。

图 17-2-34 　　　图 17-2-35 　　　图 17-2-36 　　　图 17-2-37

第三节　初级长拳（第三路）

视频 > 初级长拳

预备动作

预备势：两脚并步站立，两臂垂于身体两侧，五指并拢贴靠大腿外侧，两眼向前平视（图17-3-1）。

要点：头要端正，颌微收、挺胸、塌腰、收腹。

一、虚步亮掌

1. 右脚向右后方撤步成左弓步。左掌向右、向上划弧，掌心向上；右臂屈肘，右掌提至腰侧，掌心向上。目视左掌（图17-3-2）。

2. 右腿微屈，重心后移。右掌经胸前从左臂上向前穿出伸直；左臂屈肘，左掌收至腰侧，掌心向上。目视右掌（图17-3-3）。

3. 重心继续后移，左脚稍向右移，脚尖点地，成左虚步。左臂内旋向左、向后划弧成勾手，勾尖向上；右手继续向后、向右、向前划弧，屈肘抖腕，在头前上方成亮掌（即横掌），掌心向前，掌指向左。目视左方（图17-3-4）。

要点：三个动作必须连贯。成虚步时，重心落于右腿上，右大腿与地面平行。左腿微屈，脚尖点地。

图17-3-1 　　　图17-3-1 　　　图17-3-3 　　　图17-3-4

二、并步对拳

1. 右腿蹬直，左腿提膝，脚尖里扣，上肢姿势不变（图17-3-5）。

2. 左脚向前落步，重心前移。左臂屈肘，左勾手变掌经左肋前伸；右臂外旋向前落下于左掌右侧，两掌同高，掌心均向上（图17-3-6）。

3. 右脚向前上一步，两臂下垂后摆（图17-3-7）。

4. 左脚向右脚并步，两臂向外、向上经胸前屈肘下按，两掌变拳，拳心向下，停于小腹前。目视左侧（图17-3-8）。

要点：并步后挺胸、塌腰；对拳、并步、转头要同时完成。

图 17 - 3 - 5 　　　　　图 17 - 3 - 6 　　　　　图 17 - 3 - 7 　　　　　图 17 - 3 - 8

第一段

一、弓步冲拳

1. 左脚向左上一步,脚尖向斜前方;右腿微屈,成半马步。左臂向上、向左格打,拳眼向左,拳与肩同高;右拳收至腰侧,拳心向上。目视左拳(图 17 - 3 - 9)。

图 17 - 3 - 9 　　　　　图 17 - 3 - 10 　　　　　图 17 - 3 - 11 　　　　　图 17 - 3 - 12

2. 右腿蹬直成左弓步。左拳收至腰侧,拳心向上;右拳向前冲出,高与肩平,拳眼向上。目视右拳(图 17 - 3 - 10)。

要点:成弓步时,右腿充分蹬直,脚跟不要离地。冲拳时,尽量转腰送肩。

二、弹腿冲拳

重心移至左腿,右腿屈膝提起,脚面绷直,猛力向前弹出伸直,高与腰平。右拳收至腰侧;左拳向前冲出。目视前方(图 17 - 3 - 11)。

要点:弹出的腿要用爆发力,力点达于脚尖。弹腿和冲拳要协调,同时完成。

三、马步冲拳

右脚向前落步。脚尖里扣,上体左转。左拳收至腰侧,两腿下蹲成马步;右拳向前冲出。目视右拳(图 17 - 3 - 12)。

要点:成马步时,大腿与地面平行,两腿平行,脚跟外蹬、挺胸、塌腰。

四、弓步冲拳

1. 右转 90 度，右脚尖外撇向斜前方，成半马步。右臂屈肘向右格打，拳眼向后。目视右拳(图 17-3-13)。

2. 左腿蹬直成右弓步。右拳收至腰侧；左拳向前冲出。目视左拳(图 17-3-14)。要点：与本段的弓步冲拳相同，唯左右相反。

五、弹腿冲拳

重心前移至右脚，左腿屈膝提起，脚面绷直，猛力向前弹出伸直，高与腰平。左拳收至腰侧，右拳向前冲出。目视前方(图 17-3-15)。

要点：与本段的弹腿冲拳相同。

六、大跃步前穿

1. 左腿屈膝。右拳变掌内旋，以手掌向下挂至左膝外侧，上体前倾。目视右手(图 17-3-16)。

2. 左脚向前落步，两腿微屈。右掌继续向后挂，左拳变掌，向后、向下伸直。目视右掌(图 17-3-17)。

3. 左腿屈膝向后提起，左腿立即猛力蹬地向前跃出。两掌向前、向上划弧摆起。目视右掌(图 17-3-18)。

4. 右腿落地全蹲，左腿随即落地向前铲出成仆步。右掌变拳抱于腰侧，左掌由上向右、向下划弧成立掌，停于右胸前。目视左脚(图 17-3-19)。

要点：跃步要远，落地要轻，整个动作要协调连贯完成。

图 17-3-16　图 17-3-17　图 17-3-18　图 17-3-19　图 17-3-20

七、弓步推掌

右腿蹬直成左弓步。左掌经左脚面向后划弧至身后成勾手，左臂伸直，勾尖向上；右拳由腰侧变掌向前推出，掌指向上，掌外侧向前，目视右掌(图 17-3-20)。

八、马步架掌

1. 重心移至两腿中间，左脚脚尖内扣成马步，上体左转。右臂向左侧平摆，稍屈肘；同时左勾手变掌由后经左腰侧从右臂内向前上穿出，掌指均朝上，目视左手(图 17-3-21①)。

2. 右掌立于左胸前,左臂向左上屈肘抖腕亮掌于头部左上方,掌心向上。目右转视(图17-3-21②)。

要点:抖腕、甩头要同时。马步的要求同前。

图 17-3-21

第二段

一、虚步栽拳

1. 右脚蹬地,屈膝提起;左腿伸直,以前脚掌为轴向右后转体180度;右掌由左胸前向下经右腿外侧向后划弧成勾手;左臂随体转动并外旋,使掌心朝右。目视右手(图17-3-22)。

2. 右脚向右落地,重心移至右腿上,下蹲成左虚步;左掌变拳下落于左膝上,拳眼向内;右勾手变拳,屈肘上架于头右上方,拳心向前。目视左方(图17-3-23)。

要点:落步、架拳、栽拳、转头要同时完成。

二、提膝穿掌

1. 右腿稍伸直。右拳变掌收至腰侧,掌心向上;左拳变掌由下向左、向上划弧盖压于体前方,掌心向前(图17-3-24)。

2. 右腿蹬直,左腿屈膝提起,脚尖内扣。右掌从腰侧经左臂内向右前上方穿出,掌心向上;左掌收至右胸前成立掌。目视右掌(图17-3-25)。

要点:支撑腿与右臂充分伸直。

图 17-3-22   图 17-3-23   图 17-3-24   图 17-3-25

三、仆步穿掌

右腿全蹲,左腿向左侧铲出成左仆步。右臂不动,左掌由右胸前向下经左腿内侧向左脚面穿出。目随左掌转视(图17-3-26)。

四、虚步挑掌

1. 右腿蹬直,重心前移至左腿成左弓步。右掌稍下降,左掌随重心前移向前挑起(图17-3-27)。

2. 右脚向左前方上步,左腿半蹲,成右虚步。上体随上步左转180度。在右脚上步的同时,左掌由前向上、向后划成立掌,右掌由后向下、向前上方挑起成立掌,指尖与眼平。目视右掌(图17-3-28)。

要点:上步要协调,虚步要稳。

图17-3-26　　　　图17-3-27　　　　图17-3-28

五、马步推掌

1. 右脚落实,脚尖外撇,重心稍升高并右移,左掌变拳收至腰侧;右掌俯掌向外搂手(图17-3-29)。

2. 左脚向前上一步,以右脚为轴向后转体180度,两腿下蹲成马步。左掌从右臂上成立掌向左侧击出;右掌变拳收至腰侧。目视左掌(图17-3-30)。

要点:右搂手时,先使臂内旋、腕伸直,手掌向下、向外转;接着臂外旋,掌心经下向上翻转,同时抓握成拳。收拳和击掌动作要同时进行。

图17-3-29　　　　图17-3-30　　　　图17-3-31

六、插步双摆掌

1. 重心稍右移,同时两掌向下、向右摆,掌指向上。目视右掌(图17-3-31)。

2. 右脚向左腿后插步,前脚掌着地。两臂继续由右向上、向左摆,停于身体左侧,均成侧立掌,右掌停于左肘窝处。眼随手动(图17-3-32)。

要点:两臂要划立圆,幅度要大,摆掌与后插步配合一致。

七、弓步推掌

1. 两腿不动。左掌收至腰侧,掌心向上;右掌向前划弧推出,掌心向前(图17-3-33)。
2. 左腿后撤一步,成右弓步,右掌向下、向后伸直摆动,成勾手,勾尖向上,左掌成立掌向前推出。目视左掌(图17-3-34)。

图17-3-32　　　　图17-3-33　　　　图17-3-34

八、转身踢腿马步盘肘

1. 两脚以前脚掌为轴向后转体180度。在转体的同时,左臂向上、向前划半立圆,右臂向下、向后划半圆(图17-3-35)。
2. 上动不停,两脚不动,右臂由后向上、向前划半立圆,左臂由前向下、向后划半立圆(图17-3-36)。
3. 上动不停,右臂向下、向身后成反臂勾手,勾尖向上;左臂向上成亮掌,掌心向前上方;右腿伸直,脚尖勾起向额前踢(图17-3-37)。
4. 右脚向前落地,脚尖内扣。右手不动,左臂屈肘下落至胸前,左掌心向下。目视左掌(图17-3-38)。
5. 上体左转90度,两腿下蹲成马步。同时左掌向前、向左平掳变拳收至腰侧,右勾手变拳,右臂伸直,由体后向右、向前平摆,至体前时屈肘,肘尖向前,高与肩平,拳心向下。目视前方(图17-3-39)。

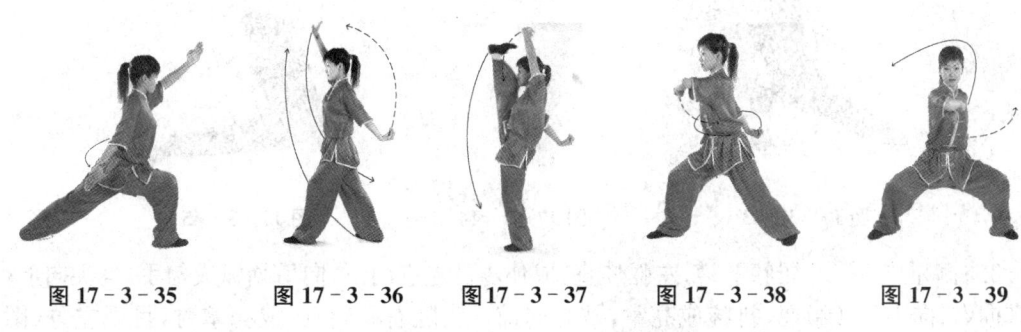

图17-3-35　　图17-3-36　　图17-3-37　　图17-3-38　　图17-3-39

要点:两臂抡动时要划立圆,动作连贯。盘肘时要快速有力。右臂前送。

第三段

一、歇步抡砸拳

1. 重心稍升高,右脚尖外撇,右臂由胸前向上、向右抡直;左拳向下、向左,使臂抡直。目视右拳(图 17-3-40)。

2. 上动不停,两脚以前脚掌为轴,向右后转体 180 度,右臂向下、向后抡摆,左臂向上、向前随身体转动(图 17-3-41)。

3. 紧接上动,两腿全蹲成歇步,左臂随身体下蹲同时左拳向下平砸,拳心向上,臂部微屈;右臂伸直向上举起。目视左拳(图 17-3-42)。

要点:抡臂动作要连贯完成,划成立圆。歇步要两腿交叉全蹲,左腿大、小腿靠紧,臀部贴于小腿外侧,膝关节在右小腿外侧,脚跟提起;右脚尖外撇,全脚着地。

图 17-3-40　　图 17-3-41　　图 17-3-42

二、仆步亮掌

1. 左脚由右腿后抽出上前一步,左腿蹬直,右腿半蹲,成右弓步。上体微向右转。左拳收至腰侧,右拳变掌向下经胸前向右横击掌。目视右掌方(图 17-3-43)。

2. 右脚蹬地屈膝提起,上体右转。左拳变掌从右掌上向前穿出,掌心向上;右掌平收至左腋下(图 17-3-44)。

图 17-3-43　　图 17-3-44　　图 17-3-45

3. 右脚向右落步、屈膝下蹲,左腿伸直,成仆步。左掌向下、向后划弧成勾手,勾尖向上;右掌向右、向上划弧微屈,抖腕成亮掌,掌心向前。头随右手转动,成亮掌时,目视左方(图 17-3-45)。

要点:落步下蹲时,先成右仆步,然后迅速过渡成左仆步。成仆步时,左腿充分伸直,脚尖内扣,右腿全蹲,两脚掌全部着地。上体挺胸塌腰,稍左转。

三、弓步劈拳

1. 右腿蹬地立起;左腿收回并向左前方上步。右掌变拳收至腰侧,拳心向上;左勾手变掌由下向前上经胸前向左做搂手(图17-3-46)。

2. 右腿经过左腿前方向左绕上一步,左腿蹬直成右弓步。左手向左平搂后再向前挥摆,虎口朝前(图17-3-47)。

3. 在左手平搂的同时,右掌向后平摆,然后再向前、向上做抡臂劈拳,拳高与耳平,拳心向上,左掌外旋接扶右前臂。目视右拳(图17-3-48)。

要点:左右脚上步稍带弧形。

图17-3-46 　　　　图17-3-47 　　　　图17-3-48

四、换跳步弓步冲拳

1. 重心后移,右脚稍向后移动,右拳手臂内旋,向下划弧挂至右膝内侧;左掌背贴靠右腋外侧,掌指向上。目视右拳(图17-3-49)。

2. 右腿自然上抬,上体稍向左扭转。右拳变掌挂至体左侧,左掌伸向右腋下。目随右掌转视(图17-3-50)。

3. 右脚以全脚掌用力向下震踩,与此同时,左脚急速离地抬起。右手由左向上、向前搂盖而后变拳收至腰侧;左掌伸直向下、向上、向前屈肘下按,掌心向前。上体右转,目视左掌(图17-3-51)。

4. 左脚向前落步,右腿蹬直成左弓步。右拳向前冲出,拳眼朝上,拳高与肩平;左掌藏于右腋下,掌背贴靠腋窝,掌指向上。目视右拳(图17-3-52)。

要点:换跳步动作要连贯、协调。震脚时腿要弯曲,全脚掌着地。左脚离地不要高。

图17-3-49 　　图17-3-50 　　图17-3-51 　　图17-3-52

五、马步冲拳

上体右转90度，重心移至两腿中间，成马步。右拳收至腰侧，拳心向上；左掌变拳向左冲出，拳眼向上。目视左拳(图17-3-53)。

六、弓步冲拳

右脚蹬直，左腿弯曲，上体稍向左转，成左弓步。左拳变掌向下经体前向上架于头左上方，掌心向上，右拳立拳自腰侧向前方冲出。目视右拳(图17-3-54)。

七、插步亮掌侧踹腿

1. 上体稍右转。左掌由头上下落于右手腕上，右拳变掌，两手交叉成十字。目视双手(图17-3-55)。

2. 右脚蹬地并向左腿后插步，以前脚掌着地。左掌由体前向下、向后划弧成勾手，勾尖向上；右掌由前向右、向上划弧抖腕亮掌，掌心向上。目视左侧(图17-3-56)。

3. 重心移至右腿，左腿屈膝提起，向左上方猛力蹬出。上肢姿势不变，目视左侧(图17-3-57)。

要点：插步时上体稍向右倾斜，腿、臂的动作要一致。侧踹高度不能低于腰，着力点在脚跟。

| 图17-3-53 | 图17-3-54 | 图17-3-55 | 图17-3-56 | 图17-3-57 |

八、虚步挑拳

1. 左脚在左侧落地。右掌变拳稍后移，左勾手变拳由体后向左上挑，拳眼向上(图17-3-58)。

2. 上体左转180度，微含胸前俯。左拳继续向前、向上划弧上挑，右拳向下、向前划弧挂至身体右后侧，同时右膝提起。目视右拳(图17-3-59)。

3. 右脚向左前方上步，脚尖点地，重心落于左脚，左腿下蹲成右虚步。左拳向后划弧收至腰侧，拳心向上；右拳向前屈臂挑出，拳眼斜向上，拳与肩同高。目视右拳(图17-3-60)。

图 17－3－58 　　　　图 17－3－59 　　　　图 17－3－60

第四段

一、弓步顶肘

1. 重心提高,右臂内旋向下划弧以拳背下挂至右膝内侧,左拳不变。目视前下方(图 17－3－61)。

2. 左腿蹬直,右腿屈膝上抬。左拳变掌,右拳不变,两臂向前上划弧摆起。目随右拳转视(图 17－3－62)。

3. 左脚蹬地起跳,身体腾空,两臂继续划弧至头上方(图 17－3－63)。

4. 右脚先落地,左腿屈膝,左脚向前落步,以前脚掌着地。同时两臂向右、向下屈肘停于左胸前,右拳变掌,左掌变拳。右掌心贴靠在左拳面(图 17－3－64)。

5. 左脚向左上一步,左腿屈膝,右腿蹬直成左弓步,右掌推左拳,以肘尖向左顶出,高与肩平。目视左方(图 17－3－65)。

要点:交换步时不要过高,但要快。两臂抡摆时要成圆弧。

图 17－3－61 　　图 17－3－62 　　图17－3－63 　　图 17－3－64 　　图 17－3－65

二、转身左拍脚

1. 以两脚前脚掌为轴向右后转体180度,左腿蹬直成右弓步。随着转体,右臂向上、向右、向下划弧抡摆,同时左拳变掌向下、向后、向前上抡摆(图 17－3－66)。

2. 重心移至右腿,左腿伸直向前上踢起,脚面绷直,左掌变拳收至腰侧,右掌由体后向上、向前拍击左脚面(图 17－3－67)。

要点:右掌拍脚时手掌稍横过来,拍脚要准而响亮。

三、右拍脚

1. 左脚向前落地,左拳变掌向下、向后摆,右掌变拳收至腰侧,拳心朝上(图17-3-68)。
2. 右腿伸直向前上踢起,脚面绷直。左掌由后向上、向前拍击右脚面(图17-3-69)。

要点:与本段的转身左拍脚相同。

图17-3-66　　图17-3-67　　图17-3-68　　图17-3-69

四、腾空飞脚

1. 右脚落地(图17-3-70)。
2. 左脚向前摆起,右脚猛力蹬地跳起,左腿屈膝继续前上摆。同时右拳变掌向前、向上摆起,左掌先上摆而后下降拍击右掌背(图17-3-71)。
3. 右腿继续上摆,脚面绷直。右手拍击右脚面,左掌由体前向后上举(图17-3-72)。

要点:蹬地要向上,不要太向前冲,左膝尽量上提。击响要在腾空时完成,右臂伸直成水平。

图17-3-70　　图17-3-71　　图17-3-72　　图17-3-73　　图17-3-74

五、歇步下冲拳

1. 左、右脚先后相继落地,左掌变拳收至腰侧,拳心朝上(图17-3-73)。
2. 身体右转90度,两腿全蹲成歇步。右掌抓握,外旋变拳收至腰侧;左拳由腰侧向前下方冲出,拳心向下。目视左拳(图17-3-74)。

六、仆步抡劈拳

1. 重心升高,右臂由腰侧向体后伸直,左臂随身体重心升高向上摆起(图17-3-75)。
2. 以右脚前脚掌为轴,左腿屈膝提起,上体左转270度。左拳向前、向后下划立圆一周；右拳由后向下、向前上划立圆一周(图 17 - 3 - 76)。

3. 左腿向后落一步，屈膝全蹲，右腿伸直，脚尖里扣成右仆步。右拳由上向下抡劈，拳眼向上；左拳后上举，拳眼向上。目视右拳(图 17 - 3 - 77)。

要点：抡臂时一定要划立圆。

图 17 - 3 - 75　　　图 17 - 3 - 76　　　图 17 - 3 - 77　　　图 17 - 3 - 78

七、提膝挑掌

1. 重心前移成右弓步。同时右拳变掌由下向上抡摆，左拳变勾稍下落，右掌心向左，左手勾尖向上(图 17 - 3 - 78)。

2. 左、右臂在垂直面上由前向后各划立圆一周。右臂伸直停于头上，掌心向左，掌指向上；左勾手不动，同时右腿屈膝提起，左腿挺膝伸直独立。目视前方(图 17 - 3 - 79)。

要点：抡臂时要划立圆。

八、提膝劈掌弓步冲拳

1. 下肢不动。右掌由上向下猛劈伸直，停于右小腿内侧，用力在小指一侧，掌心向左。左勾手变掌，屈臂向前停于右上臂内侧，掌心向右。目视右掌(图 17 - 3 - 80)。

2. 右脚向右侧落地；身体右转 90 度。同时左掌变拳收至腰侧，右臂内旋向右划弧搂手(图 17 - 3 - 81)。

3. 上动不停，左腿蹬直成右弓步。右手抓握变拳收至腰侧，左拳由腰侧向左前方冲出，拳眼向上。目视左拳(图 17 - 3 - 82)。

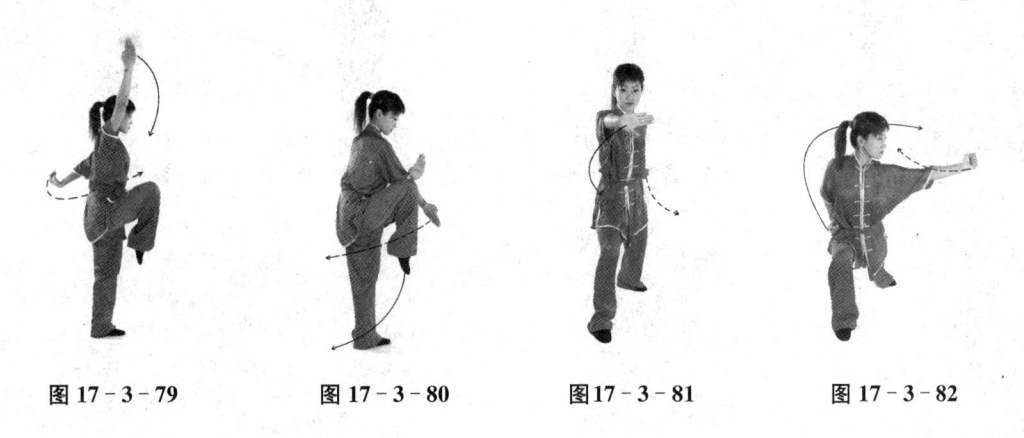

图 17 - 3 - 79　　　图 17 - 3 - 80　　　图 17 - 3 - 81　　　图 17 - 3 - 82

结束动作

一、虚步亮掌

1. 左脚扣于右膝后,两拳变掌,两臂右上左下屈肘交叉于体前。目视前方(图 17-3-83)。

2. 左脚向左前落步,重心后移,右腿半蹲,上体稍右转。同时左掌向上、向右、向下划弧停于右腋下;右掌向左、向上划弧至左臂上方,两手臂左下右上。目视右掌(图 17-3-84)。

3. 左脚尖稍向右移,右腿下蹲成左虚步。左臂伸直向左、向后划弧成反勾手;右臂伸直向下、向右、向上划弧抖腕亮掌,掌心向上。目视左方(图 17-3-85)。

图 17-3-83 　　　　图 17-3-84 　　　　图 17-3-85

二、并步对拳

1. 左腿后撤一步,同时两掌从两腰侧向前穿出伸直,掌心向上(图 17-3-86)。

2. 右腿后撤一步,同时两臂分别向体后下摆(图 17-3-87)。

3. 左脚后退半步向右脚并拢。两臂由后向上经体前屈臂下按,两掌变拳,停于腹前,拳心向下,拳面相对。目视左方(图 17-3-88)。

还原,两臂自然下垂。目视正前方(图 17-3-89)。

图 17-3-86 　　　图 17-3-87 　　　图 17-3-88 　　　图 17-3-89

第四节　24 式太极拳

一、太极拳概述

太极拳是中国武术的一个重要流派,流行于各地,很受人们的欢迎。太极拳是根据我国古代阴阳哲学的原理而命名的拳术。所有动作的开合、起落、进退、刚柔、蓄发、顺逆、虚实、曲直等,无不和谐地体现出阴阳对立与统一的辩证规律。

太极拳在长期的流传过程中形成了陈式、杨式、吴式、孙式、武式等技术流派。新中国成立以后,又编创了 24 式太极拳、48 式太极拳、32 式太极剑等。20 世纪初到 80 年代末,为了适应武术的国际交流与竞赛,又编创了陈、杨、吴、孙、武式太极拳和 42 式综合太极拳、剑等竞赛套路。各式太极拳尽管在运动风格上有所不同,但体松心静、柔和缓慢、连绵不断、圆活自然、协调完整的要求是基本一致的。

二、太极拳运动特点

（一）体松心静

太极拳是一种"静中寓动、动中求静"的修炼术。与其他竭尽全力去追求高度、速度、远度的竞技运动截然不同。练习太极拳,首先要使身体充分放松。从头颈部、肩部、胸部、腰部、上肢和下肢均要充分放松,尤其是肩、髋、肘等几个大关节。身体放松了,才能在运动中保持自然舒展,柔和顺畅,才能做到"心静"。

在演练太极拳时,尽管运动不息,但也要做到心里宁静从容。正如《太极拳论》中形容的"一羽不能加,蝇虫不能落"的境界。

（二）柔和缓慢

太极拳的动作柔和缓慢,以柔劲为主,以意识引导动作,用意不用力。动作柔和的好处是用力较少,不使肌肉过于紧张。缓慢的好处是能使呼吸深长,增加吸氧量,并且气沉丹田,意、气、劲三者合一。这样动作才能自然舒展,感觉灵敏,步法稳健,气血调和。太极拳在运动时不用拙力,呼吸深沉自然,动作轻松柔缓,形神合一,虽动犹静。

（三）连绵不断

在练习太极拳的过程中,动作不能忽快忽慢、停顿或断续。要动作连贯,势势相承,动动相连,前后贯通,绵绵不断,形成有节律的连续运动。

（四）圆活自然

太极拳的动作处处带有弧形。这是因为弧形动作转换灵活,不滞不涩,易于转化,顺乎力学原理,也符合人体各关节自然弯曲的状态。因此,有人称太极拳为"圆的运动"。

（五）协调完整

太极拳是一种需要身心高度协调配合的运动。无论是整个套路,还是单个动作姿势,都必须做到上下相随、协调完整、内外合一,把人体外形的动作与内在的意识完整地统一起来。

在单个动作上,腰部一动,上、下肢均动,眼睛亦跟着转动。太极拳动作要求以腰为轴,由腰部带动上、下肢运动,全身上下、左右相互呼应,做到"一动无所不动,一静无有不静"。

三、24式太极拳动作名称

第一组	(一)起势	(二)左右野马分鬃	(三)白鹤亮翅
第二组	(四)左右搂膝拗步	(五)手挥琵琶	(六)左右倒卷肱
第三组	(七)左揽雀尾	(八)右揽雀尾	
第四组	(九)单鞭	(十)云手	(十一)单鞭
第五组	(十二)高探马	(十三)右蹬脚	(十四)双峰贯耳
	(十五)转身左蹬脚		
第六组	(十六)左下势独立	(十七)右下势独立	
第七组	(十八)左右穿梭	(十九)海底针	(二十)闪通臂
第八组	(二十一)转身搬拦捶 (二十四)收势	(二十二)如封似闭	(二十三)十字手

四、24式太极拳动作图解

第一组

(一)起势

1. 身体自然直立,两脚开立,与肩同宽,脚尖向前;两臂自然下垂,两手放在大腿外侧;眼向前平视(图17-4-1)。

要点:头颈挺直,下颌微向后收,不要故意挺胸或收腹。精神要集中(起势由立正姿势开始,然后左脚向左分开,成开立步)。

2. 两臂慢慢向前平举,两手高与肩平,与肩同宽,手心向下(图17-4-2、图17-4-3)。

3. 上体保持挺直,两腿屈膝下蹲;同时两掌轻轻下按,两肘下垂与两膝相对;眼平视前方(图17-4-4)。

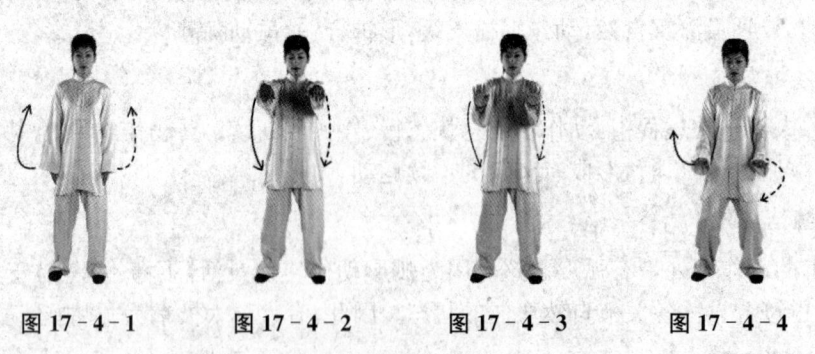

图17-4-1　　图17-4-2　　图17-4-3　　图17-4-4

要点:两肩下沉,两肘松垂,手指自然微屈。屈膝松腰,臀部不可凸出,身体重心落于两腿中间。两臂下落和身体下蹲的动作要协调一致。

（二）左右野马分鬃

1. 上体微向右转，身体重心移至右腿上；同时右臂收在胸前平屈，手心向下，左手经体前向右下划弧放在右手下，手心向上，两手心相对成抱球状；左脚随即收到右脚内侧，脚尖点地；眼看右手（图 17-4-5、图 17-4-6）。

2. 上体微向左转，左脚向前方迈出，右脚跟后蹬，右腿自然伸直，成左弓步；同时上体继续向左转，左、右手随转体慢慢分别向左上、右下分开，左手高与眼平（手心斜向上），肘微屈；右手落在右胯旁，肘也微屈，手心向下，指尖向前；眼看左手（图 17-4-7～图 17-4-9）。

图 17-4-5 　　图 17-4-6 　　图 17-4-7 　　图 17-4-8 　　图 17-4-9

3. 上体慢慢后坐，身体重心移至右腿，左脚尖翘起，微向外撇（45～60 度），随后脚掌慢慢踏实，左腿慢慢前弓，身体左转，身体重心再移至左腿；同时左手翻转向下，左臂收在胸前平屈，右手向左上划弧放在左手下，两手心相对成抱球状；右脚随即收到左脚内侧，脚尖点地；眼看左手（图 17-4-10～图 17-4-12）。

4. 右腿向右前方迈出，左腿自然伸直，成右弓步；同时上体右转，左、右手随转体分别慢慢向左下、右上分开，右手高与眼平（手心斜向上），肘微屈；左手落在左胯旁，肘也微屈，手心向下，指尖向前；眼看右手（图 17-4-13、图 17-4-14）。

图 17-4-10 　　图 17-4-11 　　图 17-4-12 　　图 17-4-13 　　图 17-4-14

5. 与 3. 解同，只是左右相反（图 17-4-15～图 17-4-17）。

6. 与 4. 解同，只是左右相反（图 17-4-18、图 17-4-19）。

要点：上体不可前俯后仰，胸部必须宽松舒展。两臂分开时要保持弧形。身体转动时要以腰为轴。弓步动作与分手的速度要均匀一致。做弓步时，迈出的脚先是脚跟着地，然后脚掌慢慢踏实，脚尖向前，膝盖不要超过脚尖；后腿自然伸直；前后脚夹角成 45～60 度（需要时后脚跟可以后蹬调整）。野马分鬃式的弓步，前后脚的脚跟要分在中轴线两侧，它们之间的横向距离（即以动作行进的中线为纵轴，其两侧的垂直距离为横向）应该保持在 10～30 厘米之间。

图 17-4-15 　　　图 17-4-16 　　　图 17-4-17 　　　图 17-4-18 　　　图 17-4-19

（三）白鹤亮翅

1. 上体微向左转，左手翻掌向下，左臂平屈胸前，右手向左下划弧，手心转向上，与左手成抱球状；眼看左手（图 17-4-20）。

2. 右脚跟进半步，上体后坐，身体重心移至右腿，上体先向右转，面向右前方，眼看右手；然后左脚稍向前移，脚尖点地，成左虚步；同时上体再微向左转，面向前方，两手随转体慢慢向右上左下分开，右手上提停于头右侧，手心向左后方，左手落于左胯前，手心向下，指尖向前（图 17-4-21、图 17-4-22）。

图 17-4-20 　　　图 17-4-21 　　　图 17-4-22

要点：胸部不要挺出，两臂上下都要保持半圆形，左膝微屈。身体重心后移和右手上提、左手下按要协调一致。

第二组

（四）左右搂膝拗步

1. 右手从体前下落，由下向后上方划弧至右肩外侧，肘微屈，手与耳同高，手心斜向上；左手由左下向上、向右下方划弧至右胸前，手心斜向下；同时上体先微向左再向右转；左脚收至右脚内侧，脚尖点地，眼看右手（图 17-4-23～图 17-4-25）。

2. 上体左转，左脚向前（偏左）迈出成左弓步；同时右手屈回由耳侧向前推出，高与鼻尖平，左手向下由左膝前搂过落于左胯旁，指尖向前；眼看右手手指（图 17-4-26、图 17-4-27）。

图 17-4-23 　　图 17-4-24 　　图 17-4-25 　　图 17-4-26 　　图 17-4-27

3. 右腿慢慢屈膝，上体后坐，身体重心移至右腿，左脚尖翘起微向外撇，随后脚掌慢慢踏实，左腿前弓，身体左转，身体重心移至左腿，右脚收到左脚内侧，脚尖点地；同时左手向外翻掌由左后向上划弧至左肩外侧，肘微屈，手与耳同高，手心斜向上；右手随转体向上、向左下划弧落于左胸前,手心斜向下;眼看左手(图17-4-28～图17-4-30)。

4. 与2.解同,只是左右相反(图17-4-31、图17-4-32)。

图17-4-28 　　图17-4-29 　　图17-4-30 　　图17-4-31 　　图17-4-32

5. 与3.解同,只是左右相反(图17-4-33)。
6. 与2.解同(图17-4-34～图17-4-37)。

要点:前手推出时,身体不可前俯后仰,要松腰松胯。推掌时要沉肩垂肘,坐腕舒掌,同时须与松腰、弓腿上下协调一致。搂膝拗步成弓步时,两脚跟的横向距离保持约30厘米。

图17-4-33 　　图17-4-34 　　图17-4-35 　　图17-4-36 　　图17-4-37

(五) 手挥琵琶

右脚跟进半步,上体后坐,身体重心转至右腿上,上体半面向右转,左脚略提起稍向前移,变成左虚步,脚跟着地,脚尖翘起,膝部微屈;同时左手由左下向上挑举,高与鼻尖,掌心向右,臂微屈;右手收回放在左臂肘部内侧,掌心向左;眼看左手食指(图17-4-38、图17-4-39)。

图17-4-38 　　图17-4-39

要点:身体要平稳自然,沉肩垂肘,胸部放松。左手上举时不要直向上挑,要由左向上、向前,微带弧形。右脚跟进时,脚掌先着地,再全脚踏实。身体重心后移和左手上举、右手回收要协调一致。

(六) 左右倒卷肱

1. 上体右转,右手翻掌(手心向上)经腹前由下向后上方划弧平举,臂微屈,左手随即翻掌向上,眼的视线随着向右转体先向右看,再转向前方看左手(图17-4-40、图17-4-41)。

2. 右臂屈肘折向前,右手由耳侧向前推出,手心向前,左臂屈肘后撤,手心向上,撤至左肋外侧;同时左腿轻轻提起向后(偏左)退一步,脚掌先着地,然后全脚慢慢踏实,身体重心移至左腿上，成右虚步，右脚随转体以脚掌为轴扭正；眼看右手(图17-4-42、图17-4-43)。

3. 上体微向左转，同时左手随转体向后上方划弧平举，手心向上，右手随即翻掌，掌心向上；眼随转体先向左看，再转向前方看右手(图17-4-44)。

图17-4-40　　　图17-4-41　　　图17-4-42　　　图17-4-43　　　图17-4-44

4. 与2.解同，只是左右相反(图17-4-45、图17-4-46)。

5. 与3.解同，只是左右相反(图17-4-47)。

6. 与2.解同(图17-4-48、图17-4-49)。

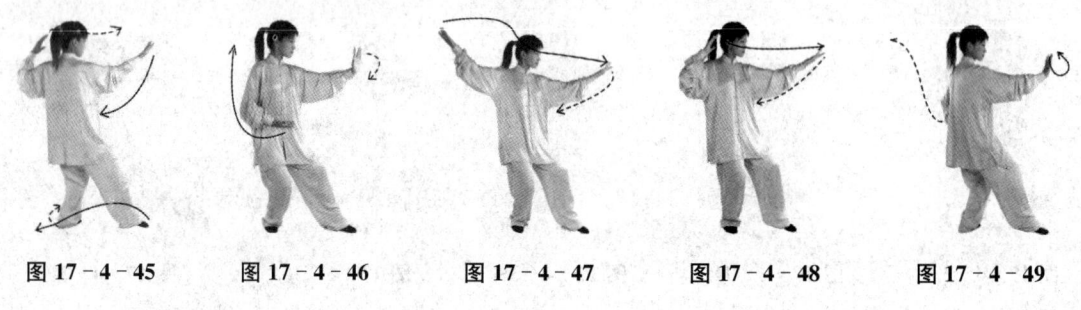

图17-4-45　　　图17-4-46　　　图17-4-47　　　图17-4-48　　　图17-4-49

7. 与3.解同(图17-4-50)。

8. 与2.解同，只是左右相反(图17-4-51、图17-4-52)。

要点：前推的手不要伸直，后撤手也不可直向回抽，随转体仍走弧线。前推时，要转腰松胯，两手的速度要一致，避免僵硬。退步时，脚掌先着地，再慢慢全脚踏实，同时前脚随转体以脚掌为轴扭正。退左脚略向左后斜，避免使两脚落在一条直线上。后退时，眼神随转体动作先向左右看，然后再转看前手。最后退右脚时，脚尖外撇的角度略大些，便于接做"左揽雀尾"的动作。

图17-4-50　　　图17-4-51　　　图17-4-52

第三组

（七）左揽雀尾

1. 上体微向右转，同时右手随转体向后上方划弧平举，手心向上，左手放松，手心向下；眼看左手（图17-4-53）。

2. 身体继续向右转，左手自然下落逐渐翻掌经腹前划弧至右肋前，手心向上；右臂屈肘，手心转向下，收至右胸前，两手相对成抱球状；同时身体重心落在右腿上，左脚收到右脚内侧，脚尖点地；眼看右手（图17-4-54、图17-4-55）。

3. 上体微向左转，左脚向前方迈出，上体继续向左转，右腿自然蹬直，左腿屈膝，成左弓步；同时左臂向左出（即左臂平屈成弓形，用前臂外侧和手背向前方推出），高与肩平，手心向内；右手向右下落放于右胯旁，手心向下，指尖向前；眼看前臂（图17-4-56、图17-4-57）。

图17-4-53 　　图17-4-54 　　图17-4-55 　　图17-4-56 　　图17-4-57

要点：出时，两臂前后均保持弧形。分手、松腰、弓腿三者必须协调一致。揽雀尾弓步时，两脚跟横向距离不超过10厘米。

4. 身体微向左转，左手随即前伸翻掌向下，右手翻掌向上，经腹前向上、向前伸至左前臂下方；然后两手下捋，即上体向右转。两手经腹前向右后上方划弧，直至右手手心向上，高与肩齐，左臂平屈于胸前，手心向后；同时身体重心移至右腿；眼看右手（图17-4-58、图17-4-59）。

要点：下捋时，上体不可前倾，臀部不要凸出。两臂下捋须随腰旋转，仍走弧线。左脚全掌着地。

5. 上体微向左转，右臂屈肘折回，右手附于左手腕里侧（相距约5厘米），上体继续向左转，双手同时向前挤出，左前臂要保持半圆；同时身体重心逐渐移变成左弓步；眼看左手腕部（图17-4-60、图17-4-61）。

图17-4-58 　　图17-4-59 　　图17-4-60 　　图17-4-61

要点：向前挤时，上体要挺直。挤的动作要与松腰、弓腿相一致。

6. 左手翻掌，手心向下，右手经左腕上方向前，向右伸出，高与左手齐，手心向下，两手左右分开，宽与肩同；然后右腿屈膝，上体慢慢后坐，身体重心移至右腿上，左脚尖翘起；同时两手屈肘回收至腹前，手心均向前下方；眼向前平视(图17-4-62～图17-4-64)。

7. 上式不停，身体重心慢慢前移，同时两手向前、向上按出，掌心向前；左腿成左弓步；眼平视前方(图17-4-65)。

要点：向前按时，两手须走曲线，手腕部高与肩平，两肘微屈。

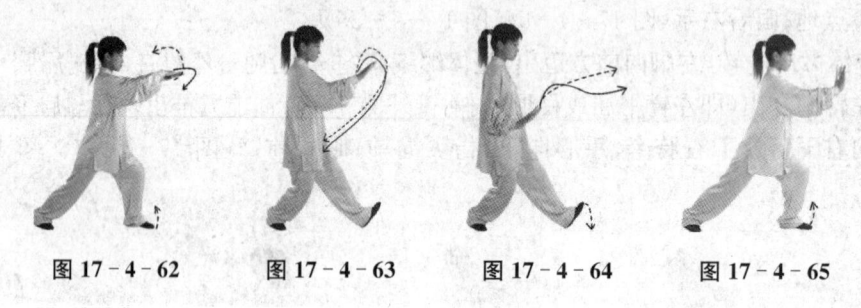

图17-4-62　　图17-4-63　　图17-4-64　　图17-4-65

(八) 右揽雀尾

1. 上体后坐并向右转，身体重心移至右腿，左脚尖内扣；右手向右平行划弧至右侧，然后由右下经腹前向左上划弧至左肋前，手心向上；左臂平屈胸前，左手掌向下与右手成抱球状；同时身体重心再移至左腿上，右脚收至左脚内侧，脚尖点地；眼看左手(图17-4-66～图17-4-69)。

2. 同"左揽雀尾"3.解，只是左右相反(图17-4-70、图17-4-71)。

图17-4-66　　图17-4-67　　图17-4-68　　图17-4-69　　图17-4-70

3. 同"左揽雀尾"4.解，只是左右相反(图17-4-72、图17-4-73)。

4. 同"左揽雀尾"5.解，只是左右相反(图17-4-74、图17-4-75)。

图17-4-71　　图17-4-72　　图17-4-73　　图17-4-74　　图17-4-75

5. 同"左揽雀尾"6.解,只是左右相反(图17-4-76～图17-4-78)。

6. 同"左揽雀尾"7.解,只是左右相反(图17-4-79)。要点:均与"左揽雀尾"相同,只是左右相反。

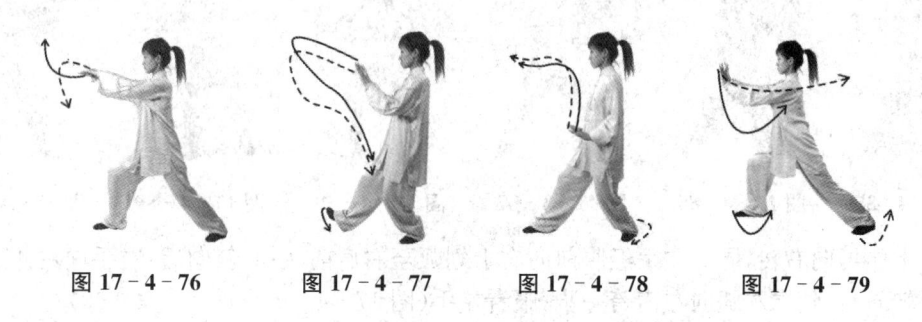

图17-4-76　　图17-4-77　　图17-4-78　　图17-4-79

第四组

(九) 单鞭

1. 上体后坐,身体重心逐渐移至左腿上,右脚尖内扣;同时上体左转,两手(左高右低)向左弧形运转,直至左臂平举伸于身体左侧,手心向左,右手经腹前运至左肋前,手心向后上方;眼看左手(图17-4-80、图17-4-81)。

2. 身体重心再渐渐移至右腿上,上体右转,左脚向右脚靠拢,脚尖点地;同时右手向右上方划弧(手心由里转向外),至右侧方时变勾手,臂与肩平;左手向下经腹前向右上划弧停于右肩前,手心向里;眼看左手(图17-4-82、图17-4-83)。

3. 上体微向左转,左脚向左前侧方迈出,右脚跟后蹬,成左弓步;在身体重心移向左腿的同时,左掌随上体的继续左转慢慢翻转向前推出,手心向前,手指与眼齐平,臂微屈;眼看左手(图17-4-84)。

要点:上体保持挺直、松腰。完成时,右臂肘部稍下垂,左肘与左膝上下相对,两肩下沉。左手向外翻掌前推时,要随转体边翻边推出,不要翻掌太快或最后突然翻掌。全部过渡动作要上下协调一致。如面向南起势,单鞭的方向(左脚尖)应向东偏北(大约为15度)。

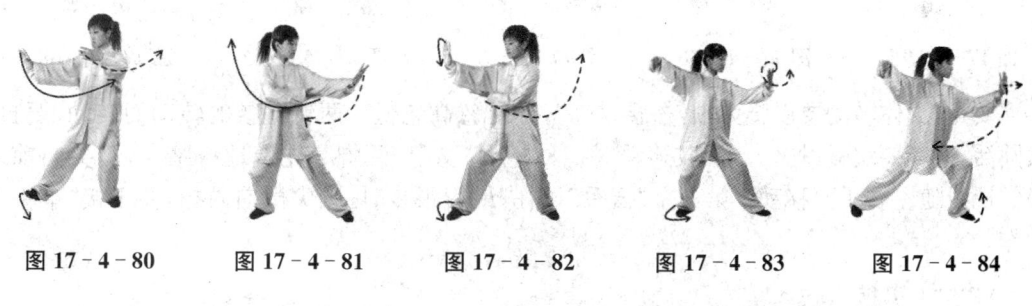

图17-4-80　　图17-4-81　　图17-4-82　　图17-4-83　　图17-4-84

(十) 云手

1. 身体重心移至右腿上,身体渐向右转,左脚尖内扣;左手经腹前向右上划弧至右肩前,手心斜向后,同时右手变掌,手心向右前;眼看左手(图17-4-85～图17-4-87)。

2. 上体慢慢左转,身体重心随之逐渐左移;左手由脸前向左侧运转,手心渐渐向左方;右手由右下经腹前向左上划弧,至左肩前,手心斜向后,同时右脚靠近左脚,成小开立步(两脚距离10~20厘米);眼看右手(图17-4-88~图17-4-90)。

图17-4-85　图17-4-86　图17-4-87　图17-4-88　图17-4-89　图17-4-90

3. 上体再向右转,同时左手经腹前向右上划弧至右肩前,手心斜向后;右手向右侧运转,手心翻转向右;随之左腿向左横跨一步;眼看左手(图17-4-91~图17-4-93)。

4. 同2.解(图17-4-94、图17-4-95)。

图17-4-91　图17-4-92　图17-4-93　图17-4-94　图17-4-95

5. 同3.解(图17-4-96~图17-4-98)。

6. 同2.解(图17-4-99、图17-4-100)。

图17-4-96　图17-4-97　图17-4-98　图17-4-99　图17-4-100

要点:身体转动要以腰为轴,松腰、松胯,不可忽高忽低。两臂随腰的转动而转动,要自然圆活,速度要缓慢、均匀。下肢移动时,身体重心稳定,两脚掌先着地再踏实,脚尖向前。眼的视线随左右手而移动。第三个"云手",右脚最后跟步时,脚尖微向内扣,便于接"单鞭"动作。

(十一) 单鞭

1. 上体右转,右手随之向右运转,至右侧方时变成勾手;左手经腹前向右上划弧至右肩前,手心向内;身体重心落在右腿上,左脚尖点地;眼看左手(图17-4-101、图17-4-102)。

2. 上体微向左转,左脚向左前侧方迈出,右脚跟后蹬,成左弓步;在身体重心移向左腿的同时,上体继续左转,左掌慢慢翻转向前推出,成"单鞭"式(图17-4-103、图17-4-

104)。

要点：与前"单鞭"式相同。

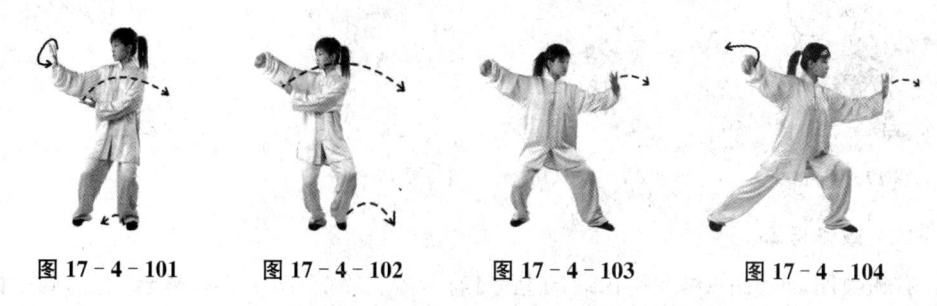

图 17－4－101　　图 17－4－102　　图 17－4－103　　图 17－4－104

第五组

（十二）高探马

1. 右脚跟进半步，身体重心逐渐后移至右腿上；右勾手变成掌，两手心翻掌向上，两肘微屈；同时身体微向右转，左脚跟渐渐离地；眼看左前方（图 17－4－105）。

2. 上体微向左转，面向前方；右掌经右耳旁向前推出，手心向前，手指与眼同高；左手收至左侧腰前，手心向上；同时左脚微向前移，脚尖点地，成左虚步；眼看右手（图 17－4－106）。

要点：上体自然挺直，双肩要下沉，右肘微下垂。跟步移换重心时，身体不要有起伏。

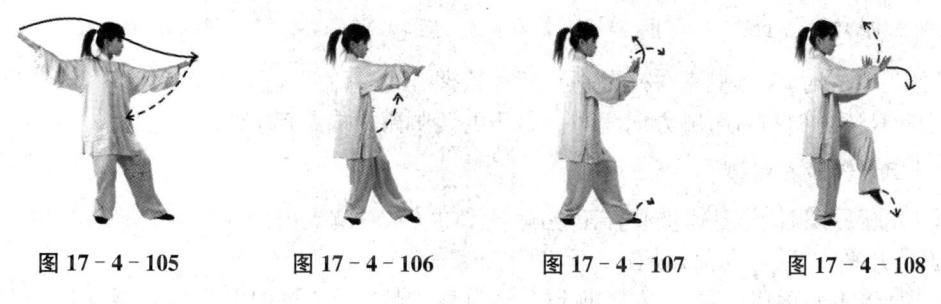

图 17－4－105　　图 17－4－106　　图 17－4－107　　图 17－4－108

（十三）右蹬脚

1. 左手手心向上，前伸至右手腕背面，两手相互交叉，随即向两侧分开并向下划弧，手心斜向下；同时左脚提起向左前侧方进步（脚尖略外撇）；身体重心前移，右腿自然蹬直，成左弓步；眼看前方（图 17－4－107～图 17－4－109）。

2. 两手由外圈向里圈划弧，两手交叉合抱于胸前，右手在外，手心均向后；同时右脚向左脚靠拢，脚尖点地；眼平看右前方（图 17－4－110）。

3. 两臂左右划弧分开平举，肘部微屈，手心均向外；同时右腿屈膝提起，右脚向右前方慢慢蹬出，眼看右手（图 17－4－111、图 17－4－112）。

要点：身体要稳定，不可前俯后仰。两手分开时，腕部与肩齐平。蹬脚时，左腿微屈，右脚尖回勾，劲使在脚跟。分手和蹬脚须协调一致。右臂和右腿上下相对。如面向南起势，蹬脚方向应为正东偏南（约 30 度）。

图 17-4-109 　　　　图 17-4-110 　　　　图 17-4-111 　　　　图 17-4-112

（十四）双峰贯耳

1. 右腿收回,屈膝平举,左手由后向上,向前下落至体前,两手心均翻转向上,两手同时向下划弧分落于右膝盖两侧;眼看前方(图 17-4-113、图 17-4-114)。

2. 右脚向右前方落下,身体重心渐渐前移,成右弓步,面向右前方;同时两手下落,慢慢变拳,分别从两侧向上、向前划弧至面部前方,成钳形状,两拳相对,高与耳齐,拳眼都斜向内下(两拳中间距离 10~20 厘米);眼看右拳(图 17-4-115、图 17-4-116)。

图 17-4-113 　　　　图 17-4-114 　　　　图 17-4-115 　　　　图 17-4-116

要点:完成时,头颈挺直、松腰松胯、两拳松握、沉肩垂肘,两臂均保持弧形。双峰贯耳式的弓步和身体方向与右蹬脚方向相同。弓步的两脚跟横向距离同"揽雀尾"式。

（十五）转身左蹬脚

1. 左腿屈膝后坐,身体重心移至左腿,上体左转,右脚尖内扣;同时两拳变掌,由上向左右划弧分开平举,手心向前;眼看左手(图 17-4-117、图 17-4-118)。

2. 身体重心再移至右腿,左脚收到右脚内侧,脚尖点地;同时两手由外圈划弧合抱于胸前,左手在外,手心均向后;眼平看左方(图 17-4-119、图 17-4-120)。

3. 两臂左右划弧分开平举,肘部微屈,手心均向外;同时左腿屈膝提起,左脚向前方慢慢蹬出;眼看左手(图 17-4-121、图 17-4-122)。

要点:与右蹬脚式相同,只是左右相反。左蹬脚方向与右蹬脚成 180 度(即正西偏北,约 30 度)。

图 17-4-117　图 17-4-118　图 17-4-119　图 17-4-120 　图 17-4-121　图 17-4-122

第六组

(十六) 左下势独立

1. 左腿收回平屈，上体右转；右掌变成勾手，左掌向上、向右划弧下落，立于右肩前，掌心斜向后；眼看右手(图 17-4-123、图 17-4-124)。

2. 右腿慢慢屈膝下蹲，左腿由内向左侧(偏后)伸出，成左仆步；左手下落(掌心向外)向左下顺左腿内侧向前穿出；眼看左手(图 17-4-125，图 17-4-126)。

要点：右腿全蹲时，上体不可过于前倾。左腿伸直，左脚尖须向内扣，两脚脚掌全部着地。左脚尖与右脚跟踏在中轴线上。

图 17-4-123   图 17-4-124   图 17-4-125   图 17-4-126

3. 身体重心前移，左脚跟为轴，脚尖尽量向外撇，左腿前弓，右腿后蹬，右脚尖内扣，上体微向左转并向前起身；同时左臂继续向前伸出(立掌)，掌心向右，右勾手下落，勾尖向后；眼看左手(图 17-4-127)。

4. 右腿慢慢提起平屈，成左独立式；同时右勾手变掌，并由后下方顺右腿外侧向前弧形摆出，屈臂立于右腿上方，肘与膝相对，手心向左；左手落于左胯旁，手心向下，指尖向前；眼看右手(图 17-4-128、图 17-4-129)。

要点：上体要挺直，独立的腿要微屈，右腿提起时脚尖自然下垂。

图 17-4-127    图 17-4-128    图 17-4-129

(十七) 右下势独立

1. 右脚下落于左脚前，脚掌着地，然后以左脚前掌为轴脚跟转动，身体随之左转；同时左手向后平举变成勾手，右掌随着转体向左侧划弧，立于左肩前，掌心斜向后；眼看左手(图 17-4-130、图 17-4-131)。

图17-4-130　　图17-4-131　　图17-4-132　　图17-4-133

2. 同"左下势独立"2.解，只是左右相反（图17-4-132、图17-4-133）。
3. 同"左下势独立"3.解，只是左右相反（图17-4-134）。
4. 同"左下势独立"4.解，只是左右相反（图17-4-135、图17-4-136）。

要点：左脚尖触地后必须稍微提起，然后再向下仆腿。其他均与"左下势独立"相同，只是左右相反。

图17-4-134　　图17-4-135　　图17-4-136

第七组

（十八）左右穿梭

1. 身体微向左转，左脚向前落地，脚尖外撇，右脚跟离地，两腿屈膝成半坐盘式；同时两手在左胸前成抱球状（左上右下）；然后右脚收到左脚的内侧，脚尖点地；眼看前臂（图17-4-137、图17-4-138）。

2. 身体右转，右脚向右前方迈出，屈膝弓腿，成右弓步；同时右手由脸前向上举并翻掌停在右额前，手心斜向上；左手先向左下再经体前向前推出，高与鼻尖平，手心向前；眼看左手（图17-4-139～图17-4-141）。

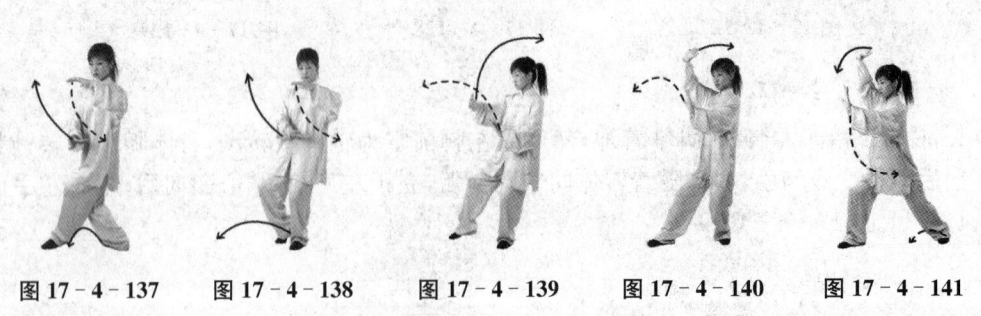

图17-4-137　　图17-4-138　　图17-4-139　　图17-4-140　　图17-4-141

3. 身体重心略向后移，右脚尖稍向外撇，随即身体重心再移至右腿，左脚跟进，停于右脚内侧,脚尖点地;同时两手在右胸前成抱球状(右上左下);眼看右前臂(图17-4-142、图17-4-143)。

4. 同2.解,只是左右相反(图17-4-144～图17-4-146)。

图17-4-142 　图17-4-143 　图7-4-144 　图17-4-145 　图17-4-146

要点:完成姿势面向斜前方(如面向南起势,左右穿梭方向分别为正西偏北和正西偏南,均约30度)。手推出后,上体不可前俯。手向上举时,防止引肩上耸。一手上举一手前推,要与弓腿松腰上下协调一致。做弓步时,两脚跟的横向距离同搂膝拗步式,保持在30厘米左右。

(十九) 海底针

右脚向前跟进半步,身体重心移至右腿,左脚稍向前移,脚尖点地,成左虚步;同时身体稍向右转,右手从右耳旁斜向下方插出,掌心向左,指尖斜向下;与此同时,左手向前,向下划弧落于左胯旁,手心向下,指尖向前;眼看前下方(图17-4-147、图17-4-148)。

要点:身体要先向右转,再向左转。完成姿势后,面向正西。上体不可太前倾。避免低头和臀部外凸。左腿要微屈。

(二十) 闪通臂

上体稍向右转,左脚向前迈出,屈膝弓腿成左弓步;同时右手由体前上提,屈臂上举,停于右额前上方,掌心翻转斜向上,拇指朝下;左手上起经胸前推出,高与鼻尖平,手心向前;眼看左手(图17-4-149～图17-4-151)。

要点:完成姿势上体自然挺直、松腰、松胯;左臂不要完全伸直,背部肌肉要伸展开。推掌、举掌和弓腿动作要协调一致。弓步时,两脚跟横向距离同"揽雀尾"式(不超过10厘米)。

图17-4-147 　图17-4-148 　图17-4-149 　图17-4-150 　图17-4-151

第八组

(二十一) 转身搬拦捶

1. 上体后坐,身体重心移至右腿上,左脚尖内扣,身体向右后转,然后身体重心再移至左腿上;与此同时,右手随着转体向右、向下(变拳)经腹前划弧至左肋旁,拳心向下;左掌上举于头前,掌心斜向上;眼看前方(图17-4-152、图17-4-152附)。

2. 向右转体,右拳经胸前向前翻转撇出,拳心向上;左掌落于左胯旁,掌心向下,指尖向前;同时右脚收回后(不要停顿或脚尖点地)即向前迈出,脚尖外撇;眼看右拳(图17-4-153、图17-4-153附)。

图17-4-152　　　图17-4-152附　　　图17-4-153　　　图17-4-153附

3. 身体重心移至右腿上,左脚向前迈一步;左手上起经左侧向前上划弧拦出,掌心向前下方;同时右拳向右划弧收到右腰旁,拳心向上;眼看左手(图17-4-154、图17-4-155)。

4. 左腿前弓成左弓步,同时右拳向前打出,拳眼向上,高与胸平,左手附于右前臂里侧;眼看右拳(图17-4-156)。

要点:右拳不要握得太紧。右拳回收时,前臂要慢慢内旋划弧,然后再外旋停于右腰旁,拳心向上。向前打拳时,右肩随拳略向前引伸,沉肩垂肘,右臂要微屈。弓步时,两脚横向距离同"揽雀尾"式。

图17-4-154　　　　图17-4-155　　　　图17-4-156

(二十二) 如封似闭

1. 左手由右腕下向前伸出,右拳变掌,两手手心逐渐翻转向上慢慢分开回收;同时身体后坐,左脚尖翘起,身体重心移至右腿;眼看前方(图17-4-157～图17-4-159)。

2. 两手在胸前翻掌,向下经腹前再向上、向前推出,腕部与肩平,手心向前;同时左腿前弓成左弓步;眼看前方(图17-4-160、图17-4-161)。

要点:身体后坐时,避免后仰,臀部不可凸出。两臂随身体回收时,肩、肘部略向外松开,不要直着抽回。两手推出宽度不要超过两肩。

图 17－4－157 　　图 17－4－158 　　图 17－4－159 　　图 17－4－160 　　图 17－4－161

（二十三）十字手

1. 屈膝后坐，身体重心移向右腿，左脚尖内扣，向右转体；右手随着转体动作向右平摆划弧，与左手成两臂侧平举，掌心向前，肘部微屈；同时右脚尖随着转体稍向外撇，成右侧弓步；眼看右手（图 17－4－162～图 17－4－164）。

2. 身体重心慢慢移至左腿，右脚尖内扣，随即向左收回，两脚距离与肩同宽，两腿逐渐蹬直，成开立步；同时两手向下经腹前向上划弧交叉合抱于胸前，两臂撑圆，腕略高于肩平，右手在外，成十字手，手心均向后；眼看前方（图 17－4－165、图 17－4－166）。

图 17－4－162 　　图 17－4－163 　　图 17－4－164 　　图 17－4－165 　　图 17－4－166

要点：两手分开和合抱时，上体不要前俯。站起后，身体自然挺直，头要微微上顶，下颌稍向后收。两臂环抱时须圆满舒适，沉肩垂肘。

（二十四）收势

两手向外翻掌，手心向下，两臂慢慢下落，停于身体两侧；眼看前方（图 17－4－167、图 17－4－168）。

要点：两手左右分开下落时，要注意全身放松，同时气也徐徐下沉（呼气略加长）。呼吸平稳后，把左脚收到右脚旁再走动休息。

图 17－4－167 　　图17－4－168

第十八章 跆拳道运动

第一节 跆拳道运动概述

视频 起源和发展

一、跆拳道起源和发展

跆拳道是起源于朝鲜半岛的一项运用手脚技术进行格斗的民族传统体育项目,距今已有2000多年的历史。跆拳道的"跆"代表腿的技术体系;"拳"代表手和躯干的技术体系;"道"代表的是思想体系和训练方法,是通过对肉体的磨炼达到崇高的精神境界的一种现代体育。

1955年4月11日,崔泓熙将军将唐手、空手、拳法、韩国古典武道等各种叫法不同的武道统一为跆拳道。1961年9月,韩国成立了唐手道协会,后更名为跆拳道协会。1966年,韩国成立了第一个国际性跆拳道组织——国际跆拳道联盟(简称ITF)。1973年5月,在韩国首尔成立了第二个跆拳道联盟——世界跆拳道联合会(简称WTF)。1975年,世界跆拳道联合会被接纳为国际体育联盟正式委员。1980年,国际奥委会正式承认了世界跆拳道联合会。2000年悉尼奥运会上,跆拳道成为正式的奥运会比赛项目。

二、跆拳道的内容和分类

现代跆拳道主要有两种类型:一种是以参加比赛为目的的竞技跆拳道,它是奥运会正式比赛项目,主要以腿法为主,在比赛中禁止用拳击打对手的头面部,不能使用膝、肘的击打动作,不能抱摔对手;另一种是武道跆拳道,也被人们称为大众跆拳道,它的训练内容比较丰富,包括踢、打、摔、拿等格斗技术以及品势、功力测试、特技表演等。它不但能使用拳击打对手面部,而且还能摔、擒拿制服对手。

三、跆拳道的礼仪

跆拳道的礼仪是指练习者从内心深处溢出的、自然的、表现在人的行为上的、高尚的、有价值的举动。跆拳道练习者在学习技术训练之前,首先要学习的是跆拳道的礼仪知识,只有懂得了跆拳道的礼仪知识,才可以练好跆拳道,从而达到最高境界。跆拳道礼仪的学习对于一个跆拳道练习者来说非常重要。谦虚和正确的言语、忍让和友好的态度、虚心和好学的作风,是跆拳道练习者应当遵循的重要礼仪。

跆拳道推崇"以礼始,以礼终"的尚武精神,它贯穿了"礼义、廉耻、忍耐、克己和百折不屈"的根本宗旨。跆拳道运动极其重视礼仪,它是以敬礼的形式体现出来的,要求练习者在学习与训练中一定要严格遵守礼仪,要学会敬礼。跆拳道中的敬礼表示尊重、礼貌、友好、谦虚和感谢,是一种内心思想的外在表达方式。跆拳道的敬礼要求是:身体面向对方,并步直立,两臂自然置于身体两侧,上体前倾15度,头部前倾45度,目视地面稍停后,还原成直立姿势,行礼完毕。

四、跆拳道的特点

(一)以腿法为主,拳脚并用

由于竞赛的需要、规则的限制和跆拳道进攻方法的特点,使得跆拳道以腿法攻击为主。据统计,在跆拳道技术当中,腿法约占总技法的70%。腿击无论在攻击范围、攻击力量等方面都远远超过拳法的攻击,而拳法的招式,一般偏重于防守和格挡。

(二)动作追求速度、力量和效果,以击破为测试功力的手段

跆拳道所有动作都以技击格斗为核心,要求速度快,力量大,击打效果好。在功力的检测方面,则以击破力为测试手段。就是分别以拳脚击碎木板等,以击碎的厚度来判定功力。

(三)强调呼吸,发声扬威

在跆拳道练习当中,要求在气势上给人以威严的感觉,练习者常以洪亮并带有威慑力的声音来显示自己的威力。日本有关研究资料证明,人在无负荷工作时,10%的肌肉会由于发声使其收缩速度提高9%,在有负荷工作时更是可以提高14%。这就是为什么比赛当中运动者会发出响亮的喊叫声的原因。在发声的同时停止呼吸,可以使人体内部的阻力减小,提高动作速度,集中精力,使动作发挥出更大的威力。

(四)以刚制刚,方法简练

受跆拳道精神影响,运动者在比赛当中多是直击直打,接触防守,躲闪技术运用得比较少。进攻都采用直线连续进攻,以连贯快速的脚法组合击打对手。防守多采用格挡技术,或采取以攻对攻,以攻代防的技术。

(五)礼始礼终,内外兼修

在任何场合下,跆拳道练习者都要始终以礼相待。练习活动要以礼开始,以礼结束,以养成谦虚、友好、忍让的作风,在道德修养方面不断提高自己。

五、跆拳道比赛规则简介

(一)比赛场地(图18-1-1)

比赛场地为8米×8米水平、无障碍物的场地,比赛场地应铺设有弹性的、平整的专用软垫。必要时,比赛场地可根据实际需要置于高出地面1米左右的平台上。为保证运动者的安全,边界线外应有与地面夹角小于30度的斜坡。

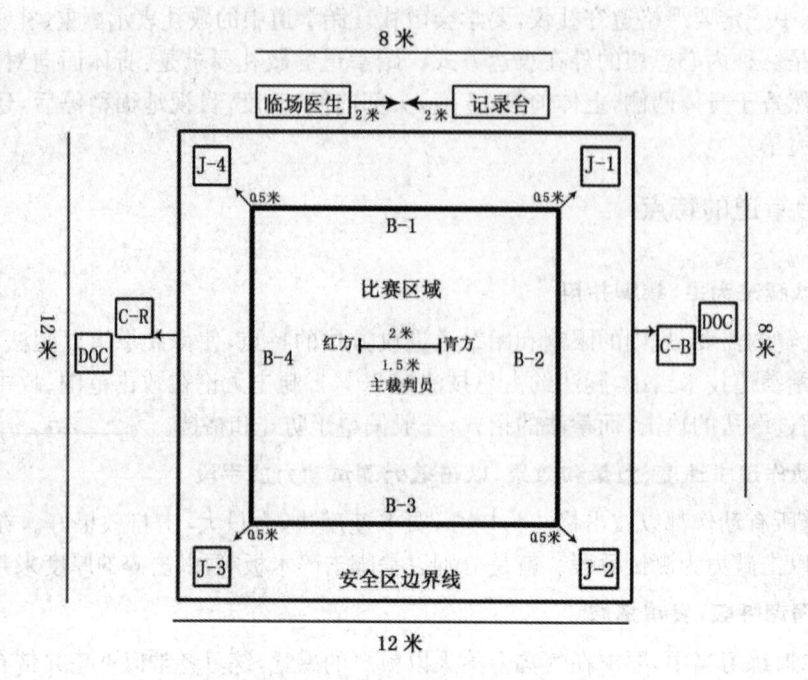

图 18-1-1 跆拳道场地图

1. 比赛场地的划分

(1) 8米×8米的区域称为比赛区。

(2) 比赛场地最外边的线称为边界线。

(3) 比赛记录台和临场医务台面对比赛区的边缘线为第一边界线,顺时针旋转依次为第二、第三、第四边界线。

(4) 比赛场地边界线以外要铺设软垫,保护运动者的安全;尺寸大小可根据比赛地点的实际情况确定,宽度为1~2米。

2. 位置

(1) 主裁判员位置:距离比赛区中心点向第三边界线方向1.5米处。

(2) 边裁判员位置:第一边裁判员在第一、二边界线夹角,面向比赛区中心点向后0.5米处;第二边裁判员在第二、三边界线夹角,面向比赛场地中心点向外0.5米处;第三边裁判员在第三、四边界线夹角,面向比赛场地中心点向外0.5米处;第四边裁判员在第一、四边界线夹角,面向比赛场地中心点向外0.5米处。

(3) 记录员位置:在第一边裁判员位置向后至少2米处。

(4) 临场医生位置:在第一边界线右侧向外至少3米处(记录员位置水平向右6米处)。

(5) 运动者位置:由比赛区中心点面向第一边裁判员左、右各1米处,右侧为青方位置,左侧为红方位置。

(6) 教练员位置:位于本方运动者一侧的边界线中心点向后1米处。

(7) 检查(检录)台位置:检查(检录)台应位于比赛场地入口附近处,检查运动者的比赛护具。

（二）比赛服装

1. 参赛运动者须穿世界跆拳道联合会认可的道服和护具。
2. 参赛运动者应戴好护身、头盔、护裆、护臂、护腿、护齿后进入比赛区，其中，护裆、护臂、护腿应戴在道服里面。运动者可携带经世界跆拳道联合会认可的护具以备自用。除了头盔，运动者头上不许佩戴其他物品。

（三）体重级别

1. 体重分级

级别（国际标准名称）	男 子	女 子
Fin（鳍量级）	54公斤以下	47公斤以下
Fly（蝇量级）	54～58公斤	47～51公斤
Bantam（雏量级）	58～62公斤	51～55公斤
Feather（羽量级）	62～67公斤	55～59公斤
Light（轻量级）	67～72公斤	59～63公斤
Welter（次中量级）	72～78公斤	63～67公斤
Middle（中量级）	78～84公斤	67～72公斤
Heavy（重量级）	84公斤以上	72公斤以上

2. 全运会（奥运会）体重级别

男 子	女 子
58公斤以下	49公斤以下
58～68公斤	49～57公斤
68～80公斤	57～67公斤
80公斤以上	67公斤以上

3. 全国（世界）青年锦标赛体重级别

级别（国际标准名称）	男 子	女 子
Fin（鳍量级）	45公斤以下	42公斤以下
Fly（蝇量级）	45～48公斤	42～44公斤
Bantam（雏量级）	48～51公斤	44～46公斤
Feather（羽量级）	51～55公斤	46～49公斤
Light（轻量级）	55～59公斤	49～52公斤
Welter（次中量级）	59～63公斤	52～55公斤
LightMiddle（轻中量级）	63～68公斤	55～59公斤
Middle（中量级）	68～73公斤	59～63公斤
LightHeavy（轻重量级）	73～78公斤	63～68公斤
Heavy（重量级）	78公斤以上	68公斤以上

（四）比赛时间

每场比赛为 3 局，每局比赛 2 分钟，局间休息 1 分钟。青少年比赛时间可根据情况适当调整。

（五）比赛开始前及结束后的程序

1. 双方相向站立，听到主裁判员发出"立正"和"敬礼"的口令时互相敬礼。要求自然立正，双手握拳置于身体两侧，腰部前屈不小于 30 度，头部前屈不少于 45 度。
2. 主裁判员发出"准备"、"开始"口令开始比赛。
3. 最后一局结束后，运动者相向站在各自指定位置，主裁判员发出"立正"和"敬礼"的口令时互相敬礼，之后等待主裁判员宣布判定结果。
4. 主裁判员举起自己的一侧手臂，宣布同侧方运动者获胜。
5. 运动者退场。

（六）允许的技术和攻击的部位

1. 允许的技术
（1）拳的技术：使用直拳技术攻击。
（2）脚的技术：使用踝骨以下脚的部位攻击。
2. 允许被攻击的部位
（1）躯干：允许使用拳和脚的技术攻击躯干被护具包裹的部分，但禁止攻击后背脊柱。
（2）头部：从两耳向前的头颈的前部，只允许使用脚的技术攻击。

（七）有效得分

1. 有效得分部位：
（1）躯干中部即被护具包裹的躯干部位。
（2）头部即头部允许被攻击的部位。
2. 得分是指使用允许的技术，准确、有力地击中有效得分部位。
3. 有效得分分值：
（1）击中躯干中部得 1 分。
（2）旋转踢技术击中躯干计 2 分。
（3）击中头部计 3 分，主裁判员读秒不追加分。
（4）一方运动者每被判 2 次"警告"或 1 次"扣分"，另一方运动者得 1 分。
4. 比分为三局比赛得分的总和。
5. 得分无效：
（1）攻击后故意倒地。
（2）攻击后有犯规行为。
（3）使用任何犯规动作进攻。

（八）犯规行为

1. 任何犯规行为将由主裁判员判罚。
2. 处罚分为"警告"和"扣分"两种类别。

3. 2次"警告"应给对方运动者加1分,最后1次奇数警告不计入总分。

4. 1次"扣分"应给对方运动者加1分。

5. 犯规行为:

(1) 判罚警告的犯规行为如下。

① 越出边界线。

② 倒地、伪装受伤、转身背向对手逃避进攻等回避比赛的行为。

③ 抓、搂、抱或推对手,用膝部顶撞对手、用拳攻击对手头部或用脚攻击对手腰以下部位。

④ 教练员或运动者使用不合理言语或做出任何不良行为。

(2) 判罚扣分的犯规行为如下。

① 发出"暂停"口令后攻击对手或攻击已倒地的对手。

② 抓住对手进攻的脚将其摔倒,或用手推倒对手。

③ 故意用拳攻击对手面部。

④ 教练员或运动者打断比赛进程或使用过激言语,行为严重违反体育道德。

6. 运动者违背竞赛规则和故意不服从主裁判员时,主裁判员可直接判其"犯规败"。

7. 犯规累计扣4分者,判其"犯规败"。

8. 警告和扣分按三局累计。

9. 主裁判员下达"警告"或"扣分"命令而暂停比赛时,比赛时间在主裁判员发出"暂停"口令的同时而暂停,直到主裁判员发出"继续"口令,比赛继续进行。

(九) 获胜方式

1. 击倒胜(K.O胜):一方运动者用合理的技术击倒另一方而结束比赛。

2. 主裁判终止比赛胜(RsC胜):根据主裁判判断或医生诊断一方运动者在计时1分钟甚至1分钟后难以继续比赛,或不服从主裁判继续比赛的命令时,可判RsC胜。

3. 比分或优势胜(判定胜):

(1) 不同分时,分数领先者胜。

(2) 同分情况下,因扣分造成同分时,三局中得分多者获胜;三局比赛结束,双方出现绝对平分时,加赛一局,采取"突然死亡法"(先得分的一方获胜);如果加赛局仍然打平,主裁判根据三局的比赛情况判定占优者获胜,比赛中表现出的积极主动行为是优势判定的依据。

4. 对方弃权胜(弃权胜):一方因故主动提出放弃比赛或规定时间未到场,另一方则弃权胜。

5. 对方失去资格胜(失格胜):如称重不合格或其他参赛资格不符合规定,另一方则失格胜。

6. 主裁判判罚犯规胜(犯规胜):如被扣分累计达3分(-3)或根据第14条第8款有关规定,判犯规胜。

7. 依据最新出台的规则,一方领先另一方7分时获胜。

(十) 击倒

运动者在比赛中受到合法攻击后,出现以下三种情况之一,将被判"击倒"。

1. 除双脚以外的身体任何部位着地。
2. 身体摇晃,丧失继续比赛的意识和能力。
3. 主裁判员判定运动者受到强烈击打而不能继续比赛。

(十一)"击倒"后的处理程序

1. 运动者被"击倒"时主裁判员采取的处理程序

(1) 主裁判员立即发出"分开"口令暂停比赛,并将进攻运动者置于远处。

(2) 主裁判员大声从"1~10"向被击倒的运动者读秒,每间隔1秒读1次,并用手势在其面前提示时间。

(3) 即使被击倒的运动者在读秒过程中示意可以继续比赛,主裁判员也必须读到"8",使其获得休息,并确认是否恢复,如已恢复就发出"继续"口令继续比赛。

(4) 主裁判员读到"8"时,被击倒的运动者仍无法示意可以继续比赛,则读秒至"10"后宣判另一方运动者"击倒胜"。

(5) 即使1局或整场比赛时间结束,主裁判员也要继续读秒。

(6) 如果双方运动者同时被击倒,有任何一方尚未恢复,主裁判员将继续读秒。

(7) 读秒到"10"后双方运动者均不能恢复,应按"击倒"前的比分判定胜负。

(8) 主裁判员判定一方运动者不能继续比赛,可以不读秒或在读秒过程中宣判另一方运动者获胜。

2. 比赛结束后的处理

因头部受到击打而被"击倒"判负的运动者在随后的30天内参加比赛,须由代表单位指定的医生证明,并由代表单位有资格的领队或者教练担保。

(十二)比赛中断的处理程序

1. 因一方或双方运动者在比赛过程中受伤而使比赛中断,主裁判员采取以下处理程序。

(1) 主裁判员发出"分开"口令,如判断属于因伤比赛中断情况,则发出"计时"口令,记录台同时开始计时1分钟。

(2) 允许运动者在1分钟内接受治疗。

(3) 运动者即使只受轻伤,但1分钟后仍不示意可以继续比赛,主裁判员判其负。

(4) 因"扣分"行为造成一方运动者受伤,1分钟后不能恢复比赛,主裁判员判犯规者负。

(5) 双方运动者同时受伤,1分钟后均不能继续进行比赛时,按受伤前双方得分判定胜负。

(6) 主裁判员判定一方运动者严重受伤,明显神志不清或处于危险状态时,应立即中断比赛,安排急救。如果伤害事故是由"扣分"行为造成的,判犯规者负;如果攻击动作不是"扣分"行为,判不能比赛者负。

2. 如果发生除上述程序以外的、合理的需要中断比赛的情况,主裁判员先发出"分开"口令,再发出"暂停"计时口令,中断比赛。继续比赛则发出"继续"口令。

第二节　跆拳道基本技术

跆拳道的基本技术包括准备姿势、步法、腿法技术、拳法技术及格挡防守技术。

一、准备姿势与原地换步

（一）准备姿势

准备姿势也称实战姿势或格斗式，是跆拳道训练或比赛开始时的基本站立姿势。准备姿势应便于跆拳道步法的移动及腿法的踢击（图18-2-1）。

1. 动作过程

立正姿势站立，双手握拳垂于体侧；以右架准备姿势为例，右脚往后撤一步，两脚前后距离为一步，左右距离为一脚，身体侧对前方。双手握拳正对前方，肘关节紧贴身体；眼睛平视前方，重心在两脚中间，膝关节略弯曲。

2. 注意事项

动作迅速轻盈，手脚一步到位，两脚之间的距离和重心可根据练习者的自身情况进行调整。

（二）原地换步

原地换步是调整左、右准备姿势常用的一项基本技术，常用在对方与自己是闭式站位，自己为了与对方形成开式站位以便有利于击打对方胸腹时，或是为了不让对方的优势腿发挥威力，使对方感到别扭（图18-2-2）。

图18-2-1　准备姿势　　　图18-2-2　原地换步

1. 动作过程

右架站立，两脚原地前后交换，由右架换成左架，左架亦然。

2. 注意事项

重心不宜起伏过大，尽量使重心平稳移动，两脚稍离地即可。

视频 准备姿势＋基本步法

二、步法

步法是指在以准备姿势站立后，向不同方向移动的方法。步法是跆拳道战术重要的组成部分，步法能体现练习者动作的灵活性，在一定程度上决定着其进攻和防守的能力。

（一）上步、后撤步

1. 上步

（1）动作过程：右架站立，右脚向前上一步，成为左架。

（2）注意事项：上步通过向左拧腰转胯完成，两臂在体侧自然上下移动，重心不要上下起伏过大。

（3）实战使用：上步时常用于逼迫对方后撤，或引诱对方进攻，而当对手使用上步时，自己可以立即使用进攻技术攻击对方。

2. 后撤步

（1）动作过程：右架站立，左脚向后撤一步，成为左架。

（2）注意事项：后撤步时重心保持平稳的移动，通过向左拧腰转髋完成，两臂在体侧自然上下移动。

（3）实战使用：后撤步常用在对方使用前横踢时，当对方准备继续进攻时，可使用前腿的侧踢或劈腿阻击对方。

（二）前滑步、后滑步

1. 前滑步

（1）动作过程：右架站立，右脚蹬地，左脚先向前迈一步，右脚快速跟步，保持右架准备姿势。

（2）注意事项：向前滑步时，重心不宜起伏过大，尽量使重心平稳移动，两脚稍离地即可。

（3）实战使用：前滑步常用在快速接近对方以使用横踢或劈腿等进攻动作时；当对方前滑步时，可使用前腿的劈腿或后踢等进攻动作。但是，有时对方使用前滑步是为了引诱自己反击后要调整重心时再进攻得点，此时可随之后撤一步而不被对方所利用。

2. 后滑步

（1）动作过程：右架站立，左脚蹬地，右脚先向后退一步，左脚快速撤步，保持右架准备姿势。

（2）注意事项：向后滑步时，重心不宜起伏过大，尽量使重心平稳移动，两脚稍离地即可。

（3）实战使用：后滑步常使用在对方进攻，需要快速与对方拉开距离时，此时由于自己有一个向后撤的惯性，再用进攻的动作就有一定的难度，一般是使用迎击动作后踢或后旋等。因此，若对方使用后滑步，则要防止对方的阻击动作；如果使用组合动作，在对方滑步时，一般使用侧踢、推踢等动作。

（三）右侧移步、左侧移步

1. 右侧移步

（1）动作过程：第一种步法右架站立，右脚右前方侧向移动，成左架准备姿势；第二种步法是右架站立，右脚向右后方侧移动一步，随之左脚也迅速向右侧移动一步，保持右架准备姿势。

（2）注意事项：一般是将身体重心移向前脚，以利于后腿进攻。

（3）实战使用：主动进攻时，对方反应速度快，则向一侧移动侧移步，诱使对方来不及调整身体重心而不能很好地反击。或是当对方进攻时,自己不向后撤,而使用侧移步与对方贴近使用进攻动作。

2. 左侧移步

(1) 动作过程:第一种步法右架站立,左脚左前方侧向移动,右脚跟进,保持右架准备姿势;第二种步法是右架站立,左脚向左后方侧移动一步,随之右脚也迅速向左侧移动一步,成左架准备姿势。

(2) 注意事项:一般是将身体重心移向前脚,以利于后腿进攻。

(3) 实战使用:主动进攻时,对方反应速度快,则向一侧侧移步,诱使对方来不及调整身体重心而不能很好地反击。或是当对方进攻时,自己不向后撤,而使用侧移步与对方贴近时用进攻动作。

(四) 垫步上前、垫步后退

1. 垫步上前

(1) 动作过程:右架站立,右脚向左脚内侧上步,同时左腿迅速抬起以便进攻。

(2) 注意事项:右脚垫步时,左脚要迅速提起,重心落在右腿上,右膝微屈。

(3) 实战使用:使用垫步上前,主要是在主动进攻时用前腿攻击对方。

2. 垫步后退

(1) 动作过程:右架站立,左脚向右脚内侧退步,同时右腿迅速抬起往后退步。

(2) 注意事项:左脚垫步时,右脚要迅速提起,重心落在左腿上,右脚往后落地。

(3) 实战使用:使用垫步后退,主要是在前腿主动进攻后快速回撤,保持实战姿势。

三、腿法技术

腿法技术是跆拳道的最重要内容,共有八种基本腿法,分别是前踢、横踢、下劈、侧踢、后踢、推踢、勾踢和后旋踢。

视频 腿法技术

(一) 前踢(图 18-2-3)

1. 动作过程

(1) 以左架为例,重心移至右脚,双手握拳置于体侧;

(2) 左脚蹬地,髋关节向右旋转,左腿以髋关节为轴屈膝上提,当大腿抬至水平或稍高时,小腿以膝关节为轴快速向前上方踢出,用脚面击打目标;

(3) 腿弹直后迅速沿原路线回收,将左脚落在前面,撤步成实战姿势。

图 18-2-3 前踢

2. 动作方法

(1) 提膝时,两大腿之间尽量紧贴,直线出腿;
(2) 支撑脚微微外旋,尽量将髋部向前送出;
(3) 小腿在弹直瞬间要有制动过程,使脚产生鞭打效果;
(4) 击打时脚面绷直;
(5) 前踢主要攻击部位有面部、下颌、腹部。

(二) **横踢**(图 18 - 2 - 4)

1. 动作过程

(1) 以左架为例,左脚蹬地,重心前移至右脚;
(2) 左脚屈膝上提,同时髋部略向左转,膝盖朝前,大小腿折叠,脚面绷直,两拳置于胸前;
(3) 右脚掌继续旋转,左腿膝关节向前抬至水平状态,小腿快速向左前横向踢出;
(4) 击打目标后迅速放松收回小腿,左腿落地,撤步成实战姿势。

图 18 - 2 - 4　横踢

2. 动作方法

(1) 膝关节夹紧,向前提膝,尽量走直线;
(2) 支撑脚应该积极配合髋部转动;
(3) 小腿在弹直瞬间要有制动过程,使脚产生鞭打效果;
(4) 击打时脚面绷直,踝关节放松;
(5) 横踢攻击的主要部位有头部、胸部、腹部和肋部。

(三) **下劈**(图 18 - 2 - 5)

图 18 - 2 - 5　下劈

1. 动作过程

（1）以左架为例，左脚蹬地，重心前移至右脚；

（2）左腿以髋关节为轴屈膝上提，随即充分送髋，上提膝关节至胸部，左小腿以膝关节为轴向上伸直，左脚高举过头；

（3）左脚脚面绷直，左腿快速下压，以左脚后跟或脚掌劈击对方头部，身体重心移至左腿，调整重心；

（4）击打后，左腿自然下落，撤步还原成实战姿势。

2. 动作方法

（1）抬脚高举过头，向上送髋，重心往高起；

（2）上提时，左脚自然放松，下劈时要绷紧；

（3）右脚要积极配合身体向前移动，调整身体重心；

（4）可以采用里合腿和外摆腿方式进行攻击；

（5）劈腿主要攻击对方脸部。

（四）侧踢（图18－2－6）

1. 动作过程

（1）以左架为例，左脚蹬地，重心前移至右脚；

（2）右脚以前脚掌为轴脚跟内旋，同时左脚蹬地，左腿以髋关节为轴屈膝提起，髋关节向左旋转，身体左侧侧对对方，两手握拳置于体侧；

（3）左腿以膝关节为轴向前蹬伸，勾脚，展髋，用脚掌外侧攻击对方；

（4）蹬腿后收脚，自然下落，撤步成实战姿势。

2. 动作方法

（1）起腿时大小腿夹紧；

（2）蹬踢时头、肩、腰、髋、膝、腿和踝成一直线；

（3）侧踢动作的主要攻击部位有腹部、肋部、胸部和头面部。

图18－2－6　侧踢

（五）后踢（图18－2－7）

1. 动作过程

（1）以左架为例，重心前移至右脚；

（2）以右脚脚尖为轴，右脚跟外旋，身体向左后方转动，背对对手，同时左脚蹬地后屈膝

提起,左脚贴近右大腿,头部稍向左后方转动,两手握拳置于胸前;

(3) 左脚自右大腿内侧向后方直线踢出,力达脚跟;

(4) 踢击后左脚沿原路线快速收回,还原成实战姿势。

2. 动作方法

(1) 提膝和转身要同时进行;

(2) 身体后转背对对方时要制动,向后蹬腿时,身体不应再有转动;

(3) 头部配合身体同向转动;

(4) 提起左腿时,两大腿之间的距离应尽量小;

(5) 由于对方进攻往往是侧向,所以后踢击打方向应为正后偏右;

(6) 后踢动作的主要攻击部位有腹部、裆部、胸部和头面部。

图 18-2-7 后踢

(六) 推踢(图 18-2-8)

1. 动作过程

(1) 以左架为例,左脚蹬地,重心前移至右脚;

(2) 左脚以髋关节为轴提膝,大腿紧贴腹部,勾脚;

(3) 重心前移,左脚脚掌向前蹬推,推力向正前方;

(4) 蹬推后,左腿自然下落,撤步还原成实战姿势。

2. 动作方法

(1) 提膝后大腿尽量贴近身体;

(2) 重心往前移,利用身体的重量和力量向前推踢;

(3) 推的时候腿往前伸展,送髋;

(4) 推的路线水平往前。

(5) 推踢的主要攻击目标是腹部。

图 18-2-8 推踢

（七）勾踢（图 18-2-9）

1. 动作过程

（1）以左架为例，左脚蹬地，重心前移至右脚；
（2）以右脚前脚掌为轴脚跟内旋，身体向左转动，同时向前提起左大腿，左膝朝左内扣；
（3）左腿伸直，快速向左摆动，同时左小腿快速弯曲，用脚掌横向向左鞭打对方面部；
（4）击打后，左腿自然下落，撤步还原成实战姿势。

2. 动作方法

（1）为增加击打力度，身体先反方向转动，然后快速变向发力；
（2）提膝，伸直，左侧屈膝鞭打动作要连贯快速，没有停顿；
（3）开始抬腿的时候小腿放松，击打的时候小腿和脚掌绷紧；
（4）支撑脚积极配合转动，调整好重心；
（5）勾踢攻击的主要部位是头面部。

图 18-2-9 勾踢

（八）后旋踢（图 18-2-10）

1. 动作过程

（1）以左架为例，以右脚前脚掌为轴脚跟外旋，重心前移至右脚；
（2）身体向右后方转动，同时提起左大腿向斜后方 30 度左右蹬伸，头部向左后方转动；
（3）身体继续旋转，左腿借助旋转的力，向后划半圆形的弧线，快速屈膝用脚掌击打对方头部；
（4）击打后，重心依然在右腿上，左腿自然下落成实战姿势。

图 18-2-10 后旋踢

2. 动作方法

（1）起腿时，要有向斜后方蹬伸的动作；
（2）头部要配合身体转动；

（3）支撑脚要积极配合身体转动，动作流畅，中间没有停顿；
（4）摆腿呈水平弧线，击打点应在正前方；
（5）后旋踢攻击的主要部位是头面部。

第三节　跆拳道基本战术

运动员在比赛中，根据自己和对手的情况，充分发挥自己特长，限制对方特长，为战胜对手而采取的计策和方法即为战术。

跆拳道战术的实质在于使运动员能在跆拳道比赛中依据各种可能发生的情况，运用自己平时训练中所练就的各项技能，最有效地发挥自己的优势去战胜对手。在运用战术的过程中，要树立正确的战术思想，体现以我为主、快速灵活的方针，要遵循跆拳道的技术发展变化规律，使战术训练有明确的目的性。

跆拳道比赛的战术原则，是制订战术计划、实施战术方案必须遵循的准则。主要的战术原则有以下几种。

一、根据跆拳道比赛技术特点的功能设计战术

技术是实现战术的基础，战术又是通过一定的技术动作实现的，不同技术动作的组合，表达了不同的战术意识。因此，根据跆拳道比赛技术动作的特点和功能设计战术是合理、有效地发挥技术的战术原则之一。它能使我们从跆拳道技术的整体性、相对独立性、相关性、动态性、有序性和互变规律性的系统观点出发，正确地制订战术，而不是孤立地、片面地只考虑某一个战术环节和某一个战术动作的技术因素，产生单一的战术方案。跆拳道比赛的技术以踢法为主，制订战术时根据踢法的不同形式、方位、远近、高低以及动作之间的连结规律，按照不同动作的不同作用，充分运用竞赛规则允许的条件，制订不同的战术方案。

二、攻防兼顾的战术原则

跆拳道的比赛紧张、激烈、刺激，如果比赛中只一味讲究进攻或单纯防守，就会攻防失调、顾此失彼。因此，比赛中一定要遵循攻防兼顾的原则，在瞬息万变的激烈对抗中临战不惧、临危不乱，保持合理的攻防节奏和效果。攻防兼顾原则的运用是根据比赛时的具体情况灵活应用的，比赛时如果面对的是强于自己的对手，就要加强防守，运用防守反击战术与对手对抗；如果面对的是弱于自己的对手，就要采取主动进攻战术，争取主动战胜对方。如果两人功力相当时，要攻防兼顾，充分发挥智能，运用适当的战术，做到有序进攻，稳妥防守，抓住战机，猛烈进攻。

三、利用控制与反控制原则

在跆拳道比赛中，经常会遇到这样的情况，就是一名运动员虽然具有较好的专项身体素质和较高的技战术水平，但比赛中被对方控制得不能有效发挥，他的一举一动都被对方有效控制，因而导致比赛的失败。这种控制就是运用技战术扼制对方进攻的有效方法。如果控制能力好，运用技战术合理，就会占据比赛的主动和优势；相反，就会处于劣势和被动。但如

果具有更强的反控制技战术,就会变被动为主动。

四、灵活多变原则

跆拳道赛场上的局势是千变万化的,比赛时如果利用为数不多的战术,甚至采用固定的战术,容易被对方摸到规律,使自己陷入被动挨打的局面。因此,在设计战术和进行战术训练时,要根据比赛中可能发生的情况,多考虑几种战术组合及其相互之间的衔接配合和变化运用。利用多种技战术方法,最大限度地体现不同的进攻方向和进攻点。利用比赛场上的时间、空间、角度、方向和位置,以及真假动作的交替变化,即利用一切可以利用的条件和规则允许,设计和练习灵活多变、多种形式的战术组合、战术意图。而且这些战术一定要有针对性和实效性,否则只有华而不实的技术战术动作组合,形式再多,动作再漂亮,也不可能取得最终的胜利。

五、根据对方的实际情况设计战术

《孙子兵法》曰:"知己知彼,百战不殆。"即只有正确地认识自己,清楚地了解对方的实际情况,才能百战百胜。跆拳道比赛中同样需要运用这一策略。要想战胜对方,就要了解对方的具体实力和各种优缺点,然后针对这些具体情况设计相应的战术,实现运筹帷幄,决胜于比赛之中的战略战术意图。因此,在双方交战前一定要全面了解对手的具体情况。

第十九章 舞龙、舞狮

第一节 舞 龙

龙运动是指舞龙者在龙珠的引导下,手持龙具,随鼓乐伴奏,通过人体运动和姿势的变化,完成龙的舞、游、穿、腾、翻、滚、戏、组图和造型等动作和套式,以展现龙的精、气、神、韵等内容的一项民族传统体育项目。它反映了龙所象征的中华民族团结向上、不屈不挠、喜气祥和的精神风貌。由于舞龙运动不仅场面壮观具有很强的观赏性,而且对锻炼身体的协调性、灵活性、力量、耐力等素质有很大益处。

一、舞龙运动基本技术

根据舞龙运动自身的项目特点,竞技舞龙运动的技术要素包括"形、技、法、情"四个方面的特征。根据舞龙运动的形态动作,将舞龙运动分为:8字舞龙动作类、游龙动作类、穿腾动作类、翻滚动作类和组图造型动作类。

(一) 形

舞龙运动的"形",主要指龙体在运动过程中或在静止状态时所表现出来的整体形象,它要求龙体的姿势要正确,方法要合理。舞龙运动的"形"在整个舞龙的表演和比赛中,占有十分重要的地位,它也是进行舞龙比赛的重要依据之一,同时也是进行舞龙运动教学训练的重点。在进行舞龙教学训练与比赛中,应注意以下几个方面的特征和要求。

1. 龙形的圆

作为舞龙技术形态的第一要素,应该是"圆"。"圆"是中国古代一个重要的审美特征。从舞龙运动来讲,这一特征主要是指龙体在运动过程中,龙节各部位无论是横向运动还是纵向运动,龙体的轨迹都要是圆形的。"以圆为美"成为中国传统审美观念中的普遍认识,这一点在舞龙运动中的体现十分突出,它要求各种动作的完成,都要做到幅度大,动作舒展大方,最大限度地体现出龙体的饱满、游、盘、缠的动作造型。在训练中,为了能达到"龙形的圆",要注意各环节运动员的配合一致,协调运动。

2. 龙形的顺

"顺"是指龙体在运动过程中路线要顺畅,这一特征是对舞龙技术动作的动态要求。"顺"主要是指在完成舞龙技术动作时,龙体的各个部位在运行过程中不能有明显的停顿,尤其是成套动作,快慢、动静、起伏等几个环节的节奏变化要求准确,动作转换时每一名队员都要严格按照动作编排的前后顺序进行。因此,需要运动员在动作完成过程中龙头、龙身、龙尾协调一致、默契配合。只有舞龙的龙体动作路线顺畅了，才能更好地把龙的灵活性表现出来，舞龙的动作才能饱满。从舞龙竞赛的角度看，这是评判舞龙技术熟练程度的一个重要指标。

3. 龙形的连

龙形的连，主要体现在舞龙各动作之间的衔接上。舞龙动作是由许多单个的动作通过过渡动作的连接组合而成的，只有把各个单元的动作完美的连接组合在一起，整套舞龙动作的表演才能体现出龙体的多形之美。龙在舞动时，从视觉上给人的最突出的感觉应该是"线"的流动，要做到种流动，最为关键的环节就是龙形要"连"。因此，在舞龙的比赛中，应该把各类、各级舞龙动作，按照舞龙运动竞赛的编排要求，有机地连接起来，使之更能表现出舞龙运动所要表达的意境。

4. 龙形的灵

"龙形的灵"主要是指在舞龙的过程中，要体现出龙的变化无常、游舞翻腾等灵活的运动特点。所以在舞龙中多以游弋、起伏、腾越、缠绞、穿插等动作，利用人体多种姿态将力度、幅度、速度、耐力等融于舞龙技巧中，或动或静，组成形象优美的龙，展现龙的精气神韵，更好地将龙的灵性充分表现出来。

（二）技

这里的技是指技巧，主要是指舞龙过程中的配合技巧。"技"主要讲究的是以下三种配合，并有这三方面的配合构成其他各种技术的主框架。

1. 龙珠与龙体的配合

龙珠在整个舞龙比赛中起引导和表演的作用。引导主要是指在全场比赛中引导整条龙体运动的路线和方向，并提示做各种动作造型；表演是指龙珠在引导的同时自身又有各种表演。执龙珠者的表演既要突出龙珠的特性又要与龙体运动一致。技术动作一般包括翻、滚、腾、穿、跃等。龙珠与龙体的配合要力求完美、天衣无缝。

2. 运动员与龙体的配合

整套舞龙动作都是由运动员执器械完成的，动作多是一些复杂，交替变化的高难动作，并且要求在比赛规定的时间内完成盘、游、腾、穿、缠、戏等舞龙的运动形式，又要创新出高难度技术及"绝招"动作，因此运动员时刻要把自己看作是龙体的一部分，一个骨节，一片鳞角等，舞龙运动的最高境界就恰似用"心"在舞，在演绎自己的故事。运动员与龙体的配合需要长时间的磨合，日积月累的训练。

3. 音乐与龙体的配合

表演自始至终要有音乐伴奏来烘托气氛，所以音乐的选取至关重要，必须能用音乐来激励队员的情绪，用音乐来表达龙的神态。音乐的旋律，节奏强弱要与舞龙动作的画面协调一致，而且采用民族特色很浓的吹打乐和鼓乐。

（三）法

法是指完成舞龙动作的方法，一般包括步法、舞法和握法。

1. 步法

舞龙的步法有进步、退步、横移步、跃步等。步形有弓步和马步，这些步法在舞龙运动中占有十分重要的地位,步法的灵活多变,为舞龙运动的高难度技术动作的充分发挥奠定了坚实的基础。因此,在舞龙运动中,如果步法和舞龙动作能协调一致,其舞龙的技术水平一定能很好地发挥出来,而且整套舞龙动作表演的效果也一定会达到较高的水平。

2. 舞法

舞龙运动的舞法是舞龙技术水平正常发挥的关键环节,舞龙的所有技术动作都是通过舞龙者的舞法来完成的。通常舞法可分为原地舞法和行进间舞法两种。原地舞法是相对于脚的位置而言,脚始终在同一位置不动,而靠上肢和手的动作完成龙体的运动,如原地"8"字舞龙等。行进间舞法则是在进行位移的同时,利用身体各部位的用力,完成龙体的运动。

3. 握法

握法是指运动员的执把方法,主要方法有:正握法、背握法和换握法等。正握法是体前的执把方法,有左下右上握法(顺握),有右下左上的握法(反握)。正握法多是在进行高难度、快速度的技术动作中使用。背握法是在体后的执把方法,主要是下手置于体后握住把端,上手在头上握住把杆进行舞动的一种方法,这种握法有难度,但表演效果较为精彩,它是在进行一些原地的、速度慢的、负荷较小的技术动作中使用。换握法是在运动中,左右手交替执把或两队员或更多队员间的换握,用于一些速度快的或是一些抛接龙杆的高难度动作中。

(四) 情

舞龙表演和比赛是通过龙体和人体的动作、行为来表现龙的精、气、神、韵味的。它是采用了拟人的手段来表现的。通常好的舞龙表演有很强的艺术表现力。通常一场舞龙表演都有一个主题,整个舞龙表演犹如一个剧本或故事,通过运动员的各种动作将舞龙运动的内涵加以演绎,表达出龙的盘、翻、滚、腾、穿、缠、戏等动作所表达的意向,这就是舞龙表演和比赛的精华所在、情之所在。

二、舞龙运动技术动作的内容分类及分级

目前对舞龙运动的技术分类是,2002年修订的《国际舞龙舞狮竞赛规则裁判法》中形成的目前较为统一的五大类基本动作,即:8字舞龙动作类、游龙动作类、穿腾动作类、翻滚动作类和组图造型动作类。而作为舞龙的整体技术,舞龙运动动作技术还包括龙珠技术和鼓乐技术,但在这三个技术体系中,舞龙技术是整个竞技舞龙技术的核心。

舞龙运动技术动作的分级,现代竞技舞龙运动将其动作的难易程度划分为:A级难度动作、B级难度动作和C级难度动作。

(一) 舞龙技术

1. 8字舞龙动作类

(1) 过程

舞龙者将龙体在人体左右两侧交替做8字环绕的舞龙动作,可快可慢、可定位、可行进,也可以利用人体组成多种姿态,多种方法做8字形状舞龙。

(2) 要求

前后队员距离要适中,龙体运动轨迹要圆顺,人体造型姿态要优美,快舞龙要突出速度、

幅度、力度,给人以力量美的感受。

(3) 重要动作(表 19-1-1)

表 19-1-18 字舞龙类难度动作

8字舞龙类 A 级难度动作	8字舞龙类 B 级难度动作	8字舞龙类 C 级难度动作
① 原地8字舞龙 ② 行进8字舞龙 ③ 单跪舞龙 ④ 套头舞龙 ⑤ 掏脚舞龙 ⑥ 扯旗舞龙 ⑦ 靠背舞龙 ⑧ 横移(跳)步舞龙 ⑨ 起伏8字舞龙	① 原地快速8字舞龙 ② 行进快速8字舞龙 ③ 跪步行进快舞龙 ④ 抱腰舞龙 ⑤ 绕身舞龙 ⑥ 双人换位舞龙 ⑦ 快舞龙磨转 ⑧ 连续抛接龙头横移(跑)步舞龙	① 跳龙接一蹲一躺快舞龙 ② 跳龙接摇船快舞龙 ③ 跳龙接直躺快舞龙 ④ 依次滚翻接单跪快舞龙 ⑤ 挂腰舞龙(两人一组) ⑥ K式舞龙(三人一组) ⑦ 站腿舞龙(两人一组) ⑧ 双杆舞龙(一人持两杆)

2. 游龙动作类

(1) 过程

舞龙者以较大幅度地奔跑行进,通过龙体快慢有致、高低、左右的起伏进行,展现婉转回旋,左右盘翻屈伸绵延龙的形体特征。

(2) 要求

龙体运动循着曲弧线的运动规律,人体姿态协调地随龙体的起伏游动行进,组成一幅幅圆曲美的活动画面。

(3) 主要动作(表 19-1-2)

表 19-1-2 游龙类舞龙难度动作

游龙类舞龙 A 级难度动作	游龙类舞龙 B 级难度动作	游龙类舞龙 C 级难度动作
① 直线行进 ② 曲线行进 ③ 走(跑)圆场 ④ 滑步行进 ⑤ 起伏行进 ⑥ 单侧起伏小圆场 ⑦ 矮步跑圆场 ⑧ 直线(曲线、圆场)行进越障碍	① 快速曲线起伏行进 ② 快速顺逆连续跑圆场 ③ 快速矮步跑圆场越障碍 ④ 快速跑斜圆场 ⑤ 骑肩双杆起伏行进	① 站肩平盘起伏(二周以上) ② 直线后倒、鲤鱼打挺接擎龙行进

3. 穿腾动作类

(1) 过程

龙体运动线路呈纵横交叉形式行进,表现其腾云驾雾、翻江倒海的磅礴气势。龙珠、龙头、龙节依次在龙身下穿过,称"穿越";龙珠、龙头、龙节依次在龙身上越过称"腾越"。

(2) 要求

穿越或腾越时,龙形要保持饱满,速度均匀,运动轨迹流畅,穿腾动作轻松利落,不碰踩龙体,不拖地。

(3) 主要动作(表19-1-3)

表19-1-3 穿腾类舞龙难度动作

穿腾类舞龙A级难度动作	穿腾类舞龙B级难度动作	穿腾类舞龙C级难度动作
① 穿龙尾 ② 越龙尾 ③ 首尾穿(越)肚	① 龙穿身 ② 龙脱衣 ③ 龙戏尾 ④ 连续腾越行进 ⑤ 腾身穿尾 ⑥ 穿尾越龙身 ⑦ 卧龙飞腾 ⑧ 穿八五节 ⑨ 首(尾)穿花缠身行进	① 快速连续穿越行进(3次以上) ② 连续穿越腾越行进(4次以上)

4. 翻滚动作类

(1) 过程

龙体成立圆或斜圆状运动,展现龙的飞腾跳跃的动势。龙体做立圆(或斜圆)状连续运动,当龙身运动到舞龙者脚下时,舞龙者利用跨越、跳跃迅速依次跳过龙身,称"跳龙动作";龙体同时或依次做360度翻转,舞龙者利用滚翻、手翻等方法越过龙身,称"翻滚动作"。

(2) 要求

跳滚动作必须在不影响龙体运动速度、幅度、美感的前提下完成跳滚动作,难度较大,技术要求高,龙体运动轨迹要流畅,龙形要圆顺,运动翻滚技巧动作要准确规范。

(3) 主要内容(表19-1-4)

表19-1-4 翻滚类舞龙难度动作

翻滚类舞龙A级难度动作	翻滚类舞龙B级难度动作	翻滚类舞龙C级难度动作
① 龙翻身	① 快速逆(顺)向跳龙行进(2次以上) ② 连续游龙跳龙(2次以上) ③ 大立圆螺旋行进(3次以上)	① 快速连续斜盘跳龙(3次以上) ② 快速连续螺旋跳龙(4次以上) ③ 快速连续螺旋跳龙磨转(4次以上) ④ 快速左右螺旋跳龙(左右各3次以上) ⑤ 快速连续磨盘跳龙(3次以上)

5. 组图造型动作类

(1) 过程龙体在运动中组成活动的图案和相对静止的龙体造型。

(2) 要求

活动图案画面清晰,静止造型形象逼真,以形传神,以形传意,与龙珠配合协调,组图造型连接、解脱要紧凑、利索。

(3) 主要内容(表19-1-5)

表 19－1－5　8 字舞龙组图造型动作

8 字舞龙类 A 级难度动作	8 字舞龙类 B 级难度动作	8 字舞龙类 C 级难度动作
① 龙门造型 ② 塔盘造型 ③ 尾盘造型 ④ 曲线造型 ⑤ 龙出宫造型 ⑥ 蝴蝶盘花造型 ⑦ 组字造型 ⑧ 龙舟造型 ⑨ 螺丝结顶造型 ⑩ 卧(垛)龙造型	① 上肩高塔造型自转一周 ② 龙尾高翘寻珠、追珠 ③ 首尾盘柱 ④ 龙翻身接滚翻成造型 ⑤ 单臂侧手翻接滚翻成造型	① 大横 8 字花慢行进(成型 4 次以上) ② 坐肩后仰成平盘起伏旋转(一周以上)

（二）龙珠技术

1．龙珠的作用

龙珠技术也是舞龙运动必不可少的技术之一，它在舞龙队伍中占有十分重要的作用，是一支舞龙队的灵魂。持龙珠者，即为舞龙队指挥者，在鼓乐伴奏下，引导舞龙者完成龙的游、穿、腾、跃、翻、滚、戏、缠、组图造型等动作和套式动作，整个过程要生动、顺畅、协调。

2．龙珠的基本结构

龙珠通常是由两部分组成，一部分为龙珠的球体，另一部分为龙珠杆。龙珠的规格：龙珠的球体直径一般规定为 0.33 米～0.35 米，而龙杆的高度一般规定为不低于 1.70 米(含龙珠球体)(图 19－1－1)。

3．龙珠基本技术

龙珠的基本技术主要是由基本步形、基本步法、基本握法、基本手法和基本跳跃等几部分组成。

图 19－1－1　龙珠 　　　　图 19－1－2　弓步

（1）基本步形

① 弓步(图 19－1－2)。动作要领：右脚向前上一大步，前脚尖微内扣，右脚屈膝半蹲，大腿接近水平，膝部约与脚尖垂直；左脚伸直，脚尖内扣，斜向前方，全脚着地；两手持龙珠举

于体侧,目视前方。右脚在前为右弓步,左脚在前为左弓步。要求:挺胸、塌腰、沉髋,前脚弓后脚瞪。前脚尖与后脚跟在一条直线上。

② 半马步(图19-1-3)。动作要领:左脚向左侧横跨一步,脚尖正对前方,右脚脚尖朝外,身体侧对前方,两腿屈膝半蹲,膝部不超过脚尖,大腿接近水平,全脚着地,身体重心落于两腿之间,两手持龙珠抱于胸前,目视龙珠。要求:挺胸塌腰,头正颈直,脚跟外撑。

③ 仆步(图19-1-4)。动作要领:两脚左右开立,右脚屈膝全蹲,大小腿靠近,右脚全脚着地,脚尖和膝关节外展约30~45度;左腿挺直平仆,全脚着地。两手持龙珠抱于胸前,目视龙珠。左腿伸直为左仆步,右脚伸直为右仆步。要求:挺胸、塌腰、沉胯。

图19-1-3 半马步 　　　　图19-1-4 仆步

④ 提膝(图19-1-5)。动作要领:右腿伸直支撑,左腿屈膝提起(过腰),脚面绷直,并垂扣于右腿前侧。两手持龙珠举于头上,目视左前方。要求:身体直立,挺胸、塌腰、收腹。平衡要稳,提膝过腰,脚尖内扣。

(2) 基本步法

步法是指舞龙珠者完成各种双脚移动式的各种方法。舞龙珠者的步法有很多,概括起来主要有以下几种。

① 圆场步(图19-1-6、图19-1-7)。动作要领:两手持龙珠,双脚沿圆形路线连续向前步行,脚跟先着地,然后逐步过渡到脚掌,两脚依次交替,连续行进间完成。要求:两脚依次过渡要连贯,身体重心要平稳。

② 矮步(图19-1-8、图19-1-9)。动作要领:两手持龙珠,两脚屈膝半蹲,两脚向前行步,脚跟先着地,然后逐步过渡到脚掌,两脚依次交替,连续行进间完成。要求:两脚微屈,两脚依次过渡要连贯,身体重心要平稳。

图19-1-5 提膝

图19-1-6 圆场步 　　图19-1-7 圆场步 　　图19-1-8 矮步 　　图19-1-9 矮步

244

③ 碾步（图19-1-10、图19-1-11）。动作要领：（以向右移动为例）两手持龙珠，以左脚脚掌和右脚脚跟为轴辗转，使左脚跟和右脚尖向右移动，然后，再以右脚脚跟和左脚脚掌为轴辗转，使左脚掌和右脚跟向右移动，连续行进间完成。要求：两脚移动的轴心要清楚，动作要连贯，身体重心要平稳。

（3）基本握法

① 端龙珠（图19-1-12）。动作要领：两手持龙珠，手臂微屈，使龙珠杆端平与胸同高，目视龙珠。要求：挺胸塌腰，握把平稳，两肩松沉。

图19-1-10 碾步　　图19-1-11 碾步

② 举龙珠（图19-1-13）。动作要领：两脚并步站立，两手持龙珠上举，使龙珠竖直立于体侧，目视前方。要求：挺胸收腹，两手上举龙珠要紧贴身体。

③ 换把（图19-1-14、图19-1-15）。动作要领：两手持龙珠，手臂微屈，使龙珠杆端平与胸同高；随后上抬龙珠，两手滑动，交换把位，成另一方向的端龙珠姿势。要求：滑动换把时，两手要快速灵活，左右端龙珠要平稳。

图19-1-12 端龙珠 　　图19-1-13 举龙珠 　　图19-1-14 换把 　　图19-1-15 换把

（4）基本跳跃

① 腾空飞脚（图19-1-16）。动作要领：右手后背龙珠，右脚上步，左脚向前、向上摆踢，右脚蹬地跃起，身体腾空。在空中，右腿向前上方弹踢，脚面绷直，左手向前迎击右脚面；同时左脚屈膝，左脚收控于右脚侧，脚面绷直，脚尖向下。要求：身体腾空，击拍动作要准确、响亮，上体正直微向前倾。

② 旋风腿（图19-1-17）。动作要领：右手后背龙珠，左脚向左上步，身体随之左转，右脚随即上步，脚尖内扣，两腿微屈下蹲，重心偏右腿。随后右腿蹬地起跳，左脚提起向左上方摆动，上体向左上方翻转，右腿在空中完成里合腿动作，左手在面前迎击右脚掌，左腿自然下垂。要求：身体腾空，里合腿要靠近身体，击拍动作准确、响亮，动作协调一致。

③ 旋子（图19-1-18）。动作要领：两手持龙珠，左脚向左上步，身体平俯向左甩腰摆动，随即左腿蹬地起跳，身体腾空，两腿随身体向左平旋，上体平俯抬头。然后右脚和左脚先后依次落地。要求：身体腾空时要抬头挺胸，身体呈水平旋转，两腿分开高过水平。

图 19-1-16　腾空飞脚　　　图 19-1-17　旋风腿　　　图 19-1-18　旋子

（三）鼓乐技术

鼓乐，作为烘托舞龙运动气氛的重要组成部分，它与舞龙技术和龙珠技术合称为舞龙运动三大技术主体。舞龙的配乐器材通常可分为鼓、锣、小锣、钹、唢呐以及现代电子琴等乐器，共同组合敲击以带动场面气势，一般鼓乐搭配至少配大、小鼓各一面，铜大锣一面，铜小锣一面，铜钹一副，唢呐一副。现场的鼓乐伴奏，具有浓郁的民族传统特色。

1. 舞龙运动鼓乐的演奏技巧与方法

（1）鼓的演奏技巧与方法

鼓是锣鼓乐的指挥，以手势与音响相结合掌握锣鼓乐的抑扬顿挫、节奏、力度、速度制造气氛与表达情感，以及起头、转换和结束的作用。不同的锣鼓队，不同的击鼓者所使用的指挥鼓点和手势不尽相同，没有统一的规定。演奏哪一首锣鼓曲，用哪一种鼓点和手势，击鼓者应事先向队员交代清楚，并进行反复练习。鼓的演奏有基本节奏、滚奏、闷击、重击、轻击和加花 6 种。

① 基本节奏。基本节奏是锣鼓队中最常用和最主要的演奏方法，只有掌握了基本节奏才能保障后面的打击方法。

② 滚奏。滚奏是打鼓的重要基本功。它的基本方法是左、右两手交替做急速连续敲击，要求在每分钟速度为 112 拍的乐曲中一拍击 6 槌。乐曲的速度快时，每拍可减成 6 槌或 4 槌；乐曲速度慢时，每拍可增成 10 槌、12 槌或 32 槌。一定要滚得均匀，并保持每拍成偶数。

③ 闷击。要求声音短促干脆，主要有 4 种方法。击鼓后迅速以手按向鼓面，消煞音响。常用于个别出现的或速度较慢时出现的顿音和锣鼓点的急煞处；用右手敲鼓时，左手的中指、无名指和小指放在鼓面上控制音波，使其不向外扩散。在中速敲击连续的顿音时多用此法；用右手敲鼓，左手把鼓槌按在鼓面上，控制余音；无论右手或左手击鼓后，鼓槌不立刻抬起，压在鼓面上以抵制余音扩散。在敲击较快的顿音时多采用此法。

④ 重击。重击又叫急击，为奏重音而用。敲击重击的要点有两个：加强运槌的力度，加快运槌的速度。

⑤ 轻击。轻击又叫缓击，基本方法是减弱运槌的力度和速度。此外，还有三个补充方法：敲鼓面边沿；用手指运槌法；将持槌点向槌尖移动。

⑥ 加花。加花是用来装饰基本节奏的，有双击、两击、三击、四击和五击之分。双击就是左右两手同时击鼓，一般用以加强节奏重音。两击就是单倚音，左手先轻击一下，右手紧接着击一较重的音等。

（2）锣和钹的演奏技巧和方法

① 大锣的敲击方法。敲击方法主要有4种，即：平击、扫锣、煞锣、闷锣。平击，平击时锣槌头部的移动线垂直于锣面，这是在一般情况下的敲锣方法；扫锣，锣槌头部的移动线成椭圆形扫于锣面，这是在快速连续敲击时所用的方法；煞锣，敲击后右手迅速贴于锣面，同时以左手抵住锣的背面。煞锣用于锣或锣鼓点的休止和结尾处；闷锣，闷锣与煞锣的敲法一样，是在连续敲击短促音时使用。

② 钹的敲击方法。敲击方法主要有6种，即：对击、交错击、闷击、速击、吊击、煞音法。对击，两面钹对正互击；交错击，两片钹轮流一上一下交错击；闷击，两片钹成蚌形合击，合击后不要立刻离开，使声音短促；速击，两片钹连续快速互击；吊击，将一片钹吊起来用锣槌敲击；煞音法有两种，一是敲击后迅速将钹刃靠于胸部，另一种是敲击后迅速将手腕扣回使钹面贴于小臂内侧。

另外，除大钹、中小钹击打与大钹类似，另外中小钹还有柔击，即两片钹互相不断摩擦发出连续不断的声响。

2. 舞龙运动鼓乐的组合练习

舞龙运动的配乐器材主要有7种：大鼓、小鼓、大钹、小钹、大锣、小锣、梆子等。在进行舞龙活动时，这7种乐器各司其职，但又要有机地结合在一起。这要根据场上情况的变化而变化。如当龙在出场、退场、跳跃、翻转、穿腾、造型时，音乐都会做出相应反应。因此音乐伴奏对舞龙运动常常起到画龙点睛的作用。

（1）舞龙配乐的组合练习

舞龙无特定音乐，主要是通过打击乐来烘托、渲染气氛。乐器配置因地域而异，不过舞龙的配乐器材一般可分为鼓、锣、钹三种乐器共同组合敲击而带动整场气势，通常最基本至少要配置一面鼓，一面锣，铜钹二副。但在有些地方则稍微不同。舞龙配乐的曲牌有走场乐、大开门、四六八板头、得胜令等。每当舞龙表演开始时，以唢呐为前奏，显示其庄严有气魄；走场时以大钹和小锣伴奏，节奏轻松平和；当表演激烈时，配乐激昂、热烈，并根据套路的变化而改变音乐的强弱。

（2）基本节奏介绍

舞龙配乐可分为三拍、四拍、十拍等基本节奏，练习时可以用拍手练习锣、钹节奏，用拍大腿练习鼓点节奏。

3. 舞龙运动完整演练与鼓乐的配套练习

舞龙运动的整套演练，自然少不了鼓乐的搭配，鼓乐在舞龙运动中占有十分重要的地位，其演奏风格提倡继承和发扬民族传统特色，音乐旋律、节奏强弱要与龙的动作、画面协调一致，以民间传统打击乐为主要伴奏形式，同时亦可采用吹打乐来伴奏。在从事舞龙配乐的教学训练和指导时，要遵循以下原则，先分再合：让舞龙的教学与鼓、锣、钹等乐器的教学分开指导，再合并练习，由个别的教学现行演练，有所成后，再合起来练习；然后由合而分：在共同配合的演练中，找到其缺点，而后分开个别演练；再反复合分：在上面两个原则的基础上，反复分阶段进行，并随时整合各阶段的内容。如此，整套的舞龙内容就可以完全展现，教学训练效果事半功倍。

第二节 舞　狮

舞狮，又称"狮子舞""狮灯""舞狮子"，多在年节和喜庆活动中表演。表演者在锣鼓音乐下，装扮成狮子的样子，做出狮子的各种形态动作。中国民俗传统，认为舞狮可以驱邪辟鬼。故此每逢喜庆节日，例如新张庆典、迎春赛会等，都喜欢敲锣打鼓，舞狮助庆。

狮子在中国人心目中为瑞兽，象征着吉祥如意，从而在舞狮活动中寄托着民众消灾除害、求吉纳福的美好意愿。舞狮历史久远，《汉书·礼乐志》中记载的"象人"便是舞狮的前身；唐宋诗文中多有对舞狮的生动描写。

一、舞狮运动的技术方法

现代舞狮运动是利用人体多种姿态和狮头、狮尾双人配合，在行进动态和静态造型变化中将力度、幅度、速度、耐力等揉于舞狮技巧中，完成各种高难度动作，或动或静，组成优美形象的狮雕塑，表现狮子的勇猛彪悍、顽皮活泼等习性。舞狮动作按其难易程度分为 A 级难度动作、B 级难度动作、C 级难度动作。

A 级难度动作是指舞狮动作中的基础动作和技术较为简单的技巧动作；B 级难度动作是指在 A 级动作上有所发展、有所提高，具有一定难度的技巧动作；C 级难度动作是指必须具有较高的专项身体素质和专项技能才能完成的高难度动作的舞狮技巧动作、组合动作，具有较高的锻炼价值和审美价值。

二、北狮竞赛套路练习

（一）引狮员出场

1. 蹽子、小翻、转向外弓步。
2. 外摆腿、提膝上冲拳、行步、臂取球，前点步亮相。
3. 旋转旋风腿，弓步亮相、转身背向举球。

（二）双狮高举侧滚翻

1. 引狮员抛球，转身弓步亮球。
2. 双狮高举，侧滚翻亮相。

（三）狮跃狮

1. 双狮反向走圆弧。
2. 引狮员先从红狮上方鱼跃。
3. 蓝狮从红狮上方跃过，红狮滚翻。
4. 双狮亮相。

（四）双狮互滚背

1. 引狮员挠球双狮向中碎步靠拢。
2. 引狮员抛球，红狮从蓝狮身上过背翻，亮相。

（五）双狮走小圆一周，狮跃狮头侧滚翻

1. 引狮员引蓝狮走小圆，红狮自走小圆。
2. 引狮员抛球，绕过红狮接球；同时红狮高举，跃蓝狮头向右侧滚翻。
3. 引狮员再抛球，绕过红狮在后场接球，红狮高举跃蓝狮头；蓝狮向左侧滚翻，亮相。

（六）双狮小转花

1. 双狮啃尾一周，引狮员走向前场与红狮相对。
2. 红狮头跃蓝狮的头尾，引狮员在前场抛球后到后场接球。
3. 蓝狮跃红狮的头尾，引狮员在后场举球。
4. 亮相。

（七）双狮探球

1. 引狮员把球放在中心，走圆场，双狮沿大圆走圆场一周，亮相。
2. 双狮走到中央，先用左脚探球，再用右脚探球。

（八）双狮夺球

1. 引狮员在后场原地后空翻。
2. 双狮卧下叼球。
3. 站起来，跳转一周。
4. 引狮员夺下球，双狮后跳亮相。

（九）单狮戏球

1. 蓝狮探球、颠步跳、啃球。
2. 红狮在后场，高举、走步、向前跃，引狮员在红狮后方，同步走动。
3. 当红狮跃起时，引狮员从蓝狮口中取下球。

（十）转跳上跳下

1. 引狮员弓步按球，并步上举。
2. 蓝狮右里合腿，甩尾连续跳上，红狮左里合腿，甩尾连续跳上。
3. 双狮反向旋转跳下卧地，引狮员高台分腿跳，右弓步探球。

（十一）鹞子翻身跳下

1. 引狮员右弓步摇球对蓝狮，当变左弓步对红狮时，摇球逗狮子。双狮站起横跳，在台前亮相、摇头。
2. 引狮员举球时，双狮的狮头跳上平台，视球摇头。
3. 引狮员后空翻同时双狮做鹞子翻身跳下卧地。

4. 引狮员落地面对红狮作弓步戏球,双狮站起来,狮尾下蹲。

(十二)甩尾越台角

1. 引狮员举球,双狮甩尾越台角。
2. 引狮员再回到弓步探球,双狮亮相、摇头。

(十三)倒上山

1. 引狮员转向蓝狮摇球。
2. 引狮员抛球,双狮的狮头做里合腿转身,同时甩尾,狮尾跳下平台,再旋转,狮头跳上台,亮相。
3. 引狮员左弓步托球。

(十四)探球

1. 引狮员弓步逗双狮,双狮用里侧脚探球两次。
2. 双狮亮相。

(十五)啃咬走一周半

1. 引狮员绕过蓝狮,上高台,双狮啃尾一周半。
2. 引狮员下蹲,探球。

(十六)拜四方上高台

1. 双狮跳下台,反弹跳转90度到侧面。
2. 再反弹跳转90度到正面。
3. 再反弹跳上高台。
4. 引狮员下蹲持球,摇动,双狮摇头。
5. 引狮员站起来在高台后部举球,双狮摇头。

(十七)金鸡独立转体270度

1. 引狮员抛接球。
2. 双狮的狮头跳至平台,上双腿。
3. 提单腿,向内旋转270度,同时引狮员在高台上走圆。

(十八)跳下反弹上平台

1. 引狮员指挥若定,双狮跳下地面。
2. 反弹上平台,引狮员弓步探球、摇球。

(十九)舔啃挠

1. 双狮舔里侧腿的毛,从上到下两次。
2. 双狮啃外侧腿的毛,从下向上。
3. 双狮舔腰背毛。
4. 狮尾用外侧腿抓后脑。
5. 双狮亮相。

(二十)跳下反弹上高台

1. 引狮员抛接球。

2. 双狮跳下反弹上高台。

（二十一）360 度跳下

1. 上动不停，引狮员举球。

2. 双狮随上动，从高台立刻转体 360 度跳下。

（二十二）连续上高台

1. 引狮员对蓝狮戏球，双狮狮尾下蹲摇尾。

2. 引狮员高台侧翻下，双狮同时连续跳上。

3. 引狮员弓步斜举球，双狮头在高台上摇头。

（二十三）甩尾上高台

1. 引狮员对蓝狮戏球。

2. 引狮员抛接球，同时双狮甩尾上高台，双狮亮相。

3. 引狮员成右弓步举球。

（二十四）跳下，回头跳上高台

1. 引狮员在蓝狮侧摇球，双狮摇头。

2. 引狮员抛球，蓝狮的狮头向前跳下，至平台立即反弹，向左转体 180 度上高台，红狮动作与蓝狮相同，双狮同时开始和结束动作。

3. 引狮员在蓝狮头前方举球。

（二十五）金鸡独立转体 360 度

1. 引狮员抛接球。

2. 双狮上腿，金鸡独立，向左旋转一周后回落成开始姿势。

（二十六）飞越高台

1. 引狮员在蓝狮前抛接球。

2. 双狮的狮头跳下落平台，反弹跳转 180 度，落另一平台，在反弹转体 180 度上高台。红狮与蓝狮动作相同，双狮同时完成动作。引狮员弓步托球。

（二十七）高台啃尾走两周

1. 引狮员绕高台走一周。

2. 双狮互戏尾两周。

3. 亮相。

（二十八）荷花开放

1. 双狮的狮尾互抱对方狮头的双腿，狮头仰身躺与肩平，狮尾者转动三周。

2. 引狮员从后台跳上右侧平台举球。

3. 双狮头回落。亮相。

4. 引狮员在平台上走一周，旋子转体下，右弓步托球亮相。

（二十九）双狮高台跳下，落地侧滚翻

1. 引狮员走到高台正前方，抛接球。

2. 双狮调整位置，红狮在高台的右侧，双狮摇头，跳下时，分别向外侧滚翻，站起时亮相。

（三十）高举

1. 引狮员引双狮向前走，狮头跳起，狮尾托起上举。

2. 落地亮相。

第二十章 体操运动

第一节 体操运动概述

"体操"一词来源于古希腊语"Gymnostike",即"裸体操练"之意的简称。因为古希腊人在锻炼身体时都是赤身裸体的。这种所谓的"体操"并非是现代体操的概念,而是体育的总称。

在"体育"一词代替泛指一切身体操练的"体操"之后,体操便有其专门的现代体操的概念,即体操是以徒手、持轻器械和在特定的器械上通过不同方式完成各种类型动作的身体操练。

本节主要对体操运动的发展概况,体操练习的保护与帮助等内容,以章后二维码的形式做简要介绍,读者可以扫码观赏。

第二节 基本体操

基本体操是以徒手或借助各种器械进行的各种简易练习,是发展一般身体能力的体操。其目的是锻炼身体、增进健康、增强体质、促进身体全面发展、提高工作能力等。其主要内容包括队列队形练习、徒手体操、轻器械体操、专门器械体操等。读者可扫本章末的二维码浏览精彩内容。

第三节 竞技体操

竞技体操起源于欧洲。早在19世纪初,就出现了以器械练习和军事游戏为基础的德国体操,以教育体操、医疗体操为主的瑞典体操,以及以发展身体素质为主的丹麦体操这三个不同的流派。1881年欧洲成立了"欧洲体操联合会"。1896年在"欧洲体操联合会"的基础上,又成立了"国际体操联合会",同年在希腊雅典举行的第1届奥运会上,体操被列入竞技项目之一。本节内容主要是竞技体操的技巧、低单杠、双杠、支撑跳跃等做简要介绍,详细内容及视频资源扫以下二维码可见。

阅读 体操运动　　视频 鱼跃前滚翻　　视频 肩肘倒立

第二十一章 健美操运动

第一节 健美操运动概述

一、健美操运动的概念与分类

健美操是在音乐伴奏下,运用各种不同类型的操化动作,集体操、舞蹈、音乐为一体的身体练习,既是健身美体陶冶情操的大众健身方式,又是竞技运动的一个项目。

健美操源远流长,它起源于生活及人们对人体健美的追求,是体操、舞蹈、音乐逐步发展和结合的产物。

20世纪80年代以来,健美操以其强大的生命力风靡世界。美国是对现代健美操的发展具有较大影响的国家,代表人是电影明星简·方达。她根据自己健身的体会和经验编写了《简·方达健美术》,自1981年出版后引起了世界的轰动。她从"节食""药物"等减肥法的失败中吸取了教训,走上以体育锻炼,特别是用健美操来保持身体健美的道路。她以自己的现身说法,对健美操在世界范围内的推广做出贡献。

健美操不仅在美、英、法等国家迅速发展,在苏联和其他东欧国家也相当普及。苏联早已把健美操列入大、中、小学的体育教学大纲。在亚洲,日本、菲律宾、新加坡等国家和地区也建有许多健美操活动中心及健身俱乐部。

20世纪70年代末,健美操热传到了我国。当时北京、上海、广州等地纷纷举办了各种健美操训练班,培养出了一批骨干。接着各种新闻媒介介绍了国外各种类型的健美操,逐步地推动了健美操运动在我国的广泛开展。

1984年原北京体育学院成立了健美操研究室,接着上海体育学院成立了健美操研究室,率先开设了健美操课程,一些大专院校也根据国家教委对高校体育教学的要求,逐渐开设了健美操普修课或选修课。目前健美操已成为我国各级各类体育或课外活动中一项深受师生欢迎的教学内容和锻炼方式。

根据健美操的目的任务,可以将其分为健身健美操和竞技健美操两大类。

二、健美操的特点

健美操与其他体育锻炼方式相比较,有以下三个主要特点。

(一)健身美体的实效性

健美操是根据人体解剖学、运动生理学、体育美学等多学科理论,为使人体健康健美的发展而编排的。因此,它的动作内容丰富,成套的健美操一般都包括身体各个部位的运动,与基本体操相比,健美操对人体各关节灵活性的锻炼更加突出。例如,北京体育大学健美操研究室创编的《全国健美操大众锻炼标准》等级规定动作,对全身关节的作用次数均达上千次,形式多样、美观大方,健美操不但选用了徒手体操中的基本动作进行艺术加工,而且吸收了舞蹈、武术等艺术性强的动作加以改编操化,单个动作都有其针对性,每一套操都有一定的运动负荷,对人的身心影响较为全面,因此,可起到健身美体的实效。

(二) 鲜明的节奏感和韵律感

健美操必须在音乐伴奏下进行练习,音乐是健美操的灵魂。与艺术体操相比,健美操音乐多取材于迪斯科、爵士、摇滚等现代音乐和具有上述特点的民族乐曲,使健美操体现出一种鲜明的现代韵律感。此外,鲜明、清晰的节奏,能使人产生一种轻松愉快的感觉,既使人得到了美的享受,又提高了健美操的协调性、节奏感韵律感和表现力。

(三) 广泛的群众性

健美操是时代的产物,它给人们带来热情奔放的情感体验,符合现代人追求健美、自娱、自乐的需要,因此深受广大群众的喜爱。同时由于健美操(尤其是健身健美操)运动难度可以选择,不同年龄、性别、形体、素质、个性、气质的练习者都可酌情择项参加锻炼,并通过训练增强体质,因而为男女老幼所接受。此外,对场地、器材条件要求不高,练习起来简便安全,适合不同地区,不同条件的单位和部门开展,具有广泛的群众性。

三、健美操比赛规则简介

(一) 健身健美操比赛

健身健美操分规定动作比赛与自选动作比赛。规定动作比赛主要强调动作的准确性、熟练性、动作整齐一致性及精神面貌和团队精神。自选动作比赛在完成方面与规定动作比赛的要求相仿,不同之处在于编排及其创意。成套编排突出艺术性与安全性。其中艺术性包括:主题健康,充满活力,富有激情;编排新颖,有创意;动作类型丰富,动作的转换自然流畅;充分利用场地和空间;队形变化新颖。安全性主要指成套动作中没有对身体造成伤害的因素(不安全的动作);不鼓励在成套动作中出现竞技健美操的难度动作,如果出现将不予加分,并对出现的错误进行扣分,可见健身健美操比赛强调的是其健身性。

(二) 竞技健美操比赛

正规的健美操比赛分为男子单人,女子单人,混合双人、三人、六人共计5个比赛项目,其中三人与六人没有性别的规定。按照规则的要求,每套比赛动作必须包括难度动作、操化组合与过渡连接动作三部分,每部分都有具体的规定。例如,选择的难度必须含有4组难度类型,即动力性力量组(俯卧撑、旋腿等)、静力性力量组(支撑与水平)、跳与跃组、平衡与柔韧组,每缺一组动作就要扣去1分。操化动作组合是指多种步法和手臂动作演绎的多元化、复杂化的配合形式。这些遍布在成套动作中的操化组合能充分显示运动员高水准的身体协调能力。过渡连接动作在难度与难度之间、难度与操化动作之间具有连接与过渡的作用。

(三) 数字规则

健美操规则的部分数字化体现了评分的量化标准,量化标准保证了裁判评分的客观性与公正性。

1. 场地大小：单人、双人和三人操为 7 米×7 米；六人操为 10 米×10 米，健身健美操场地是 12 米×12 米；出界按人次扣分。

2. 成套时间：竞技健美操为 1 分 45 秒，并有加减 5 秒的范围；健身健美操比较灵活，一般在 3～5 分钟，时间不足或超过均酌情扣分。

3. 难度规定：成套最多 12 个难度，其中最多 6 个地面难度，2 个俯撑落地难度。违反该规定，每次扣 1 分。有 4 组难度类型，难度级别从 0.1～1.0 分不等。国际比赛难度价值至少在 0.3 分以上。

4. 拖延出场：运动员被叫后 20 秒内未出场，被扣 0.5 分，60 秒内未出场，视为弃权。

5. 总分值＝艺术分（最高 10 分）＋完成分（最高 10 分）＋难度分。

6. 其他：除单人操外，其他项目要有 3 次托举动作，多于或少于 3 次都要扣 1.0 分/次。

第二节　健美操基本动作与技术

一、健美操术语

（一）动作方法术语

1. 立：两腿站立的姿势。有并腿立、分腿立、提踵立、点地立、单腿立等。

2. 蹲：两腿站立的姿势。半蹲，屈腿小于 90 度。

3. 点地：一腿伸直或屈膝站立，另一腿脚尖或脚跟触地的姿势，身体重心在主力腿。有向前、侧、后点地。

4. 弓步：一腿屈膝，另一腿伸直，身体重心在两腿之间的站立姿势。一般常用的有前弓步和侧弓步。

5. 踢腿：一腿站立，另一腿做加速有力的摆动动作。有向前踢腿、侧踢腿、后踢腿。

6. 吸腿：一腿站立，另一腿屈膝向上抬起动作。有向前、向侧吸腿。

7. 平衡：一腿站立，另一腿抬起并保持一定时间的动作。

8. 举：臂或腿抬起并固定在某一方位上的姿势。

9. 屈：使关节角度缩小的动作。

10. 摆动：臂或腿在某一平面内，自然地有某一部位匀速运动到另一部位的动作。有前后摆动、左右摆动、上下摆动等。

11. 振：臂或上体做大幅度的加速摆动。

12. 绕：身体某一部位摆至 180 度以上，360 度以内的动作。

13. 绕环：身体某一部位摆至 360 度以上的动作。

14. 跪：屈膝并以膝着地的姿势。有跪立、单腿跪、立跪、坐跪撑等。

15. 撑：手着地并承担身体重量的姿势。有俯撑、蹲撑、仰撑等。

（二）肢体关系术语

1. 同侧：同一侧的上肢和下肢动作的配合。

2. 异侧：不同侧的上肢和下肢动作的配合。

3. 同时:上肢和下肢同时做动作。
4. 依次:上肢或下肢相继做同样的动作。
5. 双侧:两臂同时做同的动作或下肢依次做相同的动作。
6. 单侧:一只手臂做动作或只做一个方向的动作。
7. 对称:两臂同时做相同的动作或下肢依次做不同方向但相同的动作。
8. 不对称:两臂同时做不同的动作或下肢依次做不同的动作。

(三)方向、移动术语(图 21-2-1)

1. 移动:身体向着相应方向的参考点运动的方式。
2. 向前:向着前方参考点的方向运动。
3. 向后:向着后方参考点的方向运动。
4. 向侧:向着身体侧面的方向运动。
5. 原地:无移动,或在 4 拍内回到原来的地方。
6. 转体:身体绕垂直轴转动。

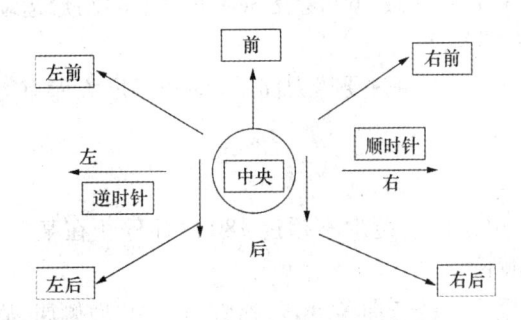

图 21-2-1 跆拳道场地图

二、健美操基本动作

(一)手形

健美操手形有多种,是从芭蕾舞、现代舞、迪斯科、武术中吸收和发展来的。手形是手臂动作的延伸和表现,运用得好,会使健美操动作更加丰富多彩,生动活泼,更具有感染力(图 21-2-2)。

1. 分开式:五指用力伸直,充分张开。
2. 花式:在分开式的基础上,小指伸直向掌心回弯到最大限度,无名指随小指回弯。
3. 立掌式:五指伸直,手掌用力上翘。
4. 西班牙舞手式:五指用力,小指、无名指、中指自掌指关节处依次屈,拇指稍内扣。
5. 拳式:握拳,指关节弯曲,拇指在外,紧贴于食指和中指。
6. 并拢式:五指伸直,相互并拢。大拇指微屈,指关节贴于食指旁。

图 21-2-2

（二）身体各部位基本动作

1. 头、颈动作

（1）屈：指头颈关节角度的弯曲，包括前屈、后屈、左屈、右屈。

（2）转：指头以颈部绕身体垂直轴的转动，包括左转、右转。

（3）绕：指头以颈为轴心的弧形运动，包括左绕、右绕。

（4）绕环：指头以颈为轴心的圆形运动，包括左右绕环。

要求：上体保持正直，头颈移动的方向要准确，颈部被动肌群充分伸展。

2. 肩部动作

（1）提肩：指肩胛骨做向上的运动，包括单肩提、双肩同时提和依次提。

（2）沉肩：指肩胛骨做向下的运动，包括单肩沉、双肩同时沉和依次沉。

（3）绕肩：指以肩关节为轴做小于360度的弧形运动，包括单肩前、后绕，双肩同时和依次前、后绕。

（4）肩绕环：指以肩关节为轴做360度及360度以上的圆形运动，包括单肩向前、后绕环，双肩同时和依次向前、后绕环。

要求：提肩时要尽力向上，沉肩时要尽力向下，动作幅度大而有力。绕肩时上体不能摆动，颈与头不能前探。

3. 上肢动作

（1）举：指以肩为轴，臂的活动范围不超过180度而停止在某一部位的动作，包括单臂和双臂的前后侧、侧上、侧下举等。

（2）屈：指肘关节产生一定的弯曲角度，包括胸前平屈、肩侧屈、肩上侧屈、肩下侧屈、肩上前屈、腰间屈、头后屈（图21-2-3）。

图21-2-3

（3）绕：指双肩或单臂向内、外、前、后做180度以上、360度以下弧形运动（图21-2-4、图21-2-5）。

图 21-2-4　　　　　　　　　　图 21-2-5

（4）绕环：指以肩关节为轴，双臂或单臂向前、向后、向内、向外做圆运动（图 21-2-6、图 21-2-7）。

图 21-2-6　　　　　　　　　　图 21-2-7

（5）振：指以肩为轴，臂用力摆至最大幅度，包括上举后振、下举后振，侧举后振（图 21-2-8）。

（6）旋：指以肩或肘为轴做臂内旋或外旋动作（图 21-2-9）。

图 21-2-8 　　　　　　　　　　图 21-2-9

要求：上体保持正直，位置要准确，幅度要大，力达身体最远端。

4. 胸部动作（图 21-2-10）

（1）含胸：指两肩内含，缩小胸腔。

（2）挺胸：指两肩外展扩大胸腔。

（3）移胸：指髋部固定，胸左右的水平移动。

要求：含、挺、移胸要到最大极限。

5. 腰部动作

（1）屈：指下肢不动，上体沿矢状轴和水平轴的运动，包括前屈、后屈、右侧屈

(图21-2-11)。

图 21-2-10　　　　　　　　图 21-2-11

(2) 转：指下肢不动，上体沿垂直轴的扭转，包括左转、右转和绕环(图 21-2-12、图 21-2-13)。

图 21-2-12 　　　　　　　　图 21-2-13

要求：身体远端尽力向外延伸，绕环幅度要大，充分而连贯。

6. 髋部动作

(1) 顶髋：指髋关节做急速水平移动，包括左顶、右顶、前顶、后顶(图 21-2-14)。

(2) 提髋：指髋关节急速向一侧上提的动作，包括左提、右提(图 21-2-15)。

图 21-2-14 　　　　　　　　图 21-2-15

(3) 绕髋和髋绕环：指髋关节做弧形、圆形移动，包括左右的绕和绕环(图 21-2-16)。

要求：髋关节做顶提绕和绕环时应平稳、柔和、协调、稍带弹性。

图 21-2-16

7. 下肢动作

基本步法是组成动作组合的最小单位。根据完成形式的不同,所有步法分为三类:无冲击力动作、低冲击力动作、高冲击力动作。冲击力是人体运动是对地面产生一定的作用力,而地面同时也给予人体相应的反作用力,即冲击力。这种冲击力随着每一个动作通过人体自下而上向上传递并逐渐消失。

(1) 无冲击力动作是指两只脚接触地面的动作,或不支撑体重的动作。其动作有半蹲和弓步。

① 半蹲:两腿左右分开稍大于肩或与肩同宽,脚尖稍外展,两腿同时屈膝或伸直。屈膝不得超过90度,屈膝时,臀部向后,上体稍前倾,膝关节不超过脚尖。有开腿半蹲、迈步半蹲、迈步转体半蹲(图21-2-17)。

② 弓步:一种做法是两腿前后站立,左右脚与髋同宽平行站立,脚尖向前,两腿同时屈膝和伸直,常用于力量练习。另一种做法是一腿屈膝,另一腿伸直,常用于有氧操练习(图21-2-18)。

图21-2-17   图21-2-18

(2) 低冲击力的动作是指总有一只脚接触地面动作,其动作有如下几种。

① 踏步:两脚依次抬起依次落地。在下落时膝踝关节有弹性地缓冲。有踏步转体、踏步分腿与并腿(图21-2-19)。

② 走步:有前、后走步、转体的(弧线的)走步。向前走时,脚跟先落地过渡到全脚掌;向后走时相反。落地时膝踝关节有弹性地缓冲(图21-2-20)。

图21-2-19   图21-2-20

③ 一字步:向前一步,后脚并前脚,然后向后一步,前脚并后脚。前后均要有并腿过程,两膝始终有弹性地缓冲。有向前、后的一字步、转体的一字步(图21-2-21)。

④ V字步:一脚向斜前方迈一步,另一脚随之向另一方向上步,两脚开立,然后再依次

退回原位。两脚之间的距离略比肩宽,身体重心在两腿之间。有正和倒的 V 字步、转体 V 字步、跳的 V 字步(图 21-2-22)。

图 21-2-21　　　　　　　　　　　　　图 21-2-22

⑤漫步:一脚向前迈出,重心随之前移,另一脚稍抬起,然后落下。重心后移,前脚随之后侧落地,重心移至后脚。身体重心随动作前后灵活移动,动作有弹性。有转体的漫步、跳起的漫步(图 21-2-23)。

⑥迈步移重心:一脚迈出,落地同时两膝弯曲,随之身体重心移至另一腿,膝伸直,脚点地。重心移动明显,两膝有弹性地屈伸。有左右的移重心、前后移重心、移动的移重心、转体的移重心(图 21-2-24)。

图 21-2-23　　　　　　　　　　　　　图 21-2-24

⑦后屈腿:一脚站立另一脚后屈,然后还原。主力腿保持有弹性地屈伸,后屈腿的脚后跟向着臀部。有原地后屈腿、移动后屈腿、转体和跳动后屈腿(图 21-2-25)。

⑧点地:一腿伸出脚尖或脚跟点地,另一腿稍屈膝站立。两腿有弹性地屈伸,点地时,身体重心始终在主力腿。有脚尖点地、脚跟点地、迈步点地、向前向后点地、向侧点地(图 21-2-26)。

图 21-2-25　　　　　　　　　　　　　图 21-2-26

⑨并步:一脚迈出移重心,另一腿随之在主力腿内侧并腿点地,同时屈膝。两膝自然屈

伸,并有一定弹性,身体重心随之移动。有左右并步、前后并步、转体并步(图 21-2-27)。

⑩ 交叉步:一脚向侧迈出一步,另一脚在其后交叉,前脚随之再向侧一步,另一脚跟并。脚落地同时屈膝缓冲,身体重心随着脚的迈出而移动。有前交叉步、转体的交叉步、加小跳的交叉步(图 21-2-28)。

图 21-2-27

图 21-2-28

⑪ 吸腿:一腿屈膝上抬,另一腿微屈缓冲。大腿上提,小腿自然下垂,后背挺直。保持主力腿屈膝缓冲。有原地吸腿、迈步吸腿、移动吸腿、转题吸腿、跳的吸腿、向侧吸腿(图 21-2-29)。

⑫ 摆腿:一脚站立,另一脚自然抬起,然后还原成并腿。保持主力腿屈膝缓冲,抬起腿不需很高,但要有控制,保持上体直立。有向前、侧摆腿、摆腿跳(图 21-2-30)。

图 21-2-29   图 21-2-30

⑬ 踢腿:一腿站立,另一腿加速上摆。主力腿轻微屈膝缓冲,脚后跟不要离地,踢腿的高度因人而异,避免造成大腿后部损伤,上体尽量保持直立。有原地踢腿、移动踢腿、跳起踢腿、向前踢腿、向侧踢腿(图 21-2-31)。

图 21-2-31

（3）高冲击力动作是指两只脚都离开地面，即有腾空的动作，其动作有如下几种。

① 跑：两腿依次经过腾空后，一脚落地缓冲，另一腿后屈或抬膝，两臂前后自然摆动。落地屈膝缓冲，脚后跟要落地。有原地跑、向前后的跑、弧线跑、转体跑（图 21-2-32）。

② 双腿跳：双腿有弹性地跳起。落地屈膝缓冲，脚后跟要落地。有原地双脚跳起、前后双脚跳、左右双脚跳、转动双脚跳（图 21-2-33）。

图 21-2-32　　　　　　　　　　　　　　　图 21-2-33

③ 开合跳：由并腿跳成左右分腿落地。然后，再由分腿跳起并腿落地。分腿时两脚自然分开，膝环节沿脚尖方向屈，落地时，屈膝缓冲，脚后跟要落地。有原地开合跳、转体开合跳（图 21-2-34）。

④ 并步跳：一脚迈出，随之蹬地跳起，后腿并于前腿。脚迈出后，身体重心随之移动，空中有并腿过程，落地时屈膝缓冲。有向前后并步跳、向侧的并步跳（图 21-2-35）。

图 21-2-34　　　　　　　　　　　　　　　图 21-2-35

⑤ 单腿跳：一脚跳起，另一脚离地。落地屈膝缓冲，保持上体正直。原地单腿跳、移动单腿跳、转体单腿跳（图 21-2-36）。

⑥ 弹踢腿跳：一脚跳起，另一脚经屈膝伸直。无双腿落地的过程，弹踢不要很高，但要

有控制。有原地弹踢腿跳、移动弹踢腿跳、转体弹踢腿跳、向前后的弹踢腿跳、向侧的弹踢腿跳(图21-2-37)。

图21-2-36　　　　　　　　　　　　　　图21-2-37

⑦ 点跳：一脚小跳一次、垫步一次，另一脚随之并于主力腿，点跳一次。两脚快蹬落地，身体重心随之平稳移动。有原地点跳、左右点跳、转体点跳(图21-2-38)。

图21-2-38

三、健美操基本技术

（一）弹动技术

健美操的弹动技术是健美操最重要的技术之一，是健美操的最基本特征，是区别其他运动项目的重要因素之一。健美操的弹动主要依靠踝关节、膝关节、髋关节的屈伸缓冲而产生，它的主要作用是减少运动对关节的冲击力，从而减少运动对人体造成的损伤。值得注意的是，在屈伸的过程中，腿部的肌肉要协调用力控制才能有效地防止损伤与产生流畅缓冲动作。

（二）平衡与重心移动技术

在健身健美操动作中，人体的平衡是保证运动安全与平稳和流畅的重要因素之一。人体运动是重心是随着运动而产生变化的，生物力学告诉我们运动中应该尽可能地保持重心的平稳。健美操动作当中我们要维持原有的平衡与克服运动所产生的倾倒来保持动作的稳定性，由于重力作用与运动所产生力的作用会使人体稳定性产生变化，因此我们学会利用人体的运动机能给予我们的能力保持人体的平衡与稳定性。

（三）身体控制技术

1. 身体姿势的控制

健美操身体姿态是根据现代人的人体与行为美的标准而建立的。人体在整个运动中非特殊条件下,应该保持自然挺拔,头部稍稍昂起,颈椎、胸椎、腰椎保持在正常的生理曲线的情况下。四肢的位置根据具体的动作要求,在准确的位置上,最常见的有站立——躯干保持上面所说的状态,并腿并拢伸直。蹲——躯干保持上面所说的状态,臀部收紧使整个身体保持垂直地面并屈膝。手臂的基本位置同基本动作中阐述的。健美操的动作千变万化,但每个动作都应该有具体的要求,从总体上讲,应该伸展时尽可能地伸直,弯曲时要有明确的角度,而四肢的位置是相对躯干的位置而建立的。

2. 操化动作的控制

操化控制是指操化动作肌肉的发力与控制。健美操的每一个操化动作要求有清楚的开始与结束。动作开始时位置准确,过程肌肉用力使动作加速运动,但不要用力过猛致使肌肉僵硬,结束时有明显停顿,要做到有力而不僵硬,松弛而不松懈。

(四)落地技术

落地缓冲的主要目的是使身体尽可能地保持稳定,同时减少地面对关节肌肉的冲击力,以避免造成运动损伤。落地时,由脚后跟过渡到全脚掌或前脚掌过渡到全脚掌,然后迅速屈膝、屈髋缓冲。所有动作在瞬间依次完成,用以分解人体的冲击力。同时躯干与手臂保持良好状态,肌肉用力控制,以保证动作的正确与稳定。

第三节　健美操套路范例

健美操大众锻炼标准测试套路(一级和三级)图解和说明如下:

视频 健美操(一级)

第三套健美操大众锻炼标准测试一级套路动作图解

组合一

动作	1	2	3	4	5	6	7	8
节拍	下肢步法				上肢动作			
预备姿势	站立							
一　1~8	右脚开始一字步2次				1~2 双臂胸前屈,3~4 后摆,5 胸前屈,6 上举,7 胸前屈,8 放于体侧			
动作	1		2		3		4	

续表

节拍		下肢步法	上肢动作
二	1~4	右脚开始向前走3步吸腿	1~3 双肩经前举后摆至肩侧屈,4 击掌
	5~8	左脚开始向后退3步吸腿	手臂同 1~4
动作			

节拍		下肢步法	上肢动作
三	1~4	右脚开始侧并步2次	1 右臂肩侧屈,2 还原,3 左臂肩侧屈,4 还原
	5~8	右脚向侧连续并步2次	5 双臂胸前平屈,6 还原,7~8 同 5~6 动作
动作			

节拍		下肢步法	上肢动作
四	1~4	左脚十字步	自然摆动
	5~8	左脚开始踏步4次	5 击掌,6 还原,7~8 同 5~6 动作

第5~8个八拍,动作相同,但方向相反

组合二

动作								
1	2	3	4	5	6	7	8	

节拍		下肢步法	上肢动作
一	1~8	右脚开始前点地4次	1 双臂屈臂右摆,2 还原,3 左摆,4 还原,5 右臂摆至侧上举、左臂胸前平屈,6 还原,7~8 同 5~6 动作,但方向相反
动作			

| 节拍 | | 下肢步法 | 上肢动作 |

续表

二	1~4	右脚开始向右弧形走270度	自然摆动
	5~8	并腿半蹲2次	5 双臂前举,6 右臂胸前平屈(上体右转),7 双臂前举,8 放于体侧
动作		1　2　3　4　5　6　7　8	
节拍		下肢步法	上肢动作
三	1~8	1~4 左脚上步吸腿右转转体90度,5~8 右脚上步吸腿	1 双臂前举,2 屈臂后拉,3 前举,4 还原,5~8 同1~4动作
动作		1　2　3　4	
节拍		下肢步法	上肢动作
四	1~8	左脚开始向侧迈步后屈腿4次	屈肘前后摆动

第5~8个八拍,动作相同,但方向相反

组合三

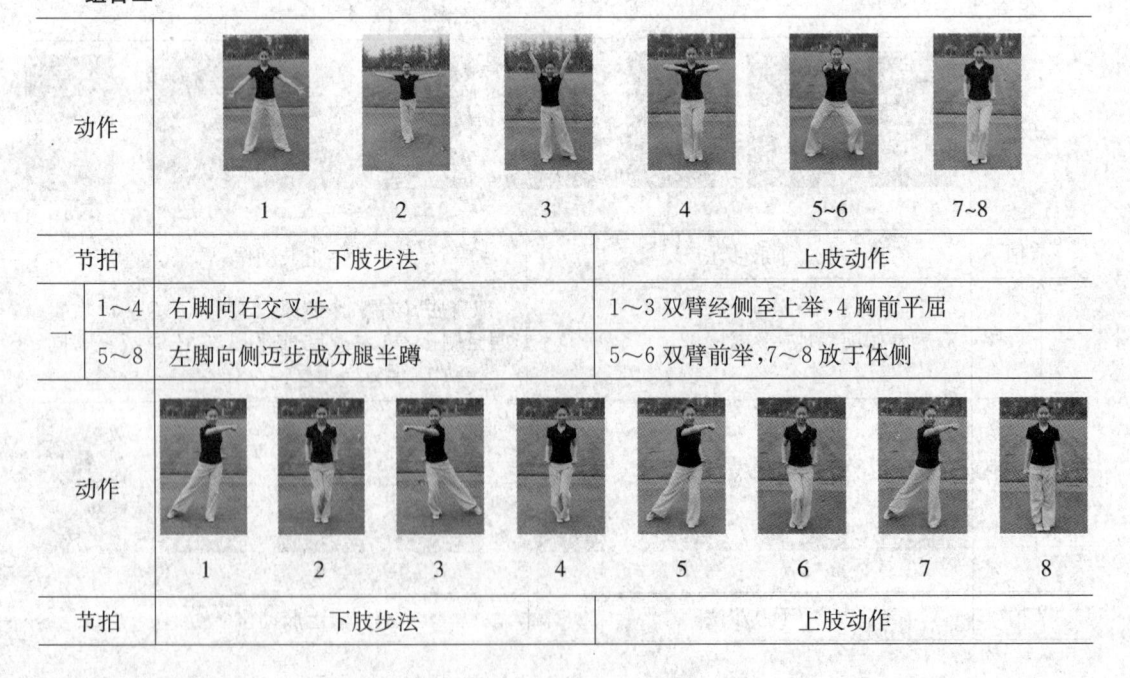

动作	1　2　3　4　5~6　7~8	
节拍	下肢步法	上肢动作
一	1~4 右脚向右交叉步	1~3 双臂经侧至上举,4 胸前平屈
	5~8 左脚向侧迈步成分腿半蹲	5~6 双臂前举,7~8 放于体侧
动作	1　2　3　4　5　6　7　8	
节拍	下肢步法	上肢动作

续表

	1~4	右脚开始侧点地2次	1 右臂左前举、左臂屈肘于腰间,2 双臂屈肘于腰间,3~4 同1~2动作,但方向相反
二	5~8	右脚连续2次侧点地	5 双臂前举,6 右臂胸前平屈(上体右转),7 双臂前举,8 放于体侧

动作								
	1	2	3	4	5	6	7	8

	节拍	下肢步法	上肢动作
三	1~8	左腿开始向前走3步接吸腿3次	1 双臂肩侧屈外展,2 胸前交叉,3 同1动作,4 击掌,5 肩侧屈外展,6 腿下击掌,7~8 同3~4动作
四	1~8	右腿开始向后走3步接吸腿3次	同上

第5~8个八拍,动作相同,但方向相反

组合四

动作								
	1	2	3	4	5	6	7	8

	节拍	下肢步法	上肢动作
一	1~8	1~4 右腿开始V字步,5~8 A字步	1 右臂侧上举,2 双臂侧上举,3~4 击掌2次,5 右臂侧下举,6 双臂侧下举,7~8 击掌2次

动作								
	1	2	3	4	5	6	7	8

	节拍	下肢步法	上肢动作
二	1~4	右脚开始弹踢腿跳2次	1 双臂前举,2 下摆,3~4 同1~2动作
	5~8	右脚连续弹踢跳2次	5 双臂前举,6 胸前平屈,7 同5动作,8 还原体侧

动作		
	1~2	3~4

续表

节拍		下肢步法	上肢动作
三	1~8	左腿漫步2次	双臂自然摆动
动作		1 2 3 4 5 6 7 8	

节拍		下肢步法	上肢动作
四	1~8	左脚开始迈步后点地4次	1~2右臂经肩侧屈至左下举，3~4同1~2动作，但方向相反，5~6右臂经侧举至左下举，7~8同5~6动作，但方向相反

第5~8个八拍，动作相同，但方向相反

第三套健美操大众锻炼标准测试三级套路动作图解

视频 健美操（三级）

组合一

| 动作 | 1 2 3 4 5 6 7 8 |

节拍		下肢步法	上肢动作
预备姿势		站立	
一	1~4	右脚开始向侧迈步后屈腿2次，2时右转90度	1~2右臂摆至侧上举，左臂摆至胸前平屈，3~4同1~2，但方向相反
	5~8	向右迈步后屈腿2次，6时右转180度	双手叉腰

| 动作 | 1 2 3~4 5 6~7 8 |

节拍		下肢步法	上肢动作
二	1~2	1/2V字步	1右臂侧上举，2左臂侧上举
	3~8	6拍漫步，8右转90度 babymambobwd	随脚的动作自然前后摆动

续表

动作		1	2	3	4	5	6	7	8
节拍		下肢步法				上肢动作			
三	1~8	右脚开始交叉步2次，左转90度呈L形				1 双臂前举，2 胸前平屈，3 同1，4 击掌。5~8 同1~4			

动作		1	-	2	3~4	5~6	7~8
节拍		下肢步法			上肢动作		
四	1~4	右脚侧并步跳，1/2后漫步			1~2 双臂侧上举 3~4 右臂摆至体后，左臂摆至体前		
	5~8	左转90度左脚开始小马跳2次			5~6 右臂上举，7~8 左臂上举		

第5~8个八拍，动作相同，但方向相反

组合二

动作		1	2	3	4	5	-	6	7	8
节拍		下肢步法				上肢动作				
一	1~4	右脚向右前上步吸腿2次				双臂自然摆动				
	5~6	左脚向后交换步				双臂随下肢动作自然摆动				
	7~8	右脚上步吸腿				双臂自然摆动				

动作		1	2	3	4	5~6	7~8
节拍		下肢步法			上肢动作		
二	1~4	左脚开始向右侧交叉步			双臂随步法向反方向臂屈伸		
	5~8	右转45度，左脚做漫步			5~6 双臂侧屈外展，7~8 经体前交叉摆至侧下举		

续表

动作											
	1	2	3	4	5	-	6	7	-	8	

节拍		下肢步法	上肢动作
三	1~4	左脚开始十字步,同时左转90度	双臂自然摆动
	5~8	左脚开始向侧并步跳2次	双臂自然摆动

动作								
	1	2	3	4	5	6	7	8

节拍		下肢步法	上肢动作
四	1~8	左脚漫步2次,右转90度	双臂自然摆动

第5~8个八拍,动作相同,但方向相反

组合三

动作									
	-	1	2	3	4	5	6	7	8

节拍		下肢步法	上肢动作
一	1~6	右脚开始做侧点地3次	1~2右臂向下臂屈伸,3~4左臂向下臂屈伸,5~6同1~2动作
	7~8	左脚开始向前走2步	击掌2次

动作								
	1	2	3	4	5	6	7	8

节拍		下肢步法	上肢动作
二	1~4	左脚开始吸腿跳2次	1侧上举,2双臂胸前平屈,3同1,4叉腰
	5~8	吸右腿跳,向后落地,转体180度,吸左腿	双手叉腰

续表

动作										
		1	2	3	4	5	6	7	8	

节拍		下肢步法	上肢动作
三	1~4	左脚开始向前走3步吸腿跳,同时左转体180度	1~3叉腰,4击掌
	5~8	5~8右脚开始向前走3步吸腿	5~6手臂同时经前下摆,7~8经前侧屈外展至体前击掌

动作									
	1	2	3	4	5	6	7	8	

节拍		下肢步法	上肢动作
四	1~8	左脚开始并步4次,呈L形	双臂做屈臂提拉4次

第5~8个八拍,动作相同,但方向相反

组合四

动作									
	1	2	3	4	5	6	7	8	

节拍		下肢步法	上肢动作
一	1~4	右腿上步吸腿	双臂做向前冲拳、后拉2次
	5~8	左脚向前走3步吸腿	手臂同时经前向下摆,8击掌

动作					
	1	2~3	4	5~6	7~8

节拍		下肢步法	上肢动作
二	1~4	右脚向侧迈步,2~3向右前1/2漫步,4左脚向侧迈步	1侧上举,2~3随脚的动作自然摆动,4同1动作
	5~8	右脚向左前方做漫步	双臂自然摆动

续表

	节拍	下肢步法	上肢动作
三	1～6	右脚开始上步吸腿3次	1肩侧屈外展,2击掌,3～6同1～2动作
	7～8	左脚1/2漫步	双臂自然摆动

	节拍	下肢步法	上肢动作
四	1～8	左转90度向左做侧交叉步转体180接侧交叉步	1～4双臂做外展、内收、外展、击掌,5～8同1～4动作

第5～8个八拍,动作相同,但方向相反

第二十二章 瑜伽与街舞

第一节 瑜伽

瑜伽起源于5000年前的古印度,是东方最古老的强身术之一。瑜伽修炼者开始只是少数人,一般在寺院、乡间小舍、喜马拉雅山洞穴和茂密森林中心地带修炼,之后逐步在印度普通人中间流传开来。而今的瑜伽,作为一种科学的修炼方法,已在全世界广泛传播。

瑜伽一词源于梵文音译,有结合、连接之意。这也是瑜伽的宗旨和目的。练习瑜伽能平衡精神、心灵与机体,促进身体健康,这种内外的结合相辅相成、互相促进,达到微妙的平衡,能实现自我与内心、机体与精神的完美统一,使人产生幸福、舒畅的感觉,得到解脱并最终开悟。瑜伽还能使我们的身心放松,有助于缓解来自现代社会的紧张和压力,是改变我们紧张的学习和生活节奏的良好处方。

一、瑜伽的呼吸方法和标准姿势

1. 呼吸方法:学会正确的呼吸方法对健康和安宁是至关重要的,在瑜伽里要用腹部来呼吸。如果去观察婴儿呼吸就会看见腹部的起伏,而成人大多趋向于用胸腔来呼吸。当正确呼吸的时候,就会增加肺活量,并为血液循环输送更多氧气,激活并清洁内脏。

正确的呼吸方法充当着精神系统天然镇静剂的角色。呼吸得越深,心境就越平静。保持呼吸均匀并用鼻呼吸,除非特别指示的话不要用嘴呼吸。

2. 标准姿势:瑜伽课程的基础之一就是要以标准姿势站和坐。许多姿势是专为加强背部下半部的肌肉而设置的,以便能把脊柱提升成为标准的直线。无论你正在坐、站还是跪,想象有一条绳子正在头顶往上拉。始终要"扩展胸腔",也就是把肩胛骨向下,自然挺起胸腔。

二、瑜伽基础动作练习

(一)基本站立式

1. 动作要领

(1)两脚并拢站好,大脚趾微微分开,其余四趾平放于地面即可,头部放松,正向前方。

(2)紧绷两膝,收紧大腿后侧及两髋的肌肉。

(3)挺胸收腹,伸直脊柱。

(4)不要将全身重量放于脚趾或脚跟,要平均地分配于整个脚底。

(5)理想的站姿应是手放于头之上方,但为方便起见,两手可放于两大腿外侧(图22-1-1)。

2. 健身效果

(1)人们通常不太注意自己的站姿,有些人把身体重量放在一条腿或身体的一侧,有些人则将身体重量放在脚跟或脚的内外边缘。其实,站立时应该将身体重量放于整个脚底,才能使脊柱获得更好的支撑。保持正确的站姿,才能使身体更加轻盈,思维更加敏捷。

(2)如果长期以脚后跟站立,将使髋部变得难看,腰部也突出,身体后仰,脊椎紧张,所以不久就感觉疲劳,思维变得迟钝,因此要掌握好正确站立的艺术。

图22-1-1

(二)树式

1. 动作要领

(1)按基本站姿站立。

(2)将身体重心移至左腿,右膝向右侧屈,右脚心紧靠左大腿内侧,右手抓住右脚背,将脚跟移至会阴处,脚尖指向下方,右膝向外侧展,双手合十于胸前(图22-1-2)。

(3)用左腿平衡身体,慢慢将两手举至头顶上方,伸直肘部(图22-1-3),做几次深长呼吸。

(4)呼气,慢慢放下两手臂及右脚。

(5)换右脚做同样练习(图22-1-4)。

(6)每侧做2~3次后,回到基本站立式,放松。

图22-1-2   图22-1-3   图22-1-4

2. 健身效果

(1)扩张胸部,紧收腹肌和臀肌。

(2)提高身体的平衡感,增强集中注意的能力。

(3)使人脊柱更稳固,体态更好。

3. 注意事项

刚开始时,有些人的脚不能贴近大腿内侧,放于小腿内侧也可(图22-1-5)。随着时间的推移,柔韧性加强,能逐渐放于大腿内侧。同时感觉手伸向了天空,脚稳固地站立于大地。练习健身瑜伽,不要操之过急,要掌握循序渐进的原则。

(三)脊柱延伸功

1. 动作要领

(1)按基本站姿站立,两手放于体侧。

(2)深深吸一口气后,呼气,以腰部为支点,上体向前向下延伸,两手放于两脚的前方着地,尽量伸直膝盖(图22-1-6)。

图22-1-5

(3) 吸气,伸展颈部前侧,抬高头部(图22-1-7);呼气,伸展颈部后侧,低下头部,上体尽量靠近两腿前侧(图22-1-8)。

(4) 将低头与抬头的姿势交替进行三次。

(5) 吸气,慢慢抬起上体,回复基本站立式。

2. 健身效果

(1) 柔韧脊柱,使脊柱充满弹性。

(2) 伸展腘旁腱,按摩腹部内脏器官。

(3) 减少妇女经期疼痛、背疼痛等症状。

图 22-1-6 　　　　图 22-1-7 　　　　图 22-1-8

(4) 脑部充满新鲜血流,使人头脑清新,消除昏沉感觉。

(5) 消除人们精神抑郁或沮丧。

(四) **腰躯转动式**

1. 动作要领

(1) 先按基本站立式站好,然后两脚大大分开。

(2) 两手高高举过头顶,十指相交,手心朝外,尽量伸直肘部。

(3) 呼气,以腰为支点,上体向前作90度弯曲。而后慢慢左转(图22-1-9),再缓缓右转(图22-1-10),转到正中后,吸气,抬起上体及两手臂。

(4) 呼气,两手臂慢慢放下。

(5) 自然呼吸两次后,再做这个练习,重复三次。

2. 健身效果

(1) 消除腰两侧及腹部多余脂肪。

(2) 按摩腹部内脏器官,促进消化功能,消除腹中胀气。

(3) 伸展两腿腘旁腱。

图 22-1-9 　　　　图 22-1-10 　　　　图 22-1-11

(五) 基本三角式

1. 动作要领

(1) 按基本站姿站立,两脚大大分开,伸直膝盖。

(2) 吸气,两手缓缓侧平举,肘部伸直,将两手延伸至最远。

(3) 伸直脊柱、颈椎,上身躯干保持挺立状态(图22-1-11)。

2. 健身效果

(1) 增强两腿的弹性,使两腿和髋部更加灵活。

(2) 纠正腿部不直和青少年轻度腿部畸形。

(3) 伸直整个脊柱,扩张胸部。

(4) 常做此练习,可减少踝关节损伤的几率。

(六) 三角伸展式

1. 动作要领

(1) 按基本三角式站立,左脚尖指向左方,右脚内扣15度。

(2) 呼气,将右髋部向右方挺出,同时上体向左倾斜,伸直的两手臂与地面成90度,左手指尽量触到左脚尖,右手指向天空,上身躯干转向右,眼望右指尖(图22-1-12)。保持此姿势约30秒。

(3) 吸气,身体缓缓回复到中间位置。

(4) 呼气,髋部向左方挺出,在右侧做同样练习(图22-1-13)。

(5) 吸气,回到中间。

2. 健身效果

(1) 减少腰两侧多余脂肪。

(2) 柔软并延伸脊柱。

(3) 伸展两臂、两腿韧带。

(七) 战士第一式

1. 动作要领

(1) 按基本三角式站立,右脚尖指向右前方,左脚尖转向右方大约15度,屈右膝,做成右弓步。

(2) 上身躯干转身右方,吸气,两手慢慢从旁上举,两手举至头顶上方,双手合十,保持肘部伸直。

(3) 呼气,抬头,眼望指尖(图22-1-14),自然呼吸30~60秒。

(4) 吸气,脸朝前,眼看前方,伸直右膝盖。

(5) 呼气,两手分开,自然放于体侧。

(6) 换左侧做同样练习(图22-1-15)。

图 22-1-12 　　　　图 22-1-13 　　　　图 22-1-14 　　　　图 22-1-15

2. 健身效果

(1) 增强人的平衡感及集中注意力的能力。

(2) 减少腹部及腰两侧多余脂肪。

(3) 扩展胸部,伸展颈部,延缓衰老。

(4) 消除下背部及肩部的肌肉紧张。

3. 注意事项

心脏功能不全或有晕眩病的人勿做此练习。

(八) 侧身伸展式

1. 动作要领

(1) 按基本三角式站立。

(2) 屈右膝,两手侧平举,做成战士第二式。

(3) 呼气,以腰为轴,上体右转,右手尽量触及右脚外侧的地面,左手指向天空,再继续指向右前方,保持自然呼吸。体会从左脚外侧,沿左腰、腋窝、手臂到指尖伸展的感觉(图22-1-16)。

(4) 吸气,右手离开地面,上体缓缓回到中间。

(5) 呼气,以腰为轴,上体左转,在左侧做同样练习(图22-1-17)。

2. 健身效果

(1) 加强两腿力量。

(2) 消除腰、腹部多余脂肪。

(3) 柔韧脊柱,加强脊柱的弹性。

(4) 锻炼身体的平衡感。

图 22-1-16 　　　　图 22-1-17 　　　　图 22-1-18

(九) 基本坐姿

1. 动作要领

(1) 将臀部坐落于地面,两腿向前伸直。

(2) 自然伸直脊柱,伸直颈椎。

(3) 两手放于体侧,保持两膝并拢,两脚内侧并拢(图 22-1-18)。

2. 健身效果

(1) 延伸两脚腘旁腱,修正轻度的两腿弯曲。

(2) 长期保持脊柱挺直,可使人挺拔、向上。

(十) 束角式

1. 动作要领

(1) 按基本坐姿坐好,屈膝,脚心相对。

(2) 两手十指相交,手心抱脚尖,脚跟向后挪,尽量靠近会阴,伸直脊柱,伸直颈椎,眼望前方(图 22-1-19)。

(3) 呼气,以腰部为支点,身体前倾,慢慢使整个上体尽量贴近地面,前额贴近地面,同时肘部紧贴膝盖窝,将两膝压向地面(图 22-1-20),保持自然呼吸 20~30 秒。

图 22-1-19   图 22-1-20

(4) 吸气,继续以腰部为支点,慢慢抬起整个背部,抬起两肘,伸直脊柱,放松。

(5) 重复此练习 3~5 次。

2. 健身效果

(1) 按摩腹部内脏器官。

(2) 对于经期妇女可以起到活血调经作用。对男性而言,增强膀胱、前列腺和肾脏的功能。

(3) 预防和缓解坐骨神经痛,预防腿部静脉曲张。

3. 注意事项

做完此姿势,将脚向前伸出,对腿部肌肉要轻轻按摩。

(十一) 单腿前伸展式

1. 动作要领

(1) 按基本坐姿坐好,屈右膝,右脚心紧贴左腹股沟处,吸气,两臂上举(图 22-1-21)。

(2) 呼气,上体前移,尽量贴近左腿前侧,手向前抓住左脚尖(图 22-1-22)。

(3) 吸气,抬头,伸展颈部,伸展整个背部(图 22-1-23)。

(4) 换左腿做同样练习。

2. 健身效果

(1) 减少腹部多余脂肪。

(2) 伸展两腿,预防膝关节疼痛及轻度关节炎。

(3) 放松两髋及脚踝。

(4) 矫正扁平足。

图 22-1-21 　　　　图 22-1-22 　　　　图 22-1-23

(十二) 臀部平衡功

1. 动作要领

按基本坐姿坐好。

(1) 吸气、屈膝,两手抓住两脚尖(图 22-1-24)。

(2) 呼气、两脚慢慢上举,伸直膝盖(图 22-1-25),身体以臀部着地保持平衡,自然呼吸 30～60 秒。

(3) 吸气,屈膝收回腿。

(4) 呼气,松开两手放于体侧,两腿向前伸直,放松。

(5) 重复 2～3 次。

2. 健身效果

(1) 改善人体平衡,使人更加机警、敏锐。

(2) 减少腹部的过多脂肪,按摩腹部器官。

(3) 强壮腰、背部,特别加强下背部力量。

(4) 柔韧两腿韧带。

3. 注意事项

刚开始做此姿势时,如果两腿不能伸直,可做如图 22-1-26 所示即可。

图 22-1-24 　　　　图 22-1-25 　　　　图 22-1-26

(十三) 肩倒立式

1. 动作要领

(1) 双臂下压地面,收紧腹肌,吸气,直腿上举(图 22-1-27)。
(2) 呼气,下压双腿,双脚落于头后(图 22-1-28)。
(3) 自然呼吸,屈膝团身,膝置于前额处(图 22-1-29)。
(4) 屈肘,将双手虎口张开向上,托于腰部(图 22-1-30)。
(5) 腿部缓慢向上伸直,并有带起臂部和背部的感觉(图 22-1-31),平缓的保持呼吸,保持1~2分钟。以相反的顺序,将脊柱从颈椎、胸椎、腰椎、骶骨,依次柔和地还原到地面上。

图 22-1-27   图 22-1-28   图 22-1-29   图 22-1-30   图 22-1-31

2. 健身效果

(1) 一股新鲜血流流入脑部,脑部充满活力,面色得以滋润。
(2) 大量的血液停留在颈部,甲状腺和甲状旁腺均受益。
(3) 血液自然流入心脏,两腿、骨盆和腹部的充血现象得以消除,诸如静脉曲张,腿部肿胀及月经失调等疾病也得以消除。
(4) 平静神经系统,使患心烦易怒、过度紧张、失眠、头疼和焦虑的人症状减轻。

3. 注意事项

高血压和低血压病人、晕眩病患者、经期妇女勿做。

(十四) 鱼的姿势

1. 动作要领

(1) 仰卧,两手放于臀部下面。
(2) 吸气,用头顶顶地面,将背部抬离地面,尽量抬高(图 22-1-32)。自然呼吸。
(3) 呼气,缓缓将背部放下,用后脑勺贴地,放松全身。

2. 健身效果

(1) 增加全身血液循环,平稳呼吸。
(2) 胸部扩张,腹部自然收紧,使腹部扁平而有力。
(3) 缓解腰骶椎及背部疼痛。

(4) 有益于甲状腺和甲状旁腺功能。
(5) 可减缓肩部肌肉淤血和疼痛。

(十五) 后弓式

1. 动作要领

(1) 俯卧,两手放于体侧,手心朝下。
(2) 呼气,弯曲双膝,将手往后移,两手抓住两脚踝,胸部抬离地面,大腿抬离地面。
(3) 吸气,仰起头,脸朝上,眼睛尽量往上看,继续用力向上拉两腿(图 22-1-33)。
(4) 呼气,松开两手,将身体所有抬起部位放落于地面,将两小腿及两脚也放下。

2. 健身效果

(1) 锻炼背阔肌,柔韧脊柱。
(2) 最大限度地扩张胸部,延伸两手臂。
(3) 伸展颈部,延缓衰老,增强视力。

图 22-1-32 　　　图 22-1-33 　　　图 22-1-34 　　　图 22-1-35

(十六) 基本跪立式

1. 动作要领

(1) 屈膝跪下,脚尖或脚外侧着地均可(图 22-1-34、图 22-1-35)。
(2) 自然伸直脊柱,两手放于体侧。

2. 健身效果

(1) 灵活膝关节,缓解膝部关节疼痛。
(2) 加强背部肌肉群,稳固脊柱。
(3) 加强身体平衡能力,安宁神经。

(十七) 蛇伸展式

1. 动作要领

(1) 按基本跪姿跪好。
(2) 两手放于体前,手心朝下(图 22-1-36)。
(3) 屈两肘,吸气,将头带动颈部,整个身躯缓缓前行(图 22-1-37)。
(4) 最后,伸直肘部,抬头,挺胸(图 22-1-38)。自然呼吸。
(5) 呼气,屈肘部,慢慢将身体往后屈收,脸朝下,放松。
(6) 重复一次。

2. 健身效果

(1) 加强全身柔韧性,增强颈椎力量。

(2) 伸展颈部,延缓衰老。

(3) 扩张胸部,紧收腹部。

图 22-1-36　　　　图 22-1-37　　　　图 22-1-38　　　　图 22-1-39

(十八) 骆驼式

1. 动作要领

(1) 按基本跪姿跪好,两手放于脚后跟,呼气,用力向前挺髋,挺胸,将身体挺成一个驼峰的形式(图 22-1-39)。

(2) 尽量让大腿前侧肌肉伸展,保持 30~60 秒。

(3) 两手慢慢离开两脚跟,伸直上体,放松全身。

(4) 重复三次。

2. 健身效果

(1) 增强胸肌,扩张整个胸部。

(2) 消除腹壁多余脂肪,增强腹肌力量。

(3) 髋部得到极好锻炼,常进行髋部的练习,可使人上体挺拔,人的走姿、站姿都得到改善。

(4) 强壮大腿肌肉,消除大腿多余脂肪。

(5) 提高脊柱弹性,锻炼出一个强而有力的背部。

(十九) 顶峰式

1. 动作要领

(1) 四角式准备,脚趾头回收(图 22-1-40)。

(2) 伸直膝盖,臀部提高,双脚跟落于地面上,努力伸直手臂和腿部,头置于两臂之间(图 22-1-41)。

(3) 呼气,用力尽量下压肩部(图 22-1-42),保持 30~60 秒钟。吸气,放松肩膀,还原呈四角式。

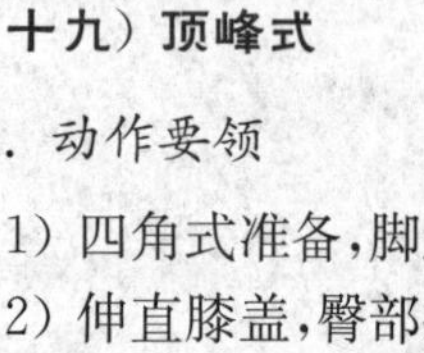

图 22-1-40 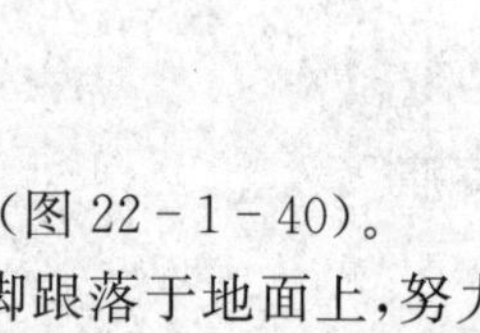　　　　　　图 22-1-41 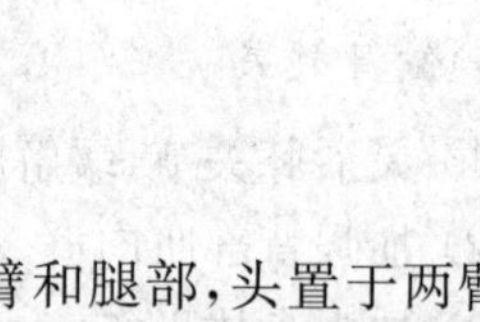　　　　　　图 22-1-42

2. 健身效果

(1) 消除疲劳,帮助舒缓神经系统。

(2) 消除腘膀腱、跟腱、小腿肚、足跟的酸胀和僵硬;对坐骨神经痛和肩关节炎都有缓解作用。

3. 注意事项

(1) 患有严重贫血和高血压的人勿做此动作。

(2) 肩部、腿部韧带不够好的人,可以将两脚分开更大一些的距离。熟练之后,可以将两脚并起来做。

(二十) 仰卧放松功

1. 动作要领

(1) 以背贴地躺于地面,两腿略分开;两手放于体侧,略离开身体,手心朝上(图 22-1-43)。

(2) 闭上眼睛,有可能的话,拿一块黑布折叠成 4 层盖于眼睛上。

(3) 开始深呼吸,然后渐渐将呼吸变为缓慢而平稳,让全身放松。

图 22-1-43

(4) 用鼻孔呼吸,将精力集中在呼吸上。

(5) 不要咬紧牙关,将下巴放松,舌头放松,瞳孔放松。

(6) 完全自然而平稳的呼吸。

(7) 如果思想在漫游,那么就在每次缓慢的呼气后无须费力地停顿片刻。

(8) 保持此姿势 15~20 分钟。恢复的方式是慢慢坐起来,再慢慢站起。

(9) 一开始练习者很容易睡着。逐渐地当练习者神经处于静止状态时,就会感觉完全的放松和精力恢复。

2. 健身效果

放松的过程中,练习者会感觉到能量从脑后朝着脚后跟流动。经过仰卧放松功,全身心得以全部放松,神经得以安宁,全身充满了活力,所有的疲劳和紧张都消除了,似乎身体都拉长了。

第二节 街 舞

一、街舞概述

(一) 街舞的起源

街舞起源于美国,是基于不同的街头文化或音乐风格而产生的多个不同种类的舞蹈的统称,最早的街舞舞种为 Locking,起源于 20 世纪 60 年代。街舞是爵士舞发展到 20 世纪 90 年代的产物,它的动作是由各种走、跑、跳组合而成,并通过头、颈、肩、上肢、躯干等关节的屈伸、转动、绕环、摆振、波浪形扭动等连贯组合而成的,各个动作都有其特定的健身效果,既注意了上肢与下肢、腹部与背部、头部与躯干动作的协调,又注意了组成各环节各部分独立运动。20世纪80年代传入中国,并逐渐作为健身活动传播开来。街舞是美国黑人由一种发泄情绪的运动演绎成的街边文化,特色是爆发力强,在舞动时,肢体所做的动作亦较其他舞蹈夸张。最吸引人之处,是以全身的活力带来热情澎湃的感觉。

跳街舞使人注意力集中,兴趣浓厚,动作优美、随意。同时,跳街舞还有瘦身功效,因为街舞是一种中低强度的有氧运动,在一个小时的运动中,能够有效地起到消耗全身脂肪的作用。此外,街舞还是一种小肌肉运动,经常练习能增加练习者全身的协调性,让身材比例更趋标准。

(二)常见的街舞种类

以时代特色为标准,街舞可以分为OldSchool和NewSchool两类,前者为20世纪80年代的街舞风格,后者产生于20世纪90年代,相比OldSchool,NewSchool在音乐和动作上都有相当大的改观。

1. OldSchool

OldSchool的音乐有非常快的节拍来配合Breaking的动作,而后随着Hip-Hop音乐的演进,Hip-Hop的节奏变慢,Breaking动作便不适合了。因为如果在这种慢板的Hip-Hop音乐中作风车或排腿之类的动作,会觉得一点爆发力都没有,甚至失去其舞感。此时OldSchool与NewSchool的舞蹈就开始分家了,那是在1986年左右。

早期NewSchool的舞步非常简单,如耳熟能详的"滑步",这在以前MCHammer及BabblyBrown的音乐录影带的中均可见到,这种劲爆的Hip-Hop舞蹈也称为FunkyDance。然而以现在的眼光来看这些MCHammer及BabblyBrown时期所流行的街舞,也渐渐变成了OldSchool。

2. NewSchool

1992年初,一个叫作MopTop的黑人舞蹈团体(由HenryLink,LooseJoin,BuddhaStretch组成),发展出一种新风格的Hip-Hop,一种"原地性的Hip-Hop"。它不像MCHammer及babblyBrown时期的大动作、大范围式的移动,更没有霹雳舞中那些在类似体操的动作。它的独特风格在于注重身体的协调性(我们所谓的律动),重视身体上半身的律动及增加了许多手部的动作,不再像那些旧风格的Hip-Hop重视大范围的移动以及脚步的动作。随后,迈克尔·杰克逊的RememberTheTimeMTV中运用了Henry的这种新风格的舞蹈,马上就掀起了一股风潮。后来玛丽亚凯利的Dreamlover歌曲MTV使用了更为丰富的NewSchool舞蹈,这些舞蹈中夹杂着锁舞、机器舞、电流这些舞蹈类型。当时人们很难去断定这是什么样的舞蹈,但是这却是NewSchoolHip-Hop发展史上很重要的一节,它是全世界开始流行NewSchool的起源。

NewSchoolHip-Hop混合了各种不一样类型的舞蹈,以一首轻快慢板的Hip-Hop或R&B歌曲表现出来。这是NewSchool初期的一种形态。Henry等人简化了许多Locking的动作,并且以标准的Hip-Hop式律动去表现Popping和Locking,也不时地在舞蹈中加上Wave,简单地说,就是用新的感觉去诠释这些旧的舞步。后来,Henry在玛丽亚凯利的歌曲Fantasy以及以后的Hon-ey中担任了编舞的工作,在红极一时的女子Hip-Hop团体TLC

的歌曲 Creep 及电影 MIB 的 MTV 中,Hip-Hop 已经开始成熟。

Breaking 是技巧型街舞,要求舞者具有较高的力量、柔韧性和协调性,属于技巧性较高的体育舞蹈,所以最先为国内青少年所喜爱。跳这种类型舞蹈的青少年叫作 B-Boy/B-Girl。20 世纪 80 年代,被称为"Hip-Hop 之父"的 DJKoolHerc 创造了 B-Boy 的概念,也就是 BreakingBoy。每年,全世界的许多国家都有一些为 B-Boy 们举办的比赛,较有名的是每年一度的 BOTY(B-BoyofTheYear)和在英国举办的 B-BoyChampion。

NewFazz(女生专属)是一种由 Jazz 爵士发展而来的舞,专由女生跳的,很讲究柔美和瞬间爆发,以手臂的动作为主,腰的扭动和臀部的动作为辅。对身材要求很高,在欧美和韩国非常流行。配乐是节奏化过后的爵士乐。

二、街舞的基本动作

街舞有很多不同风格的动作组合,本节只介绍韩式街舞花样组合的动作方法,这个组合共有 4 个 8 拍,其特点是动作流畅、幅度大,力度感和表现力强。

1. 第一个八拍

☆1、2 拍重心在右脚,左脚向左前方由膝关节带动走两步。右手在胸前向左两次响指。
☆3、4 拍与 1、2 拍动作相同,方向相反。
☆5 拍重心移向右脚成弓步,左手在胸前平屈向左拉动。
☆6 拍重心再移向左脚成弓步,右手在胸前平屈向左拉动。
☆7 拍与 5 拍相同。
☆8 拍还原成直立。

2. 第二个八拍

☆1、2 拍左脚向左前方弹动两次,同时右手放在胸前振胸两次。
☆3、4 拍动作相同,方向相反。
☆5 拍左胯向左上方顶胯一次,同时右臂握拳向右上方上举。

☆6拍髋关节还原下蹲重心落在右脚,手胸前平屈。

☆7、8拍同5、6拍相同。

3. 第三个八拍

☆1拍右手肘关节从右侧转向下,掌心朝后。

☆2拍左手屈臂外翻,掌心朝后。

☆3、4拍双手屈臂在胸前交换两次,同时头从下至上从两手中间做一次身体波浪。

☆5、6拍再从上至下做一次身体波浪还原成下蹲姿势。

☆7、8拍还原成直立。

4. 第四个八拍

☆1拍左脚向左迈出成左弓步,同时右臂向右侧伸展开。

☆2拍右脚向左迈出成左弓步,同时右臂向左侧伸展开。

☆3拍左脚并右脚下蹲膝关节外展,同时手臂胸前平屈向外张。

☆4拍还原成直立。

☆5、6拍右脚向后左脚向前依次打开,手臂经前向后绕环一次,右手在前左手在后。

☆7拍左脚和右肩振动一次。

☆8拍还原成直立。

三、学习街舞的基本方法

练习街舞时所用的音乐是非常有特点的 Hip-Hop 节奏,所以大家在练习前首要熟悉并适应伴奏音乐的特点。如果一听到音乐,您就可以很准确、自如地踏上步点并与音乐合拍,那您便可以开始学习街舞了。

视频 街舞学习

在练习广播体操、健美操时,可能教练对大部分动作的要求是"横平竖直",而街舞更多的是强调随意性,要求动作松弛,所以练习时您要尽可能放松自己的肌肉、关节,让它们更灵活。

在学习街舞时,一般有一定的程序。

第二十三章 滑轮运动

第一节 轮滑运动概述

视频 轮滑装备

一、轮滑运动发展概况

轮滑运动过去叫旱冰运动,以区别"水冰"。轮滑运动是指脚穿带有四只轮子的轮滑鞋,在坚实、平整的地面上滑行的一项体育运动,包括速度轮滑、花样轮滑、轮滑球和极限轮滑。速度轮滑充分体现了速度和力量的结合,轮滑球富有竞争性、对抗性;而花样轮滑是在音乐伴奏下,把跳跃旋转的步法与优美的舞蹈动作有机地结合在一起进行表演,给人以美的享受;极限轮滑更是时尚和都市文化的象征。经常参加轮滑运动,对改善人的心肺功能、增强四肢和躯干的肌肉力量、提高身体的协调性和平衡的能力,有着积极的作用。同时,对培养机敏、顽强的品德也有良好的影响。它既可以丰富人们的业余生活,又能陶冶人们的情操。

1815年,法国人加尔森创造了轮式溜冰鞋,1863年,纽约人詹姆士·普利顿对溜冰鞋进行了改进,并开办了世界上第一个溜冰场。1924年,国际轮滑联合会在瑞士成立,现在本部设在美国。我国在1980年9月加入国际轮滑联合会。

二、轮滑运动的装备

(一)轮滑鞋

1. 休闲轮滑鞋

休闲轮滑鞋用于一般休闲和健身活动。有4个轮子排成一线,轮子后方装有制动器,高鞋腰、中等鞋跟。一般有内套及鞋壳,强调舒适、安全,轮子与轴承可根据使用者需要及喜好而更换(图23-1-1)。

2. 跑鞋

跑鞋用于速度轮滑竞赛,由5~6个轮子排成一线,低鞋腰、低鞋跟,一般不装制动器,选用高级的轮子及精密的轴承,轮子直径76~80毫米(图23-1-2)。

图23-1-1　　　　　　　图23-1-2

3. 花样轮滑鞋

花样轮滑鞋用于花样轮滑或表演。4个轮子排成两排，鞋尖前下方各装一个制动器，高鞋腰、高鞋跟(图23-1-3)。

4. 特技轮滑鞋

特技轮滑鞋用于特技轮滑。底壁厚实、抗冲击力强，一般轮子较小且宽，直径47～62毫米(图23-1-4)。

图23-1-3　　　　　图23-1-4

5. 轮滑球鞋

轮滑球鞋用于轮滑球运动(图23-1-5)。

图23-1-5　　　　　图23-1-6

（二）轮滑护具

练习者或运动员在练习或比赛时，一旦出现跌倒或撞击事故，轮滑护具能够起到对身体的冲击力量加以分散、缓冲和吸收的作用。轮滑护具一般包括头盔、护肘、护腕手套护膝等。建议在初学轮滑阶段、学习新动作、进行山路越野极限轮滑时、进行速度轮滑和轮滑球运动时，配戴相应护具(图23-1-6)。

三、轮滑运动安全常识

1. 遵守轮滑场制定的规章制度。
2. 在做轮滑练习前应充分地做好准备活动，尤其是下肢各关节的活动。
3. 轮滑鞋大小要适宜，扎带要松紧适度，并要经常检查轮滑鞋是否有损坏或螺丝是否松动等。
4. 禁止做危险和妨碍他人的动作，如几人拉手滑行、在速滑跑道上逆行、追逐打闹、突然停止等。
5. 在场内禁止吃带皮和食物，乱扔杂物，扔烟头等。
6. 要跌倒时，不要过分挣扎，要降低重心，用双手撑地缓冲力量。来不及用双手支撑时，可团身、收腹、使自己身体成球形，双手护头滚动，以减少摔伤。

7. 患有心脏病、高血压、传染病、精神病等严重疾病人群及酒后不要进行轮滑运动。

第二节 轮滑基本技术

视频 速度轮滑

一、速度轮滑

速度轮滑的基本技术是指在规定距离内，以最快的速度，以最省力的方法，滑完全程所采用的合理动作。它由直线滑跑、弯道滑跑、起跑以及冲刺等部分组成。

（一）直道滑跑技术

1. 直道滑跑动作的构成

直道滑跑动作分为6个阶段。左：惯性滑进、单支撑蹬地、双支撑蹬地；右：惯性滑进、单支撑蹬地、双支撑蹬地。

直道滑跑动作分为12个动作。左：惯性滑进、单支撑蹬地、双支撑蹬地、收腿、摆腿、着地；右：收腿、摆腿、着地、惯性滑进、单支撑蹬地、双支撑蹬地。

2. 正确的滑跑姿势

上体前倾，与地面成10～30度，上体放松，并略高于臀部。腿部采取蹲屈姿势，膝关节角度一般在110～130度，踝关节角度一般在60～70度。蹲屈程度的高低与运动员的训练水平、腿部力量、滑行距离、风向、风速等因数有关（图23-2-1）。

3. 惯性滑进与收腿技术

惯性滑进是一腿蹬地结束后，另一腿承接身体重量，维持好身体的平衡，借助惯性速度向前滑进的动作。自蹬地脚离开地面起到转移重心为止。

图23-2-1

惯性滑进阶段应尽可能低保持蹬地以获得的速度，避免速度的过分下降。同时要做到蹬地用力的肌肉群充分放松为下一次蹬地做好准备。

当蹬地结束，承接体重时，有缓冲动作，重心位置最低，而且稍偏离后轮处。当惯性滑进动作开始以后，重心移至中部并略微上升。当惯性滑进动作结束时，重心偏离支点，偏于侧前方，支撑腿开始伸展蹬地。

在支撑腿惯性滑进阶段，相对应浮腿应是收腿动作阶段。收腿动作是蹬地腿抬高力地面后成浮腿由侧位收向后位身体中心面的过程。收腿动作必须积极主动，侧助蹬地结束时肌肉紧张的余力，腿向侧方抬起，在大腿的带动下，膝盖内转，从侧位收至后位（图23-2-2）。

图23-2-2

4. 单脚支撑蹬地与摆腿技术

当身体重心的投影点离开轮子的支撑中心，身体产生横向位移时，支撑腿加速伸展蹬地，推动重心前移。浮腿离开中心面，沿身体重心移动的方向加速前摆

(图23-2-3)。

图23-2-3

5. 双支撑蹬地技术

此阶段是浮脚着地开始承接体重到蹬地腿离开地面为止。支撑腿即将结束蹬地时,浮脚靠近身体重心投影点着地,悬落在地面上,不承接体重。支撑腿继续完成蹬地动作,并在支点明显偏于后侧之时,以最快的动作,结束膝踝关节的伸展。支撑腿3个关节充分伸直,结束蹬地动作,在刹那间完成交接体重(图23-2-4)。

6. 摆臂技术

摆臂主要用于短短距离滑跑和终点冲刺。长距离根据需要采用单摆或单双摆交替的方法。在滑行中,左腿蹬地时,左臂向右前上方摆,右臂向右后上方摆。右腿蹬地时,右臂向左前上方摆,左臂向左后上方摆。以肩为轴,协调地配合支撑腿的蹬地用力动作。前摆屈肘后摆伸直,虎口朝内。掌心向上(图23-2-5)。

图23-2-4　　　　图23-2-5

7. 全身配合技术

(1) 两腿的配合:惯性滑进与浮腿收腿相对应;单支撑蹬地与浮腿的摆腿相对应;双支撑蹬地与浮腿接重心相对应。

(2) 上体与腿部的配合:当刚刚承接体重惯性滑进时,上体位于支撑腿的上方,鼻、膝、脚三点成一线。单支撑蹬地阶段,体重要压在蹬地腿上,蹬地即将结束时,上体转向新的滑行方向,浮脚着地,蹬地结束时,支撑腿完全承接体重。

在蹬地开始时,头肩不能过早地摆向滑行方向,整个蹬地过程中,上体、头肩、臀部不能上下起伏。

(3) 两臂与两腿的配合:在支撑腿惯性滑进时,浮腿收腿,两臂都从前、后高点回摆;当收腿结束时,两臂都经下垂点;当支撑腿伸展用力蹬地时,两臂都分别达前、后高点(图23-2-6)。

图23-2-6

(二)弯道滑跑技术

1. 弯道滑跑动作的构成

弯道滑跑动作分为四个阶段:左单脚支撑蹬地、左双脚支撑蹬地、右单脚支撑蹬地、右双脚支撑蹬地。

弯道滑跑动作分为八个动作。左:单脚支撑蹬地、双脚支撑蹬地、摆腿、着地;右:摆腿、着地、单脚支撑蹬地、双脚支撑蹬地。

2. 弯道滑跑姿势

在做弯道滑跑时,身体成一线向左倾斜。头和肩也随之向左侧转动,左肩稍低于右肩,左臂稍低于右臂,双腿完成蹬地动作时,也应尽量与身体倾斜面相一致,上体和支撑腿的方向应该沿圆弧切线方向,身体重心的倾斜度应该与滑跑速度及弧度半径相适应。

3. 左腿单支撑蹬地与右腿摆腿技术

当蹬地腿离开地面开始收腿时,支撑腿开始单支撑蹬地。首先,髋关节开始伸展,使身体重心轨迹加速向弯道内侧偏离。在髋关节伸展的同时,压低膝、踝关节,身体重心集中低压在支撑腿上。当右腿从左脚上方越过时,左腿膝关节加速伸展蹬地,并使出最大力量。

4. 左腿双支撑蹬地与右脚着地技术

在前一动作基础上,左腿膝关节继续加速伸展蹬地。此刻,左腿的蹬地角度越来越小,蹬地的支点迅速偏后并圆周曲线,膝、踝、关节必须以快速度伸展,结束蹬地动作,右脚应力求与左脚结束蹬地的同时,在左脚的左前方着地承接体重。

5. 右腿单支撑蹬地与左腿摆腿技术

左腿蹬地结束后,借助地面的反弹力,迅速屈膝,加速向右腿移动,右腿积极地伸展髋关节,膝、踝关节压小,身体重心集中低压在蹬地的右腿上。当浮腿膝盖收到右膝下方靠拢时,右腿以最大力量加速伸展蹬地。

6. 右脚双支撑蹬地与左脚着地技术

当左脚着地时,右脚蹬地的支点已经明显偏后,并远离弯道弧线,此刻蹬地的右腿膝、踝关节必须以最快速度伸展,结束蹬地动作,左脚应力求在右脚结束蹬地同时,在右脚动作前方着地承接体重。

7. 进出弯道

进弯道时,右脚滑出最后一步,方向朝正前方,蹬地结束后,身体迅速向左倾倒,左脚第一步弯道的着地与滑行沿弯道圆弧的切线方向。

出弯道时,右脚结束蹬地,左脚在重心投影下着地承接身体重心,鼻、膝、脚三点一线,然后重心向右倾倒并开始蹬地,右腿收回并随着左腿蹬地动作的开始,加速摆动,准确地在重心投影下着地,进入直线滑跑。

8. 弯道摆臂

右臂摆动较大,以肩为轴,大臂带动小臂前后摆动,高度略过肩。左臂大臂贴身,前臂前后摆动,也可置于体侧或背于身后而不动(图23-2-7)。

图 23-2-7

9. 弯道滑跑的全身配合动作

(1) 上体与腿的配合

当一腿蹬地结束,另一腿刚承接体重时,两肩压在支撑腿上,并在同一倾斜线上接着迅速偏离滑行方向,向另一条新的切线方向移动,重心离开支点,蹬地动作开始。

(2) 两腿的配合

当左腿蹬地结束抬离地面时,右腿蹬地开始;左腿摆向右腿与右腿靠拢并前摆时,右腿强有力的单支撑蹬地;当左腿摆至前位着地时,右腿开始双支撑蹬地;左腿着地完全承接体重时右腿蹬地结束。下一个单步的配合动作相同。

(3) 臂、腿的配合

右蹬地时,臂腿的配合基本同直线滑行一致。左腿开始蹬地时两臂均在前后最高点;左腿单支撑蹬地同时,两臂回摆;两腿膝盖靠拢时,两臂在最低点;右腿后摆,左臂前摆;左腿蹬地结束时。两臂摆至最高点(图 23-2-8)。

图 23-2-8

(三) 起跑与冲刺技术

起跑是各项距离滑跑的开始。任务是在最短时间内获得较高速度。

1. 预备姿势

预备姿势有多种,如丁字形预备式、平行预备式、八字预备式和前点地预备式等。下面介绍前点地预备式。面对起跑方向,两腿分开两脚间距 35～55 厘米,两脚间开角 50～70 度,前脚与起跑线成 65～70 度,后脚与起跑线成 10～15 度,上体前倾,两臂自然下垂。身体重心放于两脚中间或偏前一些。

2. 起动

当听到枪声,迅速抬起前脚,后脚用力蹬地伸直。上体前倾,髋关节前送。两臂用力摆动,整个身体迅速向前冲出。

3. 疾跑

疾跑技术有几种,一般常用踏切跑式和扭滑式。切跑式是用爆发性力量,踏切式的跑动起速,适用于力量型选手和短距离起跑时采用。扭滑式是切跑与滑跑相结合,切中有滑,滑中有切,迅速向短步伐高频率的滑跑过渡。扭滑式起速较慢但比较省力。

在速度轮滑的冲刺阶段,应以顽强的毅力,正确的滑跑动作,最大速度地滑完全程。必要时可加大蹬地力量和摆臂幅度提高频率,缩短惯性滑进的距离。

二、花样轮滑

花样轮滑包括单人滑、双人滑和舞蹈。世界花样轮滑锦标赛的竞赛项目包括规定图形(男子、女子)、自由滑(男子女子)、双人滑(男子女子)、双人滑(一男一女)、舞蹈(一男一女)。

花样轮滑的常用术语有如下几种。

1. 刃:身体重心偏离外侧轮时,称为外"刃";身体直立时,称为"平刃";身体重心偏向内侧轮时,称为"内刃"。

2. 前滑:面向滑行方向,向前滑行。

3. 后滑:背对滑行方向,向后滑行。

4. 滑足:在地面上滑行的脚。

5. 浮足:滑行中离开地面的脚。

6. 纵轴:将两个或两个以上的圆构成的图形,纵向分为对称的两个半圆的一条线。

7. 横轴:将两个圆构成的图形,分为对等的两个圆的一条线。

8. 封口:两圆或三圆图形的切点处,即纵横轴交叉点处。

9. 变刃:身体重心投影在支撑脚的一侧移向另一侧。

(一)花样轮滑的基本技术

花样轮滑的基本技术包括站立前滑、后滑、压步、制动、起动、弧线、跳跃、旋转等,这里重点介绍四种弧线的滑法。

1. 前外弧线

以右脚滑前外弧线开始,左脚内刃蹬地,用右脚外刃滑出,身体向右侧倾斜,右臂在前,左臂在后,右髋在前,左交伸直后举,右脚滑行时微屈膝。滑行中,左肩向右转,左腿向前移。滑到弧线一半时,两肩与弧线成垂直位置,左腿屈膝靠近滑足,两臂在身体两侧平举。在滑过弧线一半时,左臂向前。右臂向后,左髋向前,左脚在滑足前。当滑行速度减慢时,左脚落地滑前外弧线,其动作与右脚滑前外弧线相同。

2. 前内弧线

以右脚滑内线开始,用左脚内刃蹬地,身体重心落在右脚内刃滑出,开始姿势左臂在前,右臂在后,左脚伸直在后。滑过弧线一半时,两肩交换前后位置,左脚移至滑足前面,在滑行速度减慢时,左脚落地以前内刃滑出,身体向右倾,其他动作除左右变换外与前相同。

3. 后外弧线

以左脚后外弧线,可先向左做后压步。右脚蹬地后,用左脚外刃落地向后滑弧线。动作开始时,将右脚留在前面,头从左肩向后看,左臂在后,右臂在前,身体向左倾,滑腿屈膝当滑过弧线一半时,头仍向左看,两臂互换前后位置,滑腿膝部逐渐伸直,右脚放到体后。滑行速度减慢时,再做向后压步,然后再进行左、后、外弧线滑行。

4. 后内弧线

以左脚内刃做向前弧线滑行,先做向右的后压步。右脚蹬地后,左脚内刃着地向后滑弧线时左臂在前,右臂在后,身体向右倾,头从右肩上向后看。滑过弧线一半时,浮脚移至滑腿侧前方,上体姿势不变。当滑行速度减弱时,再做后压步,继续做左后内弧线滑行。

(二)花样轮滑的规定图形

规定图形共有17种、69种滑法。

1. 规定图形时的身体基本姿势

两臂一前一后伸出,两手与腰同高,掌心向下。头要正直,面向滑行方向。向后滑行时从肩上看滑行方向。上体只可左右转动,不可前屈或后仰。浮足与华足前后距离20~50厘米,前后移动时要紧靠滑足,浮足足背、膝、髋要向外展,足尖要伸直。浮足要始终保持在滑线上,不可任意摇摆。滑足膝关节不可挺直,保持一定弹性以控制平衡。整个身体要直,滑圆时身体要有一定倾斜度。

2. 规定图形转体时的动作

前滑转身,身体重心要在滑脚的前两轮上。后滑转身,身体重心要在脚的后两轮上。转动时上体要保持正直。肩和髋要同时用力转动,浮足要靠近滑足。滑足的膝关节在转体时不可有屈伸动作;变刃时可稍有屈伸。

3. 规定图形的基本技术

(1)"8"字形

"8"字形是指单脚滑行成一个圆接另一脚在滑行成一个圆,两圆相切成"8"字形的规定滑行路线。按前滑、后滑、内"8"外"8"、左右脚起滑等共分为8种。一般的半径为4~6米。

① 前外"8"字形。

预备姿势:背对圆心,转头面对滑行方向站立,左脚站在纵轴和横轴交点重合。右脚置于左脚后方,两脚跟靠拢,脚尖成外展约90度。左肩、臂在前、右肩臂在后,重心落在两脚中间,右脚的四个轮子压紧地面。

起滑:两膝弯曲身体稍后倒,重心落在右脚上,四轮压紧地面,用力蹬伸。左脚以外刃沿地面的圆形痕迹滑出。

滑行:保持左肩臂在前,右肩、臂在后,浮脚在体后的身体姿势,然后浮脚关节内转稳定地靠近滑腿,置于图形的线痕上与滑脚交叉,随后变换两肩必定位置成右肩、臂在前,左肩臂在后,滑腿逐渐伸直。

一脚滑行结束:以右肩臂在前,左肩臂在后,浮脚右脚置于身体的姿势滑至圆的封口处。

换脚:当左脚滑行接近封口时,四轮相圆内滑离圆周,浮脚四轮的重心准确地放到纵横轴的交点上,用左腿蹬地,右脚沿前外圆弧线滑出。

② 前内"8"字形。

预备姿势:正对圆心,转头面对滑行方向站立。右脚的后方,右肩、臂在前,左肩臂在后。

起滑:右脚蹬伸,左脚以内刃沿圆形痕迹滑出。

滑行:保持起滑时的姿势,浮脚在体后以大腿带小腿逐渐靠近滑腿,交叉变换两肩位置。

一脚滑行结束:以左肩、臂在前,右肩、臂在后,浮脚置于身前的姿势滑至圆的封口处。换脚:当左脚滑进封口时,浮脚在纵横轴的交点上落地,用左交蹬地,右脚沿右前内圆弧线滑出。

③ 后外"8"字形。

预备姿势:面对左脚所滑行圆的圆心,两脚在纵横轴交点右侧的10～20厘米处平行站立。左肩、臂在前,右肩、臂在侧。

起滑:抬起左脚,右腿弯曲,身体重心落在右腿上,左臂从前向后摆动,右臂经体前向后摆动。右脚内刃蹬地,左脚以外刃向后滑出。身体重心移到左脚上,并向圆心倾斜。

一脚滑行结束:保持起滑时的姿势,滑到圆周的一半时,浮腿向后移,重心向外转,左肩臂在前,右肩臂在后,面向圆外。滑至封口处。

换脚:当左交接近封口时,右脚落地。左脚内刃蹬地,右脚滑右后外圆弧。

④ 后内"8"字形。

预备姿势:背对左脚所滑圆的圆心,两脚在纵横轴交点侧10～20厘米初平行站立。左肩臂在前,右肩臂在侧。

起滑:右脚内刃蹬地,左脚内刃滑左右内圆弧。

滑行:保持起滑时左肩臂在后,右肩臂在前,浮脚在体前的姿势,滑至圆周一半时,浮腿向后移,重心内转。

换脚:左脚滑至封口时,右脚落地。左脚内刃蹬地,右脚滑后内圆弧。

(2) 变刃型

变刃是从一个圆过渡到另一个圆的滑行技术。由一只脚先滑半圆,到纵横轴交叉点变刃,然后滑一个整圆,另一只脚也滑变刃型构成三个圆。

(3) "3"字形

"3"字形是指脚滑行到1/2处转体180度,由前滑变成后滑,滑行路线留下的轨迹形如"3"字形。

"3"字形的起滑姿势及要领与"8"字形相同。以右脚起滑为例:左脚用前外滑行。面向滑行方向,右臂在前左臂在后。眼睛看着两圆的相切点。右腿稍弯曲,身体重心落在外侧轮上。当滑至圆弧的1/2处时,上体开始向右移动,左臂移到体前、右臂移到体后,左脚移到接近右脚。然后右足后轮抬起,右髋向右转180度,左脚在右脚后随着转动,右脚转动后,身体重心偏向内侧轮子滑行,左脚在身后头向左转,眼睛顺着左肩向后看滑行方向。右臂伸直,左臂后伸,一直滑到封口处。然后身体左转,左髋向后张开,左腿后伸,右脚向侧后方蹬地,左脚做左前外滑行。这时,右腿在后,左臂在前,右臂在后,动作方法同右脚。

(4) 规定图形的其他种类

① 双"3"字形:在"3"字形的基础上增加一次转体180度,一般第一个"3"应在圆弧的1/3处完成,第二个"3"应在圆弧的1/3处完成,第二个"3"应在圆弧的2/3处完成。

② 括弧型:与"3"字形相反,在同一的圆弧的纵轴上转体180度,且转尖朝向圆外地规定图形。

此外,还有结环形、外勾形、内勾形等多种规定图形,由于动作复杂,难于掌握,这里不做介绍。

第二十四章 定向运动

资料 定向运动

第一节 定向运动概述

一、定向越野的起源与发展

(一) 定向越野的起源

定向越野起源于北欧的瑞典。"定向"一词最早出现在1886年的瑞典，意思是在地图和指北针的帮助下，穿越未知的地带。

地处北欧斯堪的纳维亚半岛的瑞典，国土崎岖不平，覆盖着一望无际的森林，散布着无数的湖泊、城镇和村庄，人们主要利用隐现在林中的小径来往于各地。因而，人们必须学会并具备精确辨别方向的能力，否则就会有迷失方向的危险。这样，地图和指北针就成了人们行走和生活的必需品。生活在半岛上的居民、军队，便成了定向越野的先驱者。

最初的"定向运动"只是一项军事活动，军人们把在山地里辨别方向、选择道路和越野行进作为军事训练的内容。后来在瑞典和挪威的军营中，军人们利用军用地图先后进行了最初的该类体育竞赛。

1897年10月31日，在挪威组织了第一次面向民众的比赛，当时参赛的人数仅有8人，其后在挪威还举行了一些小规模的比赛。

定向越野从军营走向社会始于20世纪初。瑞典的一位童子军领袖吉兰特，于1918年组织了一次名为"寻宝游戏"的活动，给定向运动赋予了游戏的特性从而引起了人们极大的兴趣。从此，该项活动在北欧广泛开展起来。1919年3月25日，一次影响深远的定向比赛在斯德哥尔摩南部Nacka的森林中举行，当时的参赛人数达217人。这场比赛的组织模式与规格，标志着定向运动作为一项独立的体育项目的诞生。

(二) 定向越野的发展

到了20世纪30年代，定向越野已在瑞典、挪威、芬兰和丹麦等国有了较好的发展。1932年举行了第一届世界定向锦标赛。

1943年，驻扎在英格兰的挪威反抗军将定向越野介绍给了英国。1946年，美国童子军引进了定向运动。在随后的20年间，加拿大、澳大利亚、法国、德国、日本等国都相继引进了这项运动。从此，定向越野在西方国家得到了蓬勃的发展。

1961年5月，国际定向运动联合会(IOF)在丹麦首都哥本哈根成立。成立会上还确定了正式的比赛项目，制定了一系列的比赛规则与技术规范。国际定联的成立，标志着定向越野进入了崭新的发展时期。

现在,每两年一次的世界定向锦标赛越来越成熟,影响也越来越大。国际军体理事会已将定向运动列为正式比赛项目之一。定向比赛也是国际大学生体育联合会的一个正式比赛项目。

目前,全世界有 400 多万名定向运动爱好者。在西方,各地都有专门划出用于定向越野的区域,各种有关定向运动的书籍、音像制品也层出不穷。有不少国家甚至将定向越野列入学校课程之中。据称,在北欧热爱定向越野的人数已经超过了"世界第一运动"——足球的爱好者。仅瑞典 800 多万人口中,其爱好者就高达 150 万人,全国有 700 多个定向运动俱乐部,每年组织 1000 多场定向运动比赛,每次参赛人数都是成千上万,最多时达到 4 万多人。瑞典国王是最权威的支持者,众多政界要人、商业巨头、媒体名人都成了定向运动的积极参与者。所有瑞典学校的学生和军人都必须学习定向运动,并将它列为一门必修课程。定向越野已成为许多瑞典人的一种生活方式。

目前,定向越野在我国也初具规模,并且呈现出强劲的发展势头。1992 年 7 月,国际定向运动联合会批准中国以"中国定向运动委员会"的名义加入该组织,成为正式会员国。1995 年"中国定向运动委员会"正式更名为"中国定向运动协会",简称"中国定协"。中国定向运动协会积极推动定向运动在国内的发展,每年在全国范围内组织"全国定向运动锦标赛"和"全国城市定向运动系列赛"。赛事的组织工作与国际惯例接轨,裁判规则与技术标准完全按照国际定向运动联合会(IOF)颁布的规范实施。

二、定向越野的物质条件

开展不同等级、不同项目的定向运动,其所需的物质条件也不尽相同。下面介绍的是个人徒步定向越野所需的基本物质条件,原则上它们也适用于其他定向运动项目。

(一)器材

1. 号码布

号码布一般不超过 24 厘米×20 厘米,号码数字的高度不小于 12 厘米,字迹要清晰,字体要端正。正规的比赛还要求将号码布佩戴于前胸及后背两处。

2. 指北针

指北针多由组织者提供,如要求自备,则可能会对其性能、类型做出原则上的规定。当今世界上已出现的指北针类型主要有:简单式、液池式、透明式、照准式和电子式。目前国际上的定向越野比赛常使用由透明有机玻璃材料制作的指北针。

3. 打卡器

(1)针孔打卡器

针孔打卡器用弹性较佳的塑料制成,一端装有钢针。每个打卡器钢针的组合图案都不相同。这种打卡器价格便宜,使用方便,适合于日常教学与训练以及一些小型比赛。

(2)电子打卡计时系统

随着定向运动的不断发展,定向器材的研发也十分迅速。目前,国内外的定向赛事都采用了电子打卡系统,它包括指卡、打卡器和终端打印系统。在比赛中,每个参赛者都发有一个统一编号的指卡,它可以储存开始和结束的时间。打卡器能储存运动员到访时的时间。

当将指卡插入打卡器时,打卡器便自动将到访时间写入指卡。

4. 地图

地图是定向越野最重要的器材,它的质量好坏直接影响到运动员比赛的成绩,关系到比赛是否公正。因此,国际定联专门为国际定向越野比赛制定了《国际定向运动图制图规范》。

5. 检查点标志

检查点用于检验运动员是否按规定跑完全程,为此,应设置专门的标志。检查点应在地图上准确地表示出来。

检查点标志由三面标志旗连接组成。每面正方形小旗沿对角线分开,左上为白色,右下为红色。旗的尺寸为30厘米×30厘米,可以用硬纸壳、胶合板、金属板、布等材料制作。标志旗通常要编上代号(国际上过去曾使用数字做代号,现已规定用英文字母),以便于选手在比赛时根据旗上的代号来判断自己是否找到了正确的检查点(图24-1-1)。

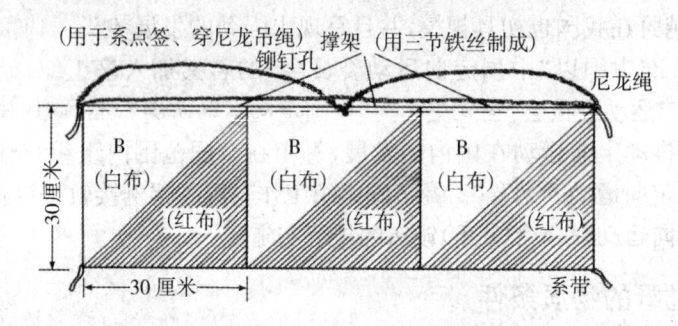

图 24-1-1 标志旗式样

定向越野比赛对运动员的服装没有特殊的要求。根据经验,运动员对服装的选择要求应该是:衣裤紧身而又不至影响呼吸与运动,为防止树枝刮伤和害虫侵袭,最好穿面料结实的长袖衣和长裤甚至可使用护腿。鞋应轻便、柔软而又结实,为便于上下陡坡、踩光滑的树叶或走泥泞地,鞋底的花纹最好是高凸深凹的。

(二)场地

1. 比赛区域的地形

地形是地物和地貌的总称。地物是指地面上的固定性物体,如居民地、建筑物、道路、河流、树木等。地貌是指地面的高低起伏状态,如山地、丘陵、平地、洼地等。由于地形对定向越野比赛的难易程度和用时长短有较大的影响,因此要根据比赛需要选择地形。

对比赛区域地形的要求如下。

(1)要有与比赛的等级相适应的难度,并保证它能够使运动员充分发挥自己的定向越野技能。

(2)比赛区域必须是所有选手都不熟悉或不太熟悉的。至少,应防止赛区当地的选手在比赛中获得明显的好处。为保证这一点,有的国家规定:3年内不得在同一地点举行第二次比赛。

(3)比赛区域的选择与确定在赛前必须严格保密。

通常情况下,合格的定向越野比赛地域应具备以下特点:中等起伏的森林地,植被适度;

地形变化多样的有限通视地域;生疏的人烟稀少地区。当然,在组织一般的定向越野活动时,城市公园、近郊区以及未耕种或未长成的田地也是可供选择的地点。

2. 起点和终点

定向越野比赛的起点与终点最好设置在同一处,这样能方便比赛的组织工作。

起点与终点一般设在地势平坦且面积足够大(与比赛规模相适应)的开阔地上。对于作为终点通道的地段就更要平坦和有足够的长度,这样才能让裁判人员与观众看清楚跑回来的选手。

3. 比赛路线

定向越野比赛路线通常按环形设计(图24-1-2)。

定向越野比赛路线的距离只是个相对准确的数字,因为它是从起点经各检查点至终点的图上最短水平距离计算的。

比赛路线的距离一般要根据运动员的水平和比赛时间确定。

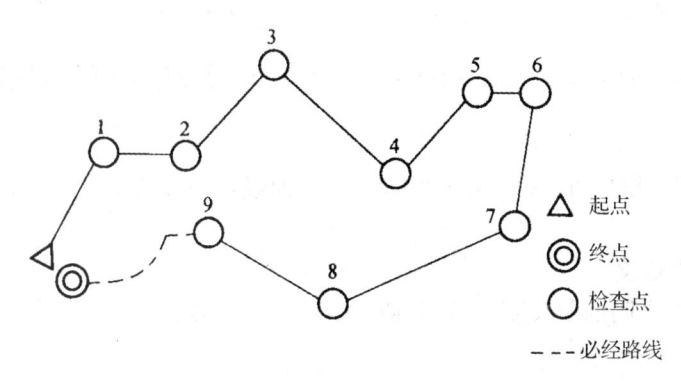

图 24-1-2 环形设计图

三、定向越野地图

(一)越野地图的比例尺

比例尺是地图上最重要的参数之一,要想学会识别、使用定向越野地图,首先应懂得地图的比例尺。

1. 比例尺的概念

地图上某线段的长度与相应实地水平距离之比,称为地图比例尺。用公式可表示为:

$$地图比例尺 = 图上长 / 相应实地水平距离$$

例如,某幅图的比例尺是1∶10000,那么图上两点间为1厘米,实地该两点的水平距离应为10000厘米。

2. 比例尺的特点

比例尺的大小通常是按比值的大小来衡量的。比值的大小,可按比例尺分母来确定,分母小则比值大,比例尺就大;分母大则比值小,比例尺就小。如1∶10000大于1∶15000,1∶25000小于1∶10000。一幅地图,当图幅面积一定时,比例尺越大,其包括的实地范围就越小,图上显示的内容就越详细;比例尺越小,图幅包括的实地范围就越大,图上显示的内容就越简略。比例尺越大,图上量测的精度越高;比例尺越小,图上量测的精度也就越低。国际定联规定,定向越野一般采用1:15000比例尺地图,为适应特殊地形的需要,也可使用其他比例尺地图。根据我国的现有条件,以采用1:10000比例尺地图较为适宜。

3. 图上距离的计算

根据地图比例尺,可以从地图上量取实地相应的距离。

(1) 用直尺量算

当利用刻有"直线比例尺"的指北针量读时,可根据刻在尺上的数值在图上直接读出相应实地的距离。

(2) 根据数字比例尺换算 先用直尺在图上量取两点之间的距离,然后用公式换算。换算的公式是:

$$实地距离＝图上长度\times比例尺分母$$

如在1:10000定向越野图上量得某两点间的距离为3毫米(0.3厘米),则实地水平距离为:

$$3(毫米)\times 10000＝30000(毫米)＝30(米)$$

当量算某两点间的弯曲(如公路)距离时,可将曲线切分成若干短直线,然后分段量算并相加。

(3) 用里程表量读

如果要量取两点间的曲线距离,则要使用专用的里程表。

(4) 估算法

估算法又叫心算法或目估法,这种方法在定向越野比赛中最有实用价值。要掌握它,需要具备以下三方面的能力。

① 能够精确地目估距离,包括图上的距离和实地的距离。在图上,能够辨别0.5毫米以上尺寸的差异;在现地,目估距离的误差不超过该距离总长度的1/10。如某两点间的准确距离为100米,目估出的距离应在90～110米之间。

② 熟知几种图上常用的尺寸单位与相应实地水平距离的对应关系。如在1:15000图上,1毫米相当于实地15米;2毫米相当于实地30米,1厘米相当于实地150米(表24-1-1)。

表24-1-1 基本尺寸与实地水平距离的关系表

几种基本尺寸相当于实地的水平距离			
基本尺寸:比例尺	1:10000	1:15000	1:20000
0.5毫米	5米	7.5米	10米
1毫米	10米	15米	20米
2毫米	20米	30米	40米
5毫米	50米	75米	100米
10毫米	100米	150米	200米

③ 能够精确地目估高差,包括图上的高差和现地的高差。在图上,能够辨别各种等高距的差异;在现地,目估高差的误差不超过该高差的 1/10,如某两点间的准确高差为 50 米,目估出的高差应在 45～55 米之间。

采用目估法时,图上距离越长,估计误差就越大,所以可采用分段目估。

(二) 越野地图的标记

定向越野地图的标记主要分为三类。

1. 地名注记

在定向越野地图上,地名的标示并不重要,除非对运动员判定方向与确定站立点很有用,地名(包括村镇、河流、高地等)一般不表示。

2. 高度注记

高度注记分为等高线注记(注在等高线上)、高程注记(地面高程注记绘有测注点".",水面高程注记旁则不绘测注点)和比高注记 3 种。

其中,高程注记还可细分为 3 种,即控制点高程、等高线高程和比高。

(1) 控制点(包括三角点、埋石点、水准点等)的高程注记,用黑色,字头朝向北图廓。

(2) 等高线的高程注记,用棕色,字头朝向上坡方向。

(3) 比高注记与其所属要素的颜色一致,字头朝向北图廓。

3. 图外说明注记

定向越野地图的图外说明注记包括比例尺、等高距、图名、图例、出版单位、出版时间、成图方法、用图要求等。在定向越野常设场地所用的地图上,由于实地设置了固定的检查点点标,因此,有时在地图上还印有简易检查卡、检查点说明和赞助人广告等,便于业余爱好者随时使用。

(三) 越野图的符号

识别越野图的符号对于正确地使用越野图是十分重要的。识别符号不能靠机械地记忆,需要了解他们的制定原则,了解符号的图形、色彩和表意之间的逻辑联系,这样才能根据符号联想出每一种地面物体的外形、特点和专门功能。

如同其他地形图一样,越野图也要求完整而详细地表示地貌、水系、建筑物、道路、植被和境界,即所谓"地图的六大要素"。根据定向越野比赛的特殊需要,国际定联将越野图的符号分成五类。

1. 地貌用棕色表示(图 24-1-3)

这类符号还包括小丘、小洼地、土崖、冲沟、陡坡、土垣等表示地面详细形态的专门符号。

2. 岩石与石块用黑色表示(图 24-1-4)

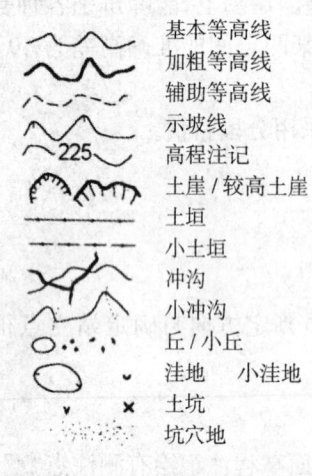

图 24-1-3　地貌符号（棕色） 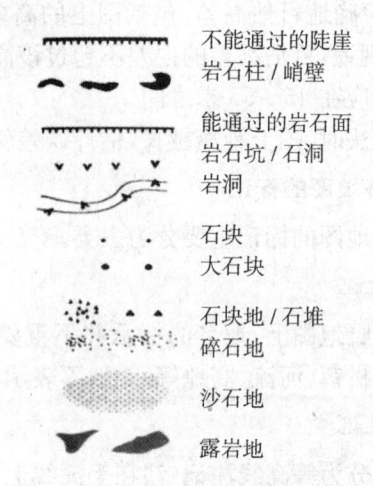　　　　图 24-1-4　岩石与石块符号（黑色）

岩石与石块是地貌的特殊形式，它们既可以为读图与确定点位提供有用的参照物，又可以向运动员表明是危险还是可奔跑通行的情况。为使它们明显地区别于其他地貌符号，这一类符号使用了黑色。

3. 水系与淤泥地（沼泽地）用蓝色表示（图 24-1-5）

这类符号包括露天的明水系和水生或沼泽生的植物。

4. 植被用空白或黄色和绿色普染表示（图 24-1-6）

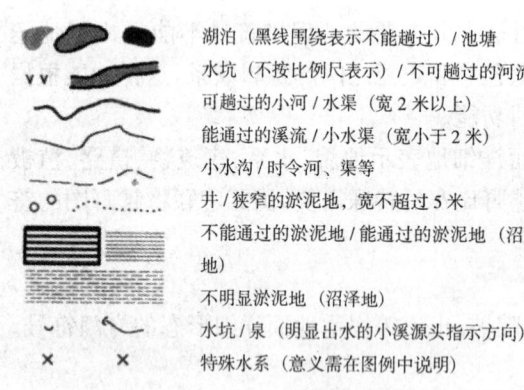

图 24-1-5　水系与淤泥地符号（蓝色） 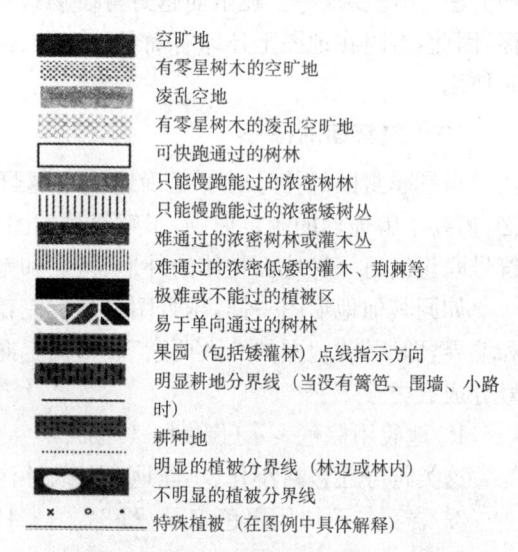　　　图 24-1-6　植被符号（白色、黄色和不同浓度的绿色等）

植被情况的详细区分和全面表示非常重要。植被是按下列基本原则表示的：

——白色（空白）指一般性起伏地上的树林的密度适度，地面上无阻碍行进的灌木或杂草丛，可以按正常速度奔跑的地区。

——黄色空旷的地域。分为空旷地、半空旷地及凌乱的空旷地。

——绿色树林中密度较大的地区。按可跑性分为慢跑,使正常跑速降低20%～50%;难跑,使正常跑速降低50%～80%;通行困难,使正常跑速降低80%～100%。上述可跑性的区分均取决于树林的生态,如树种、密度及矮树、草丛、蕨类、荆棘、荨麻等的生长情况。

5. 人工地物用黑色表示(图24-1-7)

包括各种道路、房屋、栅栏、境界等地图符号。

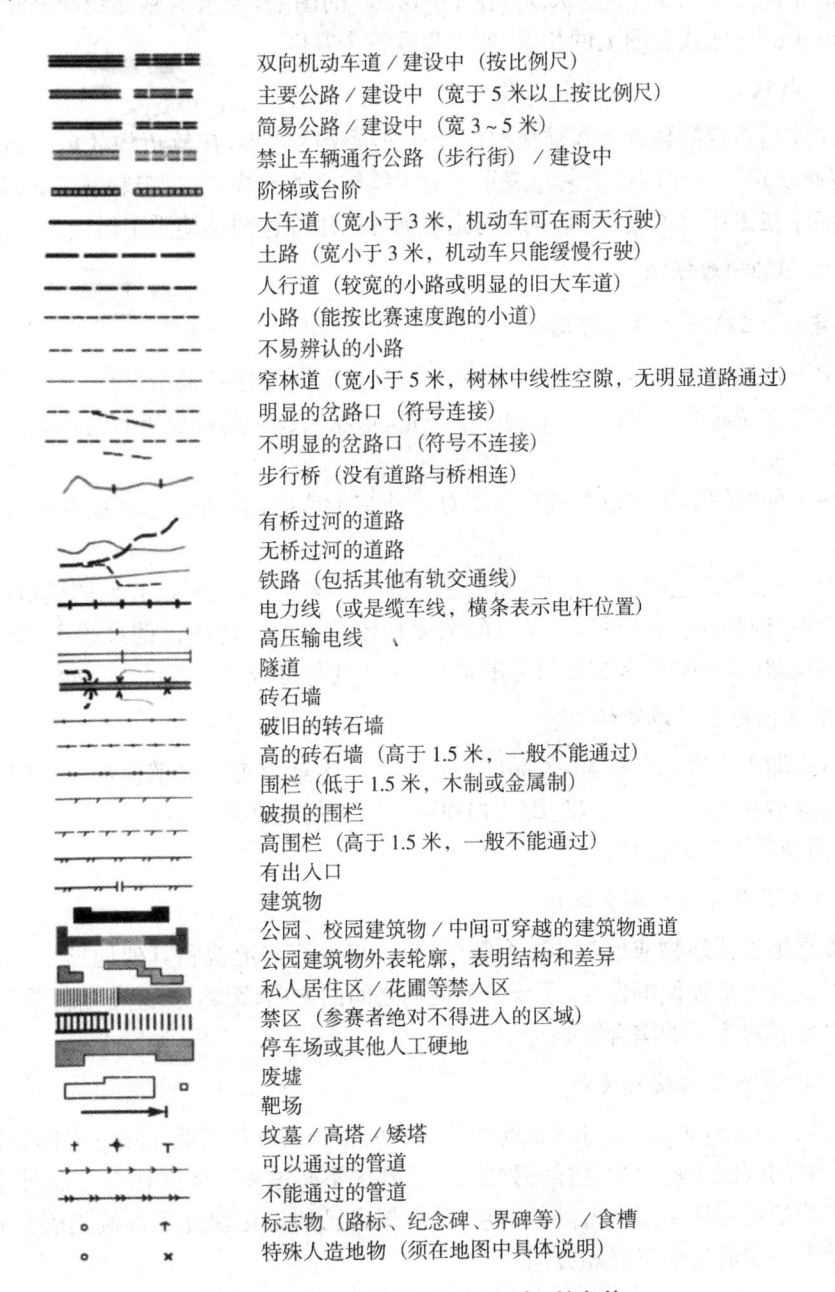

双向机动车道／建设中（按比例尺）
主要公路／建设中（宽于5米以上按比例尺）
简易公路／建设中（宽3~5米）
禁止车辆通行公路（步行街）／建设中
阶梯或台阶
大车道（宽小于3米，机动车可在雨天行驶）
土路（宽小于3米，机动车只能缓慢行驶）
人行道（较宽的小路或明显的旧大车道）
小路（能按比赛速度跑的小道）
不易辨认的小路
窄林道（宽小于5米，树林中线性空隙，无明显道路通过）
明显的岔路口（符号连接）
不明显的岔路口（符号不连接）
步行桥（没有道路与桥相连）
有桥过河的道路
无桥过河的道路
铁路（包括其他有轨交通线）
电力线（或是缆车线，横条表示电杆位置）
高压输电线
隧道
砖石墙
破旧的砖石墙
高的砖石墙（高于1.5米，一般不能通过）
围栏（低于1.5米，木制或金属制）
破损的围栏
高围栏（高于1.5米，一般不能通过）
有出入口
建筑物
公园、校园建筑物／中间可穿越的建筑物通道
公园建筑物外表轮廓，表明结构和差异
私人居住区／花圃等禁入区
禁区（参赛者绝对不得进入的区域）
停车场或其他人工硬地
废墟
靶场
坟墓／高塔／矮塔
可以通过的管道
不能通过的管道
标志物（路标、纪念碑、界碑等）／食槽
特殊人造地物（须在地图中具体说明）

图24-1-7　人工地物符号(黑色、棕色等)

（四）越野图上的其他内容

1. 磁北线

磁北线（MN线）是地图上表示地磁的方向线。它不仅可以用来标定地图的方向、测量目标的方位角，还可以用于概略地判明行进路线的方向和距离。

磁北线在图上用0.175毫米的黑色平行线表示。在1∶15000的越野图上，要求两相邻磁北线间的距离约相当于实地500米；在1∶10000的图上，要求两磁北线间的距离约相当于实地250米。磁北线在图上的长度，要求贯通整个赛区。

2. 比赛路线符号

比赛路线是在定向越野比赛前根据设计临时标绘的内容，在较正规的定向越野比赛用图上，比赛路线符号一律用透明紫色表示。对于等级高的比赛，国际定联规定必须在赛前将路线符号加印在比赛用图上，其他等级的比赛则可以用红色圆珠笔手工填绘。

（五）读图的一般规则

1. 要完整、正确地理解越野图

越野图不是地面客观存在的机械反映，它是通过制图工作者采用取舍、概括、夸大、移位等制图综合方法完成的。因此，图上物体的数量、形状、大小、精确位置等与实地并非总是完全一致的。例如：

——在多种地物聚集的地方只表示了对运动有价值的，其他地物通常不表示或仅象征性地选择表示；

——山背上、河岸边的细小凸凹，图上不可能全部表示，仅表示出它们的概略形状；

——公路、铁路等线状地物，其符号的宽度是夸大了的。地图比例尺越小，夸大程度越高，这必然引起线状地物两旁其他符号的移位，因此这些符号的位置就不可能十分精确。

2. 要有选择地了解地图的内容

读图时不能漫无边际什么都看，而应有选择地把注意力集中在解决如何定向和越野跑问题有关的地域和内容上。可以先综合扫视一下图上的比赛地域，而后确定需要重点考察的内容，进而获取需要的信息。

3. 要对各类符号进行综合阅读

不能孤立地看待地物或地貌的单个符号，而应将他们与地貌和其他地形要素联系起来阅读。即不仅要了解他们的性质，还要了解他们之间的方向、距离、高差等空间位置关系，从而明确这些要素对竞赛的综合影响。

4. 要注意读图与记图的关系

读图时，要边理解边记忆，对在竞赛中可能有助于判定方位与确定站立点的各种要素更应如此。有效的读图应转变为这样一种能力：比赛中不必过多而频繁地查看地图，就能在自己的意识中清楚地再现从图上得到的信息，并根据自己的记忆快速而准确地确定自己在图上的位置及下一步的运动路线和方向。

5. 要考虑现地的可能变化

虽然越野图的测制十分强调现势性，但由于人工或自然的原因造成的地形变化是不可避免的,有时甚至是十分迅速的,因此,读图时必须根据图廓外说明注记中注明的测图时间,考虑图上表现内容落后于现地变化的可能性。一般地,测图时间距离使用时间越久,图上与现地之间的差异就会越大。

第二节　定向运动基本技术

一、国际定向越野地图与磁北针的使用

地图和指北针是定向越野运动中使用的主要工具。如何熟练而灵活地利用它,为快速寻找目标点服务,是我们这一节学习的目标。因此,这一节将重点介绍定向地图和指北针在实地的利用,包括实地判定方位、标定地图、对照地图确定站立点的位置、对照地图确定目标点的方向、利用地图行进等内容。

（一）实地判定方位

实地判定方位是指在实地辨明东、西、南、北方向。了解实地的方位是使用地图的前提。

1. 利用指北针判定方位

方法:将指北针放平,待磁针完全静止后,磁针的红色一端即 N 端为北面,S 端为南面。如果测定方位的人面向北面则他的左为西,右为东,背后为南。

如果想测某一点的方位时,可将罗盘上的零刻度对准目标,当罗盘水平静止后,N 端所指的刻度便是测量点至目标的方位,如磁针 N 端指向 36 度,则表示目标在测量位置的北偏东 36 度。

2. 利用地物判定方位

在野外,凡见到有地物或植物生长的地方,同样可以根据日常生活习惯和自然客观规律产生的现象进行方位判定。如地球的北半球,我们居住的房屋或用于朝拜的庙宇大门,通常都朝南开设;树木一般朝南的一侧枝叶茂盛,色泽鲜艳,树皮光滑,向北的一侧则相反;长在石头上的青苔喜阴湿,以北面为多旺;积雪多半是朝南的一面先融化等。

3. 利用太阳和手表判定方位

在天气晴朗的日子,上午 9 时至下午 4 时之间,可将手表指示的时间折半后,用时针对准太阳,此时手表上的 12 时刻度即指向北方。其口诀是:"时间折半对太阳,12 字头对北方。"但是要注意:一是将手表平置;二是在南、北纬 20～30 度之间地区的中午前后不宜使用;三是要把标准时间换算为当地时间。

（二）标定地图

标定地图就是给地图定向,使地图的方位与现地的方位一致。通过标定地图,就可以将地图上的地物、地貌符号与实地的地物、地貌一一对应,这不仅可以帮助我们迅速地查看地图,了解实地地物的分布情况、地貌的起伏程度以及他们之间的相互关系,还可以帮助我们根据地图上的路线,在实地选择具体的运动路线,这一技能将贯穿整个运动过程。常用的标定地图的方法有概略标定、利用指北针标定、利用地物标定。

1. 概略标定地图

地图上的方位是：上北、下南、左西、右东。当我们在实地正确地辨别了方向之后，只要将越野图的上方对向实地的北方，地图即已标定。这种方法简单易学，是定向越野比赛中最常用的方法。

2. 利用指北针标定地图

在上一节中我们介绍过，定向地图上标有磁北线，用红色粗线条标出，箭头指向地图的上方。利用指北针标定地图时，通过转动地图，将指北针上的红色指针与磁北线的方向吻合或平行。由于指北针上的指针和地图上的磁北线都是红色的，所以也称此方法为"红对红"或"北对北"(图24-2-1)。

3. 利用地物标定地图

（1）利用直长地物标定地图

直长地物是指较长的线状地物，如铁路、公路、土垣、沟渠、高压线等。

在图24-2-2中，运动员利用路边的沟渠来标定地图时，平移且转动地图，使图上的沟渠与实地的沟渠方向大致重合。

方法：

① 首先应在图上找到这段直长地物。

② 转动地图，使图上的直长地物与现地的直长地物方向一致。

③ 对照两侧地形，使图与现地各地形点的关系位置相符。

（2）利用明显地形点标定地图

在实地找出一个与地图上地物符号相应的明显地物，如小桥、亭子、独立的建筑等，然后转动地图使图上的站立点至目标的连线与实地的站立点至目标的连线相重合。方法：

① 选择一个图上与实地都有的明显地物。

② 转动地图，使图上的站立点至目标的连线相重合(图24-2-3)。

图24-2-1 利用指北针标定地图 　　图24-2-2 利用直长地物标定地图 　　图24-2-3 利用明显地形点标定地图

（三）确定站立点在地图上的位置

在野外，我们时刻要注意确定自己站立的地点在地图上的位置，这是从事定向越野必须掌握的一项基本技能。其主要方法是：通过标定地图，将地图与现有的地物、地貌进行逐一对照，来确定自己的方位。

1. 直接确定

当自己所处位置是在明显地形点上时,只要从图上找出该地形点,站立点即可确定(图24-2-4),这是最常用的方法。

图 24-2-4 利用道路交会点确定

2. 利用位置关系来确定

当站立点位于明显地形点附近时,可以利用位置关系来确定站立点。利用位置关系确定站立点主要是依据两个要素,一是站立点至明显点的方向,二是站立点至明显点的距离。在地形起伏明显的地方,还可以结合高差情况进行判定。如图24-2-5,当你站立于小河北岸、村舍正右方,左距公路150米远处,依此方位关系,在地形图上定出站立地点的位置。

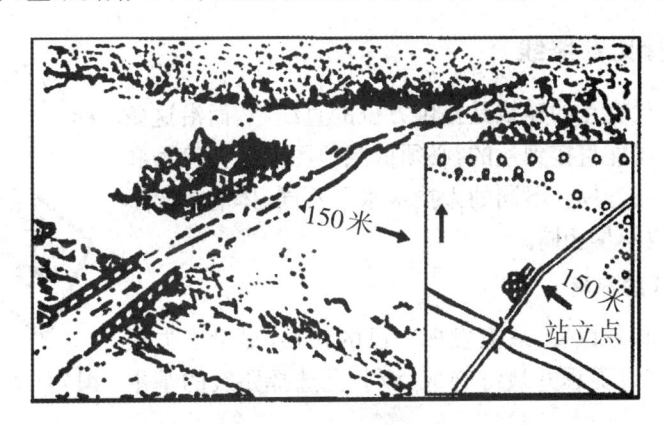

图 24-2-5 利用位置关系确定

3. 利用"交会法"确定

当站立点附近无明显地形点时,可以利用"交会法"确定站立点位置。按不同情况,它又可以具体分为90度法、截线法、连线法、后方交会法和磁方位角交会法。这些方法的优点是不需要判断或测量距离也能确定出较为准确的站立点位置。这对于初学者学习、巩固使用越野图的训练是很有意义的。下面我们介绍几种常用的方法。

当你站在线状上时可以利用90度法、截线法、连线法来确定。

(1) 90度法(图24-2-6)。

(2) 连线法

当你在线状地物上运动,同时待测的位置恰好是在某两个明显地形点的连线上时,可以利用这种方法确定站立点的位置(图 24-2-7)。

铁塔与小丘的连线中间与小路的交点,就是你的站立点的位置。

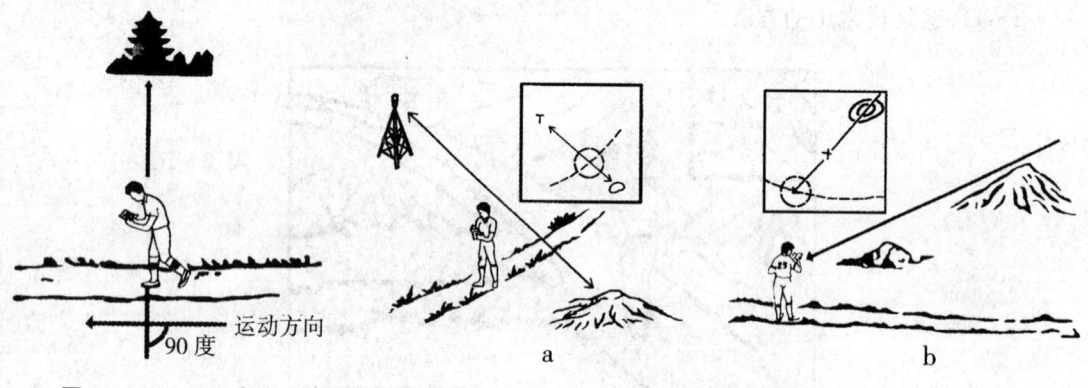

图 24-2-6 90度法

图 24-2-7 连线法

小山顶与墓地的连线至路的交点,就是你的站立点的位置。

(3) 后方交会法

当待测点上无线状地物可利用时,地图与现地相应地都有两个以上的明显地形点,且地形较开阔、视线良好的情况下,可以采用这种方法确定站立点(图 24-2-8)。

在地图上取一个山顶为标志,与实地相应山顶在地图上作一直线。地图上的树丛与实地相应的树丛在地图上作一连线。两条直线的交会点就是站立点。

二、怎样选择比赛路线

定向地图上各检查点的连线是提供方位的直线,然而沿这条方位直线一般是不可能直接到达的,必须依照地图上各种符号和色彩的提示进行路线选择。不同的人技术水平不同,体能状况不同,所选择的路线也不尽相同。

(一) 选择路线的标准

省体力、省时间,最稳妥、最能发挥自己的特长,尽量不失误或减少失误,顺利完成赛程并最终夺取胜利,是选择路线的基本标准。

图 24-2-8 后方交会法

(二) 选择路线的原则

1. 充分利用道路,坚持"有路不越野"的原则。
2. 地形起伏不大、树林稀疏可跑的地段,坚持"选近不选远"的原则。
3. 地形起伏较大、树林密集、障碍大的地段,坚持"统观全局,提前绕"的原则。
4. 坚持"依线又依点"的原则。

(三) 实例分析

在实践中,仅仅依靠上述几个原则决定路线的选择是很不够的。只有让自己的"感觉"或"估计"变得更有科学根据,才有可能更快地提高定向越野成绩。分析与解决路线选择的基本问题的方法有多种,下面仅介绍其中的一种经验法。

某人以自己在道路上奔跑300米需要时间2分钟(近似值)作为标准,通过多次实践,对自己的奔跑速度有如下记录(表24-2-1)。

表24-2-1 不同地形每300米所用时间比较表

地形类别	每300米用时(分钟)	倍　率	每2分钟行进距离(米)
大　路	2	1	300
杂草地	4	2	150
有灌木的树林	6	3	100
密林或荆棘丛	8	4	75

那么,他(她)就可以用这样的方法解决问题:假定穿过密林的距离为1(75米),沿大路跑的距离为4(300米),则两种选择所用的时间相等。如果他(她)的体力好而定向本领差,那他(她)就应该选择沿大路跑。对于其他选择,可以按照同样的方法进行分析。